현대 중국의 문화와 정치경제 발전

–전통, 경제발전 그리고 민주화

임반석 편저

도서출판 해남

현대 중국의 문화와 정치경제 발전

–전통, 경제발전 그리고 민주화

초판1쇄 인쇄 2017년 2월 16일
초판1쇄 발행 2017년 2월 23일

편저자 임반석
발행인 노현철
발행처 도서출판 해남

출판등록 1995. 5. 10 제 1-1885호
주　　소 서울특별시 서대문구 충정로 38-12(충정로 3가) 우리타워 6F
전　　화 739-4822 **팩스** 720-4823
이 메 일 haenamin30@naver.com
홈페이지 www.hpub.co.kr

ISBN 978-89-6238-106-1 93320

머리말

이 책이 '중국의 전통, 경제발전 그리고 민주화'라는 책명으로 세상에 나온 지 14년이 지났다. 개정의 필요성은 출판 후 5년 쯤 지났을 때부터 느꼈고, 출판사로부터 개정 권유도 있었다. 강의 중에는 직접 자료를 보충하면서 활용했지만, 책 상태로는 그대로였던 게 늘 마음에 걸렸다. 여러 이유를 댄다 해도, 결국은 편저자가 게으른 탓이다. 다만, 요사이 사립대학을 떠돌아다니는 "논문 쓰느라 연구하고 공부할 시간이 없다"는 웃지 못할 표현이 궁색한 변명의 일부가 될 수 있을지 모르겠다.

그동안 중국 경제, 중국 사회는 빠르게 변모하였다. 최고 지도자는 장쩌민에서 후진타오, 다시 후진타오에서 시진핑으로 두 차례 바뀌었고, 시진핑 시대 10년의 전반 5년도 1년 남았다. 2002년 중국은 세계경제로 본격적으로 편입되기 시작하였는데, 그 무렵 수출은 연평균 30% 증가하였으며, 투자와 수출에 힘입어 경제성장률은 고공행진을 지속하였다. 2002년 중국의 GDP는 1.45조 달러로 6위였고, 일인당 GDP는 1,000달러 정도로 빈곤을 벗어난 수준이었다. 그런데 2016년 중국의 GDP는 약 10조 달러로 2위 자리를 지키고 있고, 일인당 GDP는 8,200달러 정도로 중진국 문턱에 서 있다. WTO 가입 후 2002년부터 빠른 증가를 보여 온 교역에 힘입어 중국은 1위 교역국 자리를 지키고 있는데, 중국이 1위 교역국인 나라는 적어도 128개국에 달한다. 중국은 날로 팽창하는 경제력에 힘입어 국제적으로 정치경제적 영향력도 강화되었다. 중국의 영향력 강화는 주변국에게 '기회로서의 중국'에서 '위협으로서의 중국'으로 관점 변화를 불러오기도 했다.

장쩌민, 후진타오 시대 내내 호황을 구가하던 중국 경제도 2008년 미국발 금융위기의 영향에서 자유로울 수는 없었다. 미국, 유럽, 일본 등 주요 선진경제가 대부분 침체로 빠져들면서 중국의 수출이 타격을 입었고 남방 공업도시로부터 도산, 조업단축, 해고 바람이 점차 전국으로 확산되었다. 중화학공업화에 힘쓰고, 대부분의 제조업이 기계화와 자동화 단계로 전환되던 시기에 찾아온 글로벌 경기침체의 영향은 실업증가를 가속시켰다. 경기가 하강하자 오랜 동안 잠재해 있던 '설비과잉' 문제가 돌출되었고, 이는 중국 경제뿐 아니라 세계경제를 위협하는 요소이다. 이제 정부 투자가 이끄는 경제성장 방식도 한계에 도달했고, 내수 진작도 생각만큼 효과가 나지 않고 있다. 성장률, 수출, 실업률 상황 모두 회색빛이 짙어 가던 2013년 후반부터 시진핑이 최고 지도자 자리에 올랐다. 경기는 계속 하강 중이고 설비과잉의 부작용이 더 표면화되고 있는데, 혁명영웅이라는 후광도 경제성장이라는 카드도 더 이상 쓸 수 없는 시진핑은 세계적 강대국 건설을 의미하는 '중국의 꿈'(中國夢), 2049년 선진국 진입이라는 비전을 내걸었다. 신세대들이 인구의 주류를 형성하고 있고 대중의 권리 요구와 참여 욕구가 날로 강해져 가는데, 시진핑이 마냥 귀를 닫고 있을 수도 없는 상황이다. 또한 중국은 어려운 경제 상황을 역전시킬 성장 동력을 찾고 강력하게 밀려드는 '4차 산업혁명' 시대에 대응해야 하는 지난한 과제에 직면해 있다. 중국 지도부는 내적으로 인민대중을 향해 '민족주의'에 호소하기를 선호하고 대외적으로 갈수록 거친 행태를 보인다. 이에 대해서 주변국에는 '위협으로서의 중국'과 함께 '위험으로서의 중국' 인식이 확산되고 있다.

개정 작업은 2016년 산수유, 개나리, 진달래가 우암산을 수놓을 무렵 시작해서 단풍이 수채화 물감을 뿌릴 즈음에야 마무리했다. 군데군데 번역 오류가 있었고, 때 지난 자료와 내용이 있는 책을 그대로 둘 수는 없어 용기를 내어 작업에 착수했다. 여러 독자들의 지적을 충실히 반영하고, 또 새로운 내용을 동원해서 개 · 보수한다고 하였다. 하지만 여전히 아쉽고 만족스럽지 않다.

초판은 모두 9개 장으로 구성되어 있었다. 그동안 옮긴 글(1, 2, 3, 4, 7, 8장)에 대해서는 오역이거나 이해하기 어렵게 번역한 부분에 대한 독자들의 지적이 있었다. 또한 편저자의 글(5, 6, 9장)도 시간이 많이 지나서 내용이 시간을 따라가지 못하는 점이 있었고, 추가하고 싶은 내용도 있었다.

초판 편저자의 말에서 밝혔듯이, 이 책을 처음 구상할 때 키워드는 중국의 전통, 경제발전, 민주화였다. 전통은 정치, 경제, 사회, 문화 모두에 영향을 미치는 요소로서, 한 사회를 이해하는 데 매우 중요하다. 중국의 정치, 경제, 사회, 문화를 이해할 때도 문화는 마찬가지로 중요하다. 초판을 낼 때 중국 사회와 지금의 그것은 크게 달라졌다. 그렇다 해도 이 책에서 제시한 키워드의 의미는 여전히 그대로다.

이 책은 앞부분에 중국의 전통사상 중에서 '유교'에 초점을 맞춰 관련 전문가들의 글을 모았다. 중국의 전통사상은 매우 다양하며, 그 하나하나가 현재까지 중국인과 중국 사회에 영향을 미치고 있다는 점에서 전통을 좀 더 폭넓게 살펴볼 필요가 있다고 생각하였다. 1, 2장과 함께 새로 실은 5장 「중국 전통사상에서 개인과 국가」가 바로 이러한 내용을 다루고 있다. 5장에서는 유가를 포함한 법가, 도가, 묵가에서 개인과 국가를 어떻게 이해하고 있는지에 대해 살피고 있다. 이 글은 편저자의 창작이 아니라 구소련의 저명한 중국학자 비탈리 루빈의 『중국에서의 개인과 국가』라는 책의 기본 틀을 유지하고, 편저자의 지식과 관점을 동원해서 쓴 것이다. 이 장은 중국의 주요 전통사상이 개인과 국가를 어떻게 이해하고 있는지에 대한 의미 있는 정보를 제공할 뿐 아니라 현대 중국 사회에서 개인과 국가에 대한 관념의 뿌리가 어디에 있는지를 알 수 있게 해주리라 생각한다.

또한 현대 중국 사회를 이해하는 사상과 이념 측면에서의 주요 키워드는 전통 이외에도 중국 사회주의와 시장화이며, 논쟁의 한 가운데서 당대를 이끈 두 핵심 지도자는 마오쩌둥과 덩샤오핑이다. 전문가들의 글(3, 4장)에서 우리는 중국 사회주의와 마오쩌둥, 덩샤오핑과 체제변혁 및 시장화에 대해 많은 도움을 받을 수 있으리라 생각한다. 1~4장은 전문가들의 논문이어서 내용이 다소 어렵고, 편저자가 쓴 5장 역시 쉬운 내용은 아니지만 최대한 이해하기 쉽도록 쓰고 손질을 거듭하였다.

초판의 5, 6, 9장은 내용을 대폭 수정한 뒤 각각 6, 7, 10장으로 배치하였다.

초판의 7장 「중국은 대단한가」(제럴드 시걸)는 1990년대 후반에 발표되었고, 서구 중심의 관점을 견지하고 있기는 하지만, 기본 논지가 우리에게 유효하다고 판단해서, 재교정한 뒤 새로운 내용은 '중국의 정치경제적 위상'으로 보완하였다. 초판 8장 「중국은 민주화되고 있는가」(페이 민신)는 시간이 많이 흘렀을 뿐 아니라 내용 변화가 비교적 큰 주제이기 때문에, 전면적인 수정을 통해 9장 「중국의 정치개혁과 민주화」로 재탄생했다. 초판의 마지막 장이던 9장은 당초 주제를 유지하면서 다시 쓴 뒤 10장으로 삼았다. 이렇게 아홉 개 장이던 초판은 본서에서 모두 열 개 장으로 확대 개편되었다. 개정 작업에서 내용 중 절반 이상을 대폭 수정하였고, 일부 장은 제외하거나 새롭게 추가하였다. 초판과 비교해서 내용이 크게 달라지고 부피도 확대되었다. 따라서 처음 제목을 그대로 두기보다 취지에 더 근접한 새 이름을 부여하는 편이 합리적이라고 판단하여, 제목을 『현대 중국의 문화와 정치경제 발전』으로 바꾸었다.

엮은이의 욕심 같아서는 더 오랜 개정 작업을 통해 좋은 책으로 만들고 싶었다. 그리하여 본서에서는 초판의 번역 오류를 바로잡았고, 역자의 주석을 더 충실하게 달았으며, 가독성을 높이기 위해 많은 부분의 문장 표현도 수정하였다. 하지만 시간과 능력의 한계로 인해 이 정도로 정리를 마무리하였다. 사실 2002년에 출판된 책을 이제야 개정한다는 사실이 좀 부끄럽다. 앞으로 더 좋은 책으로 만들 것을 약속한다. 이 책은 가르침을 주신 선생님들과 전문가들의 연구 성과의 산물이지만, 남은 문제점은 모두 편저자의 것이다. 지적과 비판을 환영한다. 독자의 관심은 더 나은 책을 위한 거름이다.

초판이 나올 당시 5살이던 아들은 어느덧 대학생이 될 날을 기다리고 있다. 많이 보살펴 주지 못했는데도 탈 없이 잘 커주어서 참 고맙다. 언제나 내 편인 아내는 30년 가까운 직장 생활의 종착역을 얼마 남겨 두지 않았다. 항상 용기를 주는 아내에게는 한두 마디로 고마움을 표하기 어려울 정도다. 아내와 아들은 게으름을 이기게 하는 힘이고, 지치지 않게 하는 에너지의 원천이다. 어려운 출판계 사정에도 좋은 책을 만들기 위해 애쓰는 도서출판 해남의 노 사장님, 그리고 편집진 분들께도 감사드린다.

2017년 1월 겨울

우암산 자락에서

편저자 씀

차례

머리말 / i

차례 / vii

Chapter 1 **현대 중국과 유교**

마루야마 마쓰유키(도쿄대학)

제1절 TV 시리즈물『허상』 / 3

제2절 유교비판의 역사 / 7

제3절 건국 이후 유교비판 / 15

제4절 문화구조로서의 유교 / 23

제5절 유교문화권론과 경제발전 / 30

Chapter 2 **혁명 · 근대화 · 전통**

고지마 신지(나라대학)

제1절 격변과 고뇌 / 37

제2절 구국과 전통문화 부정-신문화운동에서 민주와 과학 / 40

제3절 신문화운동에서 혁명으로-민주의 앞날 / 49

제4절 중국 혁명과 농민혁명-마오(毛)주의 역사관의 형성 / 55

제5절 사회주의로의 급전환과 부르주아 사상 비판 / 67

제6절 근대화와 전통 / 75

Chapter 3 현대 중국에서 마오쩌둥의 이미지

도쿠다 노리유키(쓰쿠바대학)

제1절 불확실성의 시대 / 85
제2절 위대한 독재자시대의 수수께끼 / 87
제3절 옌안에서 마오쩌둥 사상의 탄생 / 94
제4절 마오주의의 고전적 모델 / 99
제5절 마오쩌둥이라는 인간과 정치역학 / 115
제6절 마오쩌둥 비판과 새로운 역풍 / 138

Chapter 4 중국의 체제변혁과 정치 공간, 현실 공간의 변화

니시무라 시게오(오사카대학)

제1절 격변하는 세계와 중국 사회기반의 변화 / 145
제2절 새로운 경제 공간의 팽창 / 147
제3절 사회 공간의 변화–단위체제의 동요와 새로운 사회계층의 응집 / 154
제4절 정치권력 공간의 변동–기층 사회의 새로운 움직임 / 162
제5절 중국식 사회주의와 소비생활의 신단계 / 166

Chapter 5 중국 전통사상에서 개인과 국가

제1절 머리말 / 175
제2절 유가: 공자, 맹자, 순자 / 177
제3절 묵자와 묵가 / 186
제4절 법가(法家): 상앙, 이사, 신불해, 한비자 / 192
제5절 도가: 노자, 장자 / 202
제6절 전통사상에서 개인과 국가 / 206

제7절 전통사상의 한계 / 210
제8절 맺는 말 / 214

Chapter 6

중국의 개혁개방을 어떻게 이해할 것인가

제1절 구사회주의권의 개혁개방을 이해하는 방식 / 221
제2절 개혁개방, 개혁개방의 길 / 226
제3절 개혁개방 전후 경제적 환경 / 231
제4절 개혁개방의 구도와 단계 / 238
제5절 개혁개방의 과정 / 241
제6절 개혁개방을 둘러싼 논란 / 246
제7절 개혁개방 방식의 특징 / 249
제8절 개혁개방의 성공 여건 / 255
제9절 중국의 길은 성공의 길인가? / 261
제10절 중국은 새로운 경제발전모형을 창조하는가? / 272

Chapter 7

개혁개방 이후 중국 경제의 성과와 문제

제1절 개혁개방의 경제성과 / 281
제2절 산업구조 변화와 고도화 / 294
제3절 성장방식의 전환 / 304
제4절 당면 난제와 장기 과제 / 312
제5절 대응과 한계 / 326
제6절 삶의 질과 만족도 / 329

Chapter 8
중국은 대단한가
제럴드 시걸(전 런던국제전략연구소)

제1절 중급수준의 왕국, 중급수준의 힘 / 335
제2절 중국은 경제적으로 대단한가 / 336
제3절 중국은 군사적으로 대단한가 / 342
제4절 중국은 정치적으로 대단한가 / 347
제5절 중국이 보잘것없다는 사실이 중요한가 / 350
보 론 중국의 정치경제적 위상 / 353

Chapter 9
중국의 정치 개혁과 민주화

제1절 중국 민주화에 대한 의문 / 373
제2절 정치 개혁과 점잖은 정치 / 379
제3절 당의 권력 유지 / 386
제4절 대의기관인 전인대의 권한 강화 / 388
제5절 법률체계 개혁: 제도화와 법치 / 390
제6절 사회계약의 수정 / 394
제7절 중국에서 경제발전과 민주화 / 397
제8절 정치 개혁과 민주화의 내일 / 403

Chapter 10
탈개혁개방 시대 당, 지도자, 그리고 정치경제의 내일

제1절 중국 정치경제와 당, 지도자 / 413
제2절 팽창하는 경제, 위축되는 이데올로기 / 422
제3절 급변하는 내외 환경, 산적한 정치경제적 과제 / 427
제4절 당, 지도자, 그리고 정치경제의 내일 / 448

Chapter

1

현대 중국과 유교

제1절 TV 시리즈물『허상』

제2절 유교비판의 역사

제3절 건국 이후 유교비판

제4절 문화구조로서의 유교

제5절 유교문화권론과 경제발전

丸山松幸, 「現代における儒教」, 『歴史と近代化』, 東京: 岩波書店, pp. 76~102

현대 중국과 유교

제 1 절 TV 시리즈물 『허상』

1988년 봄 중국 중앙TV(CCTV)가 방영한 시리즈물 『허상–중화문명의 비장한 쇠퇴와 어려운 재건』(河殤 : 황하의 죽음)[1]은 중국 전역에 비상한 반향을 불러일으켰다. 이 시리즈물이 방송된 다음 날 곧바로 도처에서 화젯거리가 되었고, 시리즈가 끝나자 비디오 테이프가 날개돋친 듯 팔려 나갔을 뿐 아니라 각 지역에서 토론회가 열렸다. 뜻밖의 반응에 놀란 당국은 토론을 금지시켰고, 이어 비디오 테이프도 진열대에서 모습을 감추었다. 제목에 나타나 있듯이 이 프로그램은 황하로 상징되는 전통문화 때문에 창조성과 발전성을 압살당해 온 중화민족의 운명을 문명론(문화철학)의 입장에서 영상화한 것이다. 이 시리즈물에는 전통문화에 대한 철저한 비판이 화면 구석구석까지 스며 있기 때문에 보는 사람에게 강렬한 인상을 준다. 황하와 만리장성은 중화민족의 자랑이 아니라 오히려 중국 문화의 폐쇄 · 퇴영 · 무능의 상징에 불과하기 때문에, 중화민족이 살 수 있는 유일한 길은 황색의 '내륙문명'에서 탈출하여 세계적인 감청색의

1) 역자 주: 중국의 르포작가 쑤샤오캉, 왕루샹이 지은 책으로 국내 번역본은 홍희 옮김, 『하상』(동문선, 1989) 참조.

'해양문명'을 지향해야 한다는 것이 이 프로그램의 결론이다.

이 결론은 당연히 보수파 원로 지도자들의 반감을 샀다. 그들은 개방체제 하에서 서양문화(자본주의의 퇴폐문화)의 압도적인 유입을 달갑지 않게 여기고 있었고, 중국 문화의 정체성 상실에 대해 위기감을 품고 있었을 뿐 아니라, 그것이 현체제를 뒤흔들 것이라는 사실을 직감했던 것이다. 이 반감 속에는 전통문화에 대한 미묘한 애증이 교차하고 있다. 중국인들은 건국 이전부터 유교를 중심으로 한 봉건문화를 철저히 비판하였다. 그러나 그들은 동시에 중화민족이 오랜 역사를 통해 만들어 낸 찬란한 문명과 자기들이 피의 대가로 얻어 낸 중국 혁명의 결과, 즉 사회주의를 자랑으로 여길 뿐 아니라 현재의 굴욕적인 지체현상은 우연에 불과하다고 생각한다. 그들은 '부르주아 자유화'는 '중화전통'과 '혁명전통'을 동시에 부정하는 것이라고 생각한다. 『허상』은 이러한 '중화의식'에 정면으로 도전하였던 것이다. 이 프로그램의 시나리오 작가 중 한 사람인 쑤샤오캉(蘇曉康)은 이렇게 적고 있다.

> "황하문명은 분명히 위대한 세계 문화유산 중의 하나로서 무수한 천재영웅을 만들어 냈다. 뿐만 아니라 황하문명은 중화민족을 전 인류 가운데서도 시간적·공간적으로 가장 거대한 존재로 키워 왔다. 황하문명은 조화와 안녕을 추구하고 이성적 질서를 존중하며 인류의 전통을 중시하는 한편, 폐쇄적·보수적인 정신구조도 만들어 냈다. 그러나 이제 황하문명은 이미 회복이 불가능할 정도로 쇠퇴·붕괴되었다. 이 사실이 결국 중화민족에게 약일까, 독일까?

> 어떤 사람은 유가학설을 분쇄하고 전면적인 서양화를 지향해야 한다고 말한다. 다른 사람들은 중국은 '중체서용'(中體西用)을 기반으로 삼을 수밖에 없다고 말한다. 또 어떤 사람은 유교문명의 제2번영기를 재건해야 한다고 말한다. 요사이 몇 년 동안 중국 지식계에서 이루어진 유가의 운명에 대한 반성과 문화전략 문제에 관한 대토론이나 취푸(曲阜)에서 거행된 성대한 공자 제사는, 중화민족의 반성이 이미 민족의 문화선택이라는 가장 심각한 명제에 도달해 있음을 반영하고 있다."(『허상』, 베이징: 시엔다이출판사, 1988)

이제 더 이상 과거의 영광에 매달릴 수만은 없다. 이전에는 영광으로 인식되었던 것이 오늘날에는 거꾸로 중국을 속박하고 있다. "유교문화에는 오래 되고 좋은 보물이 많이 있을지도 모른다. 그러나 수천 년 동안 이 문화는 민족의 진취성, 국가의 법치질서, 문화의 자기혁신 장치를 만들어 내지 못하였다. 이 문화는 쇠퇴하면서 놀랄 만한 자살 장치를 만들었고, 끊임없이 자기의 장점을 학대해 왔다. 또한 이 문화는 자기 내부의 생명력 있는 요소를 죽이면서 민족의 인재들을 질식시켜 왔다. 게다가 이러한 문화 특성은 오늘날 사회주의 하에서도 결코 극복되지 못하고 있을 뿐 아니라 현재 추진중인 '네 가지 현대화'[2]에도 최대의 걸림돌이 되고 있다. 중국 사회과학원의 빠오쥔신(包遵信)은 TV 프로그램에서 이렇게 말하고 있다.

2) 역자 주: 1978년에 열린 공산당 11기 3중전회의에서 실용주의자인 덩샤오핑이 실권을 장악하였는데, 이때 그는 네 가지 현대화 정책을 발표하였다. 내용은 농업, 공업, 국방, 과학기술의 현대화이다. 그런데 네 가지 현대화 개념은 본래 1960년대에 저우언라이 총리가 처음 제기하였다.

"전통문화의 가장 큰 특징은 윤리중심주의이다. 우리는 어떻게든 이 가치원칙을 타파하고 자아 주체를 확립해야 한다. 우리 민족에게는 무엇보다도 민주정신과 과학정신이 부족하다. 이 두 정신이 없이 중국의 현대화는 생각할 수 없다. 민족의 개성은 단순히 전통을 드높이거나 전통으로 회귀하는 것만으로 해결될 수 없다. 민족의 특색을 찾으려는 행위는 대외개방을 통해 외래문화와 충돌하는 가운데서 우리 민족이 실현해 나가야 할 역사적 창조행위이자 역사적 선택행위인 것이다."

위기의 시대에는 항상 전통이 문제시된다. 지금 중국은 큰 전환기를 맞아 가치체계가 흔들리고 있다. 대외개방이 진전될수록 중국인에게 앞으로도 계속해서 중국인일 수 있을까 하는 걱정이 증폭되는 것도 당연하다. 보수파 원로지도자들의 반감도 결코 그들만의 것이 아니라 일반인들 사이에 광범위하고도 깊게 뿌리박힌 불안이다.

그러나 전통을 이야기할 때 먼저 주의해야 할 점은 '전통'과 '전통주의'를 구분하는 일이다. 전통주의는 자신들의 조상이 남긴 위업과 유산에 고의로 찬양받을 권위를 부여하고, 그것으로 하여금 현재도 지배하게 해야 한다고 주장한다. 전통주의는 역사적으로도 합리주의, 계몽주의를 가로막아 왔으며, 오늘날 중국에서도 전통주의는 개혁 · 발전을 저지하는 요인 중의 하나일 것이다. 하지만 전통을 생활 속의 습속이나 관습이 전승되는 체계라고 보면, 전통을 바꾸는 작업은 생활양식 자체의 변혁으로부터 시작해야 할 것이다.

토지에 들러붙어 토지를 지키는 데 급급해 하는 소농 자연경제는 거대한 중앙집권제를 낳았고, 상공업을 억제하였으며, 사람들 사이에 '하늘에 맡기는' 생명철학과 '족함을 아는' 자아균형 가치관을 만들어 냈다. 프로그램 제작자는 소농 자연경제와 유가의 사상체계는 내륙문명의 생활규범과 이상의 표현이라고 말한다. 만약 그렇다면, 유교에 대한 부정은 관념 · 문화의 개혁뿐 아니라 정치체제와 경제제도, 나아가서는 사회 형태의 개혁으로 문제를 걷잡을 수 없이 확대시켜 간다. 『허상』이 제기한 문제는 바로 중국 내부에 이러한 전면적인 개혁의 가능성이 있느냐 없느냐 하는 근원적인 물음이었다.

제2절 유교비판의 역사

중국에서 유교비판은, 19세기 말 중국이 직면한 위기를 극복하기 위해서는 정치제도를 개혁하는 방법 외에 다른 길이 없다고 본 변법운동에서 시작되었다.

아편전쟁에서 태평천국의 난, 애로호 사건으로 이어진 구체제의 동요 속에서, 시국에 관심을 갖고 있던 사람들은 서양 군사기술의 우수성을 인식하고, 그 기술을 도입하기 시작하였다. 이후 오늘에 이르기까지 중국은 전통문명과 서양문명을 어떻게 조화시킬 것이냐 하는 심각한 사상적 과제를 안게 되었던 것이다. 아편전쟁 후 제일 먼저 서양의 군사기술 도입을 거론하였던 웨이위안(魏源)은 "오랑캐의 장점을 배워 오랑캐를 이기자"(『해국도지』)고 하면서 서양의 기술자를 초빙해 군함과 대포의 제조 · 조작 방법을 습득하자고 주장하였다.

이 주장에는 '장점'을 배우자는 것뿐 전통문명을 위협하는 이질적인 문명과의 대결의식은 거의 없었다. 그러나 현실적으로 서양의 장점을 도입하기 시작하면서 사람들은 새로운 문명이 단순히 선진기술 수준을 넘어서 전통학술로는 유추할 수도 없는 것이라는 사실을 깨닫게 되었다. '오랑캐의 장점'으로부터 '서학'(西學)으로의 인식전환, 다시 말해 '오랑캐'(夷狄)에게 '학'(學)이 존재한다는 사실을 인정하지 않을 수 없게 된 것이다. 이에 따라 중국은 당시까지 유일하고 절대적인 학문이던 '중화(中華) 학'의 보편성에 대해 '오랑캐의 학'을 어떻게 자리매김할 것이냐 하는 문제에 직면하였다. 이때 등장한 것이 '중체서용'(中體西用)론이다. "중학(中學)을 중심으로 서학(西學)을 이용한다"는 말 자체는 훨씬 뒤에 나타나지만, 그 원형은 태평천국의 난 때 「서학을 받아들이는 데 대한 의견」을 써서 가장 먼저 대담하게 서학의 도입을 주장한 펑꿰이펀(馮桂芬)에게서 발견된다. 그는 이렇게 말한다.

> "만약 중국의 윤상명교(倫常名教), 즉 유교윤리를 근본으로 삼고 다른 나라의 부국강병술을 보완한다면 이보다 더 좋은 것은 없을 것이다."

중화(中華) 학(學)의 핵심인 유교윤리를 주체적인 원리로 삼고 서양의 부국강병술(군사기술에서 철도, 통신, 광공업, 상업, 교육, 행정, 정치제도까지를 포함한다)을 선택적으로 받아들여 현상황을 개혁함으로써 망국멸종의 위기에서 벗어나자는 것이 중체서용론의 기본 구상이다. 중체서용사상은 양무파의 대관료 장즈둥(張之洞)이 '성인이 성인인 까닭, 중국이 중국인 까닭', 구체적으로는 삼강오륜이라는 상하의 절대적 명령·복종 관계인 '체'(體)를 끝까지 지킬 것을 전제로 과학기술, 법제의 개혁을 추진한 논리였다.

청일전쟁 패배 후 정치체제의 변혁을 꾀했던 변법운동은 광범위한 하층관료와 향신층을 끌어들이면서 전개되었다. 이와 동시에 중체서용론을 고수하는 유교윤리에 대한 비판도 시작되었다.

변법운동은 청조체제의 틀 내에서 위로부터의 개혁, 입헌군주제의 실현을 당면 과제로 삼고 있었다. 그러나 지도자 캉유웨이(康有爲)의 이론은 궁극적으로 왕조체제를 뛰어넘어 대동세계(大同世界)-모든 차별을 철폐한 평등한 세계-를 지향하고 있었다. 그는 중국이 처한 미증유의 위기 속에서 유교를 재해석하여 개혁이론으로 만듦으로써 결국 대동세계로 나아가는 것이 성인 공자가 가르친 역사의 궁극적 의미이며, '예'로 상징되는 질서는 '혼란의 시대'를 구하기 위해 수립된 피상적인 것에 불과하다고 말하였다. 이 운동에 반대한 장즈둥이 왕조체제의 근간을 흔드는 변법파의 '민권, 평등'을 단호히 반대한 이유는 그가 이 운동의 본질을 잘 파악하고 있었기 때문이다.

캉유웨이보다 더 전투적이었던 탄쓰퉁(譚嗣同)은 "성인의 도는 중국만의 것이 아니라 세계에 보편적인 것"이라고 단정하고 세계와의 일체성을 주장하였다. 나아가서 그는 이 일체성을 방해하는 것이 군주의 권력인데, 군주권력을 지지하고 있는 것이 바로 '삼강오륜'을 중심으로 한 유교윤리라고 비판하였다. 탄쓰퉁은 이렇게 말하였다.

"공자가 가르침을 베풀었을 때는 이전의 학문을 새롭게 하고 군주제의 전통을 폐하며 민주제를 세울 뿐 아니라 불평등을 평등으로 바꾸자고 주장하였다. 그런데 순자 이래로 이 가르침이 왜곡되어 버렸기 때문에 현재의 유교는 유교가 아니다. 따라서 '삼강오륜'이라는 그물을 뚫고 나가지 못하는 한 변법은 실현될 수 없고 부국강병도 달성될 수 없다."(『인학』(仁學))

물론 탄쓰퉁의 비판은 공자의 '인'(仁)을 만물일체[通]를 실현하는 것으로 긍정하고, 군주권력과 유교윤리를 절대화하는 차별질서로서의 유교윤리와 그것에 의거해서 권력을 수호하려는 보수파(양무파도 포함)를 표적으로 삼고 있었다. 캉유웨이가 삼강오륜을 난세를 바로잡기 위해 필요하다고 보는 데 대해서 탄쓰퉁은 역사적으로도 삼강오륜의 역할을 부정하였을 뿐 아니라 유교윤리 자체에 대한 비판의 목소리도 높였다.

변법운동이 좌절된 뒤 곧바로 청조타도, 공화국 건설을 목표로 삼은 혁명운동이 등장하였다. 이 운동은 구미를 모델로 한 민주공화제를 이상으로 내걸고 있기는 하였으나, 쑨원(孫文)의 삼민주의를 보면 전통적인 대동사상을 기반으로 하고 있었다. 운동의 목적이 만주족을 타도하자는 정치적 측면에 한정되어 있었기 때문에, 문화 · 사상의 차원에서 유교가 중심적인 문제로 거론된 경우는 거의 없있다. 그러나 배민혁명(排滿革命)의 이론적 지도자였던 장빙린(章炳麟)은 유교를 부귀이록(富貴利祿)을 좇게 하는 사상이라고 비판하고 있다. 그는 중국의 넓고 크고 장대하며 아름다운 '학'인 문화 · 전통을 매우 사랑하였고, 유교 역시 그 전통의 하나로 인정한다. 하지만 장빙린은 2,000년간 제왕을 보좌

하며 그 아래에서 입신출세를 가르쳐 온 것이 유교의 가장 큰 오점일 뿐 아니라 혁명정신을 부식시키는 독소라고 비판하면서, 유교의 정치적 역할을 격하시켰다. 그의 비판의 화살은 체제에 대한 근본적인 개혁을 주장하면서도 광서제(光緖帝)의 은덕을 기리며 황제보호운동을 전개하였던 캉유웨이 무리를 향하고 있었다.

신해혁명에 의해 왕조체제는 붕괴되었다. 그러나 왕조부활을 위한 움직임은 집요하게 계속되었는데, 이때 유교가 이용되었다. 1915년 위안스카이(袁世凱)에 의한 황제제도운동(帝制運動), 캉유웨이에 의한 유교의 국교화운동, 그리고 1917년 장쉰(張勳)에 의한 청조부활운동 등 복고역풍은 계속되었다. 이때 잡지 『신청년』을 중심으로 한 신문화운동, 즉 유교비판(슬로건은 '공자주의 타도'(打倒孔家店)였다)이 본격화된다. 민주와 과학, 개성의 해방 그리고 경제적 자립을 외친 이 운동은 뒤에 5.4운동으로 불리게 된다. 이 문화혁명은 모든 전통적인 것을 전제(專制), 미신, 억압 및 종속의 근원으로 보고 부정하였다. 특히, 신문화운동 참여자들은 "유교윤리, 즉 예교(사회적 · 의례적인 행위규범)는 현대생활에 적합하지 않으며, 공자는 고대의 성인으로서 20세기인 오늘날 그의 가르침은 아무런 가치도 없다"고 주장하였다. 따라서 5.4운동 참여자들은 전통적 윤리의 속박 타파와 개인해방의 실현이 중화민족의 생존과 재생의 길이라고 말하면서 윤리혁명을 중심과제로 삼았다. 그들은 모든 면에서 유교윤리 중심의 전통 대신에 서구의 근대문화를 수용하지 않고는 중국의 진정한 혁신을 이룰 수 없다고 주장하였다. 이것이 바로 '전적인 서양화(全盤西化)론'이다. 이는 중체서용론이 '체'로 삼은 유교윤리가 부정된 이상 당연한 결과였다.

전통에 대한 전면적 부정은 신해혁명이라는 정치혁명으로는 바꿀 수 없었던 전제적(專制的) 토양에 대한 진보적인 비판이기는 했다. 하지만 전통을 떠받치고 있는 생활 자체에 대한 변혁으로는 나아가지 못한 채 관념 · 사상 차원의 변혁에 관심을 기울인(그렇기 때문에 전면적인 부정이 가능하기는 했다) 점이 5.4운동의 약점이었다. 전통을 이용해 전제를 부활시키려는 군벌의 전통주의를 비판한 이 운동과 생활 속에 뿌리내린 전통에 대한 전면부정이 혼동되고 있었다. 그들이 내건 슬로건인 '민주와 과학'은 오늘날 개혁을 추구하는 사람들에게 계승되어 민주화운동의 선구가 되고 있다. 『허상』이 추구하고 있는 목표 역시 기본적으로는 전적인 서양화이지만 약점이 그들과 같다고는 생각되지 않는다.

신문화운동의 유교비판에는 두 가지 특징이 있다. 하나는 청말 이래 계속되어 온 유교의 상대화의 심화이다. 캉유웨이뿐 아니라 탄쓰퉁도 상하관계를 절대화하는 유교윤리를 부정하였다. 하지만 그들은 공자의 가르침 자체는 (자기의 재해석을 덧붙이기는 했지만) 오히려 동서고금에 보편적인 것이라고 간주하고 자신들 사상의 핵심으로 삼았다. 그러던 것이 신문화운동 시기에 오면, 공자를 고대의 성인으로 인정하기는 하지만, 이미 시대에 뒤진 유물에 지나지 않을 뿐 아니라 현대세계의 조류에 역행하는 것으로 여기게 된다.

> "공자의 가르침은 이미 혼을 잃어버린 우상이며 과거의 화석이다."
> (천두슈(陳獨秀))

당시 중국에서 공자의 가르침을 직접 비판하는 행위는 전전(戰前) 일본의 천황제 비판과 마찬가지로 사회에 큰 충격이었다. 그래서 『신청년』은 위기감이 날로 심화되던 급진적 지식인의 관심을 끌어모은 반면, 보수 세력으로부터는 '홍수와 맹수'로 간주되었다.

또 다른 특징은 그들이 말하는 '개성의 해방'과 '개인의 독립'이 민족의 독립 및 발전과 연관되어 있었다는 점이다. 서양의 개인주의는 종교신앙의 내면화와 함께 개인의 의미와 가치를 국가 및 사회보다 우위에 두고 내면의 윤리를 강조한다. 하지만 신문화운동에서는 반대로 개인의 권리는 민족의 발전을 위한 수단으로 인식되었다.

> "국가는 많은 개인으로 이루어져 있다. 개인의 권리가 강해지면 국가의 권리도 강해진다."(천두슈)

유교윤리라는 굴레를 벗고 개인의 권리를 확립시키자는 주장 속에도 항상 개인의 권리가 아니라 '총체로서의 인민'의 해방 및 권리의 회복이라는 의미가 내포되어 있다. 이점은 중국 근대사상에 공통되는 특징이다.

이상에서 본 바와 같이, 청말 이래 유교비판은 항상 정치와 밀착되어 있었으며, 정치적 목적을 달성하기 위해 이루어졌다. 따라서 정치과제가 사라져 버리면서 유교비판도 후퇴하였다. 5.4운동 퇴조기에 유교비판이 거의 문제되지 않았던 사실을 생각하면 이 현상을 잘 알 수 있다. 1920년대가 되면서 동서문화 논쟁이 시작되었고, 제1차 세계대전 후 '서양의 몰락'이라는 세계적 분위기에 힘입어 량수밍(梁漱溟) 계열의 신유가는 '이지'(理知)가 본능을 조정하는 조화중용(調和中庸)이라는 공자의 도가 장래 전 세계가 찾아가야 할 길이라고 생각하였다. 신유가[3]들은 서양문화의 승리는 우연히 이 시대와 잘 맞았기 때문일 뿐이며, 중국 및 인도 문화는 시대에 잘 맞지 않았기 때문에 패배했다고 주장하였다. 이러한 사실을 보면 당시까지의 비판이 매우 낮은 수준이었음을 알 수 있다.

이 비판운동에서 유교사상을 고취시키려는 측 역시 정치와 밀착되어 있었다. 1930년대 장제스(蔣介石)가 제창하고 추진한 '신생활운동'은 예의염치(禮義廉恥)를 슬로건으로 내세우고 있는데, 그 목적은 반공에 집중되어 있었다. 장제스는 1933년 9월에 한 연설에서 다음과 같이 말하고 있다. "예의염치를 가지고 인(仁)을 실행하는 것이 인간이며, 그렇지 못하면 짐승과 다름없다. 현재 우리들이 수행하는 공산당 소멸전쟁은 인을 실행함으로써 나라와 민족을 구하려는 싸움이다. 다시 말해, 이 싸움은 사람된 도리로 금수를 멸하고, 인을 중심으로 한 삼민주의(三民主義)[4]로 공산도당의 인하지 못한 이단사설(異端邪說)을 타도하려는 데 목적이 있다." 그는 제2차 세계대전 말기 전후 구상을 기술한 『중국의 운명』에서도 중국 고유의 문화 '공맹(孔孟)의 도'를 강조하고 있는데, 여기에서도 그는 공산주의를 배격하려는 의도를 분명히 하고 있다.

3) 리쩌호우(李澤厚)는 신유가의 특징을 "신해혁명과 5.4운동 이후 20세기 중국의 현실과 학술의 토양 위에 공·맹·정·주·육·왕을 계승·발전시켜 중국 철학 또는 중국 사상의 근본정신으로 삼고, 또 그것을 주체로 해서 서양의 근대사상과 서양철학을 흡수·수용·개조함으로써, 현대 중국의 사회·정치·문화 등 각 분야에서 현실적인 출구를 찾으려 했던 점"에 있다고 평가하고 있다(『중국 현대사상사론』, 베이징: 둥팡출판사, 1987).

4) 역자 주: 삼민주의는 쑨원 사상의 핵심으로 민족, 민권, 민생주의를 가리킨다. 삼민주의는 쑨원 국민당이 세운 중화민국의 정치강령이었으며 타이완의 정치이념이다.

제3절 건국 이후 유교비판

1949년 중화인민공화국이 수립된 이후에도 학계에서는 공자를 고대의 위대한 사상가이며, 역사 진보의 편에 서서 인민의 이익에 긍정적인 역할을 했다고 높이 평가하는 경향이 주류를 이루었다. 즉, 유교를 역사적으로 상대화하는 태도가 그대로 계승되고 있었다.

건국 후 유교가 처음으로 정치적 이슈로 등장한 것은 1951년 「우쉰(武訓)전」 비판이다. 1951년 청조 말기 남방에서 태평천국이 기세를 올리고 있을 무렵, 산둥(山東)에서 가난한 가운데 교육의 중요성을 통감하고 걸식까지 해 가며 결국 숭현의학(崇賢義學)을 건립한 우쉰이라는 빈농의 미담을 그린 「우쉰전」의 영화가 상영되었다. 이 영화는 상영되자 대단한 호평을 받기는 하였으나 '혁명투쟁보다 교육구국'에 중점을 두었다는 이유로 집중 비판을 받았다. 같은 해 5월 20일 런민(人民)일보는 「영화 「우쉰전」에 대한 토론을 중시하자」라는 사설을 통해 "봉건경제의 토대와 상부구조에 대해서는 전혀 언급하지 않고 봉건문화를 열광적으로 선전했다"고 논평하였다(이 부분은 마오쩌둥이 보완했다는 사실이 뒤에 밝혀졌다). 이렇게 되자 이 문제는 단순한 영화비평의 범위를 넘어 문화계의 사상개조 문제로 비화되었다. 우쉰 역사조사단이 현지를 조사한 결과, 그가 세웠다는 의학(義學)은 유교도덕을 가르치는 지주학교이며, 학생도 지주 · 부농 · 상인의 자제들뿐이었다는 사실이 보고되었다. 더욱이 우쉰과 대조적으로 그의 친구이면서 태평천국 농민혁명에 호응한 인물들에 대한 사실이 발굴되었다. 이에 따라 우쉰을 찬양한 사람들의 역사관이 비판 대상이 되었다.

이 비판운동에는 이후 중국 공산당 주류에 의한 유교비판의 원형이 거의 그대로 드러나 있다. 그중 하나는 '유교는 곧 봉건지주계급의 사상'이라는 정식이 확립되었다는 사실이며, 다른 하나는 교육구국론이 부정되고 '계급투쟁 지상주의'가 강조되었다는 점이다. 유교가 지닌 여러 측면에 대한 분석이 무시된 채 유교는 계급투쟁의 중심 대상이 되었고 전적으로 부정되었다.

이어 1953년에는 량수밍 사상 비판운동이 대대적으로 전개된다. 량수밍은 1946년 중국 민주동맹 비서장으로서 국공(國共)합작 때 활약하였고, 마오쩌둥의 오랜 친구이기도 했으며, 건국 이후에도 인민정치협상회의의 위원이었다. 그는 전체회의 석상에서 노동자에 비해 농민이 너무 혜택을 받지 못하고 있는 상황을 비판하였다. 이에 대해 마오쩌둥은 노동자 · 농민의 분열을 획책하고 총노선에 반대하는 처사라고 반격하면서 「량수밍의 반동사상을 비판한다」라는 담화를 발표하였다. 이 담화에서 마오쩌둥은 량수밍을 '공맹(孔孟)의 무리'로 매도하고, 공자는 량수밍과 마찬가지로 비민주적이며, 자기비판 정신이 없을 뿐만 아니라 악한의 두목 같은 면모와 파시스트적인 냄새를 풍긴다고 하였다. 이를 계기로 전국적으로 량수밍 비판의 태풍이 휘몰아쳤으며, 비판논문이 홍수처럼 쏟아져 나왔다.

량수밍이 쓴 회고담에 의하면, 마오쩌둥의 반격에 대해 량수밍은 "비판에 대해 관대하지 못하다"면서 집요하게 비판철회를 요구했으나(량수밍은 마오쩌둥이 베이징대학 도서관 직원으로 있을 때 그의 교사였기 때문에 마오쩌둥의 선배라는 의식이 강했다), 결국은 마오쩌둥을 화나게 했다고 한다. 만일 이것이 사실이라면 앞에서 말한 마오쩌둥의 캠페인도 개인적인 고집에 지나지 않았으며, 당 · 정 주석의 권위를 손상시킨 데 대한 무자비한 탄압이었다고 할 수 있다.

그러나 그 뒤의 추이를 보면, 이 비판운동은 지나칠 수 없는 내용을 내포하고 있다. 마오쩌둥은 개인을 정치적으로 공격할 때 공자에 대한 평가를 들추어냈을 뿐 아니라 공자까지도 공격의 대상으로 삼았다는 점이다. 이 운동과 관련이 있다고 생각되는 사건이 있었다. 양룽궈(楊榮國)는 1954년에 간행된 『중국 고대사상사』(런민출판사, 서문에 의하면 1948년에 완성)에서 "공자의 사상체계는 붕괴되어 가는 씨족노예제를 수호하려는 반동적 조류에 속한다. 당시 신흥봉건계급을 대표한 사상은 순자(荀子)의 '겉은 예, 속은 법' 사상이었으나, 봉건계급도 정권을 장악한 뒤에는 공자를 성인으로 제사하였을 뿐 아니라 반동적 측면을 찬양함으로써 지배자를 옹호하는 유교로 만들었다"고 주장하였다. 그는 또한 공자를 높이 평가하는 학술적 시각도 신랄하게 비판하고 있다. 이 두 비판운동에 나타난 특징은 뒤에 문화혁명으로 계승되면서 더욱더 역사의 전면에 부각된다.

1957년에는 중국 철학 유산의 계승 문제에 대한 학술논쟁이 벌어졌다. 베이징대학 교수로서 중국 철학사 연구의 권위자였던 펑유란(馮友蘭)이 중국 철학사상의 명제를 추상적 의의와 구체적 의의로 나누고, 추상적 의의는 현재에도 계승해야 할 귀중한 부분이 많다고 논하였다. 예를 들어, 그는 『논어』의 "'씀씀이를 절약하여 사람을 사랑한다'는 말에서 인(人)은 구체적으로는 지배계급을 가리키고 있으나 추상적으로는 오늘날의 '경비를 절약하여 대중에게 관심을 가진다'는 말과 유사하기 때문에 계승할 수 있다. 마찬가지로 '인'(仁)을 실행하는 방법인 충서(忠恕: 자기가 하고 싶지 않은 일을 남에게 시키지 말라)는 당시에는 인민을 마비시키고 계급투쟁을 완화시키는 의미를 내포하고 있었을지 모르지만, 추상적으로는 남을 대하는 훌륭한 태도이기 때문에 오늘날에도 운용될 수 있다"고 주장하였다.

그러나 구체적 의의가 문제되었다. 철학 명제의 추상적 의의는 보편성을 가장하여 피지배계급을 기만할 뿐이라든가(황즈퉁(黃子通)), 철학사 연구의 임무는 중국인의 이론적 사유경험과 법칙을 과학적으로 총괄함으로써 마르크스 철학을 발전시키고, 또 그것을 통해서 이론적 사유 측면에서 인민들을 구하고 사회주의를 건설하는 데 기여하고자 하는 것이라고 보았다. 따라서 과거의 철학 명제로부터 구체적인 의의와 좋은 것을 찾아내는 발상 자체가 의문(꽌펑(關鋒))이라는 비판이 가해졌다. 그러나 이 논쟁은 1957~1958년에 반우파투쟁이 전개되고 많은 지식인들이 비판의 대상이 되었기 때문에 결말을 짓지 못한 채 중단되어 버렸다.

이와 관련된 논의는 여러 측면에서 마르크스주의라는 옷을 입고 있었다. 하지만 문화유산을 계승하자는 데 대한 찬성파들의 논의에는 전통사상에 대한 애착이 강하게 나타나 있었다. 예를 들면, 저우부칭(周輔成)은 "우리가 오늘날 고대 철학유산의 역사적 가치를 계승하고자 할 때 단지 그 사상이 한 시대의 걸출한 사상이라는 점뿐만 아니라 오늘날 우리의 사상에도 충분히 의의가 있고 교훈이 될 만한 전에 주목해야 한다. 이러한 사상적 유산들은 현재 우리들 마음속에 살아 있기 때문에 중요하다. ……우리에게 유익했던 조상의 가치 있는 사상이 생각하는 것처럼 그렇게 적지는 않다"고 말하면서, 조국의 철학 유산은 불후의 유산이라고 역설하고 있다(이상 『중국철학사문제 토론전집』, 커쉐출판사,

1957).

1959~1962년은 자연재해와 대약진운동의 폐해로 인한 재난 때문에 정책의 중심이 다시 조정정책으로 전환된 시기이다. 중앙지도부의 오류가 지적되고, 프롤레타리아의 지도로부터 지식인의 중요성이 다시 인정되면서 언론통제가 완화되었다. 이러한 속에서 반우파투쟁 이후 숨을 죽이고 있던 지식인들도 드디어 활발히 발언하였으며, 공자 및 유교에 관한 토론도 활발해졌다(이때 발언한 지식인들이 문화혁명 때에 허무맹랑한 학설이라고 비판 · 타도되기는 하지만).

1962년 11월 산둥성 지난(濟南)에서 '공자학술토론회'가 열렸다. 이 토론회에는 600여 명의 철학자와 역사학자가 참석하여 다양한 의견을 제시하였다. 논쟁은 이미 1961년부터 시작되었는데, 논쟁의 중심인물은 펑유란과 신진연구자이자 당이론지 『홍치』(紅旗)의 편집자(뒤에 중앙문화혁명소조에서 활약한 후 실각) 꽌펑(關鋒)이었다. 펑유란이 '공자는 고대 중국의 위대한 계몽사상가'라고 말한 데 대해, 꽌펑은 '기본적으로 몰락한 노예제 귀족의 요구를 반영한 반동사상가'라고 평하면서 역사적으로도 부정하는 견해를 표명하였다. 이 토론회는 1957년의 논쟁을 계승했다고 볼 수 있다. 이 토론회의 쟁점은 공자의 정치사상, 철학사상, 계급적 입장 등 다방면에 걸쳐 있었으나 핵심적인 문제는 공자의 사상 · 철학 · 도덕 유산을 계승할 것이냐, 계승한다면 어떻게 계승할 것이냐 하는 점으로서, 기본적인 대립구도는 1957년과 거의 같았다. 이때에도 공자를 긍정적으로 평가하는 사람들이 많았으며, 토론회가 끝난 뒤 참가자들은 취푸(曲阜)의 공자묘를 참배하였다고 한다.

이 논쟁의 여파는 꽤 오래 지속되었다. 논점이 초시대적 · 초계급적인 윤리도덕이 있을 수 있는가, 착취계급의 도덕을 사회주의를 건설중인 프롤레타리아 계급이 계승해야 하는가 등과 같은 도덕의 계급성 문제로 비화되어 감에 따라, 초점이 계급투쟁과 도덕계승 문제에 모아졌다. 이 논쟁의 직접적인 계기가 된 것은 우한(吳晗)의 「도덕에 대하여」 및 「다시 도덕에 대하여」(『옌산(燕山)야화』, 매이르신문사, 1966)였다.

우한의 주장에는 분명히 문혁 때 내세웠던 계급투쟁소멸론뿐 아니라 전통문화에 대한 강한 애착이 자리잡고 있었다. 그는 이렇게 말하였다. "이제 사회는 변하였다. 지주계급의 지배는 이미 끝났으며 더 이상 이전으로 돌아가는 일은 없다. 따라서 그들의 도덕론도 함께 시대적 의의와 역할을 상실해 버렸다." 그렇다면 유교도덕이 봉건지주계급에 봉사하는 일도 없게 되었다. 따라서 프롤레타리아는 봉건도덕이나 부르주아 도덕 가운데 어떤 부분을 흡수 · 개조함으로써 정치와 생산에 봉사하도록 만들어야 하는 것이다. 구체적으로는 충, 효, 성실, 근면, 용기, 부르주아지의 섬세한 경영관리, 치밀함 등 여러 가지 미덕이 거론되었다.

이에 대해서 쉬치시엔(許啓賢)류의 비판자들은 도덕의 계급성을 강조하였다. "역사적으로 볼 때 지배적인 도덕은 지배계급의 도덕이다. 그러나 계급투쟁이 있는 한 그것과 대립되는 피지배계급의 도덕(예를 들면, 반란, 노동, 상호 부조 등)이 생기게 되는데, 오늘날 프롤레타리아 계급은 이 도덕을 개조하여 계승해야 한다. 도덕은 본래 생산투쟁과 계급투쟁에서 생겨나는 것이기 때문에, 과거 지배계급의 도덕을 계승하지 않고는 자신들의 도덕을 가질 수 없다고 말한다면, 이는 노동인민에 대한 모욕이다. 지배계급의 도덕은 '반면(反面)교사'로서

비판을 위해 연구되어야 한다." 하지만 논쟁이 점차 학술연구의 영역을 넘어 정치적 캠페인의 색채를 강하게 띠자, 연구자들은 침묵을 지켰고, 계급성 및 계급투쟁 지상주의가 만연하게 되었다. 그리고 이 흐름은 곧바로 야오원위안(姚文元)의 「신편역사극 「하이뤠이(海瑞)의 파직」을 평한다」(1965), 「「싼자촌」(三家村)을 평한다」, 나아가서는 문화대혁명으로 이어지게 된다. 「하이뤠이의 파직」은 바로 우한이 1961년에 발표하여 상연된 사극이다.

문화혁명이 '4구'(四舊)(구풍습 · 구습관 · 구사상 · 구문화)의 타도를 외치며 전통적인 것이라면 거리이름까지 모두 파괴했던 사실에 대해서는 상세히 설명할 필요가 없을 것이다. 지금까지 공자를 높이 평가했던 사람들은 줄줄이 비판 · 타도되었으며, 권력투쟁의 수단으로서 유교도덕을 언급했던 사람들은 그 사실 때문에 공격의 대상이 된 경우가 수없이 많았다. 예를 들면, 류사오치(劉少奇)가 「공산당원의 수양을 논한다」에서 자기반성의 예로 『논어』의 "나는 하루에 세 번 반성한다"는 말을 인용하였고, 또 친구들의 협력과 상호 비판의 예로서 『시경』의 '절차탁마'(切蹉琢磨)라는 표현을 인용했는데, 그는 이 사실 때문에 "당원에게 공맹의 도를 가르치려 했다"고 매도되었다(이 표현은 『마오쩌둥선집』에 여러 차례 나타나지만 이점을 들어 마오쩌둥을 비판하는 경우는 없었다).

4인방(四人帮)[5]이 추진했던 '비림비공'(批林批孔)운동(1974)은 건국 이후 유교 비판의 집약판이었다. 이 비판운동에서 공자는 '고집불통의 노예제를 옹호하는 사상가'로서 역사적 반동성이 강조되었으며, '공씨 집안의 둘째 아들'이라고까지 멸시당하였다. 4인방은 린뱌오(林彪)가 공자의 도를 "당을 빼앗고 권력

5) 역자 주: 문화혁명의 핵심 인물인 장칭, 왕홍원, 장춘차오, 야오원위안을 가리킨다.

을 탈취하며, 자본주의를 부활시킬 반동적 사상무기로 만들었다. 따라서 비림비공운동에서는 린뱌오가 내세웠던 공맹의 도를 비판함으로써 린뱌오의 반혁명 수정주의 노선의 극우적 본질을 철저히 비판할 수 있다"고 보았다. 린뱌오와 공자를 싸잡아 문제삼았던 것은 린뱌오가 족자에 썼다고 알려진 "많은 일 중에 가장 중요한 것이 있으니 바로 사사로움을 이기고 예로 돌아가는 것이다"(悠悠萬事 唯此爲大 克己復禮)라는 구절이었다. '극기복례'라는 한 구절이 자본주의를 부활시키고, 프롤레타리아 독재에 반대하며, 계급투쟁에 반대하는 사상으로 비판된 것이다. 이미 3년 전에 사망한 린뱌오에 대한 비판을 공자 비판과 관련지은 저의는 '당내의 대유'(大儒), 즉 저우언라이(周恩來) 총리를 축출하려는 데 있었다고 한다. 그렇다면 유교비판은 이미 정치적이라기보다는 정쟁적인 의미를 갖게 되었다고 보아야 한다.

문화혁명이 끝나고 대외개방, 자유화의 방향이 정착된 1980년대가 되자 공자를 높이 평가하려는 움직임이 다시 뚜렷해졌다. 그 상징적인 사건이 바로 1984년에 있었던 공자 탄생 2535년 기념식과 공자기금회의 설립이다. 이 기금회의 부회장인 콩더마오(孔德懋, 공자의 77대 자손) 여사는 "유교연구를 강화하여 조국통일을 촉진시키자"고 외쳤으며, 기관지 『공자연구』의 취지에 "이 잡지는 마르크스・레닌주의, 마오쩌둥 사상을 지도사상으로 삼아 공자・유가 및 전통문화 사상에 대한 연구활동을 촉진하여, 고대의 귀중한 문화유산을 종합・계승하며, 옛것을 오늘을 위해 이용할 뿐 아니라 중국적인 특색을 가진 사회주의 정신문명을 건설하는 데 기여하고자 한다"고 기술하고 있다. 이와 더불어 서구의 근대적인 것을 흡수한 유가사상이 바로 현대 중국에서 유일하게 살아 있는 사상이라고 주장하는 신유가의 저서와 논문도 활발히 출판되었다.

물론 이러한 움직임에 대해서는 서두에서 기술한 『허상』과 같은 비판적 의견도 많기 때문에 주류라고 할 수는 없다. 하지만 지식인에 대한 통제가 완화되고 자유화가 진전되면서 공자와 유교에 대한 예찬 분위기가 부활한 이유는 무엇일까? 그 이유가 결코 단순하지는 않겠지만 중국 사회에 깊이 침투되어 있는 문화구조와 관련이 있지 않나 생각된다.

제4절 문화구조로서의 유교

"유교란 무엇인가"라는 물음에 답하기는 쉽지 않다. 일본에서는 철학사상, 윤리사상으로 받아들여진 유교가, 중국에서는 송대 이후 천지우주에 관한 철학적 사고로부터 일상생활에 이르기까지 자연과 인간 모두를 포괄하는 통일적인 체계가 되었다. 따라서 그 본질이 무엇이냐, 중국 전통의 핵심이 무엇이며 오늘날에도 생명력이 있느냐 하는 문제에 대해서 여러 가지 논의가 있을 수 있다.

현대 중국 학계에서 가장 정력적으로 활약하고 있는 리쩌호우의 분석에 따르면, 공자의 인학사상(仁學思想)의 형성에서 가장 중요한 요소는 다음의 네 가지가 있다.

① 혈연 기초: 혈연을 기초로 하고 상하존비를 특징으로 하는 전통적인 '예'의 보편화 · 사회화

② 심리원칙: '예'를 인간의 자연적인 정(부자 간의 사랑)의 기초로 삼으며 종교성을 배제

③ 인도주의: 상하존비의 계급질서를 강조하는 한편 지나침, 잔학함, 공공연한 압박과 착취 반대, 사회적인 상호성 요구

④ 개체 인격: 지식의 추구와 의지의 단련을 통한 인격수양

공자의 인학사상은 이상 네 가지 요소의 상호작용과 유기적 결합에 의해 생겨나서 반대로 그것들을 지배하는 공통적인 특성이 있다. 이것을 리쩌호우는 '실용이성'(또는 실천이성)적 경향과 태도라고 하였다. 이것이 바로 유교뿐 아니라 중국 민족의 문화와 심리의 중요한 특징이다. 실용이성은 신비와 열광을 배격하고 냉정하게 현실적 · 합리적으로 사물과 전통에 대처하게 한다. 또한 실용이성은 정욕을 이지(理知)로 절제 · 만족시키며, 대인관계에서는 인도(人道)와 수양 사이의 균형을 찾게 해 줄 뿐만 아니라, 신과 비이성적 권위에 맹목적으로 복종하지 않고 세계 구제와 자기완성으로 나아가게 한다.

실용이성은 지나칠 정도로 현실과 실용을 중시하며 해결하기 어려운 철학적 과제를 이론적으로 추구하는 순수사변적 추상화는 추구하지 않는다. 중요한 것은 현실생활 속에서 그것을 어떻게 합리적으로 처리하느냐 하는 문제이며, 내세의 구원과 영혼불멸은 구하지 않을 뿐 아니라 불멸과 구원은 이 세상에서의 공적에 의해 결정된다고 본다.

공자가 만들어 낸 인학사상은 오랫동안 광범위한 사람들(어떤 특정 계급뿐만 아니라)의 관념, 행위, 습속, 신앙, 사고방식, 감정 등에 침투하여 삶의 기본적 성격을 규정하는 문화 · 심리 구조가 되었다. 후세의 유자(儒者)들은 공자의 한 측

면을 강조함으로써 유교를 변모시켜 왔으나 유교의 모체구조로부터 완전히 이탈한 경우는 없었다. 유교의 인학사상은 장기간의 봉건사회 속에서 혈연과 상하질서의 유지 및 답습, 무사안일주의, 지족안빈(知足安貧), 노예근성 등 봉건주의의 내용과 불가분의 관계를 맺었는데, 이는 공업화 및 현대화를 저해하는 요인이 되었다. 실용이성은 과학적 · 추상적 사변을 경시했기 때문에 고대과학을 경험론의 범위에 묶어 둘 뿐 아니라 생활과 예술에서 감성을 억압한다. 이러한 사실들이 좋든 싫든 중국의 역사이자 현실이라고 리쩌호우는 말한다. 만약 유교의 장점을 되살릴 수 있다면, 지나친 물질문명 속에 인간성을 소외시키는 현대세계에 따뜻한 인간관계와 정신적 안식을 발견하도록 함으로써 인류문명에 공헌할 수 있을지도 모른다. 하지만 리쩌호우는 이러한 공헌은 중국이 물질적인 빈곤과 낙후에서 벗어나고 제도 · 심리면에서도 봉건적 독소를 철저히 청산한 뒤의 일이라고 결론짓고 있다(「공자 재평가」, 『중국의 문화심리구조』, 평범사, 1989).

리쩌호우는 유교가 봉건지주계급의 사상이라는 평가를 부정하고 계급투쟁 지상주의의 유교비판을 극복하였을 뿐만 아니라 안이한 도덕유산계승론에 대해서도 호된 비판을 가하였다. 유교가 중국인의 문화 · 심리 구조를 형성하고 의식의 심층에까지 침투해 있다면, 유교를 봉건적 독소라고 매도하든, 아니면 개개의 덕목을 들어 그것들의 현대적 의의를 인정하려 하든, 그 태도는 무의식적으로 유교적 사고방식에 지배되고 있다는 말이 된다. 이러한 관점에서 가끔 비림비공에 광분하였던 장칭(江青)을 포함한 4인방의 '봉건적 사회파시즘'이 지적되고 있다. 또한 위스콘신대학의 린위성(林毓生)은 5.4운동 시기의 전통에 대한 급진적인 비판이 바로 전통적 사고방식에 의해 지지되고 있었기 때문에 진정한 의미의 비판일 수는 없었다는 점, 그리고 똑같은 현상이 오늘날까지도 계속되고 있다는 점을 상세히 논증하고 있다(『중국의 사상적 위기』, 연문출판, 1989).

1980년대에는 중국 문화의 본질, 전통문화와 현대, 중국 문화와 서양문화에 관한 토론이 활발히 전개되었다. 앞에서 기술한 공자예찬운동도 이때 일어났고, 전통문화의 핵심인 유교는 당연히 논의의 중심이 되었다. 유교의 본질에 대해서도 '인문(인간중심)주의', '윤리중심주의', '왕권(군주전제)주의' 등 여러 가지 시각이 등장하였고, 유교의 긍정적인 면과 부정적인 면에 관한 많은 논쟁이 있었다. 이처럼 다양한 견해와 평가가 나타나게 된 이유는 유교가 전통문화를 포괄하는 다면적인 성격을 가지고 있어서, 그 가운데 어느 측면을 강조하느냐에 따라 이해방법이 달라지기 때문일 것이다. 여기에서 미조구치 유우조(溝口雄三)의 견해(『방법으로서의 중국』, 동경대학출판회, 1989)를 기반으로 유교를 여러 가지 측면으로 나누어 생각해 보자.

① 예제(禮制): 천자가 집행하는 제천의식을 비롯한 제도화된 조정의 여러 예로부터 종족의 조묘(祖廟)제사 및 가례에 이르는 의례규범을 규정한 것

② 철학사상: 우주론, 이기론, 인생론 등 그 밖의 각각 대립적인 것을 포함한다. 예를 들면, 성악설과 성선설, 인욕(人欲) 부정과 인욕 긍정 등

③ 정치 · 경제 사상: 군주론, 제도론, 경세론 등도 혁명론과 절대전제론, 중앙집권론과 지방분권론, 토지균분론 등 다양한 것을 포함한다.

④ 지도층의 책임 이념: 선각자로서 교육, 구황(救荒), 질서유지 등 구세제민

의 사회적 활동을 의무로 삼는다.

⑤ 학문론 · 교육론 · 수양론 · 도덕론: ②, ③과 관련해서 치세의 근본을 인격 완성에 두는(수신제가치국평천하) 개인의 수양

⑥ 민간 윤리: 상인, 장인, 방(幇) 또는 비밀결사의 규약 등

⑦ 공동체 윤리: 혈연의 종족 및 가족 윤리, 지연의 향약 및 보갑제(保甲制) 등

⑧ 개인 윤리: 오륜오상(五倫五常)과 중용을 중심으로 각각의 신분지위에 맞는 행동규범 및 봉건적 신분질서를 유지하기 위한 내면 윤리

미조구치는 ②, ③, ④, ⑤ 가운데 인욕 긍정, 지방분권론, 구세제민, 대동사상, 균분사상 등 내부로부터 '자생적 근대'를 형성해 온 요소를 인정하려 하고 있다. 하지만 근대 중국에서 언제나 쟁점이 되어 온 것은 ⑥~⑧(여기에 ① 중의 가례 포함)이다. 이 측면들은 서구 근대의 원리인 개인의 독립, 개성의 해방, 자유와 민주를 저해하는 봉건독소로서 5.4운동 이후 유교비판의 중심이 되었다. 유교를 긍정적으로 평가하는 사람들은 '도덕계승론' 등 다양한 재해석을 통해 현대에 되살리려 노력해 왔다. 이 요소들이 유교를 논할 때 중심주제가 되는 이유는 ②~⑤가 논리적 차원에 속하는 데 비해서 ⑥~⑧은 생활과 밀착된 심리적 차원에 속하기 때문이다. 또한 이 요소들은 표면적인 '근대화'에도 불구하고 끈질기게 살아 있을 뿐만 아니라 의식적 · 무의식적으로 사람들의 행동을 규제하면서 때로는 일시에 분출되기도 한다. 현재 중국의 경제개발 과정에 횡행하고 있는 연고만능주의와 관료 브로커에 대한 혹독한 비판을 보아도 이 사실을 분명히 알 수 있을 것이다.

종종 지적되고 있듯이 중국인의 행동심리를 근본적으로 규제하고 있는 것은 인간관계의 그물, 즉 '윤리중심주의'일 것이다. 이에 의하면 객관적인 원리원칙에 기초한 판단보다는 인간관계의 가치판단이 우선시된다. 혈연, 지연, 학연 등 개인적인 친근관계가 사람과 사람을 묶어 주는 가장 강력한 끈이기 때문에 보편적인 원리에 기초한 자유로운 개인 간의 관계는 매우 희박해질 수밖에 없다. 따라서 사회적인 인간관계의 폭은 제한된 범위에 머물게 된다. 그렇다면 안정적인 인간관계를 보증하는 윤리도 공동체 윤리인 유교를 현대에 맞게 적응시키는 데서 찾아야 할 것이다. 공동체를 이탈한 자유로운 인간관계를 맺고 싶어하고 또 맺을 수 있다고 한다면, 그것은 지극히 제한된 지식인 정도일 것이다.

이러한 심리는 생활과 습속의 차원까지 침투해 있다. 리쩌호우는『중국 현대사상사론』에서 몇 가지 예를 들고 있다. 예를 들면, 호칭의 세밀함과 복잡성이다. 친척을 부르는 방법이 동성(아버지쪽), 이성(어머니쪽), 남녀, 원근친소에 의해 복잡하게 구분되어 있는 것은 존비장유의 질서규정이 무의식의 심리구조에까지 침투해 있기 때문이다. 뿐만 아니라 이 세밀한 관계의 그물구조는 현실의 관념에까지 영향을 미치고 있다. 또한 일상적인 인사에서도 중국인은 "안녕하십니까?" 대신 "식사하셨습니까?"라고 말하며, 거리에서 마주칠 때는 "어디 가십니까?" 하고 묻는다. 서양인의 눈으로 보면 이는 사생활 간섭처럼 보일지도 모르지만 중국에서는 모두 집단 속의 존재이며, 집단이 개인의 행위에 관심을 표시하는 것은 당연하다. 중국인의 싸움은 제3자의 조정, 담합, 화해에 의해 해결될 수 있게 되어 있으며, 잘잘못에 대한 객관적 심판보다는 인간관계가 중시된다. 리쩌호우에 따르면 이러한 현상은 지금도 보편적으로 존재하고 있기 때문에 유가학설을 중심으로 한 전통문명이 현실 생활과 풍속습관에 침투해서 중국인의 문화·심리 구조를 형성하고 있다고 보아야 한다. 인간은 먼저 가족의 일원이며 나아가서는 가족을 단위로 한 집단(촌락, 길드 등)의 구성원이기 때문에 집단을 떠난 개인은 있을 수 없다. 따라서 이러한 사회적 관계구조 속에서 서구적인 개인의 자주, 자유, 평등, 독립을 추구하기는 매우 곤란하다고 할 수 있다.

민간신앙의 차원에서도 촌묘(村廟)제나 길드(동업자 조합)의 조사신앙(祖師信仰)은 모두 집단귀속의식을 강화하려는 의식이다. 여기에서도 유교윤리의 침투를 엿볼 수 있다. 민중에게 선행을 권하는 『공과격』(功過格)(선행과 과오 각각에 대해서 점수를 계산하도록 되어 있는 책)은 도교, 불교를 불문하고 채택해 왔는데, 선악의 기준에는 유교윤리가 큰 부분을 차지하고 있다.

이러한 생활과 습속을 기반으로 유교적인 도덕·윤리가 성립했다면, 단순히 서구문화를 부정하는 것만으로는 거의 무력하며, 오히려 이러한 기반을 명확히 인식하고 그 위에 민주와 인권이 구상되어야 할 것이다. 그 구상이 어떤 모습일지에 대해 당장 단정하기는 어렵겠지만 리쩌호우가 '중체서용', '전적인 서양화'에 대해서 '서체중용'(西體中用)을 제창했던 점은 매우 시사적이다. 리쩌호우가 말하는 '서체'는 현대화된 물질 생산과 정신 생산을 의미하며, 이데올로기, 생산·생활 양식 및 마르크스주의도 포괄한다. 현대화는 '체'인 사회 존재의 변혁을 말한다. 중국의 현대화를 위해서는 당연히 서양에서 현대화된 것을 받아들여야 한다. 하지만 이때 무엇을 받아들이고 무엇을 받아들이지 않아야 하는지, 사회에 광범위하게 존재하는 전통적인 것과 어떻게 결합시켜 활용할 것인지 하는 문제가 바로 '중국화의 길'이다. 이렇게 하기 위해서는 무의식의 전통을 철저하게 의식화해야 한다. 리쩌호우의 제안이 꼭 구체적인 형태는 아니지만, 그가 주장하는 전통 타파는 의식 측면에 기울거나 전통의 강력한 힘을 경시하는 경향에 대한 엄중한 경고라고 할 수 있다.

제5절 유교문화권론과 경제발전

근래에 들어 일본 및 동아시아 NIEs(한국, 대만, 홍콩, 싱가포르. 이 나라들을 중국에서는 '아시아의 작은 네 마리 용', 일본을 포함시켜 '아시아의 다섯 마리 용'이라 한다)의 눈부신 경제발전에 주목하여, 주로 중국 이외 학자들 간에 유교문화가 경제발전에 긍정적인 요인으로 작용한다는 논의가 활발해졌다. 동아시아의 공업발전은 구미의 시장경제를 중심으로 한 자본주의 방식, 소련 · 동구의 계획경제를 중심으로 한 사회주의 방식과는 다른 제3의 공업문명이라고 보아야 하며, 이 나라들의 공업화의 기초에는 동아시아 특유의 문화가 있다는 것이다. 그 특유한 문화를 반드시 유교로 한정할 수는 없지만 유교문화의 영향을 부정할 수는 없다고 논자들은 말한다.

이 네 지역은 민족뿐 아니라 정치 상황도 다르다. 하지만 이 나라들 또는 지역은 교육중시, 대가족주의적 기업관리, 높은 저축률, 관민일체의 기업경영 같은 공통된 현상을 바탕으로 하고 있고, 유교의 영향이라는 집단에 대한 충성과 가족적인 인간관계 등을 특징으로 하고 있다. 이러한 유교적 요소가 고도의 기술을 요하는 현대경제와 후기 공업화 사회에 적합하지 않겠느냐 하는 논의는 경제적으로 쇠퇴해 가고 있는 구미인들의 위기감의 표현이다. 이러한 논의는 경제 측면에 머물지 않고 문명론의 차원에서도 극단적인 개인주의와 계약사회에 대한 반성을 통해서 조화와 집단주의를 다시 생각하게 하고 있다. 하버드대학의 뚜웨이밍(杜維明)처럼, 현대를 유학의 제3 발전기로 보면서 유학사상의 현대화가 바로 중국 현대화의 동력이 될 뿐 아니라 전 세계적인 의의를 갖는다고 주장하는 학자도 있다.

프랑스의 레옹 반델메르슈(Leon Vandermeersch)는 다음과 같이 말하였다. "유교는 구사회의 원리로서 구사회와 함께 소멸하였다. 그러나 유교는 결정적으로 죽어 버렸기 때문에 그 유산이 발전요소들과 모순되지 않고 새로운 사고방식 가운데 재투자될 수가 있다. ……동아시아의 발전과 공업화 과정에 있는 사회의 활동범위와 새로운 행동의 의미는 유교적 유산과 관련지어 조명해 볼 때에만 이해할 수 있는 다양한 행동양식을 보여 주고 있다. 이것을 '공동체주의', '의례주의', '기능주의'라고 하는데, 새로운 한자문화권은 서양의 전통과 이질적인 요소를 통해서 경제적 · 과학적 및 기술적으로 서구문명에 필적할 만한 문명 형태를 준비하고 있다"고 지적하고 있다(『아시아 문화권의 시대』, 대수관서림, 1987). 그리고 프리초프 카프라(Fritjof Capra)의 『현대물리학과 동양사상』(*The Tao Physics*)(공작사, 1985)처럼 현대 이론물리학과 동양의 신비주의(힌두이즘과 역(易)이론)의 유사성, 양자의 상보성을 논하는 경우도 있다. 이들 논의는 '진보는 곧 서양화'라는 300년에 걸친 서구중심주의에 대한 뼈아픈 자성과 새로운 범지구적

문명을 전망해 보려는 움직임이었다는 점에서 충분히 검토해 볼 만한 가치가 있다고 생각한다.

구미의 논의에 힘입어 유교도덕을 부활시키고 전통문화를 찬양하려는 경향(예를 들어, 1987년 8월 취푸에서 열린 유학국제회의 및 1988년 12월의 국제주자학회의에 대한 일부 언론)이 나타났다. 하지만 중국에서는, 특히 민주화를 요구하는 사람들의 강한 반발이 있었다. 중국 사회과학원의 장줘(張琢)는 「중국 사상문화의 현주소」(『중국-사회와 문화』 제3호, 1988)에서 이렇게 말하였다. "중국 사회 · 경제 발전의 불균형, 특히 경제와 문화의 지체 때문에 유학은 여전히 일정한 시장을 확보하고 있다. 하지만 전체적으로 보면 유학은 이미 역사박물관에 보내졌어야 할 것"이라고 단정하였다. 이어서 그는 "지금 중국에 필요한 것은 과학적 · 민주적 신문화를 발전시키는 일"이라고 강조하고 있다. 그의 글 속에는 "서양의 빵, 서양의 자동차는 당신이 얼마든지 사용해도 좋다. 그러나 일부러 중국까지 와서 공가 가게(孔家店)를 열고 판매하지 말라"며 뚜웨이밍을 비판한 젊은 작가의 문장이 소개되어 있을 뿐 아니라 유교비판을 비림비공과 동일시하는 언론에 대한 심한 반발도 함께 나타나 있다. 구미에서 문명론적 유교평가는 중국이라는 자기(磁氣)장에 들어오면 곧 현재의 정치적인 자기를 띨 수밖에 없다.

문제는 생활의 모든 차원에 침투해 있는 유교적 요소 위에 어떻게 적합한 민주, 인권, 과학을 쌓아 올릴 것이냐 하는 데 있다. 일차적인 책임은 역시 지식인에게 있다. 유교윤리의 근본은 사람을 여러 층으로 차별함으로써 질서를 유지하는 데 있다. 혈연, 지연, 학연 등 상하친소의 차별 외에 송대 과거제도 확립 이후부터는 '지식'이 가장 큰 사회적 차별요소였다. 다시 말해, 중국에서는 유교적 교양 유무에 따라 인간의 가치를 결정해 왔던 것이다. “마음으로 애쓰는 자는 남을 다스리고, 힘으로 애쓰는 자는 남의 다스림을 받는다”(『맹자』)는 의식은 중국의 지식인 속에 뿌리 깊이 이어져 왔으며, 농민에 대한 멸시, 서민에 대한 우월 의식 및 지도자 의식은 오늘날 개혁을 외치는 사람들의 글에도 여전히 남아 있다.

인간이 전통으로부터 도망칠 수 없는 존재인 이상, 전통의 변혁은 밖으로부터가 아니라 안에서부터 시작되어야 한다. 현대의 유교 문제는 궁극적으로 지식인들이 농민과 서민의 생활 속에 뛰어들어 그들의 내면에 있는 인간해방을 향한 염원에 부응해서 무엇(그것은 필연적으로 서양적인 것과는 다를 것이다)을 제시해 줄 수 있느냐 하는 데 있지 않을까?

Chapter

2

혁명 · 근대화 · 전통

제1절 격변과 고뇌

제2절 구국과 전통문화 부정-신문화운동에서 민주와 과학

제3절 신문화운동에서 혁명으로-민주의 앞날

제4절 중국 혁명과 농민혁명-마오(毛)주의 역사관의 형성

제5절 사회주의로의 급전환과 부르주아 사상 비판

제6절 근대화와 전통

小島晋治,「革命 · 近代化 · 傳統」,『歷史と近代化』, 東京: 岩波書店, 1989, pp. 2~38

혁명 · 근대화 · 전통

제 1 절 격변과 고뇌

문화대혁명(1967~1976)의 뼈저린 경험과 1978년 12월 중국 공산당 11기 제3중전회에서의 '개방과 개혁'으로의 대전환 속에서 중국의 지식인들, 특히 젊은 세대들의 전통 · 역사에 대한 시각은 크게 변화해 왔다.

1988년 6월에 방영되어 특히 지식층의 압도적인 공감을 얻었고, 원로 고급간부의 지시에 의해 재방영이 금지된 TV 시리즈물 『허상–중화문명의 비장한 쇠퇴와 어려운 재건』은 큰 변화를 상징적으로 보여 준다. 시나리오 제5부 「우려」에 다음과 같은 부분이 있다.

> "수천 년 동안 (황하의) 주기적 범람으로 인하여 화베이(華北) 평원은 완전히 다른 모습으로 바뀌었고, 호수와 연못은 메워졌으며, 성곽과 구릉이 물에 잠김으로써 민중들은 도탄의 괴로움을 맛보았다. ……더 놀랄 만한 사실은 이러한 주기적 파괴가 중국에서는 자연현상만이 아니라 일종의 역사적 · 사회적 현상이기도 했다는 점이다. 장기적인 시각에서

보면, 중국 역사상 봉건왕조는 수립에서 발전 그리고 전성기를 향하면서 점차 위기가 나타나고 동란이 발생하여 결국 붕괴하게 되는, 거의 200~300년 주기의 격렬한 대동란이 반복되어 왔다. 구왕조가 전복되고 신왕조가 일어나는 과정에도 분명한 시간적 주기성이 있어서, '나뉘면 반드시 합해지고 합해지면 반드시 나뉘는' 황하의 범람과 같은 영원히 멈추지 않는 순환이 지속되어 왔다. 이러한 사회구조의 붕괴는 일부 이론가들이 말하는 어떤 혁명적 의의를 갖는 것은 결코 아니다(밑줄은 필자). 아니 그것은 단지 사람을 놀라게 하는 파괴력과 잔학성을 보여 주었을 뿐이다. 한 왕조 말기에 전쟁이 일어나면 1,000리의 토지는 황야가 되고, 성곽은 파괴되며, 전원은 메말라 인구가 격감한다. ……주기적 대동란은 생산력의 축적을 가차 없이 파괴하였다. 때때로 경제가 발달하고 번영하여 풍요롭던 곳이 더 심하게 파괴당하기도 하였다.

사실 가공할 만한 사회동란은 중국인에게 결코 옛 이야기가 아니며 낯설지도 않다. 문혁(文革)이라는 동란은 이미 오랜 세월이 지났으나 깊은 상처는 여전히 사람들의 가슴에 남아 있다. 그러나 선량한 사람들이 이 문제를 진지하게 생각한 적이 있을까? 해방 이전의 동란으로부터 겨우 10년 만에 왜 동란이 폭발했는지를. 고대의 주기적 사회동란이 아직도 계속되고 있는 것일까? '7~8년 만에 또 한다'(마오쩌둥의 말)라는 공포스러운 예언과 영화 「푸룽마을」(芙蓉鎭)에 나오는 미친 왕쵸스[1](王秋赦)

1) 극빈 농업 노동자 출신으로 토지 개혁 때 경지를 얻었으나 잘 경영하지 못하고 몰락하였다. 그러나 그는 농촌에서 가장 혁명적인 계급이라고 규정된 농업 프롤레타리아트로 분류되었다. 그는 위로부터 시작된 계급투쟁, 정치운동

는 정말 역사 속으로 묻혀 버렸을까? 중국 인민은 영원히 동란이 재현되지 않기를 바라고 있다. 이 소망은 황하가 두 번 다시 범람하지 않기를 바라는 것과 마찬가지이다."

왕조 말기의 대동란을 반봉건적 농민봉기, 농민전쟁으로 간주하고, 이것이 바로 중국사 발전의 기본적 동력이자 자랑스러운 '민주적 유산'이라고 본 것은 마오쩌둥의 역사관이자 중화인민공화국의 공인된 역사관이었다. 오늘날 중국 보수파의 견해를 대표한다고 생각되는 일부 이론가들도 '역사의 유산으로부터 흡수해야 할 영양분' 가운데 가장 중요한 것으로서 고대(전근대)의 노동 인민이 자유를 추구하고 착취압박에 반항했던 사건을 들고 있다. 그들은 혁명 전통과 애국전통의 예로써, 진나라 때 진승(陳勝)과 오광(吳廣)의 난으로부터 태평천국의 혁명에 이르는 규모와 횟수면에서 세계혁명사에 보기드문 농민봉기, 농민전쟁을 구체적으로 제시하고 있다.[2)]

그리고 양둥량(楊東梁)은 "봉기한 농민이 천명(天命)을 받았다고 자칭하던 봉건지배자를 멸시하며 '하늘을 찌르자'고 외쳐…… 평균과 평등의 세계(후한 말 황건적의 난 때의 슬로건)와 '귀천을 같게 하고 빈부를 같게 하는'(송대의 종상(種相)·양마(楊摩)의 슬로건), 또는 '균등하지 않는 곳이 없고 배부르지 않은 사람이 없는'(태평천국의 천조전무제도(天朝田畝制度)) 이상사회의 실현을 목표로 투쟁하

때마다 그 전위대가 되었고, 특히 문혁 때는 지방간부에 올랐다. 그러나 문혁이 부정되자 실각하게 되었고, 결국 그는 미쳐서 "정치투쟁이 또 시작될 것이다"라고 떠들며 돌아다녔다.

2) 중국 역사 속의 대규모 민중반란에 대해서 중국 역사연구자들은 습관적으로 '농민전쟁' 또는 '반봉건적 농민혁명', '농민의 혁명전쟁' 등의 단어를 써 왔다. 필자는 이 용어들을 재검토할 필요가 있다고 생각한다(나의 글, 「태평천국연구를 되돌아 보며–농민전쟁설에 대한 재검토」, 『중국–사회와 문화』 제3호, 동경대 중국학회, 1988). 그러나 이 글은 많은 곳에서 중국 논자들의 관용어법을 그대로 인용한다.

였다. 그 정신과 이상은 우리 역사의 귀중한 유산이다"라고 말하고 있다(양둥량, 「역사문화유산과 사회주의 정신문명의 건설」, 런민대학 과학연구처 엮음, 『전통문화의 현대화』, 중국 런민대학출판사, 1987).

요컨대, 민주와 자유를 목표를 하는 정치체제의 개혁을 포함한 개혁 심화를 통해서 번영되고 근대화[3]된 국가를 건설하고자 하는 지식인과 학생들은 주기적인 농민반란을 포함한 중국의 전통 전체를 재검토하려 한다. 그리고 중국공산당 지도부의 '네 가지 기본 원칙'[4]을 견지하고자 하는 사람들은 마오쩌둥의 농민전쟁에 대한 평가를 그대로 계승하고 있다고 생각된다.

이 글에서는 5.4신문화운동에서 오늘에 이르기까지 중국 현대에서 중요한 주제였던 「혁명과 전통, 근대화와 전통」이라는 주제를 중국의 역사적 체험과 관련지어 추적해 보려 한다. 여기에서는 농민 및 농민반란의 역사전통에 대한 시각의 추이를 중심으로 논의를 진행하고자 한다.

제2절 구국과 전통문화 부정-신문화운동에서 민주와 과학

현대 중국의 혁명 '사상' 형성의 기점은 일반적으로 1915년 천두슈(陳獨秀)가 간행한 『청년잡지』(2권 이후 『신청년』으로 개명)에서 시작되는 신문화운동에

3) 필자는 공업화(농업 기계화 포함), 전근대사회의 특질인 신분적 사회질서가 타도된 법 앞에서의 평등, 기본적 인권의 실현 그리고 그 귀결인 정치체제의 민주화가 '근대화'의 중심적 내용이라고 생각하고 있다. 이러한 뜻에서 근대화라는 용어를 사용하였다. 사회주의 중국에서는 '현대화'란 용어가 많이 쓰이고 있다. 최근 개혁파 지식인들은 이 용어를 쓰는 경우가 많아졌다.

4) 역자 주: 사회주의의 길, 인민민주 독재, 공산당의 영도, 마르크스주의 마오쩌둥 사상, 덩샤오핑 이론 견지를 가리킨다.

서, 그리고 혁명 '운동'의 기점은 1919년 5.4운동에서 찾고 있다. 하지만 천두슈는 이 잡지에 대해서 "정치 현안 문제 비판이 중심은 아니다"라고 하면서 직접적으로 정치를 논하지는 않았다. 대신에 그는 오로지 문화의 문제, 개인의 삶의 방식, 사상, 가치관, 윤리관 그리고 국민성의 개조 문제에 논점을 집중하였다. 그는 양무운동, 변법운동, 신해혁명 그리고 계속되어 온 근대적 변혁을 위한 시도가 모두 실패한 원인을 민중의 자각 결여, 곧 스스로를 독립된 주체로 자각하지 못한 '노예근성'에서 찾았다.

> "많은 국민의 자각과 자발성에서 생겨난 것이 아닌 입헌정치는 선량한 정부, 현인정치에 대한 열망에 지나지 않는다. 이 근성의 천박성과 열등성은 노예가 주인의 은혜를 구걸하고 서민이 신성한 군주와 재상이 인정을 베풀어 주기를 바라는 것과 다름이 없다. 간판은 입헌, 공화, 국민이지만 실질은 전제군주제와 같다."(「우리의 마지막 각오」, 『청년잡지』 1권 6호, 1915. 2)

천두슈는 중국인의 노예근성을 만들어 낸 것이 바로 예교(禮敎), 유교의 '3강(군신, 부자, 부부의 도)의 설'이라고 보고, 이 구도덕을 타도하고 근대 서양이 낳은 개인의 '자유, 평등, 독립'과 같은 새 도덕을 수용해야 한다고 주장하였다. 이후 『신청년』 지상에서는 리따자오(李大釗), 루쉰(魯迅), 저우쭤런(周作人), 우위(吳虞), 첸쉬안퉁(錢玄同), 후스(胡適), 류반농(劉半農) 등이 전통문화 비판운동을 전개하였다. 이 전통비판운동에서는 유교의 진수인 인간관계를 규정하는 도덕, 즉 인륜 중에서 가족 · 혈연 관계를 규정하는 효제(孝悌)와 정절, 그리고 효를 군신관계로 확대한 충(忠)을, 인간을 인간답게 하는 개인의 독립과 존경 및 개성의 해방을 압살하는 '사람을 잡아먹는' 예교로 간주한다. 비판자들은 공자의 사상을 철저하게 타도하는 데-공자주의 타도-힘을 기울였다. 그들은 또한 구도덕 · 가치관에 대항해서 새로운 가치관과 삶의 방식을 집약한 슬로건으로 '민주와 과학'을 높이 내걸었다.

신문화운동에 의한 전통과 국민성에 대한 본질적인 비판과 부정은 오늘날 민주 개혁을 열망하고 있는 류짜이푸(劉再復), 린강(林崗), 리쩌호우(李澤厚) 등 민주파 지식인에 의해, 중국 역사상 처음으로 문화의 심층을 진동시킨 획기적 의의를 갖는 것으로 평가되고 있다(류짜이푸 · 린강, 『전통과 중국인』, 홍콩: 산롄서점, 1988; 리쩌호우, 『중국 현대사상사론』, 둥팡출판사, 1978 참조). 하지만 그들에 의해서 "이 격렬한 태도 없이는 강력한 전통을 동요시킬 수 없었다"는 점이 인정되기도 했지만, "전통과 문화에 대한 자학도 생겼다"(류짜이푸의 입장)는 지적도 있었다.

특히, 리쩌호우는 "진정한 전통은 사람들의 행위모델, 사유방법, 정감 속에 축적되어 있는 문화 · 심리 구조이다. 공자의 중요성은 일종의 학설, 이론, 사상뿐 아니라 사람들의 생활과 심리 가운데 녹아 있기 때문에 민족의 심리와 국민 성격의 중요한 요소가 되어 왔다. 이 요소는 현실 속에 살아 있는 존재이기 때문에 버리고 싶으면 버리고 보존하고 싶으면 보존할 수 있는 것이 아니다. 따라서 5.4운동 같은 격렬한 전통비판과 신문화론만으로 문제를 해결할 수는 없으며…… 전통 속에서 자기를 발견 · 인식하여 자기를 개혁해 나가는 일, 곧 전통에 대한 전면적 부정이 아니라 창조적 전환이 우리의 과제"라고 말하고 있다(「계몽과 구원의 2중주」, 앞의 책).

전통문화를 철저히 부정하려는 경향은 신문화운동의 대표자인 천두슈에게서 두드러진다. 천두슈는 서구가 만들어 낸 근대의 이념에 비추어 중국의 전통문화를 비판하는 이른바 '선진과 후진'이라는 이분법적 좌표축을 중심으로 삼고 있었다. 따라서 그는 리쩌호우가 말하는 전통 속에 살았던 농민을 '우매, 미신'이라는 측면에서만 이해하는 치명적인 한계를 갖게 되었다. 이 시각은 천두슈의 「케텔러 비(碑)」(『신청년』 5권 5호, 1918. 10)라는 의화단에 관한 그의 글에 전형적으로 나타난다. 제1차 세계대전에서 동맹국(중국도 그중의 하나였다)의 전승축하 분위기 가운데서 독일에 대한 사죄의 뜻으로 건립한 케텔러(Klemens von Ketteler: 의화단이 살해한 독일 공사) 비가 파괴된 일을 두고 국치를 씻었다고 환호한 사람들이 있었다. 이에 그는 다시 의화단이 소동을 일으키면 연합군의 중국 출병을 초래할 위험성이 있음을 지적하면서 과거 · 현재 · 미래의 '의화단의 난의 발생 원인'을 분석하였다.

그는 의화단의 난의 발생요인으로 다음 몇 가지를 들었다. 첫째, 유교보다는 사람들 마음 속에 깊이 자리한 도교에서 유래하는 미신과 사설(邪說)의 만연, 둘째 초물질적인 영혼세계의 권위를 인정하는 불교의 각종 미신, 셋째 유교의 춘추대의가 낳은 완고한 '존왕양이의 배외정신', 넷째 유 · 불 · 도 3교가 합해진 중국의 전통적인 연극의 영향, 다섯째 삼강오상(인 · 의 · 예 · 지 · 신)의 정신을 모르는 오랑캐와 오랑캐가 되고자 하는, 중국에서 신학문(新學)을 중시하는 자들을 짐승처럼 보는 수구당 세력을 들고 있다. 그는 이 모든 요인들이 당시 중국에 만연해 있었다고 말하고 있다. 이어서 그는 "장래 의화단의 난이 재발하여 국치의 기념비를 세울 일이 생기지 않으리라는 보장이 없다"고 경고하였다.

선진 · 후진이라는 관점에서 생각하는 한 농촌과 농민은 '마법의 동산'으로서 부정적인 위상을 부여받을 수밖에 없고 또 경시될 수밖에 없다. 이점에서는 천두슈의 전통문화 부정에 강력히 반발하며 유교의 전 인류사적 의의를 강조한 '동방파' 량수밍(梁漱溟)이 오히려 농촌과 농민을 중시하는 사상을 표현했다고 할 수 있다. 제1차 세계대전을 지나 근대 서구문화에 대한 회의가 확대되면서 서구 · 중국 · 인도의 전통문화에서 막다른 골목에 이른 근대문화를 구원할 동기를 찾으려는 움직임도 확산되었다. 량수밍은 줄곧 이점을 의식하면서 서구 근대의 개인주의, 그리고 개인주의가 낳은 경제주의에 대항해서 인간관계의 친화와 그것에 의한 사회의 조화 · 안정을 중시하는 유교의 세계성을 강조하였다. 그는 입헌제의 기초를 강화하기 위한 중심과제로서 친화력이 살아 있는 '향촌건설운동'에 착수하였다. 신문화파 가운데도 본래 농촌 · 농민을 중시하는 사상은 있었다. 특히, 리따자오는 「청년과 농촌」(1919년 2월, 『리따자오선집』, 런민출판사, 1959)이라는 글에서 "도시에는 범죄가 많고 농촌에는 행복이 많다. ……도시의 생활은 악마 같고 농촌의 생활은 인간답다. 도시의 공기는 오염되어 있고 농촌의 공기는 깨끗하다. ……청년들이여! 농촌으로 가라. 평생을 논밭에서 일하고 있는 어른들과 부녀자들 그리고 어린이들은 여러분의 마음의 친구이다!"라고 외치고 있다. 루쉰은 신해혁명기 농업노동자[阿Q]를 통해 중국인의 열등성의 결정체를 묘사하고, 아큐정신의 변혁 없이는 중국의 진정한 변혁은 있을 수 없다는 사실을 보여 주었다(『阿Q정전』, 1921). 여기에는 천두슈의 계몽과는 다른 사상의 질(質)이 내포되어 있다.[5] 그러나 천두슈는 신문화운동에 압도적인 영향력을 행사하고 있었기 때문에, 농촌에 대한 그의 시각은 역시 신문화운동의 경향을 잘 보여 준다.

이상과 같은 문제를 안고 있기는 하였으나 신문화운동이 중국 역사상 처음으로 '인륜', 즉 상하의 분수에 의해 규정된 관계 속에 자리매김되었고 또 그 속에서만 가치를 인정받아 오던 인간에 대한 관념을 깨뜨리고 독립된 개체로서의 가치와 존엄성—인권, 남녀평등, 법 앞의 평등 등 중국의 전통문화에는 결여되어 있던 근대이념(류짜이푸 등의 책)—을 구가했다는 사실은 매우 획기적이다. 그럼에도 불구하고 여기에서는 개체의 존엄성, 개성의 해방, 인권 등 그 자체가 최고의 자기목표로서 추구되고 있지는 않았다. 이 요소들은 아편전쟁 이후 공업기술이 도입되고 정치제도가 변혁되면서 입헌군주제에서 공화제로 점차 범위를 확대해 온 근대화를 향한 노력에도 불구하고 계속해서 쇠퇴의 길을 걸어온 중국을 살리고 부강한 근대국가를 만들기 위한 '최후의 각오'로서 제기되었다.

리쩌호우는 '천하를 다스리는 것을 나의 사명으로 삼는' 사상을 견지해 온 중국 사대부의 고유한 전통과 유교의 우수한 일면인 '경세치용'(經世治用)이라는 '집단주의'적 의식이 철저한 전통 및 유교에 대한 부정에도 불구하고 계승되어 왔다는 점에서, 중국 계몽사상의 특수성을 찾고 있다(앞의 「계몽과 구원의 2

5) 리쩌호우는 「중국의 마르크스주의 시론」에서 "중국의 근대화에는 캉유웨이, 옌푸(嚴復), 쑨원, 천두슈를 대표자로 하는 서구화 사조와 홍쇼췐과 장타이옌(章太炎), 초기의 루쉰, 장스자오(章士釗), 량수밍, 마오쩌둥 등을 대표로 하는 나로드니키 사조 간에 차이가 있었다" 고 기술하고 있다(앞의 책, 『思想』, 1989년 9 · 10월호).

중주」). 이 전통은 1989년 5~6월 5.4정신을 계승하기 위해 '민주', '언론 · 보도의 자유' 및 '관료특권과 부정부패의 일소'를 내걸고 거리로 나섰던 학생과 지식인들의 운동 속에도 면면히 이어지고 있다고 보아야 할 것이다.

신문화운동에 처음부터 내포되어 있던 구국을 과제로 삼은 정치성 때문에 천두슈, 리따자오를 비롯한 신문화운동 참여자들은 신문화의 이념을 받아들여 부모가 결정하는 전통적인 결혼을 거부하고 자신의 의지에 의한 자유로운 남녀교제와 결혼을 실천하였다. 이렇게 함으로써 가부장제, 그리고 가부장제를 기초로 한 전통적 사회질서와 격렬히 투쟁했던 지식인과 학생들은 1919년 5.4운동[6]의 주요 담당자로 등장하였다.

5.4운동은 일본 제국주의 및 일본과 결탁한 북양군벌(안후이파(安徽派))을 대상으로 하는 구국 반제국주의와 반군벌 · 반봉건 세력을 결합한 최초의 조직적 · 대중적 민족운동이었다. 도시 지식인에 한정되기는 하였으나 학생들이 전개한 다양한 선전활동을 통해 신문화운동의 이념도 널리 퍼져 나갔다. 그리고 이 운동 이후 여러 해 동안 천두슈, 리따자오를 비롯한 5.4운동의 젊은 지도자들 가운데는 마르크스 · 레닌주의가 급속히 확산되었다. 그 결과 1921년 7월 상하이에서 주로 지식인들로 구성된 당원 57명과 대표 15명이 중국 공산당을 창립하였다. 이때 천두슈는 중국 공산당 초대 서기장으로 취임하였다.

레닌주의를 받아들이기에 앞서 혁신적인 청년 지식인들은 자유로운 개체

6) 전승국의 하나로 베르사유회의에 참가한 중국은 산둥에서 누리고 있던 독일 특권의 직접적이고 무조건적인 반환과 중 · 일 간에 맺은 21개조 협약의 무효를 요구하였다. 그러나 이 시도는 영국, 프랑스 등이 일본을 지원함으로써 실패한다. 5.4운동은 이 사건에 대한 항의로 일어났다. 이 운동은 이후 베이징의 학생시위에서 비롯되어 주요 도시의 학생시위, 기업가, 상인들의 일본 화폐의 배척, 그리고 대도시 노동자의 항의파업으로 발전하였다.

가 자발적 의지와 평등한 관계 및 우애로 하나가 되고, 또 어떤 강제 · 억압 · 착취도 없는 이상사회를 건설하기 위해 노력하고 있었다. 그들은 자연스럽게 무정부주의(anarchism)에 빠져들었다. 러시아 혁명의 의의를 가장 먼저 인식한 리따자오의 기념비적 논문 「볼셰비즘의 승리」와 「서민의 승리」(모두 『신청년』 5권 5호, 1918)에서도 볼셰비즘은 무정부주의의 이상처럼 묘사되고 있다. 그의 「계급투쟁과 상호 협조」(『리따자오선집』, 1917. 7)라는 글에서는 크로포트킨(Peter Kropotkin)[7]의 상호부조론의 강한 영향을 발견할 수 있다.

마오쩌둥은 5.4운동, 러시아 혁명 및 제1차 세계대전 후의 유럽의 혁명운동과 인도 혁명, 한국의 3.1운동을 평가한 「민중의 대연합」(『원전 중국 근대사상사』 제4권, 암파서점, 1919. 7~8)이라는 논문을 발표한 적이 있다. 이 글에서 그는 각자의 이익에 근거해서 자발적으로 결합하는 민중의 소연합을 기초로 하는 대연합이 취할 행동은 '그 사람(귀족, 자본가)의 방법으로 그 사람을 다스리는' 마르크스주의 방식보다는 지도자들도 죽이지 않고 회개시킴으로써 '지구를 연합하여 한 나라로 만들고 인류를 연합해서 한 가족을…… 공존공영에 이를 것'을 말한 크로포트킨의 생각이 더 넓고 깊다고 기술하고 있다.

마오쩌둥은 저우쭤런이 『신청년』 1919년 3월호에 소개한 일본의 새마을실험에 대해 깊은 공감을 느끼고, 창사(長沙)의 웨루(岳麓)산에 새 마을을 건설할 계획을 세웠다. 이 시도는 당시 청년들이 이상사회의 태아로서 각지에 결성했던 '일하며 공부하는 협력단[工讀互助團: 상호 협력정신에 기초하여 하루 4시간 일한 수입을 공유재산으로 삼아 생활비, 의료비, 서적비 따위에 충당하며 학습하는 집단]과도

7) 역자 주: 러시아 출신의 철학자, 지리학자이자 무정부주의 운동가로서, 보로딘이라는 가명으로 활동하기도 했다.

일맥상통한다. 천두슈도 차이위안페이(蔡元培), 리스쩡(李石增) 등과 '새마을운동'[新村運動]을 추진한 적이 있으며, 저우언라이가 톈진에서 조직한 '각오사'(覺悟社)도 "정 · 부회장 제도를 두지 않는다" 등 무정부주의 영향을 강하게 받고 있었다고 한다(류팡(劉放), 「중국 초기 마르크스주의자들에 대한 무정부주의의 영향」, 『중국 현대사』, 푸인바오, 1988. 6에 수록).

이상사회를 건설하기 위한 모색과 실험은 중국의 절박한 경제현실 및 5.4운동 전후의 정치투쟁 격화 때문에 실패하였다. 그 뒤 그들 중 대부분은 레닌주의를 수용함으로써 1920년에 『신청년』은 천두슈류가 결성한 상하이 공산당의 기관지로 바뀌었다. 레닌주의를 급속히 수용하게 된 주 원인은 5.4운동 이후 더욱 격화된 중앙과 지방의 군벌 및 수구 세력과의 투쟁의 와중에서 러시아 혁명의 승리 소식이 상세히 전해짐에 따라, 러시아 혁명 경험의 유효성이 피억압 대중의 투쟁을 고무하였기 때문이다. 리쩌호우는 실용이성(實用理性)을 중국 전통사상의 중요한 요소로 보는데, 그는 마르크스주의 수용 과정에서도 이 특징이 발견된다고 하였다(「중국의 마르크스주의 시론」). 이 밖에도 베르사유회의 이후 서방 자본주의국에 대한 환멸이 확산되는 가운데 신생 소비에트 정부의 외무위원 카라한(Lev M. Karakhan)의 선언–제정러시아가 중국에서 탈취한 권익의 무상반환 및 일체의 비밀조약 파기를 골자로 함–이 전해지면서 뜨거운 공감을 불러일으켰다.

제3절 신문화운동에서 혁명으로-민주의 앞날

공산당 창립 이후 중국 공산당과 사회주의 청년단은 코민테른의 지도 아래 혁명의 성격을 모든 제국주의 및 국내 봉건주의를 대상으로 하는 부르주아[유산계급] 민주주의 혁명이라고 규정하였다. 그들은 쑨원(孫文)이 지도하는 국민당과의 제1차 협력 – 개별적인 국민당 가입 형태로 이루어짐 – 속에 전개된 중국 혁명에서 노동자와 농민의 조직화에 전력을 기울이면서 지배 세력과 격렬한 투쟁을 전개하였다.

오늘날의 중국 및 스탈린 이후 사회주의 국가의 역사에 비추어 볼 때, 신문화운동이 제창하였던 '민주', '인권', '개인의 해방'이라는 이념이 혁명운동으로 전환된 뒤 어떻게 되었느냐 하는 문제가 중요한 검토과제로 등장한다. 마르크스는 「공산당선언」 제2절 끝부분에서 공산주의를 "계급과 계급대립 위에 선 구부르주아를 대신해서 각자의 자유로운 발전이 전 인류의 발전 조건인 사회가 나타난다"라고 요약하였다. 신문화파 청년들이 무정부주의에 공감을 느끼게 된 것은 중국의 전통적 유토피아 사상인 대동(大同)사상, 그리고 특히 혈연집단(부계동족 대집단으로서의 종족)의 상호 부조 전통의 영향이라고 생각된다. 하지만 그들은 단기간이나마 신문화운동을 체험하였다. 그들이 마르크스의 이 글을 읽었든 안 읽었든, 그들이 구상했던 이상사회에서는 이 표현과 통하는 부분이 있었으리라 생각된다.

그러나 신문화운동에서 혁명운동으로 전환된 뒤 그들의 말과 글을 보면 개인의 독립과 존엄을 전제로 한 개인과 집단의 이상적인 존재방식에 대한 언급은 거의 사라진다. 절박하고 격렬한 혁명투쟁 가운데서 레닌 이후 당조직 원칙인 '민주집중제'가 의문의 여지 없이 받아들여졌으며, 현실적으로도 점차 집중제(중앙집권주의)의 성격이 강화되어 갔다. 천두슈는 민주에 대해서 이렇게 말하기에 이른다.

> "그들(수정주의자)은 매일 부르주아지의 특권적 독재 하에서 개인의 독립과 존엄을 구가한다. 하지만 그들이 일단 프롤레타리아 독재라는 말을 들으면 곧바로 민주주의를 들고 나온다. 민주주의는 부르주아지의 호신술이 된 것이다. 감히 말한다. 계급투쟁을 통과하지 않으면, 다시 말해 프롤레타리아가 권력을 장악할 만한 지위를 차지하는 시대를 거치지 않으면, 민주주의는 필연적으로 부르주아지의 전유물이 된다. 뿐만 아니라 민주주의는 부르주아지가 영원히 정권을 장악하여 프롤레타리아에 대항하는 도구가 된다."(「정치를 말한다」, 『신청년』 8권 1호, 1920. 9)

> "민주주의가 무엇인가? 이전에 부르주아지가 그것을 이용해서 봉건제를 타도했던 무기이다. 그러나 민주주의는 이제 사람을 속이고 정권을 독점하기 위한 계략이다."(「민주당과 공산당」, 『신청년』 8권 4호, 1920. 12)

유가(맹자)의 민본사상을 민주주의와 동일시하려 했던 '동방파'를 비판하면서 천두슈가 사용한 '민주'는 단순히 자본주의 국가의 현존 정치제도는 아니었다. 천두슈가 말한 '민주'에서는 '민'이 주인이라는 점, 즉 단순히 '인민을 위한' 정치가 아니라 '인민의', '인민에 의한' 정치라는 점이 강조되었다(「다시 동방잡지의 기자에게 묻는다」, 『신청년』 6권 2호, 1919. 2). 이러한 의미에서 민주는 권력이 존재하는 모든 체제에 공통된 문제였을 것이다. 하지만 볼셰비즘[8)]의 부르주아 민주주의에 대한 비판이 수용되면서 '인민에 의한'이라는 민주개념은 뒤로 밀려났다. 현대 중국 공산당의 정통적 견해를 대표한다고 생각되는 이론가 린마오성(林茂生)은 천두슈의 빠른 레닌주의 수용과 그 이후 민주주의 비판을 무조건 높이 평가한다. 린마오성은 '부르주아 자유화'라는 관점에서 "자본주의 상품경제 하에서 생겨난 독립·자주 의식, 독립된 인격에 대한 의식, 자유·평등·박애에 대한 인식은 결코 우리들의 목표는 아니다"라고 말하고 있다(린마오성, 「초기 마르크스주의자의 문화관」, 『전통문화와 현대화』).

탕바오린(唐寶林)은 스탈린 지배 하 소련의 프롤레타리아 독재가 마르크스·레닌의 초기 뜻과는 반대로 인민과 당원에 의한 독재로 흐른 이유는 민주를 멸시했기 때문이라고 보고, "10월 혁명 이후 경솔하게 민주제를 부르주아 지배와 함께 타도해 버렸다"고 비판하였다(탕바오린, 「천두슈와 트로츠키에 관한 시론」, 『역사연구』, 1981년 6기). 리쩌호우는 이러한 탕바오린의 비판에 대해 약간의 우려를 표하면서 1920년 당시 그의 사상전환 및 민주주의에 대한 비판의 문제점을 지적하였다.

레닌주의를 수용하면서 천두슈는 그때까지 가지고 있던 농민에 대한 시각

8) 역자 주: 볼셰비즘은 러시아 혁명 당시 레닌(Vladimir Ilich Lenin)에 의해 주도된 러시아 사회민주노동당이 주장한 폭력에 의한 혁명, 철저한 중앙집권에 의한 조직통제 방식을 말한다. 반대개념은 멘셰비즘이다. 레닌과 달리 트로츠키(Leon Trotsky)는 민주적 방식으로 사회주의로 나아갈 것을 주장한 멘셰비키 편에 서서 레닌과 볼셰비키에 반대했다.

을 바꾸었다. 천두슈는 중국 공산당 기관지 『샹다오』(嚮導) 주보 81기(1924. 9. 3)에서 의화단에 대한 기존의 평가를 크게 뒤바꾼 논문 「의화단에 대한 우리들의 그릇된 두 가지 관념」을 게재하였다. 그는 이 논문에서 의화단은 중국 현대사에서 신해혁명에 뒤지지 않는 중요한 의의를 갖는 사건이었다고 평가하였다. 천두슈는 의화단 사건의 "야만성, 완고함, 미신, 공포 분위기를 내 자신이 직접 체험했다"고 술회하였다. 그러면서도 그는 아편전쟁 이후 제국주의자들이 중국에서 자행한 일은 의화단보다도 더 야만적이고 흉악한 것이라고 보았다. 그는 또 의화단은 제국주의에 대한 민족적 저항운동이라는 의의를 가지고 있을 뿐 아니라 민족의 의식과 이익을 대변한 "중국 혁명사의 비장한 서막이었다"고 평가하고 있다. 그는 나아가서 "의화단의 배외 · 야만보다는 오히려 외국에게 알랑거리는 오늘의 군벌, 관료, 간교한 상인, 대학교수, 신문기자의 행태를 미워한다"고 말하였다.

천두슈는 계속해서 같은 잡지 『샹다오』 158기(1926. 6. 16)에 쓴 「홍창회(紅槍會)[9]와 중국의 농민폭동」이라는 글에서 "중국은 농업국이며 농민폭동은 중국사의 뼈대라고 할 수 있다"라고 기술하면서, 당시 화베이(華北) · 화중(華中) 지역에서 지방군벌에 대항하여 투쟁을 전개하던 홍창회, 흑창회(黑槍會)를 농민폭동 중의 하나라고 평하였다. 이 글에서 그는 "모든 민족의 봉건시대 농민사상은 완고함과 미신의 색채를 띨 수밖에 없으며, 그 행동은 때때로 파괴와 야만으로 기울게 된다. 이것은 농민의 원시적 폭동의 본령이다"라고 말하는 한편,

9) 역자 주: 청말 이후 화베이 지역 농촌에서 조직된 민간의 자위적인 무장 단체이다. 초기에 종교적 · 봉건적인 성격이었으나 군벌에 대한 항쟁, 항일항쟁에서도 활동하였다. '창에 붉은 술을 달았다'는 데서 유래된 이름이다.

"사대부들이 농민의 사상과 행동을 저주할 이유가 있을지 모르지만 그들은 농민의 지배계급에 대한 반항·폭동을 저주할 이유는 없다. 왜냐하면, 중국의 최대 생산자는 농민이며, 이들은 동시에 지배·압박당하는 계급이기 때문이다. 지배계급(이전에는 조정, 지금은 군벌), 관리 그리고 표면적으로는 지배계급과 농민 사이에 있는 것처럼 보이는 사대부들도 사실상 도시의 정권에 빌붙어 지배계급에 종속됨으로써 농민을 압박한다. 그러므로 지배계급의 폭정이 일정한 수준에 이르기만 하면 피지배계급인 농민은 반항·폭동을 일으켜 왔다"라고도 하였다.

더욱이 사대부들은 홍창회 같은 농민폭동이 확산되어 태평천국의 공포가 재현될 것을 두려워하고 있었다. 당시 중국에 체류하던 외국인의 기록에 따르면, 태평천국군은 청나라 조정과 한패였던 사대부들이 선전하듯이 공포스러운 측면만이 아니라 건설적인 측면도 있었다. 천두슈는 "하물며 지금은 태평천국 시대로부터 60년이나 지났으며 중국의 농민은 어느 정도 진보하였다. 또한 혁명정당과 혁명군이 있으며 이들이 농민 세력과 결합하면, 농민폭동에 꼬리표처럼 따라다니던 완고함, 미신, 야만, 파괴적 요소를 줄일 수 있다"고 말하였다. 끝으로 그는 "농민을 반(反)제국주의·반봉건의 깃발 아래로 이끌어 가는 일이 중요하다"고 결론짓고 있다.

이제 종래의 '선진과 후진'이라는 좌표축에 새롭게 '지배·억압, 피지배·피억압' 그리고 제국주의와 군벌에 대한 '반항'이라는 축이 덧붙여졌다. 이렇게 됨으로써 농민폭동의 필연성과 정당성이 주장되었다. 그리고 농민 자신의 진보를 위해서는 선진적 혁명정당의 지도에 의해 농민폭동의 후진성과 파괴성이 억제되어야 한다는 주장이 등장하였다.

천두슈는 반제 · 반봉건혁명(국민혁명)에서 농민의 위상를 논한 「중국의 국민혁명과 사회계급」(『첸펑』(前鋒) 제2기, 1923. 12)이라는 논문에서 인구의 대다수를 차지하는 농민이 참가하지 않으면 국민혁명은 더 큰 민중혁명이 될 수 없다고 지적한 뒤, "농민은 흩어져 살기 때문에 세력을 모으기 어렵다. 문화수준은 낮고 생활의욕은 단순해서 보수적으로 흐르기 쉽다. 중국의 토지는 광대해서 이주하기 쉬울 뿐만 아니라 어려움을 피해 일시적으로 안정을 찾을 수가 있다. 이러한 조건들은 농민이 혁명에 참가하기 어렵게 한다. 하지만 외국 상품의 침입에 따른 농업경제의 파괴, 도둑의 창궐, 천재지변의 빈발, 향신(鄕紳)의 횡포가 농민의 혁명참가 가능성을 높인다. 농민은 농민혁명(부르주아 혁명)의 큰 원동력일 뿐만 아니라 농민 중에는 공산주의적 사회혁명이 진행될 수 있다고 생각하는 사람이 있다. 그러나 이는 지극히 엉성한 오류이다. 중국에서는 국민혁명이 성공한 뒤 국내산업이 발흥하고 농업의 자본주의화가 진전됨으로써 농업 프롤레타리아가 생겨났다. 따라서 이들을 집중시킨 뒤에야 농촌의 공산주의적 사회혁명의 필요성과 가능성이 생겨날 수 있다. 국민혁명의 승리는 부르주아지의 승리이며, 경제와 문화가 낙후된 중국에서 각 계급들은 종법사회(宗法社會)의 낡은 틀 속에 묶여 있다. 하지만 부르주아지의 힘이 농민보다 집중되어 있고 더 탄탄하기 때문에 부르주아지의 힘을 무시하는 것은 오류이다"라고 말하고 있다.

천두슈의 이러한 사고방식 때문에 그는 국민혁명이 실패한 책임을 뒤집어쓰게 되었다. 1927년 국민혁명군이 북벌을 시작하면서 노동운동이 격화되었다.

이를 계기로 부르주아 계급 및 국민당이 분열될 위기에 놓이게 되었다. 이때 그가 노동운동을 억제시킬 조치를 취하였다는 것이다. 뿐만 아니라 천두슈는 국공분열 이후 홍군을 중심으로 한 농민혁명을 중국 혁명의 중심으로 삼는 데 반대하고, 트로츠키의 입장[10]을 취한 사실로 인해 당에서 제명되기도 하였다. 하지만 농민의 에너지가 '공산주의적 사회혁명'과 직결되는 것은 아니라는 천두슈의 지적은 1958~1961년 인민공사를 통한 급진적인 공산주의적 사회혁명의 실패경험에 비추어 볼 때 선구적이었다.

제 4 절 중국 혁명과 농민혁명-마오(毛)주의 역사관의 형성

1927년 국공분열 이후 중국 혁명의 주무대는 농촌으로 옮겨졌다. 도시의 혁명운동이 제3의 극좌적 봉기전술에 의해 치명적인 타격을 입었기 때문에 중국 혁명의 주력군은 농민이 되었으며, 혁명의 실질은 '프롤레타리아(사실은 공산당)가 지도하는 농민혁명'의 성격을 띠게 되었다.

"농촌으로부터 도시를 포위한다"는 독창적인 혁명전략을 창조한 마오쩌둥은 이미 국민혁명시대에 "농민 문제는 국민혁명의 중심 문제이기 때문에 농민이 혁명에 참가하지 않으면 국민혁명은 성공할 수 없다"(「국민혁명과 농민혁명」, 『마오쩌둥선집』 제1권, 베이왕사, 1926. 9에 수록)라고 간파하였다. 마오쩌둥은

10) 역자 주: 레닌과 스탈린의 일국(一國) 사회주의 건설 이론에 반대하며 트로츠키는 혁명의 규모를 세계적 차원으로 확대하지 않으면 사회주의 혁명이 성공할 수 없다고 주장하였다.

"제국주의와 군벌의 지배기초는 지배계급의 농민에 대한 착취와 지배였다. 따라서 농민이 봉기해 봉건적 지주계급의 특권을 타도하지 않는 한 군벌과 제국주의를 근본적으로 붕괴시킬 수는 없다"고 보았다.

게다가 마오쩌둥은, 천두슈가 중시했던 부르주아지 가운데 "대부르주아지는 완전한 국제 부르주아지의 종속물이기 때문에 반(反)혁명 세력이다. 민족 자본, 은행·상공업자, 소지주, 대부분의 고급 지식분자로 이루어진 중산계급의 민족혁명에 대한 태도는 부정적이기 때문에 그들에게 혁명적 계급과 같은 충실한 혁명사업을 바랄 수는 없다"고 보았다. 또한 그는 혁명과 반혁명이 마지막 투쟁을 하고 있는 현재 세계의 상황에서 민족 부르주아지가 지배하는 국가를 실현하기는 전혀 불가능하다고 말하였다(「중국의 사회계급 분석」, 1926). 그리고 농민을 소부르주아(자작농), 반프롤레타리아(빈곤한 소자작농과 소작농) 및 농업 프롤레타리아(농업 노동자)로 분류하고, 생활 곤란과 빈곤 정도에 따라 혁명에 대한 적극성을 규정한 뒤 빈농과 농업 노동자를 가장 신뢰할 만한 혁명 세력으로 간주하였다. 마오쩌둥의 혁명론은 천두슈의 혁명론과 매우 다르다. 마오쩌둥은 천두슈가 문제삼았던 농민의 문화적 후진성과 분열성을 전혀 문제삼지 않았다.

그러나 농촌에서 홍군과 당을 건설하는 과정에서 마오쩌둥은 전통사상의 문제에 직면하지 않을 수 없었다. 대부분의 홍군 병사는 국민당군에서 잡혀온 포로를 포함한 유민(遊民)무산계급과 빈농 출신이었다. 그들을 홍군으로 조직할 때 공산당 지도자들은 "태평천국군의 정신을 받아들여 유격전쟁에 적합하도록 조직하려고 노력했다"(국민당 후난성 청향독판서(國民黨湖南全省淸鄕督弁署)

편, 『후난성 청향보고서』)고 한다. 또한 공산당 지도자들은 '태평천국 반란은 중국의 부르주아 민주주의 혁명의 기점이 되었으며, 우리 군의 역사적 사명은 바로 태평군이 이루고자 했던 과업을 완성하는 일'이라고 하면서 "태평혁명을 열심히 연구해서 그 과오를 반복하지 않으려 노력했을 뿐 아니라 대부분의 규율과 전술을 채용했다"고 한다(아그네스 스메도리 지음/아베(阿部知二) 옮김, 『위대한 길-주더(朱德)의 생애와 그 시대』, 암파문고, 1977). 홍군에는 태평천국군과 공통되는, 마오쩌둥이 말하는 '그릇된 사상'도 상당히 침투되었다.

1929년 12월 푸젠(福建)성 서부의 구톈(古田)에서 열린 홍군 제9회 대표회의에서 마오쩌둥은 홍군 역사에서 획기적 의의를 갖는다고 평가되는 보고(「중국공산당 홍군 제4년 9차 대표자회의 결의안」, 『마오쩌둥선집』 제2권)를 하였다. 이 보고 가운데서 그는 다음과 같은 내용의 말을 하였다. "'봉건적인 사상과 습관'이 지도자와 병사 모두에게 강하게 남아 있다. 한편에는 병사를 구타하는 습관이 있고, 다른 한편에는 구타당하는 데 대한 공포가 있다. 이 습관이 강하게 남아 있는 곳일수록 탈영병이 많다. 이 현상을 극복하기 위해서는 체벌 폐지가 투쟁에 유리하다는 사실을 널리 설득 · 보급해야 한다. 또한 마오쩌둥은 당과 홍군의 과업수행을 어렵게 하는 '비프롤레타리아적 의식' 중 하나로서 부상의 경중에 따라 비용을 지급한다든가, 지휘관이 말을 타는 행위, 어른과 어린이의 체력수준에 따라 짊어질 짐을 달리하는 일, 사령부에 큰 방 배분 반대 등 모든 측면에서 일률적으로 평등을 요구하는 '절대적 평등주의'를 '농민 소부르주아지의 환상'"이라고 비판하고 있다.

한편, 그는 "홍군 내의 물자 분배는 최대한 평등하게 해야 한다(예를 들어, 지휘관과 병사의 급여평등). 왜냐하면, 이 조치는 현재 상황에서 홍군의 투쟁에 필요하기 때문이다"라고 말하고 있다. 그런가 하면 그는 '아래부터 위로의 민주집중제'나 "먼저 아래의 토론에 맡기고 그 다음에 위에서 결정한다"는 주장을 소농 생산 및 도시 부르주아지의 '자유산만성'에서 유래하는 '그릇된 극단적 민주화 사상'으로 보았다. 그리고 그는 그러한 사상은 "당조직을 파괴하고 전투력을 상실하게 할 뿐 아니라 투쟁이라는 책임을 담당할 수 없다"고 지적하고 있기도 하다.

필자는 일찍이 태평천국군과 홍군을 비교한 바 있다. 그 비교에서 필자는 현상적으로 볼 때 양자 간에는 공통점이 많지만 홍군에는 태평군을 뛰어넘는 본질적인 새로움이 있을 뿐 아니라, 특히 태평군의 '회초리 규율' 대신 홍군에서는 교육을 통한 끊임없는 사상 변혁으로 '자유롭게 자각하게 하는 규율', 즉 프롤레타리아 규율을 만들어 냈다고 호평하였다(나의 글, 「인민해방군」, 『강좌철학』 I, 축마서방, 1967). 예를 들어, 제2차 세계대전 후 중국 동북지방의 일본인이 본 인민해방군은 일본의 관동군, 중국의 국민정부군, 그리고 소련의 적군보다 훨씬 더 우수한 민중에 대한 규율을 가진 무장집단이자 정치집단이었다. 이 군대가 바로 두 번에 걸친 내전과 일본군과의 힘겨운 싸움에서 큰 세력으로 성장하여 승리함으로써 중화인민공화국을 성립시키는 큰 원동력이 되었다.

그러나 나는 격렬한 전투에서의 승리가 최우선 목표였다는 점, '봉건제가 아직 청산되지 않은'(마오쩌둥) 농촌을 활동무대로 했던 점이 당과 홍군에 미친 악영향을 경시했던 것 같다. 예를 들어, 앞에서 말한 절대적 평등주의에 대한 비판은 전통적인 등급관념의 영향 하에서 점차 형성되어 온 당과 소비에트 정부 및 홍군 간의 등급질서—군내 계급제도 폐지에도 불구하고—를 합리화시킬 수밖에 없었다. 다른 한편 마오쩌둥은 홍군 내에서 전투중에 큰 효과를 발휘한 평등분배를 사회주의의 이상이라고 간주하였다. 또한 그는 대약진운동과 문혁기에 노동과 능력에 따른 분배를 '부르주아적 권리'로 간주하고 성급히 폐지하고자 했다.

마오쩌둥이 '극단적인 민주화'라고 비판한 '아래로부터 위로의 민주집중제'(民主集中制)는 집중적인 지휘 및 명령 계통을 핵심으로 삼는 군대, 특히 국민군대, 그리고 다음에는 일본군과 힘겨운 싸움을 한 홍군이 극복해야 할 긴급과제였을 것이다(홍군 건설 초기에는 전투참여 여부를 자유의지에 맡긴 경우가 있었다. 모우민(繆敏), 「팡즈민(方志敏)—전투의 생애」, 『현대 중국 문학선집』 17, 평범사, 1962). 하지만 마오쩌둥이 비판했던 아래로부터의 민주에 대한 주장은 사실 민주의 본질적인 내용이었다. 거기에는 신문화운동의 본질인 민주이념이 계승되고 있었을 뿐만 아니라 창출되어야 할 평상시의 정치체제, 비군사적 집단과 조직에서 개인과 집단 간의 바람직스러운 관계 등 중요한 내용도 포함되어 있었다.

군사조직에 유효했던 지도부로의 권한집중이 내전 및 일본군과 전쟁에서 관성화되었다. 또한 집중제는 민주전통의 약점과 결합되어 당 및 국가 체제의 일반 원칙이 된다. 집중제는 결국 문혁기에 린뱌오(林彪)가 강조했던 말—"마오쩌둥 주석의 말은 구절구절 모두 진리이므로 이해되든 이해되지 않든 무조건 따르라"—에서 정점에 달하는 개인숭배를 낳기에 이른다. 그리고 아래로부터의 민주 요구는 극단적인 민주화 요구로 지목되어 압살당했다.

농민을 주력군으로 하는 혁명전쟁을 통해 전통적인 농민폭동을 중국 역사

발전의 진정한 동력으로 보는 마오주의 역사관이 형성되었으며, 이 역사관은 중국의 역사연구 및 역사교육의 주류를 형성하였다.

마오주의 역사관은 항일전쟁기인 1939년 옌안(延安)에서 몇 사람과 함께 쓴 교재 『중국 혁명과 중국 공산당』(『마오쩌둥선집』 제7권)에 집약되어 있다. 그는 이 책에서 오랜 기간에 걸친 중국 봉건사회의 "주요 모순은 농민계급과 지주계급의 모순이며, 농민과 수공업 노동자만이 사회의 부와 문화를 창조하는 기본적 계급이다. 따라서 지주계급의 잔혹한 착취와 정치적 압박에 항거해서 농민이 전개한 세계사에 드문 무수한 대규모 농민폭동(뒤에 긍정적인 가치관을 내포하는 용어로 바뀌어 일반화되었다)과 농민전쟁은 모두 농민의 혁명전쟁이자 중국의 역사를 발전시킨 진정한 동력이다"라고 말하고 있다. 왜냐하면, 그것들이 당시 봉건지배에 타격을 가함으로써 '사회의 생산관계를 변화시켰을 뿐만 아니라 사회 생산력을 촉진시켰기 때문'이라는 것이다. 그리고 마오쩌둥은 당시에는 새로운 생산력과 생산관계가 없고 새로운 계급 세력 및 선진적 정당이 없었기 때문에 "현재 프롤레타리아 공산당이 수행하는 올바른 지도를 받을 수가 없었다. 따라서 당시의 농민운동은 늘 지주와 귀족에게 이용되었고, 또 그들이 왕조를 교체하기 위한 도구로 활용됨으로써 실패로 끝나고 말았다"고 평가하고 있다.

항일전쟁의 주력군인 농민을 봉기시키기 위해서는 농민의 힘과 역할을 강조할 필요가 있었다. 마오주의 역사관은 공산당이 지도하는 농민혁명에 걸맞는 역사관이었다. 이렇게 해서 문화적 후진성만이 강조되던 농민은 드디어 수공업 노동자와 함께 봉건사회의 '부'(富) 창조는 말할 것도 없고 '문화'까지 창조한 '기본 계급'으로 자리매김되었다. 또한 마오쩌둥은 왕조 말기의 농민전쟁이 신왕조 창립 때까지 계속된 이유를 이렇게 설명하였다. "그 이유는 농민전쟁의 내적인 요인에 있는 것이 아니라 지주와 귀족에 의한 농민의 성과 찬탈에 있었고, 궁극적인 원인은 공산당의 지도를 받지 못했다는 초역사적인 데 있었다."

농민과 농민투쟁에 대한 지극히 높은 평가와는 반대로, 당시 도시 지식인, 국민당 통치구(백구(白區)라고 통칭됨)의 어려운 조건 하에서 진행된 학생운동 및 혁명운동에 대해서까지 지나친 경계심과 부정적 · 회의적 평가가 변구(邊區: 항일전쟁중 공산당 지배 하에 있던 지역으로 뒤에 해방구라고 함)의 당원 가운데 생겨났다. 1942~1943년에 걸쳐 전개된 옌안(延安) 정풍운동은 건국 이후 전개된 사상개조운동의 원형이었다. 옌안 정풍운동은 스탈린과 밀러(동방 노동자 공산대학 학장)의 지지 하에 1930년대 초 중국 공산당의 지도권을 장악하여 현실을 무시한 교조주의적 극단노선을 추진함으로써, 당과 혁명에 큰 손해를 끼친 왕밍(王明)의 영향력-1937년 11월에 모스크바에서 다시 귀국하여 스탈린이 소련 방위라는 지상목적을 위해 주장한 국민당과의 협조를 지지하는 통일전선론을 주장하였다-을 제거하려 한 운동이다. 옌안 정풍운동은 마르크스주의의 중국화, 마오쩌둥의 당주도권 장악과 개인적 권위 확립의 전환점이 된 운동이었다. 또한 옌안 정풍운동은 구국의 열정에 불타 백구에서 옌안과 그 밖의 변구에서 온 다수의 학생, 교원, 예술가를 포함한 지식인들(당시 '신지식분자'라고 불렀음)을 농촌 공작의 전사로 개조할 것을 목표로 삼고 있었다.

옌안과 산베이(陝北, 산시(陝西)성 북부) 지역은 중국에서도 가장 가난하고 문맹, 미신, 불결의 대명사로 알려진 지역이었다. 이 지역에서 도시 출신 지식인이 유능한 혁명전사가 되는 길은 이상주의적 정열과 도시운동을 통해 얻은 경험밖에 없었다. '서적주의', '교조주의'를 극복하고 현실로부터 배울 것(실사구시)을 강조한 '학풍'(學風)의 정리, 경직된 상투어를 자랑하는 '당팔고'(黨八股)(팔고는 이전의 과거시험에 사용되던 문체)에 반대한 문풍(文風)의 정돈, 관료적 · 명령주의적 당풍(黨風)의 정돈은 분명히 농민의 믿음과 지지를 확고하게 함으로써, 혁명이 승리하는 데 중요한 요인으로 작용하였다.

당시 옌안에 왔던 지식인들은 정풍운동 중 옌안 지역의 현실에 대해 문제를 제기하였다. 하지만 그들의 문제제기는 마침내 부르주아 사상이라고 비판받고 무시되었다. 이 사실은 건국 이후 노정되어 왔던 문제에 비추어 볼 때 중요한 의미를 내포하고 있었다. 이상화되어 있던 옌안의 현실에 실망한 신지식인들 사이에는 당시 "옌안에서 등급으로 구분되어 있지 않은 것은 공기와 화장실, 그리고 햇볕뿐이다"라는 풍자가 유포되고 있었다고 한다(화스쥔(華世俊) · 후위민(胡育民), 『옌안정풍전말』, 상하이 런민출판사, 1985). 이 불만을 대변해서 문학가 왕스메이(王實美)－베이징대학 중퇴 후 상하이 등 백구에서 외국 문학의 번역과 평론으로 생활. 항일전쟁 초 옌안으로 들어가 마르크스 · 레닌의 저작을 번역하는 한편, 입당하여 중앙연구원(오늘의 사회과학원의 전신)에 소속됨－는 다음과 같이 호소하였다.

"의복을 세 등급, 식량을 다섯 등급으로 나누는 일은 필요하지도 않을뿐더러 합리적이지도 않다. 특히, 의복은 합리와 필요의 원칙에 기초해서 해결해야 한다. 만약 병든 동지가 한 모금의 국물도 마실 수 없고, 청년학생이 하루에 두 번 묽은 죽밖에 먹을 수 없는데, 건강한 윗사람이 불필요하고도 불합리하게 먹는 즐거움을 누리고 있다고 하자. 그러면 아랫사람들은 그들과 다른 종류의 무리라고 생각하여 그들을 따르지도 않을뿐더러 불안을 느낄 수밖에 없을 것이다."(「들의 백합화」)

이 밖에도 왕스메이는 문학가의 사명에 입각해서 혁명운동, 혁명당 내부의 어두운 면을 용감하게 폭로하여 신지식분자들의 공감을 얻었다. "그의 선동에 따라 자유주의와 절대적 평등주의 사상이 옌안의 일부 청년 지식분자들 속으로 파고듦으로써, 정상적인 정풍운동의 발전에 큰 영향을 주었다"(화스췬 · 후위민, 앞의 책)고 한다. 왕스메이는 특히 권력자에게 알랑거리는 데 약삭빠른 이론가 천보다(陳伯達, 뒤에 중앙문혁소조 조장)를 호되게 비판하였다. 그는 친구와의 대화에서 스탈린의 숙청을 직설적으로 탄핵하였고, 트로츠키의 『문학과 혁명』을 높이 평가하였다. 마오쩌둥은 1942년 5월 '옌안문예좌담회' 강연에서 구체적으로 거명하지는 않았지만 왕스메이를 비판하였다. 같은 해 7월 일찍이 『트로츠키 자서전』 일부와 스탈린을 비판한 레닌의 유서를 번역했다는 이유로 왕스메이는 트로츠키분자로 분류 · 제명되었다. 뿐만 아니라 그는 당중앙사회부(당의 방위와 정보수집을 담당. 부장은 캉성(康生))에 감금되었고, 전후 내전기에 중앙사회부의 감시 아래 옌안을 떠나 산둥성 싱현(興縣)으로 옮겨졌으며, 그 지역의 지도자 허룽(賀龍)의 지시에 의해 살해되었다(왕스메이의 생애에 대해서는 따이징(戴晴), 「왕스메이와 들의 백합화」, 『문학월간』, 1988년 5월호). 더욱이 앞에서 밝힌 화스쥔 · 후위민의 책에 의하면, 이 사건은 당중앙의 허락 없이 자행되었으며 마오쩌둥은 이 조치를 오류라고 비판했다고 한다. 왕스메이와 신지식인들의 등급별 물자분배에 대한 비판은 이후에도 절대적 평등주의로 비판받았다. 하지만 그들이 문제삼았던 것은 당시 옌안의 열악한 경제 조건 속에서 물자가 당내 서열에 따라 불합리하게 분배된 사실, 그리고 구간부들이 이를 당연시하였던 사실이다. 신지식인들은 이러한 상황을 봉건적 전통의 재현이라고 비판했다. 당시 옌안의 사정을 생각하면 존비등급에 따른 물자공급의 차별은 지금의 기준으로 보면 보잘것 없는 것이다(따이징의 앞 논문에 따르면 시안(西安)사변 이후 곧 변구 주변의 정세가 완화된 뒤 등급주의는 평등주의와 공존하면서 강화되었다고 한다). 그러나 건국 이후 이러한 풍조는 일상생활의 전 분야로 파고들었으며, 일당독재체제 및 생산수단의 국유화라는 조건 하에서 당관료 · 국가관료에 의한 사물화(私物化), 권력의 불법적 경제행위의 근원이 됨으로써 경제개혁을 어렵게 할 정도로 큰 문제가 되었다. 1989년 4~6월에 걸쳐 일어난 톈안먼 사태 때 학생과 시민들이 내걸었던 '민주화'와 '관료의 부정부패 일소' 요구는 왕스메이의 비판과 관련이 있을 것이다.

왕스메이의 비운은 그 자신만의 비운으로 끝나지 않았다. 1942년 11월 당의 서북국 간부회의에서 마오쩌둥은 정풍운동은 프롤레타리아와 비프롤레타리아의 사상뿐만 아니라 혁명과 반혁명의 문제도 뚜렷이 구분해야 한다고 말하였다. 그 뒤 같은 달 사회부 부장 캉성(康生)은 중요한 스파이를 적발했다고 보고하였다. 장커친(張克勤) 사건이 그것이다. 장커친은 19세에 간쑤(甘肅)성 당 지하조직에 가입한 뒤 조직의 동의를 얻어 옌안의 서북공학(西北公學)에 입학하였다. 11월에 스파이 적발 작업을 수행하던 캉성은 장커친의 아버지가 란저우(蘭州)에서 국민당에 자수한 점, 지도부에 대한 장커친의 비판이 과격하다는 점을 들어 엄중히 심문하면서 자백을 강요하였다. 강요를 견딜 수 없던 장커친은 국민당은 백구의 공산당에 대해 특수파괴임무를 수행하는 '홍치정책'(紅旗政策)을 채택하고 있으며, 간쑤성 지하조직은 '홍치당'으로서 그 자신도 국민당의 스파이 중의 하나라고 허위 자백하였다. 캉성은 '홍치정책'을 국민당의 새 정책이라고 간주하고 백구의 당조직을 믿을 수 없다고 주장하였다. 같은 해 12월 그의 보고를 들은 변구의 고급 간부회의는 정풍운동의 일환으로 대규모 스파이 적발운동을 전개하고, 이 운동을 '구조'[搶救: 발을 잘못 디딘 사람에 대한 긴급구조를 의미]운동이라고 이름 붙였다. 옌안뿐 아니라 모든 변구에서 전개된 이 운동 중에 신지식분자들의 자유주의, 극단적 민주화, 절대적 평등주의적 언동은 당 지도부를 불신하고 또 당 지도부를 파괴하려는 의도적인 행위로 간주되었다. 그들은 농민을 동원한 고발대회라든가 폭력을 이용한 가혹한 심문을 통해 자백과 반성을 강요당하였다. 간쑤성 동북 지역 변구에서는 신지식분자의 99%가 구조 대상으로 지목되었다. 그리고 놀랄 만한 사실은 항일민족통일전선의 성립에 크게 이바지한 베이징, 톈진 등지에서도 1935년 이 운동이 있었다. '12.9학생운동'도 국민당의 홍치정책으로 의심받았으며, 1944년 4~5월에는 이 기준이 많은 지방간부를 심사하는 척도가 되기에 이르렀다고 한다(장난샹(蔣南翔), 「구조운동에 대한 의견서」, 『당사연구(베이징)』, 1988년 4월호; 『중국 현대사』, 푸인바오, 1988. 9. 장난샹은 톈진 난카이(南開)대학의 12.9운동 지도자로서 민족해방운동 선봉대의 조직자였다. 1937년 옌안으로 들어간 뒤 소련에 유학, 귀국 후 난카이대학 학장을 역임하였고, 문혁 초기에 류사오치(劉少奇)파로 단죄됨. 앞의 『옌안정풍전말』에도 구조운동에 대해서 잘 설명되어 있다).

장난샹은 신지식분자에 대한 가혹한 태도의 원인으로 다음 네 가지를 들고 있다. 첫째, 공산당 지도부는 간부 중에서 마르크스 · 레닌주의 이외의 사상, 특히 국민당의 '삼민주의'의 세례를 받은 자에 대해 강한 불신감을 갖고 있었다. 둘째, 노동자 · 농민 출신 간부－농민 출신이 훨씬 많음－는 그들과는 다른 길을 밟아 혁명에 참가한 지식인의 생활관습, 경력, 사상, 행동양식을 이해할 수 없었으며, 이해할 수 없는 것은 '문제가 있다'고 생각하였다. 셋째, 피심사자들에게 발언권이 주어지지 않았을 뿐만 아니라 발언해도 들어 주지 않았기 때문에 지식분자 간부는 일방적인 재판을 받을 수밖에 없었다. 넷째, 노동자 · 농민 출신 간부뿐만 아니라 책임 있는 지위에 있는 간부도 지식분자에게 종파주의적 감정을 품고 있었기 때문에 이것이 불에 기름을 붓는 꼴이 되었다. 이 운동의 직접적인 책임자 캉성은 1944년 4월 서북회의 연설에서 "고백(告白)운동에서 지식분자들에 대한 불신감이 증대하고 있으며, 노동자 · 농민 간부 중에는 신지식분자 간부에 대한 보복적 파당사상을 가진 자까지 있는데, 이를 극복해야 한다"라고 말하였다. 또한 마오쩌둥은 1945년 2월 15일 중앙당학교에서 옌안 및 이 학교에서 저지른 대부분의 오류에 대한 책임은 자신들에게 있다고 사죄하고, 청중에게 경례하면서 "여러분이 용서해 줄 때까지 손을 내릴 수가 없다"고 유머스럽게 말함으로써 열렬한 박수를 받았다고 한다(『옌안정풍전말』). 하지만 건국 후 반우파투쟁 및 문화대혁명 가운데 비판의식을 갖고 있던 사람들에 대한 불신과 박해는 더 대규모로 재현되었다.

제5절 사회주의로의 급전환과 부르주아 사상 비판

1945년 4월 옌안에서 열린 제7차 전국대회에서 마오쩌둥은 항일전쟁 이후를 전망한 「연합정부에 대하여」를 보고하였다. 이 보고에서 그는 '독립 · 자유 · 민주 · 통일 · 부강의 신중국' 공동강령을 기반으로 신민주주의 국가를 건설할 것을 제안하면서, 신민주주의 정치 · 경제 · 문화의 내용에 대해 상세히 논하였다. 마오쩌둥에 따르면, 신민주주의 국가는 부르주아가 독재하는 구민주주의 국가와는 다를 뿐만 아니라 소련의 프롤레타리아 사회주의 국가와도 다른 것으로서, 절대다수의 인민-노동자, 농민, 소부르주아, 민족 부르주아지, 진보적 · 애국적 지주 및 그 밖의 애국적 인민-을 기초로 하는 통일전선적 민주주의 동맹국가라고 하였다.[11]

마오쩌둥은 경제 측면에서는 쑨원의 '토지를 경작자에게'라는 주장과 일치하는 토지개혁을 통해 토지 문제를 해결하고, 또 쑨원의 주장에 따라 중국인과 외국인의 독점적 대기업을 국유 · 국영으로 만들었다. 뿐만 아니라 마오쩌둥은 사적 자본주의 경제를 발전시키고 사유재산을 보장하는 등 국가경영, 개인경영, 협동조합경영으로 이루어진 혼합경제를 상정하였다. 그는 또 프롤레타리아 문화가 아니라 민족적 · 과학적 · 대중적인 신민주주의 문화의 발전을 목표로 하였다. 마오쩌둥은 중국의 경제적 · 문화적 후진성 등 현실인식을 기

11) 본래의 보고에는 신민주주의 국가와 정권은 연방제, 곧 "중국 내의 각 민족이 자발 및 민주 원칙에 기초해서 중화민주공화연방을 조직하고, 이 연방을 기초로 하여 연방의 중앙정부를 조직한다는 내용이 포함된다"는 주목할 만한 부분이 있었다(『마오쩌둥선집』 제9권). 그러나 건국 뒤에 출판된 『마오쩌둥선집』에서 이 부분은 삭제되었다. 이 문제에 대한 더 상세한 분석은 가가미(加加美光行)의 「중국의 주변민족문제와 국제정치의 변천-내몽고지역과 신강지역을 중심으로-」 참조.

초로 하여 신민주주의 건설과업은 매우 오랫동안 계속되어야 한다고 강조하였다. 이 보고 가운데 마오쩌둥은 '개성'(個性) 해방의 중요성에 대해 다음과 같이 강조하고 있다.

"……민족적 억압과 봉건적 억압이 잔혹하게 중국 인민의 개성과 사적 자본주의 발전을 구속하고 있을 뿐만 아니라 광범위한 인민의 재산을 파괴하고 있다. 우리가 주장하는 신민주주의 제도의 임무는 진정으로 이 굴레를 풀고, ……광범위한 민중이 공동생활 속에서 그들의 개성을 자유롭게 발전시킬 수 있게 돕는 데 있다."

"수억 인민의 개성 해방과 발전이 없이, 그리고 새로운 부르주아적 민주혁명이 없이 식민지 · 반(半)식민지 · 반봉건의 폐허 위에 사회주의를 건설하려 한다면, 그것은 공상에 불과하다."

어느 젊은 문학자는 현재 중국 사회의 '개성'의 참상에 대해 이렇게 쓰고 있다.

'강한 개성'이라든가 '개인주의'라는 말은 지금 상당수 인민들의 머릿속에 재미 없는 단이이다. 무엇보다도 당신이 지도층으로부터 이러한 평가를 받게 된다면 큰 재난은 아니라 할지라도 최소한 불이익은 받게 될 것이다. 지금도 퍼져 나가고 있는 일련의 속담은 중국의 문화전통이 개성을 지나치게 억누르고 있는 상황을 반성하게 한다. "머리를 땅 위에 드러내 놓고 있는 서까래가 먼저 썩는다”(장쯔쥔(張振鈞) · 마오더푸(毛德富), 『금고(禁錮)와 초월-세 마디 두 박자로부터 중국인의 심정을 읽는다』, 베이징: 신화서림, 1988).

이러한 분위기는 일본 속담-‘튀어 나온 배가 당한다’, ‘입이 문제의 근원이다’-과 어울리는 대세순응적 집단의식을 강하게 보여 주는 것 같다. 신정권 성립 직후부터, 특히 6.25전쟁에서 미국과 전투가 계속되는 가운데, 마오쩌둥은 신민주주의 정책에 대한 구상을 기본적으로 끝냈다. 그는 신민주주의가 이제 사회주의 혁명의 새로운 과제가 되었다고 하면서 자신의 지금까지의 주장과 어긋나는 주장을 하기 시작하였다. 이어서 그는 ‘삼반오반운동’(三反五反運動)[12]과 지식인의 부르주아 사상 개조운동 등 반자본주의 운동을 개시하였고, 1953년부터 사회주의 공업화와 농업 집단화에 착수하였다.

공산당은 신정권이 수립되고 토지개혁이 끝남(1952년)과 아울러 반봉건 청산이라는 과제도 끝난 것으로 보았다. 당에 따르면 곧 ‘아Q’는 죽은 것이다. 이렇게 해서 사상변혁의 목표는 부르주아 사상, 소부르주아 사상에 집중되었다. 더욱이 사회주의를 건설하기 위한 물질적 바탕이 취약했기 때문에 이 과업은 매우 격렬하고도 반복적으로 전개될 수밖에 없었다. 사상변혁운동의 계기는 1951년 5월 20일 마오쩌둥이 쓴 런민(人民)일보의 사설 「「우쉰(武訓)전」에 관한 토론을 중요시하라」였다. 「우쉰전」은 미국에서 유학한 쉬위(徐瑜)가 연출한 작품으로, 태평천국시대에 산둥에서 가난한 농민의 자녀들을 위해 걸식하면서 돈을 모아 학교를 설립한 우쉰이 주인공이다. 그는 많은 가난한 농민들이 지주

12) 당 · 정 · 군의 독직 · 낭비, 관료주의와 상공업자의 뇌물공세, 탈세, 국유재산 횡령, 근무태만, 국가정보의 누출에 반대하는 운동으로서 부르주아지의 당위성을 제거하는 작업이었다.

에게 속아 임금도 받지 못하고 있음을 보고, 가난한 사람들이 글을 모르는 것이 불행의 근원이라고 생각하였다. 이렇게 해서 건립한 학교도 끝내는 지주에게 빼앗겼으며, 교육내용도 과거시험을 목표로 하는 경서중심으로 바뀌고 말았다. 우쉰은 "공부해도 가난한 사람을 잊지 마라", "가난한 아이들이 모두 책을 읽고 먹을 수 있을 때까지 쉬지 마라"라고 말하며 죽는다.

일찍이 우쉰은 혁명적 농민군으로부터 태평군의 북벌에 참여하도록 권유 받는다. 이때 그는 80년 전 산둥의 농민반란(왕윤(王倫)의 난)의 패배와 홍슈취안(洪秀全)의 태평군도 남경에 정권을 수립한 뒤 가난한 사람들을 잊었던 일을 생각하고는 "악덕지주를 죽이면 그만인가?"라고 묻는다. 이 영화는 결국 우쉰이 "자네는 문(文)으로 나가게. 나는 무(武)로 나가겠네"라고 말하며 일어선다는 줄거리로 되어 있다.

중국의 뛰어난 민중교육가로서 공산당의 좋은 친구이기도 했던 타오싱즈(陶行知)와 궈모뤄(郭沫若)도 일찍이 우쉰을 높이 평가한 적이 있으며, 이 영화를 본 대다수의 당간부들도 좋다고 말하였다. 그러나 마오쩌둥은 장칭(江靑, 그 당시 당의 문화부 사업지도위원회 위원)의 건의를 받아들여, 우쉰을 "외국 침략자와 반봉건지배에 반대하는 인민의 투쟁이 가열되던 시기에 봉건지배자에게 비굴하게 무릎을 꿇은 수치스러운 인물로서, 혁명적 농민투쟁을 구실삼아 이러한 인물을 칭찬하는 행위는 용서하기 어렵다"라고 말하였다. 또한 마오쩌둥은 우쉰의 행위는 "농민의 혁명투쟁과 중국의 역사와 민족을 업신여기는 행위로서, 이를 칭찬한 자가 많다는 사실은 문화계의 혼란과 부르주아 사상의 침투를 보여 주는 것이다"라고 단죄하였다. 그리고 그는 이에 대해 철저히 비판할 것을 역설하였다(「우쉰전」 비판에 대해서는 필자의 「중국의 역사인물에 대한 평가문제」, 『사상』, 1955년 3월호 참조).

이후 중국의 역사연구자들은 전근대 농민전쟁을 연구하는 데 힘을 쏟아 주로 반봉건적 · 혁명적인 동기를 밝혀 내는 데 노력하였다. 반면에 농민전쟁에 내재했던 봉건성과 파괴성을 지적하는 행위는 논자 자신의 사상적 계급성을 드러내는 일로 여겨졌기 때문에 회피하는 경향이 강해졌다. 사실 1957년 반우파투쟁 가운데 농민전쟁에 일관되던 '황권주의'(황제사상)를 지적한 역사연구자는 우파로 간주되어 박해받았기 때문에 침묵할 수밖에 없었다. 또한 후성(胡繩)이 중국 근대사 분기점 문제를 논하는 가운데 제기한 계급투쟁을 기본선으로 해서 "태평천국 · 의화단 · 신해혁명을 지표로 하는 혁명운동의 고조를 시기구분의 기준으로 하자"는 설이 대체로 고정되었으며, 대부분의 근대사는 '구민주주의 혁명사'의 연속선상에서 서술되었다. 후성의 논의에서는 '민족운동'도 넓은 의미의 '계급투쟁'으로 간주되었다. 따라서 아편전쟁 때의 린쩌쉬(林則徐), 그리고 일련의 대외전쟁에서 활약한 애국장교도 '민족모순'을 해결하려고 애쓴 인물로 평가되었고, 무술(戊戌)변법도 중국의 부강을 목표로 한 민족주의적 측면이 높이 평가될 여지를 남기고 있었다. 그러나 반우파투쟁 이후 계급투쟁을 경제사 · 문화사에서 독립시켜 단순화 · 절대화함으로써 농민의 반항투쟁만을 과대평가하고 부르주아적 개량 · 혁명운동을 과소평가하는 경향이 짙어 갔다(리주(黎澍), 「1979년 중국 역사학」, 『재사집』(再思集), 중국 서훼이커쉐출판사, 1985. 리주는 일찍부터 마르크스주의 근대사가였다. 하지만 1986년 이후 부르주아 자유화 반대운동 때 비판당하고, 1988년 이후 상심하던 중 죽었다). 이러한 움직임은 문화대혁명 시기에 정점에 다다른다.

치번위(戚本禹, 중앙문혁 소조원)의 「애국주의냐 매국주의냐 – 반동영화 「청궁비사」(淸宮秘史)[13]를 말한다」(『홍치』, 1967년 제5기)는 일찍이 「우쉰전」 비판에 나타난 마오주의 역사관을 직접 계승 · 발현시킨 것이다. 이 글은 자본주의의 길을 걷는 자로 지목된 당내 최대의 실권파 류사오치를 타도하려는 음모와 관련이 있었다.

치번위는 다음과 같이 말하였다. "19세기 말 중국에는 위로부터의 개혁방법으로 자본주의화를 꾀하려 한 부르주아적 개혁의 길과 대규모 농민을 봉기시켜 무장투쟁을 통해 혁명을 진행시키려 한 태평천국혁명 및 의화단의 길이 있었다. 그러나 그때 중국에는 서구나 일본처럼 유신개량을 성공시킬 역사적 조건이 마련되어 있지 않았기 때문에 전자의 길은 실현이 불가능했다. 따라서 개량파는 제국주의에 기대어 그들의 힘에 의해 개혁을 실현하려 하였다. 하지만 그들은 늑대를 집으로 끌어들임으로써 중국의 반식민지화 · 반봉건화를 가속시킬 수밖에 없었다. 한편, 후자의 길은 프롤레타리아트(무산자계급)의 지도를 받을 수 없었기 때문에 최후의 승리를 얻을 수는 없었으나 제국주의와 봉건주의에 큰 타격을 가하였다." 치번위는 후자의 길만 중국 역사발전의 추진력이 되었다고 주장한다.

치번위는 당시 가장 활동적 세력인 청소년을 중심으로 의화단이 양화(洋貨)를 금지하고 베이징의 둥자오민샹(東交民巷: 외국 공사관 구역)을 절양가(切洋街),

13) 청말 궁정에서 무술변법과 의화단을 배경으로 광서제, 캉유웨이류의 개혁파와 서태후를 우두머리로 하는 보수배외파의 투쟁을 그린 영화이다(1958년작). 치번위는 마오쩌둥과 장칭이 이것을 '매국주의' 영화라고 비판해야 한다고 역설하였으나 당내의 반대로 뜻을 이룰 수가 없었다고 한다.

어하교(御河橋), 단양교(斷洋橋)라고 바꾸고 "서양귀신을 죽이자"고 외치며 시위했던 사실을 '위대한 반제애국행동'이라고 찬양하였다. 또한 그는 "서양인을 죽이자. 부패한 관료를 없애자", "서양인의 머리를 자르자. 관료짐승을 죽이자. 서양인과 관료를 죽여 없애야만 백성에게 희망이 있다"는 등의 의화단의 구호를 들어, 이 운동의 반제투쟁은 반봉건 혁명투쟁과 밀접히 결합되어 있다고 강조하였다. 그리고 영화 「청궁비사」가 의화단 농민을 서태후파에 속아서 이용당한 어리석은 대중으로 폄하하였다. 반면에 '매국적 부르주아 개혁파'에 대해서 "개혁만 하면 30년도 지나지 않아 세계에서 가장 부강한 국가가 될 수 있다"는 등의 말들을 들어 애국자로 보이게 만듦으로써, '부르주아 공화국과 서방 부르주아 문명을 미친 듯이 찬양하고 있는' 점은 용서하기 어렵다고 비판하였다. 그는 나아가 이 비판을 류사오치류가 신민주주의 혁명에서 사회주의 혁명으로의 연속적 · 직접적 전환을 주장한 마오쩌둥에 반대하고 신민주주의의 질서 강화와 자본주의의 자기발전을 논하면서 자본주의를 미화한 사실에 적용하였다.

'농민혁명론'을 중심으로 한 마오쩌둥과 문혁파의 부르주아 사상에 대한 비판은, 마오쩌둥의 「농민전쟁: 중국사 발전의 기본적 동력론」을 논증해야 했다. 그리고 부르주아 사상 비판은 농민전쟁이 언제나 지배계급에게 양보를 촉구하고 생산의 발전과 사회의 전진을 촉진했다는 이른바 양보정책론을 중국통사 서술의 기본선으로 삼을 것을 주장한 저명한 역사가 젠보잔(翦伯贊, 베이징대학 부총장)에게도 가해졌다. 젠보잔은 문혁이 시작되자마자 런민일보로부터 '혁명농민을 학살한 봉건적 제왕과 지도층을 미화하고', '계급조화와 계급협력을 고취하며', '마오쩌둥 사상의 역사이론에 도전한 수정주의적 역사주의'라고 공격당함으로써, 끝내는 비운의 죽음을 맞았다.

더욱이 문혁개시 전야 및 문혁 중 여러 차례에 걸쳐 농민전쟁 지도자에 대한 평가가 이루어지면서 중앙의 특정 지도자에 대한 공격과 마오쩌둥에 대한 절대적 평가도 이루어졌다. 문혁파들은 마오쩌둥이 태평천국 후기의 우두머리였던 리쇼청(李秀成)의 공술서(供述書)를 읽고 그의 사상을 비판한 사실을 빌려, 1964~1965년에 류사오치, 취치우바이(瞿秋白)를 비판할 의도로 리쇼청의 투항을 비판하였다. 그리고 소설 『수호지』의 송강(宋江)은 투항주의로 비판받아야 한다고 말한(1975년) 마오쩌둥의 말을 빌려, 1975년 병중에 있던 저우언라이를 대신해 관직에 복귀한 덩샤오핑을 표적으로 삼은 송강 비판이 전개되었다. 또한 태평천국의 동왕 웨이창훼이(韋昌輝), 익왕 스다카이(石達開)를 '신생 지주분자', '지주계급의 반혁명 분열주의 노선의 대표자'로서 부정하였다. 한편, 홍슈취안이 마오쩌둥에 의해 여러 차례 농민계급의 혁명노선에서 걸출한 인물이라고 긍정됨으로써 전제군주제에 관한 발언은 모습을 감추게 되었다(이 사실에 대한 줄거리는 따이이(戴逸), 「실사구시, 용감하게 (역사학을) 배우자」, 『이상집』(履霜集), 중국런민대학출판사, 1987 참조). 이러한 사실은 농민전쟁에 관한 관점이 마오쩌둥의 혁명론과 직결되어 있음을 여실히 보여 주는 것 같다.

문화대혁명은 착취계급의 구사상 · 구문화 · 구풍속 · 구습관을 일소하고 프롤레타리아 계급의 신사상 · 신문화 · 신풍속 · 신습관으로 사회의 정신적 풍토를 개조할 것을 목표로 내걸었다(1968. 8, 「중공 중앙위원회의 프롤레타리아 문화대혁명에 대한 결정」). 그러나 이 운동 중에 중국 지식인들이 체험했던 것은 '극단적인 가부장제, 우민정책, 자기봉쇄'로서 「야만 · 우매의 악질적 팽창」(『전통문화와 현대화』에 실린 왕쥔이(王俊義) · 진거(金歌)의 논문)과 개성을 배제한 집단주의, 획일주의, 경제적 평등주의의 범람, 그리고 새로운 존비질서인 신귀족집단의 형성 등이었다. 지식인들은 이 사실을 건국 이후 봉건전통문화에 대한 비판을 포기하고 부르주아 비판만을 일방적으로 강조한 결과, 뿌리 깊이 잔존하고 있던 '봉건주의'의 폭발적인 부활(리주의 앞 논문 참조), 또는 광저우(廣州)의 구홍위병 왕시쩌(王希哲)가 1974년에 붙였던 대자보에 규정된 바와 같이 근대적 공산주의와 봉건주의가 결합된 '봉건적 파시즘'(리이쩌(李一哲), 『사회주의 민주와 법제에 대하여』, 홍콩: 허상다산출판사, 1976 참조)의 부활로 간주하였다.

제 6 절 근대화와 전통

1978년 12월에 '개방과 개혁'으로 대전환이 시작된 가운데, 특히 1980년대에 들어서는 지식인들 사이에 중국의 전통과 전통문화에 대한 '반성' 분위기가 확산되었다. 문화혁명 체험과 자본주의 국가 중 신흥공업국의 급속한 경제발전과 대비되는 중국의 분명한 후진성에 대한 자각이 이 분위기를 촉진시켰다. 반성운동에서 리쩌호우는 문혁과 전통문화의 관계에 대해 의문을 제기하였다. 리쩌호우는 많은 지식인과 청년학생들 – 그들은 문혁전야에 범람하던 등급제도와 관료 특권주의에 항의하는 다양한 움직임을 보이고 있었는데, 마오쩌둥은 이를 류사오치 · 덩샤오핑 일파를 일소하는 데 이용하였다고 한다 – 이 역대

황제의 성스러운 말씀과 같은 마오쩌둥의 최고지시를 내세워 충(忠)자 모양을 그리는 춤까지 강요했던 린뱌오의 봉건주의에 대해, 린뱌오 쿠데타 사건(1971. 9)이 자발적인 각성을 불러일으킬 때조차도 저항하지 못한 채 "사사로움과 싸우며 수양한다"든가 "사사로움을 버리고 공(公)을 세운다"는 슬로건 하에서 회개해야 한다고 생각했던 이유는 무엇이었을까? 하는 의문을 던졌다. 그리고 그는 각자의 문화심리 밑바탕에 있는 전통적인 사회의식과 습관, 도덕의식, 그리고 이것들을 마치 혁명적인 공산주의의 도덕인 것처럼 추진해 온 사회주의 사상교육에서 답을 찾고 있다(「중국의 마르크스주의 시론」의 문혁론 참조).

이러한 스스로의 심각한 내적 체험과 반성을 배경으로 문혁 이후 전통비판은 대체로 유교가 만들어 낸 '예치(禮治)질서'와 세계적인 근대화 조류에 대한 적응을 불가능하게 한 '세계 최고라는 문화의식'[天朝心態](류짜이푸(劉再復) · 린강(林崗)), 『전통과 중국인』에 쓰인 용어로서, 중국 문화를 제일로 여긴다는 점에서 중화사상과 같음)에 가해졌다. 여기에서는 역사와 전통을 재검토하려는 움직임의 하나인 역사에 나타난 농민반란에 대한 새로운 해석들을 개괄해 보기로 한다.

류짜이푸 · 린강은 『전통과 중국인』에서 다음과 같이 말하고 있다. "수천 년 동안 농민전쟁은 서로 다른 역사적 조건에서 상이한 슬로건을 내걸었다. 하지만 문화의 가치체계에 대한 근본적 변혁인 문화혁명을 동반하지는 못하였다. 따라서 문화와 행동모형은 항상 같았다. 그 결과 농민전쟁은 왕조교체의 도구가 되기는 하였으나 구왕조의 사회구조, 정치체제, 문화가치 관념은 그대로 답습되었다." 그들은 중국 역사에서 하나의 큰 비극은 루쉰이 풍자한 '아Q'식의 혁명에 응축되어 있는데, '아Q'의 이상국은 바라는 것은 무엇이든 손에 넣을 수 있고, 좋아하는 여자는 마음대로 할 수 있는 나라였다고 말하고 있다. 그들은 중국 공산당 지도 하에서 일어난 농민혁명인 중국 혁명이 '아Q'혁명을 극복했다고 말하고 있지 않다. 그들은 의화단을 민족적 억압에 항거한 운동으로서 반항성을 갖고 있었으나, 기본적 의식은 맹목적 배외였기 때문에 하층의 미신적 배외주의와 상층의 근대화에 대한 저항이라는 배외주의가 하나로 결합되어 있었다고 보았다. 그리고 그들은 "외국인의 억압으로부터 벗어날 수 있는 길은 자국의 진보와 부강이며, 액운을 몰아 내기 위해서는 세계의 조류에 순응하여 주체적으로 근대화의 길을 갈 수밖에 없다는 사실은 역사가 증명하고 있다"고 말하고 있다. 그들의 시각은 개혁파 지식인의 의화단 및 배외운동에 대한 최근의 시각을 대표하고 있다.

그들은 중국 역사에서 농민전쟁은 결코 진정한 의미의 혁명이라기보다는 왕조의 전성기에 늘 보이는 도시 · 상업 · 비농업 인구의 발전 등 유럽 자본주의 발전의 초기 단계에 뒤지지 않는 자본주의의 발전에 필요한 요소와 축적된 생산력을 철저히 파괴 · 소멸시킴으로써 신왕조가 다시 시작되었다고 보았다.

중국에서 농민전쟁이 봉건사회가 오랫동안 지속되게 한 요인이었다는 사실, 다시 말해 농민전쟁의 파괴성을 처음으로 지적한 것은 『허상』의 제작고문 중 한 사람인 진관타오(金觀濤)였다. 진관타오와 그의 부인 류칭펑(劉靑峰)이 쓴 『중국 사회의 초안정적 시스템 탐구－대통일의 구조』(와카바야시 · 무라다(若林正丈 · 村田雄二朗) 역, 연문출판, 1987. 원저는 『역사의 표상 이면에 － 중국 사회의 초안정적 구조 탐구』, 쓰촨 런민출판사, 1983)는 사이버네틱스[14)]와 시스템이론[15)]을 구사하여

14) 역자 주: 사이버네틱스(Cybernetics) 이론에서는 총체적 결정이나 종합적 고려가 어렵기 때문에 개인의 합리적

중국 봉건사회의 장기 지속성, 정체성과 대반란에 의한 왕조의 주기적 교체원인 및 법칙성을 밝히려 한 책이다.

이 책에서 그들은 중국 봉건사회의 구조적 특질, 다시 말해 서구 봉건사회에 견주어 볼 때 더 복잡한 착취구조를 갖는 경제구조와 '대통일'(황제를 정점으로 관료에 의해 운영되는 중앙집권적 지배)의 정치구조가 형성된 배경을 설명한다. 진관타오에 따르면, 관료의 부패와 토지겸병의 심화에 의한 국가의 조절기능 상실과 이와 맞물린 농민의 생존위기가 농민에게 공동의 반란목표를 세우고 조직을 강화하게 하였고, 전근대시대에 세계사에 유례 없이 거듭되는 전국적인 대규모 농민전쟁을 불러왔다. 농민전쟁은 대통일적 조절작용을 붕괴시킨 부패관료, 악덕지주, 토호, 왕후귀족을 몰아 내어 주인 없는 토지를 대규모로 창출해 냄으로써 토지를 둘러싼 문제를 일시에 해결하였다. 하지만 농민전쟁은 종래의 정치(관료제), 경제(광범위한 소자작농의 존재를 동반하는 지주경제), 그리고 이데올로기(유교)가 일체화된 구조–종법(宗法)일체화 구조–를 새로운 왕조에서도 영원히 재생산시킬 수밖에 없었던 것이다. 그 첫째 이유로는 새 왕조의 재건자인 귀족과 호족은 물론 농민까지도 대통일의 봉건국가와 같은 구조체(同形構造體)의 기초를 이루는 종법제도(부계친족집단)와 그 의식–자녀의 효, 아내의 복종, 아버지의 자애(慈愛)로움에 의해 구축된 가족관계는 인민의 순종, 신하의 충성, 군주의 어진 정치의 축소판이다–에서 벗어날 수 없었을 뿐만 아니라

의사결정이 어렵다고 보기 때문에 실체나 형상을 하나의 종합적 체계라는 관점에서 파악하고자 하는 이론이다. 다시 말해서 독립된 하나의 시스템으로 보이는 각각의 대상이나 조직이라도 다른 차원에서 보면, 더 큰 시스템의 한 부분으로 이해할 수 있다. 이 이론에서는 각 부분은 다른 부분과 상호작용을 한다고 이해한다.

15) 역자 주: 시스템이론은 다양한 부분으로 구성된 공동목표를 추구하는 실체를 어느 단편적인 부분이 아니라 조직체 자체의 관점에서 이해하고 설명하려는 이론이다.

농민반란의 우두머리에게도 황제사상이 짙게 남아 있었다. 따라서 그들이 새 왕조를 세울 때에도 의식적이든 무의식적이든 종법동형구조체(宗法同形構造體)를 왕조수복의 틀로 이용한다. 둘째로 왕조교체기에는 유가의 국가학설에 나타난 왕권신수설, 천인감응설을 빌려 '진명천자'(眞命天子)의 출현을 증명하고 황제를 정점으로 하는 구구조를 재건하는 데 이용한다. 셋째로는 언제나 유생이 관료로 등용되어 왕조재건을 담당함으로써 봉건적 가부장제, 등급제, 삼강오륜의 도덕사상 등이 다시 국가조직의 원칙이 된다.

요컨대, 농민전쟁은 종법일체화 구조를 교란시키는 요소를 제거하고 형평을 되찾게 하는 수리공의 일을 해냈다. 이렇게 해서 신왕조 전 · 중기의 발전기, 전성기, 쇠퇴기 그리고 동란기의 순환이 거듭되었다. 농민전쟁의 혁명성을 강조하고 그것을 중국사 발전의 진정한 힘으로 본 마오쩌둥의 역사관이 여기에서는 철저히 부정되고 있다.

농민전쟁을 재검토하는 또 하나의 중요한 논점은 농민의 가장 반봉건적인 혁명사상으로 간주되었던 '평등주의'(平均主義)에 대한 것이다. 현재 정치범으로 옥중에 있는 왕시쩌(王希哲)의 「마오쩌둥의 문화대혁명」(『대혁명』, 홍콩, 1981년 2월호)을 출발점으로 해서 대부분의 평등주의에 대한 비판론자들은 대약진기 마오쩌둥의 인민공사를 통한 공산주의 이행론, 그리고 문혁기의 '큰 솥 밥 먹기'(大鍋飯)는 평등주의에서 중국 농민전쟁사를 꿰뚫는 평등주의 내지는 농업사회주의의 재현을 보았다. 그리고 왕시쩌는 평등주의가 경제발전의 필연적인 추세가 아니라 인위적 산물이기 때문에 자연히 위로의 권력집중과 권력의 전제화를 가져왔을 뿐 아니라 공유제와 재화의 평등분배를 특징으로 하는 평등의 유토피아가 반복적으로 출현하게 되는 원인이라고 평가하였다.

이러한 역사의 반복 속에서 중국의 소농은 열악한 생산 조건으로 인한 생산력의 후진성 때문에 완전한 자립적 개체경영을 할 수 없었다. 또한 그들 속에는 동족공동체의 광범한 상호 협조 · 협동의 관념이 원시적 공유제의 흔적으로 살아 남아 있었다. 따라서 이것이 위기의 시대에 원시적 공산주의인 평등주의가 등장하는 근원이 되었다. 이 평등주의를 제도화한 '천조관료제'(天朝官僚制)를 공포한 태평천국이 봉건적 등급제도와 특권주의를 극단적으로 발전시켰던 사실이 보여 주듯이, 평등주의는 항상 봉건특권주의와 불가분의 관계에 있었다는 점도 지적되고 있다(상세한 내용은 필자의 「역사의 평등주의(농업 사회주의)를 둘러싼 중국의 논쟁」, 『계간 중공연구』 7호, 1987; 「평등주의의 근원과 역사적 성격에 대하여」, 『현대 중국』 61호, 현대중국학회 참조).

필자는 대약진과 문화대혁명의 참담한 실패를 맛본 중국 지식인들이 농민혁명에서 탄생한 마오쩌둥의 역사관, 곧 '농민전쟁 원인론'을 중국 근대화라는 과제에 비추어 근본적으로 재검토하려는 자세는 매우 정당하다고 생각한다. 중국 지식인과 대화를 하다 보면 종종 "농민에게는 문화가 없다"는 말을 듣는다. 또한 중국의 연구자들은 대개 마르크스가 아시아 사회 정체의 근본적 원인이라고 본 '가내공업과 소농 경영의 결합을 기초로 한 자급자족경제'라는 규정을 그대로 중국 소농 경영의 성격을 규정하는 데 적용하고 있다. 이 규정에 따르면 농민 내부에는 근대화로 가기 위한 매개항이 없기 때문에 외부 또는 위로부터의 힘에 의해 이끌려 갈 수밖에 없다.

그러나 중국 사회정체론에 대한 비판에서 시작된 일본의 패전 후 중국경제사 연구(예를 들면, 다나카(田中正俊), 『중국 근대경제사 연구서설』, 동경대학출판회, 1927), 그리고 베트남전쟁의 체험을 종래의 '개항장 사관'－중국의 근대화는 아편전쟁 이후 구미 자본주의에 의해 시작되었고 그 힘에 의하여 추진되었다고 보는 사관－을 비판하고 18~19세기 이후 중국의 내재적 · 독자적 근대화 움직임을 중시하면서 기층 사회에 대한 연구를 진전시키고 있는 미국의 중국사 연구(코엔 지음/사토(佐藤愼一) 옮김, 『제국주의-오리엔탈리즘과 중국』, 평범사, 1988), 중국의 대다수 자본주의 맹아에 대한 연구가 밝혀 주고 있는 바와 같이, 18세기 이후 중국 농민은 마르크스의 자연경제모델로는 완전히 설명되지 않는 변모를 보였다. 다시 말해, 비교적 낙후된 화베이(華北) 평야까지도 상품화가 상당히 진전되어 있었다. 밀은 고도로 상품화된 작물이었고, 면화도 널리 재배되고 있었다. 수공업을 보면 많은 지역에서 가계소비를 목적으로 한 생산 단계인 자연경제 단계를 훨씬 넘어 시장경제의 일부를 형성하고 있었다(Philip C. C. Huang, *The Economy and Social Change in North China*, Stanford University Press, 1985).

소농민의 상품 생산과 시장을 위한 부업적 수공업은 그들의 생존을 가능하게 하거나 자작농이 소작농으로 전락하는 것을 막는 구실을 하는 데 그쳤을 뿐 더 이상의 발전 전망은 열어 주지 못하였다. 하지만 중국의 저명한 사회인류학자 페이샤오퉁(費孝通, 민주동맹 주석)은 농민의 상품 생산적 수공업 전통에 주목하면서 구미형 공업화와 인구의 도시집중 억제를 가능하게 하는 향진기업(鄕鎭企業)에 의한 농촌의 공업화 전략을 내놓았다. 이 전략은 여러 가지 모순과 난점을 안고 있으면서도 개혁개방 이후 주목할 만한 발전을 보였다.

18세기 이후 농민의 재생산구조의 변화는 일부 선진 지역에서 지역시장

(local market)을 매개로 하는 새로운 관계(스키너 지음/이마이(今井淸一) 외 옮김, 『중국 농촌의 시장, 사회구조』, 법률문화사, 1979)를 만들어 냈다. 이와 함께 농민의 의식과 사상도 어떤 변화 – 예를 들면, 합리적 의식 – 를 보이지 않았을까 생각된다. 1960년대에 농촌으로 내쫓겨 오랫동안 농촌에서 생활한 작가와 영화감독의 최근 작품(천카이거(陳凱歌)의 「황토지」, 「어린이의 왕」, 우톈밍(吳天明)의 「오래 된 우물」(古井戸), 장이모(張藝謨)의 「붉은 수수밭」 등)에는 마오주의의 혁명적 농민관이나 "농민에게는 문화가 없다"는 도시 지식인의 농민관과 달리 농민생활을 실감 있게 묘사하고 있는 부분이 많다. 필자는 중국의 연구자들이 큰 주제에 대한 연구만이 아니라 새로운 시각에서 농민의 일상생활과 그 속에 흐르는 의식, 가치관 등 기층에 관한 연구를 진행시킴으로써, 그 속에 민주화를 포함한 근대화로의 매개항이 있었느냐 없었느냐, 또 현재 그것이 있느냐 없느냐 하는 문제를 재검토해 주었으면 한다.

Chapter

3

현대 중국에서 마오쩌둥의 이미지

제1절 불확실성의 시대

제2절 위대한 독재자시대의 수수께끼

제3절 옌안에서 마오쩌둥 사상의 탄생

제4절 마오주의의 고전적 모델

제5절 마오쩌둥이라는 인간과 정치역학

제6절 마오쩌둥 비판과 새로운 역풍

徳田教之,「中國社會主義における毛澤東の映像と殘像」,『歴史と近代化』, 東京: 岩波書店, 1989, pp. 177~226

현대 중국에서 마오쩌둥의 이미지

제 1 절 불확실성의 시대

1976년 9월 9일 마오쩌둥(毛澤東)이 세상을 떠난 뒤 벌써 오랜 시간이 흘렀다. 대부분의 중국인들에게 마오쩌둥 시대는 잊을 수 없는 복잡한 생각이 뒤얽힌 영광의 시대이자 고난의 시대였다. 그러나 마오쩌둥 사후 중국에 나타난 놀라운 변화의 물결은 중국인들에게 과거의 일들을 과거 특수한 시대적 산물로 망각하게 하고 있으며, 마오쩌둥의 그림자는 날이 갈수록 희미해지고 있는 것 같다.

헝가리 경제학자 코르나이(Janos Kornai)가 말하듯이 과거에 대한 비판적 태도가 바로 개혁을 이끄는 힘의 원천이라고 한다면(모리타(盛田常夫), 『경제개혁의 가능성-헝가리의 경험과 전망』, 암파서점, 1986), 현대 중국에서 마오쩌둥이 과연 어떤 존재였느냐 하는 질문은 앞으로 끊임없이 되물어야 할 문제이다. 또한 개혁을 위한 시도가 미로 속을 헤매는 것처럼 느껴질 때, 마오쩌둥은 향수와 함께 상기될지도 모른다. 더욱이 위기 상황이 닥치면 그의 사상에서 새로운 통합의 원리를 찾으려는 정치적 움직임이 재현될 수도 있다. 어떤 의미에서 마오쩌둥에 대한 평가는 각 시기 개개 중국인의 상황인식 방법의 간접적 표현일지도 모른다. 왜냐하면, 마오쩌둥이라는 특이한 인물의 27년 지배는 현대 중국을 떠받치고 있는 다양한 조직과 너무도 깊은 관계를 맺어 왔기 때문이다.

덩샤오핑 지배 기간 동안 근대화와 체제 개혁 정책들은 중국 사회 속에 거스를 수 없는 변화의 동력을 주입하였다. 하지만 다른 한편으로 당의 지도력은 이제 현대세계에 공통되고 전환기 사회에서 불가피하게 발생되는 상호 갈등을 내포한 다양한 요구를 동시에 충족시켜야 하는 어려운 문제와 싸워야 하는 상황에 직면해 있다. 중국이 과거로부터 벗어날 수 있을지 여부는 중국의 지도부가 이 문제들을 어떻게 뚫고 나갈 것이냐 하는 데 달려 있다. 또한 미래의 변화 범위를 한정하기 어려운 점도 미래에 대한 전망을 별로 의미 없게 만들고 있다. 만약 중국이 앞으로 어떤 막다른 골목에 다다르게 된다면, 현재 중국의 마오쩌둥 시대에 대한 인식구조는 변화되지 않을 수 없으며, 그렇게 된다면 과거에 대한 상황인식에 극적인 분열이 일어날 수도 있다.

이미 역사가 되어 버린 마오쩌둥 시대와 그의 지배에 대한 영상을 확인하고 중국 현대사에서 그 의미를 묻는 시도는 과도기인 현재에 강하게 구속된 불확실한 사색의 전형(典型)이라고 해야 할 것이다. 이러한 약간 무모한 주제에 접근하기 위해서 이 글에서는, 먼저 우리의 눈에 비친 중국에서 마오쩌둥 현상의 구조적 윤곽을 확인하고, 다음으로는 마오쩌둥 이후 그가 남긴 잔상과 그 의미를 살펴보려 한다.

제2절 위대한 독재자시대의 수수께끼

1. 한 시대의 끝에 서서

마오쩌둥이라는 비범한 독재자에 의해 각인된 시대상 전체를 재구성하려면, 그 시대의 종점인 1976년에 중국에서 전개된 몇 가지 정치적 사건이 갖는 심각한 의미를 되묻는 데서 출발하는 편이 적절하다. 왜냐하면, 이 기념비적인 영웅에게 주어진 최후 몇 개월간 중국 정치는 혼미에 혼미를 거듭하고 있었으며, 그가 죽은 한 달 뒤에는 너무 비극적이고 놀랄 만한 후계투쟁이 발생했기 때문이다. 당시 어떤 저널리스트는 이 사건을 '마오쩌둥의 두 번째 죽음'이라고 묘사하기도 하였다. 하지만 현재의 입장에서 보면 그것은 마오쩌둥의 정치적 사망의 출발점이었다. 이러한 사태가 마오쩌둥 독재의 논리적 귀결이었다고 하면, 이것들을 통해 우리는 그때까지 그의 지배의 기초였던 중국의 정치역학이 무엇이었느냐 하는 문제를 돌아보게 된다. 또한 한 시대의 폐막을 맞아 마오쩌둥 지배의 기반에 분열과 와해가 확산된 상황에서, 우리는 도이처(Isac Deucher)의 말대로 위대한 독재자의 만년의 '자기완성'과 '자기붕괴'를 함께 엿볼 수 있을 것이다(『스탈린』, 미스즈서방, 1971).

1976년 10월 7일에 발생한 '4인방'(왕훙원(王洪文), 장춘차오(張春橋), 장칭(江青), 야오원위안(姚文元) 등 중국 공산당 정치국 내의 문혁 급진파) 체포는 문혁기 이후 공산당 지도부 내에 축적되어 온 내분과 균열이 마오쩌둥의 죽음을 계기로 일시에 분출된 사건이었다.

문화혁명 수습 단계 이후 당중앙지도부의 구성은 심한 유동성을 보여 왔다. 변화의 기본 방향은, 한편으로는 1971년 9월 린뱌오(林彪) 사건으로 대표되는 문혁추진 주체였던 급진파의 부분적 몰락과 군인 세력의 퇴조, 그리고 다른 한편으로는 실무적 당정관료군을 대표하는 저우언라이(周恩來)의 영향력 증대와 덩샤오핑(鄧小平)의 부활 등 문혁 때 실각한 간부의 부활이었다. 린뱌오의 실각은 문혁의 붕괴를 의미하는 것으로서, 마오쩌둥의 후계자 문제를 암초에 부딪치게 하는 결과를 가져왔다. 그 후 중국 공산당은 중심적 지도자를 상실한 채 마오쩌둥 이후를 노린 당내의 정치적 암투 국면으로 돌입하였다. 1973년 8월 중국 공산당 10기대회 이후의 반조류, 비림비공(批林批孔), 우익의 반격 · 반대(1975년 11월부터)로 이어지는 일련의 정치적 비판운동이 그것이다. 이 움직임들은 마오쩌둥의 암묵적 비호 하에 저우언라이, 덩샤오핑을 표적으로 삼아 은밀하고 공공연하게 이루어진 정치투쟁이었다. 1976년 1월 저우언라이의 사망은 사실상 마오쩌둥 시대의 결말이었다.

저우언라이 사후 덩샤오핑을 실각시키려는 좌파의 공격이 더욱 심해졌다. 4월 5일에는 저우언라이를 추도하는 군중과 경찰 간의 충돌인 톈안먼(天安門) 사건이 발생함으로써 덩샤오핑이 다시 실각하고 화궈펑(華國鋒)이 마오쩌둥 이후의 과도기적 지도권을 잡게 되었다. 톈안먼 사건은 중국 혁명을 상징하는 신성한 정치적 의미를 지닌 광장에서 건국 이후 처음 발생한 중국 공산당 및 마오쩌둥에 대한 대중의 공개적인 항의였다. 이 사건은 당의 중심을 진동시켰다. 그리고 이 충격은 베이징에서 지방으로 확대되어, 허베이(河北)성 바오딩(保定)의 수개월에 걸친 폭동이 상징하듯이, 각 지역에서는 국지적인 민중 내부의 정치 · 사회적 분쟁 및 무장투쟁에 의한 혼란과 사회불안이 산발적으로 발생하였다. 이 새로운 현상들이 중국 공산당 중앙 내부의 권위체계를 혼란시킨 결과, 베이징과 지방에서 민중들의 파벌대립을 야기시켰다. 존슨(C. Johnson)의 시각을 빌리면 문혁 이후 카리스마적이라기보다는 시저(Caesar)주의적 지도자로 당에 군림해 온 마오쩌둥은 측근 지도자들을 하나씩 제거함으로써 권력 엘리트와 국민 간의 통합을 크게 손상시켰다(Chalmers Johnson, *Caesarism in China*, Encounter, December 1976).

문혁 이후 중국의 정치노선은 계속혁명노선이었다. 이것이 마오쩌둥 만년 이데올로기의 핵심이었다면, 4인방은 마오쩌둥의 이념을 계승하고 수호하기 위한 최후의 정치적 첨병이었다. 4인방의 붕괴는 정치국이 마오쩌둥 사망 후에도 영향력 유지의 기반을 상실하였음을 의미한다.

후계투쟁에서 4인방이 화궈펑과 예젠잉(葉劍英) 등 문혁 온건파 당관료와 군부의 연합전선에 패배한 사건은 필연적이라고 할 수는 없지만 일어날 수밖에 없을 때 일어난 사건이었다. 문혁 급진파는 최종 단계의 정치적 암투에서 주도권을 장악한 것처럼 보였으나 정치적 영향력과 권력기반은 현실적으로 매우 한정되어 있었던 것 같다. 문혁 이후 시기를 거시적으로 보면 현실주의적 정책이 주류를 이루었으며, 급진파의 혁명적 노선이 당내의 다수파로 자리잡고 있지는 않았던 것으로 보인다. 마오쩌둥은 끝까지 계속혁명이념을 전제로 한 혼합적 집단지도체제를 정착시키려 했던 것 같다. 하지만 그의 지도력 기반은 이미 매우 취약해져 있었고, 육체적 능력도 저하됨에 따라 정치에 대한 통제능력을 상실해 갔다. 이렇게 해서 그의 후계구도는, 사후에 있었던 궁정(宮庭)혁명으로 묘사되는 정변을 통해 계속혁명 이데올로기들을 잃게 됨으로써 사실상 좌절되었다.

2. 마오쩌둥 시대상의 분기점

마오쩌둥과 중국 사회의 한없이 깊고 넓은 관계, 그리고 한 인간이 중화인민공화국의 정치를 완전히 지배해 왔다는 점에서 볼 때, 그가 자기완성에서 점차 자기붕괴로 치달았던 사실은 매우 놀랍다. 이는 마오쩌둥 지배가 갖는 독특한 성격 때문인 것 같다. 이 수수께끼를 푸는 열쇠는 저자가 다른 글에서 설명한 바와 같이(『마오쩌둥주의의 정치역학』, 경응통신, 1977) 사상과 지도력의 합성체인 마오주의(Maoism)의 구조와 그 내부 역학의 특징에서 찾을 수 있다. 위대한 독재자 마오쩌둥은 마오주의 체제를 매개로 그의 시대와 어떻게 관계를 맺어왔는가를 살펴볼 필요가 있다.

마오쩌둥 시대의 정치적 영상에는 선명한 분기점이 있다. 1949년 10월 건국은 20세기 초반 이래 계속된 중국의 정치적 해체에 대한 반작용이자 국가의 통일, 민족의 독립, 사회 · 경제 근대화에 대한 중국인의 열망의 집약적인 표현이었다. 혁명정권인 신정부는 건국 초기인 1950년대에는 인민대중이 부여한 강한 정당성에 의해 지지되었다. 따라서 중국 공산당은 당 지도부의 강력한 단결을 유지하면서 경이적인 대중동원 능력을 발휘함으로써 신속하게 제도와 의식의 변혁 및 신체제로의 전환을 이룰 수 있었다. 이 시기에 약동하는 신중국의 국가 건설과 경제 건설, 그리고 국제적 지위의 급상승은 세계의 많은 사람들을 매료시켰다. 그러나 1957년 후반 반우파투쟁과 1958년 대약진운동 시기를 분수령으로 해서 중국의 정치와 경제에는 극적인 변화가 나타났다. 중국 사회는 이 시기부터 마오쩌둥 사망에 이르기까지 건국 초와는 현저한 대조를 이루는 시대로 이행하였다.

사회주의를 건설하기 위한 마오쩌둥의 독자적 도전인 대약진운동이 시작되었을 때 마오쩌둥이라는 인간과 그의 사상도 동시에 정치무대의 전면에 부각되었다. 하지만 몇 개월 뒤 마오쩌둥의 야심적인 실험이 계속 좌절되고 있음이 확인되었고, 이러한 마오 전략의 귀결은 1960년대 이후 중국의 운명을 결정짓게 되었다. 사회 · 경제의 심각한 혼란과 위기 상황은, 그 원인인 대약진정책에 대한 평가를 둘러싼 당 지도부 내의 긴장을 몰고 왔을 뿐만 아니라 당 지도부는 위기 상황을 극복할 방법을 두고 점차 분열이 심화되고 있었다. 이 시기에 형성된 마오쩌둥의 계속혁명이념은 1960년대 후반부터 시작된 문화혁명으로 이어졌다. 문혁은 자신이 정점에 서 있는 권력기구에 대해 이미 통제력을 행사할 수 없을 만큼 고립되었음을 감지한 노독재자가 자신의 혁명이념을 중국 사회에 다시 각인시키기 위해 일으킨 운동으로서, 그의 카리스마를 무기로 기존 정치질서에 맞선 최후의 혁명이었다. 따라서 문혁은 어떤 의미에서는 마오쩌둥 자신이 쌓아올린 것을 그가 지원한 대중반란을 통해 파괴한 모순된 정치적 동란이자, 객관적으로는 노독재자의 절망적인 몸부림이었다고 할 수 있을 것 같다.

마오쩌둥이 처음부터 무장투쟁을 동반한 정치적 동란의 전국적 확대를 기도하지는 않았으나 분쟁의 역학이 빚어 낸 혼돈은 그의 통제능력을 훨씬 넘고 있었다. 동란이 최고조에 달했을 때에는 반란의 정당성의 원천인 마오쩌둥에 대한 개인숭배가 한없이 고조되고 있었다. 그러나 이 시기의 국가통치 기능은 거의 마비 상태에 빠져 있었다. 이어서 1970년대에는 문혁이 새롭게 탄생한 새 지도부의 내부 갈등에 의해 단계적으로 자기붕괴 작용을 일으키는 시기였다. 이처럼 반우파투쟁에서 마오쩌둥의 죽음에 이르는 약 18년간 중국은 당 지도부 내의 분열과 내분을 반복하였고, 이 분열은 정치의 하부구조 또는 사회 저변과 연동됨으로써 권위의 위기를 심화시켰다.

3. 마오쩌둥의 역할 이미지

그렇다면 27년 동안 일반적으로 중국 정치의 완전한 지배자 이미지로 비친 마오쩌둥은 현실적으로 어떠한 역할을 연출해 온 것일까? 중국 정치에서 마오쩌둥의 위로부터의 충격이 때때로 결정적인 의미를 갖고 있었던 적이 있기는 하다. 하지만 중국 정치는 분명히 독재자 마오쩌둥의 손바닥에서 항상 그가 의도하는 대로 조종되지는 않았다. 그의 지도력의 기반이면서 그의 지도력을 제약하기도 하였던 당중앙의 구조도 시기에 따라 변하였다. 지도권은 건국 초기의 비교적 유연하고 강력한 집단지도체제, 대약진운동에서 문혁에 이르는 시기의 고조된 개인숭배와 분열, 문혁 최종 단계의 정적 숙청 이후 고고한 노승처럼 행세한 독재자 중심의 한 허약한 지도체제, 그리고 마지막에는 이질적인 집단의 취약한 집합체로 변해 갔다. 이러한 구조적 특징과 당내 정치역학의 차이가 각 시기 마오쩌둥의 통치 스타일, 정치적 영향력의 강약 및 그의 의지관철력을 규정하였다고 생각된다.

마오쩌둥은 대부분의 독재자와 마찬가지로 초제도적으로 행동하려는 내적 충동을 느끼고 있었으나 제도와 조직의 구속을 완전히 무시할 수는 없었다. 그의 독자적인 정치이념이 돌출되어 나타난 경우도 특정 시기에 한정되어 있다는 점을 잊어서는 안 된다. 어느 때는 그의 카리스마가 당과 정부 제도 속에 확산된 듯한 경우도 있었고, 그의 만년에는 이미 '마오쩌둥 없는 마오 노선'이 기능하고 있었다는 주장도 있다.

마오쩌둥은 분명히 이상주의에 빠진 사상가였으며 유능한 혁명전략가였다. 하지만 동시에 그는 국가의 생존 · 관리 · 운영을 책임지는 현실 정치가이어야만 했다. 그는 변혁 과정에서 국가와 사회에 발생한 많은 어려운 문제들에 대해 유연하고도 현실적으로 대응해야만 했으며, 어려운 환경 하에서 때로는 마오쩌둥적이지 않은 정책을 채택하기도 했다. 또한 그는 독재자의 비밀무기인 애매한 의사표현을 이용해서 다른 사람에게 책임을 전가시킴으로써 자기의 입장이 언제나 정당한 것처럼 가장하였다. 마오쩌둥의 이러한 사고방식과 행동에 나타난 탄력성, 상호 모순, 큰 진폭, 유동성 같은 다양한 모습은 그의 사상의 핵심을 엿보기 어렵게 하는 효과를 내고 있다.

스탈린주의와도 다른 파악하기 어려운 마오쩌둥의 사상 및 통치와 관련된 복잡한 현상을 설명하기 위해서, 필자는 우선 마오주의 체제의 특징에 대한 일반적인 분석틀을 설명하는 데서 출발하려 한다. 왜냐하면, 마오쩌둥 시대의 정치동학은 마오쩌둥이라는 인간과 체제 간의 상호작용 내지는 관계 재구성을 위한 싸움을 통해 전개되었다고 해도 과언이 아니기 때문이다. 여기에서 필자가 말하는 마오주의 체제란 1949년 10월 이후 당과 국가의 통합적 신화가 된 마오주의를 공통의 신념체계로 하는 잠재적으로 다원적인 구조를 가진 중국 공산당의 지도체제를 가리킨다. 이 체제는 물론 마오쩌둥 개인을 핵심으로 하고 있으나, 개인을 뛰어넘는 지도력의 정치역학을 포함하는 더 넓은 개념이다. 그러나 그것은 터커가 말하는 지배체계로서의 스탈린주의(Robert C. Tucker, *The Soviet Political Mind*, Frederik A. Praeger, 1963)와 같은 의미로서, 어떤 고정적인 체계라고 보기는 어렵다고 생각한다.

제3절 옌안에서 마오쩌둥 사상의 탄생

1. 종합적 신화

필자는 일찍이 『마오주의의 정치역학』에서 옌안(延安)정풍운동 때 계속적으로 이루어진 1943~1945년에 걸친 중공당사(中共黨史) 개작 문제에 대한 분석을 통해, 옌안시대 이후에 출현한 공식 용어인 '마오주의'(Maoism)가 일종의 집단적 지혜로서 혁명운동에서 추출된 가치 있는 요소들의 종합 또는 상징 창출의 필요성에 의해 만들어진 종합적 정신이었다는 점을 밝힌 바 있다. 마오쩌둥의 사상에 대해 1945년 6월에 채택된 중국 공산당 7기대회의 당규약은 "중국 공산당은 마르크스 · 레닌주의 이론과 중국 혁명 실천의 통일체인 마오쩌둥 사상을 당의 모든 업무의 지침으로 삼는다"고 규정하였고, 류샤오치가 이 당대회

보고에서 그것을 "중국의 공산주의이며 중국의 마르크스주의이다"라고 정의한 사실은 잘 알려져 있다.

그러나 1945년 봄에 창출된 마오쩌둥 사상에는 당시 지도부가 공동 작업으로 완성한 당사(黨史)에 대한 합의된 허구성이 포함되어 있었다. 왜냐하면, 이 단계 혁명운동에서는 마오쩌둥 통치의 무오류성 신화를 만들 필요가 있었기 때문이다. 마오쩌둥 사상은 당의 공식 용어가 된 순간 마오쩌둥 자신의 사상을 뛰어넘어 더 큰 시각과 내용을 포함할 수밖에 없었다. 1941년 류샤오치가 한 말을 빌리면, 그것은 실제로 당사왜곡에 대한 중국 공산당 전체의 반성에 기초해서 혁명전략의 방향을 결정한 공동의 결론이었다. 이러한 의미에서 마오주의는 중국의 마르크스주의라는 성격을 갖고 있었다. 7기대회를 보면 마오쩌둥, 주더(朱德), 류샤오치 세 사람의 보고(「연합정부론」, 「해방구의 전장을 논함」, 「당에 대해 논함」)는 정치, 군사, 당의 건설이라는 측면에서 중국 혁명의 경험을 평가하고 있다. 따라서 이것은 사실상 당 전체에 의한 마오쩌둥 사상의 요약이었다.

마오쩌둥 사상이 창출된 지적 메커니즘을 보면, 건국 이후 마오쩌둥의 당에 대한 지배의 강약이라는 흥미로운 측면을 이해할 수 있는 실마리가 드러나리라고 생각한다. 마오쩌둥에 대한 당내의 초보적인 개인숭배는 1941년부터 항일 근거지 내부의 정풍운동, 생산운동 등 다양한 형태의 대중동원체제 형성 과정을 지나, 1943년에는 당내 정치의 돌연변이 형태로 분출되었다. 그러나 당 지도부 내의 마오쩌둥 이미지는 동료 사이에서 유능한 대전략가, 이론적 제너럴리스트, 매력적 인격을 갖춘 정치지도자로서 절대적인 존경과 신뢰를 받고 있었다. 하지만 마오쩌둥의 위치는 독재자라기보다는 동료 중 우두머리의 입장에 가까웠다고 보는 것이 옳을지도 모른다. 1945년은 혁명의 승리를 향해 가는 긴 불확실성의 과정이었으며, 중국 공산당은 아직 스탈린형의 독재자를 낳을 만한 조건이 아니었다. 마오쩌둥의 주변에는 주더, 류샤오치를 비롯한 같은 세대의 유력한 혁명운동 지도자들이 있었으며, 마오쩌둥의 카리스마적인 권위 창출에는 이들의 승인과 협조가 필요하였다. 마오쩌둥의 정치적 동맹자들은 마오쩌둥을 운동의 상징으로 내세우는 데 힘썼다. 따라서 마오쩌둥의 강력한 지도력은 이들 최고지도자들 간의 민주적이고 확고한 단결력에 힘입고 있었다고 생각된다.

2. 사상을 지탱해 주는 다원성

항일 근거지를 유지 · 운영하기 위해서는 당연히 중국 공산당의 지도권 내부에 다양한 스타일의 당간부를 보유할 필요가 있었다. 그들은 당내의 역할, 인격적 특질, 교육적 배경, 혁명가로서의 경력차이, 또는 스스로의 정치적 자리매김에 관한 생각차이로 인해 자연스럽게 중국의 마르크스주의 틀 내에서 서로 미묘한 의식 · 사고 양식의 차이를 보였다. 다양성 가운데 가장 중요한 의미를 갖는 예는 류샤오치와 마오쩌둥의 대비이다. 단순화시키면 류샤오치는 도시형 혁명가로서 레닌주의에 정통한 혁명가였다는 점을 지적할 수 있다.

1943년 이후 류샤오치는 마오쩌둥 숭배의 연출자이자 가장 유력한 추진자가 되었다. 하지만 그 직전까지 그는 마오쩌둥을 이론가로서 매우 높이 평가하고 있었던 것 같지는 않다. 이에 대한 증거로는 1945년 4월 어느 곳에서 한 연설

(「부녀자의 활동」)에서 기묘하게도 대중들의 자조정신의 중요성을 언급하면서 영웅숭배를 비판했던 사실을 들 수 있다.

필자는 마오쩌둥 자신의 사상적 특수성을 보여 주는 것으로서 마오쩌둥의 「연합정부론」 가운데 '인민전쟁'이라는 단어에 표명된 그의 정치이념을 중시한다. 마오쩌둥은 이 단어로 정치체제의 어떤 특정 상태를 이념화하고 있다. 그것은 정치, 경제, 사회, 문화, 군사 전 영역을 포괄하고 있을 뿐만 아니라 각 지역이 서로 연대하는 전면적 · 포괄적 대중동원 상황이다. 마오쩌둥은 이 동원 상황을 적에게 포위되어 위기에 직면한 근거지를 지키고 살아 남아 적의 압력을 제거하기 위한 가장 유력한 방법이라고 보았다. 인민대중의 전시 총동원체제는 그의 인민주의적 지향, 군인정신, 게릴라전사적 능력에 대한 요구 등 마오쩌둥의 '게릴라정신'을 만족시키는 것이었을 것이다.

또한 주목할 사실은 1941년 이후 동원체제의 성공이 마오쩌둥 지도력의 탁월성을 실증해 주었을 뿐만 아니라 당내에서 그의 카리스마화에 대한 충동을 유발하였다는 점이다. 마오쩌둥은 이 동원 상황 가운데 지도자인 자신과 그에 반대하는 대중의 일체화라고 하는 충실감을 실감했는지도 모른다. 이렇게 해서 옌안 후기 인민전쟁형 정치는 바로 마오쩌둥 지도력의 정당성의 기반으로 인식되었고, 그의 중요한 정치적 자산이 되었다. 뿐만 아니라 인민전쟁형 정치는 그 이후 그의 정치이념의 심층에 자리잡은 것으로 보인다. 하지만 문제는 다른 지도자들이 과연 이 인민전쟁의 이념에 대해 마오쩌둥과 완전히 일치된 생각을 갖고 있었느냐 하는 점이다. 동원체제에서 그들의 역할은 각기 달랐기 때문에 이 이념과의 연관성도 한정적이었다. 아마 그들 중 대부분은 인민전쟁형 정치의 큰 효용은 인정하고 있었다 하더라도, 마오쩌둥처럼 그것을 만능약으로 보지는 않았을지 모른다.

옌안 후기의 이러한 상황 가운데서 건국 이후 마오주의 체제의 동태를 구속하는 다음과 같은 몇 가지 전제들을 추출할 수 있다. 첫째, 당의 집단적인 지혜의 소산인 마오쩌둥 사상이라는 틀 속에서 마오쩌둥의 사상과 다른 지도자들 사상 간의 차이, 둘째 당 지도자들은 당의 통합적 신화에 대해 마오쩌둥이라는 이름을 부여하면서도 마오쩌둥의 사상에 대해 객관적인 시각을 갖고 있었다는 점, 셋째 마오쩌둥의 지도력은 사실 협조적인 집단지도체제였기 때문에 강력하고 안정적이었지만, 유력한 지도자집단의 압력을 받기 쉬웠다는 점, 넷째 마오쩌둥의 카리스마화는 위기 상황에서 대중동원을 통해 달성되었기 때문에 위기가 지난 뒤 긴장완화와 제도화 같은 상황 변화, 새로운 이질적 과제의 출현이 그의 인격적 지도력을 약화시킬 가능성을 내포하고 있었다는 점 등이다.

요컨대, 옌안 후기에 형성된 원초적인 마오주의 체제는 마오쩌둥의 '인간의 독재'와 '사상의 독재'라는 이 양자가 건국 이후 새로운 상황 하에서 서로 긴장을 잉태하거나 분리될 가능성을 안고 있었다. 또한 대중적 이미지 수준에서 보면 이 두 가지 독재가 장래 당 지도부 내의 응집력 감퇴를 불러올 소지를 안고 있었다고 할 수 있다.

제4절 마오주의의 고전적 모델

신중국 성립 이후 마오주의 체제가 새로운 기본적 구조를 완성한 것은 1955년 봄부터 1957년 여름경의 일이었다고 생각된다. 이를 마오주의의 고전적 모델이라고 한다면, 1958년 이후의 역사는 고전적 모델이 단계적으로 변용 또는 해체되는 과정이었다고 할 수 있다.

1. 사상의 독재

우선 새로운 역사 단계에서 '사상의 독재'를 보자. 중국 공산당은 변혁과 건설의 과정에 진입하자 불가피하게 과거의 경험과는 매우 다른 새로운 차원의 다각적인 현실적 과제에 직면하였다. 새 단계에서 마오쩌둥 사상은 정책의 지침이자 신중국의 통합력으로 기능하도록 기대되었다. 마오쩌둥 사상의 특징이 처음으로 정리 · 설명된 것은 천보다(陳伯達)의 「마오 사상은 마르크스 · 레닌주의와 중국 혁명의 결합이다」(『학습』, 1951년 7월호)라는 논문에서였다. 이 시기부터 중국 공산당 중앙은 『마오쩌둥선집』(제1~3권)을 출간함으로써 마오쩌둥 사상의 경전화를 위한 첫발을 내딛었다. 하지만 『선집』은 옌안 말기에 출판된 여러 종류의 『마오쩌둥선집』과 달리 발표 당시의 원전을 그대로 수록하지 않았다. 여기에 선택 · 수록된 문헌들은 1950년대 초 중국 공산당의 이데올로기적 입장에서 대폭 삭제 · 수정 또는 전면적으로 개작되었다. 『선집』은 1959년에 제4권(전후 내전기에 관한 것), 1977년에는 화궈펑이 제5권(건국 이후 1957년까지에 관한 것)을 출판하였는데, 이 두 권도 마찬가지로 정치적 의도에 의해 조작이 가해졌다.

『선집』 출판이 갖는 정치적 의미는, 그 시점에서 중국 공산당 중앙이 옳다고 인정하는 마오쩌둥 사상에 대한 규정이다. 『선집』은 정치적 의도에 의해 걸러지고 편찬된 문헌의 집합체였다. 하지만 이 책은 그 뒤 사회주의 건설 과정에서 중국인 전체의 사고와 행동을 위한 안내서가 되었을 뿐만 아니라 무궁한 지혜의 원천으로서 끝없는 학습 대상이 되었다. 인민대중은 마오쩌둥 사상의 착실한 학생이 됨으로써 국가의 상징적 지도자이자 조타수인 마오쩌둥이라는 인간에게 귀의하려는 마음을 다졌다. 이렇게 해서 중국의 인민대중은 마오쩌둥 사상을 핵심으로 한 신념체계를 공유함으로써 서로 확고한 관계를 맺게 되었다.

그러나 『선집』이라는 형태로 표현된 마오쩌둥 사상의 내용은 혁명기의 것이었기 때문에 사회주의 건설이라는 측면에서 보면 매우 한정적 · 간접적인 효용밖에 없었다. 마오쩌둥은 이미 혁명승리 직전인 1949년 6월 말 「인민민주주의 독재를 논함」이라는 논문에서 "혁명기에 학습해 왔던 것들 중에서도 일부는 머지않아 쓸모없게 되며, 학습하지 않았던 것들도 새로 학습하지 않을 수 없게 될 것이다"라고 말하였다. 중국 공산당은 마오쩌둥 사상을 다가올 시대에 어떻게 적용시킬 것이냐, 어떻게 마르크스주의의 새로운 중국화 또는 마오쩌둥 사상의 풍부화와 발전을 실현할 것이냐 하는 문제를 당차원에서 모색해야만 했다. 이 문제에 대해서 마오쩌둥이 나름대로의 해답을 내놓기 시작한 것은 1955년부터였다. 건국 이래 약 6년간에 걸친 마오쩌둥의 침묵이 드디어 깨졌을 때, 마오쩌둥과 집단적 지혜인 마오쩌둥 사상 간에는 미묘한 긴장을 내포하게 되었고, 마오주의 체제는 사회주의로의 변혁을 담당하는 당의 지도력이 되었다.

초기적 형태의 마오쩌둥 사상은 1954년 봄 가오강(高崗), 라오수스(饒漱石)의 반당(反黨) 사건[1]과 1955년 여름 농업 집단화 문제를 계기로 나타났다. 가오강과 라오수스의 반당 사건은 권력핵심의 최초 권력투쟁으로서 마오쩌둥에게 강진(强震)과 같은 충격을 준 것 같다. 당·정부 기구의 정점에 대한 숙청 작업은 1년 후에 문예계로 확산되어, 1955년 5월 문예정책을 두고 일어난 오랑캐풍(胡風)의 반혁명집단과의 투쟁, 9월의 사회 전체에 잠재한 반혁명분자 숙청운동으로 이어졌다. 이러한 새로운 움직임의 원천은 물론 마오쩌둥이었다.

마오쩌둥의 반응을 꿰뚫는 정치인식의 논리와 의식은 스탈린의 '인민의 적' 이론과 유사한 사회주의로 가는 과도기의 계급투쟁의 첨예화와 복잡화라는 위기의식이었다. 이 위기의식은 1955년 5월 농업 집단화에 대한 그의 유명한 연설의 바탕에 깔려 있었다. 이 연설의 골자는 농촌의 당간부가 농촌사회의 저변에서 적극적인 지도력을 발휘하여 계급노선을 분명히 하고, 빈농 및 하층 중농과 동맹하여 농촌사회를 동태화·혁명화함으로써, 농업 집단화를 위한 농민 동원을 가속화시키자는 것이었다.

1955~1956년에는 스탈린 이후 중·소 관계에 변화가 시작된 시기였다. 이

1) 역자 주: 1953년 가오강(동북 인민정부 주석 겸 행정위원회 주석)과 라오수스(화동 군정위원회 주석 겸 중앙조직부장)이 반당연맹을 조직하여, 당과 국가의 영도권을 탈취하려 한 사건으로, 1954년 2월에 적발되었다. 사실상 지방 왕국을 건설하려 하였다고 비판받은 이들은 당의 중앙지도체제를 강화하려 한 류사오치, 중앙정부를 강화하려 한 저우언라이의 뜻과 대립되었다. 이 사건 후 대행정구는 폐지되고 대신 중앙집권이 강화되었다. 하지만 가오강과 라오수스는 당과 마오쩌둥의 주장과 달리 마오쩌둥의 뒤를 이어 2인자, 3인자 자리를 노렸다는 해석도 있다.

때 사회주의를 건설하기 위한 전략인 마오쩌둥 사상의 원형이 형성되었다. 과도기 계급투쟁의 첨예화라는 관념은 1960년대 이후 계속혁명론으로 계승되었다. 1955년 가을에는 농촌의 집단화운동이 빠르게 번져 갔다. 또한 마오쩌둥은 뒤에 이어지는 대약진운동의 중심원칙인 "빨리, 많이, 훌륭하게 해낸다"(1955년 12월의 담화)는 급진주의 테제를 제시하였다. 이 테제는 그 배후에 있는 모순론에 기반한 계속혁명이라는 동태적 사회관을 형성하였다. 한편, 그의 사회주의관의 특이성을 보여 주는 '일궁이백'(一窮二白)론[2]도 이 시기에 제시된 것이다. 일궁이백론에 대한 이야기는 뒤에 하기로 한다. 여기에서 지적해 두고 싶은 점은, 1955년에야 윤곽을 드러낸 마오쩌둥 사상은 소련 모델의 중국화가 아니라 마오쩌둥의 전략적 사고의 특징을 나타내고 있다는 사실이다. 이 시기에 이미 마오쩌둥 사상과 다른 당지도자들의 생각 간에는 괴리가 싹트고 있었다.

2. 사람의 독재

다음으로 '사람의 독재'의 고전적 모델을 보자. 일반적으로 정치체제와 당조직 중 권력의 중심이 어디에 있는지를 확인하기는 쉽지 않다. 뿐만 아니라 마오쩌둥의 독재 양태는 수수께끼 같은 측면을 갖고 있다. 따라서 먼저 건국 초 공산당 지도층의 구조적 측면과 그 속에서 마오쩌둥의 역할부터 살펴보자.

신정권의 첫 임무인 체제 기초의 확립기를 지나 사회주의를 창출하기 위

2) 역자 주: 마오는 직업혁명가 전위조직보다 압도적인 수의 농민에게 기대를 걸었다. 그는 당시 인민이 빈곤(窮)하고 무지(白)하지만, 그렇기 때문에 자본주의에 더 오염되지 않고 더 혁명적일 수 있다고 보았다.

해 공산당이 기본적인 집권화 작업을 끝낸 것은 1955년 4월 7기 5차 중앙위원회 전체회의(7기 5중전회) 전야까지였다. 건국 직후 중국은 혁명전쟁 최후시기의 군대조직을 계승하여 베이징 이외의 지방조직을 6개 지역으로 구분하였다. 각 지역에서는 당 · 정부 · 군대의 조직이 일체화되었으며 상당한 자주권을 갖고 있었다. 즉, 전국의 권력구조는 분산되어 있었다.

그러나 1952년 11월부터 중앙정부는 '통일과 집중'을 강화하기 위해 지방정부의 개조, 일부 기능의 중앙 각 주관부의 직접 관리 및 중앙정부기구의 증설을 단행하였다. 그 뒤 지방정부의 고위관리에 대한 인사이동이 진행되었고, 1953년 초에는 각 지역 최고지도자들 중 과반수가 명목상 이전의 지위를 유지하면도 실제로는 각자의 권력기반인 지역을 떠나 베이징의 권력핵심으로 집결하였다. 중국 공산당 중앙은 1953년을 '위대한 전환의 해'로 삼고 사회주의를 향한 '과도기적 총노선'을 발표하는 등 새로운 재편성 작업을 하였다. 1954년 봄 가오강 · 라오수스의 반당 사건이 발생하였다. 하지만 1년 뒤에 소집된 7기 5중전회는 이 사건에 대한 처리를 통해 다음 과제인 사회주의로의 전환을 담당할 새 당 지도부를 재구성하였다. 한편, 당중앙이 진행시킨 당 · 정 · 군의 집권체제 구축과 제도화를 위한 노력도 1954년부터 1955년 여름에 걸쳐 대체로 그 목표가 달성되었다.

7기 5중전회의 결정은 분명히 지방권력에 대한 당중앙의 승리였다. 하지만 이것만으로 당중앙에서 마오쩌둥의 권력이 비약적으로 강화되었다고 해석할 수는 없다. 당중앙의 승리는 특정 개인의 승리가 아니라 추상적 · 비인격적 의미의 중앙의 승리였기 때문이다. 국가 건설 제2단계에서 생긴 집권화 작업이 많은 실력자들을 지방의 권력기반에서 분리시켜 베이징으로 흡수하였던 것이다. 따라서 가오강 · 라오수스 사건에 대한 처리를 통해 당중앙의 권력은 재편성되었고, 연대성과 안정성이 강화되었다. 하지만 이는 집권화에 의해 인적 · 기구적으로 비대해진 당중앙 내부의 다원화를 초래할 수밖에 없었다.

1954년 7월의 헌법제정은 국가 · 중앙정부 기구의 확충 및 정비를 가능하게 하였다. 그런데 권력구조의 재편성, 정규화, 복잡화, 대규모화 및 제도화라는 흐름 가운데서 마오쩌둥의 카리스마는 거대한 제도 속으로 확산되어 갈 가능성을 안고 있었다. 1954년 전후 소련에서는 '조용한 탈스탈린화' 작업이 시작되었다. 또한 가오강 · 라오수스에 대한 공산당 중앙의 비판논리도 "집단지도원칙을 파괴하는 개인의 독재적 성향, 할거주의적 경향, 그리고 민주주의와 비판을 억압하는 현상과 싸워야 한다. 뿐만 아니라 오만 및 개인숭배 분위기와도 싸워야 한다"고 표명되고 있었다. 다시 말해, 이 시기에는 집단지도원칙을 존중하고 있었다.

건국 후 1955년 봄까지 마오쩌둥이 국내정책 형성에서 어떤 역할을 하고 있었는지는 불투명하다. 대외정책 측면을 보면 마오쩌둥은 건국 직후 1949년 12월 소련을 방문하여 중소우호동맹 상호원조조약을 체결하는 등 스탈린과의 교섭에서 주도적 역할을 수행하였다. 이 시기에는 토지개혁, 헌법제정 같은 중요 정책이 실시되었으나, 회의에서 긴 보고를 한 것은 류사오치나 저우언라이 같은 당관료들이었다. 『마오쩌둥선집』 제5권에 이 정책에 대한 마오쩌둥의 연설이 수록되어 있지만, 마오쩌둥의 주도권이 분명하다고는 할 수 없다.

이 시기에 출현한 몇 가지 대중적 변혁운동을 포함한 당중앙의 중요한 정책결정에서 마오쩌둥의 의지나 동의가 결정적인 역할을 하지 못했다고 보는 것은 지나치게 비현실적이다. 예를 들어, 1953년 7월 6.25전쟁이 끝나자마자 시작된 '과도기적 총노선'[3]이라는 중대한 정책전환은 마오쩌둥의 지시에 의한 것이었다. 가오강 · 라오수스 반당 문제를 적발한 계기는 1953년 12월 24일 마오쩌둥이 중국 공산당 중앙정치국 회의에서 발표한 「당의 단결에 관한 결의」(미공개)였다. 마오쩌둥은 이 반당 사건을 토의하기 위해 소집한 1954년 2월 초의 7기 4중전회에 휴가기간중이라는 이해하기 힘든 이유로 불참하였고, 3월 말까지 정치무대에서 모습을 감춤으로써 문제처리의 주도권을 류샤오치에게 위임하였다.

마오쩌둥의 부재가 무엇을 의미하는지는 별도로 하고 사건처리의 전말을 보면, 마오쩌둥의 신호가 떨어지자마자 당 전체 지도급 간부는 갑자기 입장을 바꾸어, 보신을 포함한 여러 정치적 판단에 의해 가오강 일파를 규탄하는 데 힘을 집중하였다. 하지만 『선집』 제5권에 따르면 마오쩌둥은 1953년 5월 류샤오치와 양상쿤(楊尙昆)이 자기를 통하지 않고 당중앙과 군사위원회 이름으로 문서를 작성했다고 비난하였다. 그리고 8월에는 재정 · 경제 활동에 대한 조그만 오류를 엄중히 비판함과 동시에 류샤오치와 덩샤오핑의 '몇 가지 오류'에 대해서도 언급하였다. 이러한 정황은 바로 그를 둘러싼 권력 상황의 복잡성을 보여주는 사례이다.

1955년 봄까지는 마오주의 체제 형성의 초기 단계로서, 이 시기의 구조적

3) 역자 주: 1953년 제1차 5개년 계획이 시행되고, 공산당은 이를 통해 중국을 산업화된 강대국으로 변모시키고자 했다. 이와 동시에 본격적인 사회주의 체제 확립을 목적으로 과도기적 총노선이 제창되었는데, 이 노선은 모든 개인의 재산과 자본주의 형태의 소유권을 국가 소유로 전환하도록 요구하였다.

특징이 고전적 모델을 구속하였다. 집단지도체제 내에서 마오쩌둥의 지도력이 확고하기는 하였으나 옌안시대와 크게 다르지는 않았던 것으로 보인다. 이 시기 마오쩌둥의 상대적 침묵과 정책 형성에서 소극적 역할은 아마 그의 사회주의 건설전략에 대한 사고의 미성숙과 관련이 있는 것 같다. 당중앙은 전략적으로는 미분화 상태에 있었다고 보아야 할 것이다. 마오쩌둥이 제기한 과도기적 총노선도 정치적으로 큰 충격을 주기는 하였다. 하지만 과도기적 총노선이 1953년 여름에 당내에서 논의되기는 하였으나 단순한 기본 원칙에 불과할 뿐 전환을 위한 구체적인 방법이 제시되지는 않았다. 요컨대, 건국 직후는 당 전체가 소련의 이론과 경험을 학습하여 그것을 중국의 조건에 적용함으로써 전략을 짜는 시기였고, 점차 중국의 현실적 조건과 비교하면서 소련 모델의 기본적 틀을 유지하는 가운데 중국화된 모델을 모색하는 시기였다.

이미 설명한 바와 같이 1955년 여름은 중대한 전환점이었다. 5개년 계획의 작업은 1951년부터 시작된 것으로 알려져 있는데, 이 계획은 중국 실무경제 관료들의 지혜를 결집시킨 경제발전을 위한 기본 틀이었다. 하지만 마오쩌둥은 이 계획에 대해 내심 불만스럽게 생각했던 것 같다. 마오쩌둥은 계획수립 과정에서 직접 지도를 했음에도 불구하고 그 자신이 뒤에 "경제관리의 경험이 없었기 때문에 제1차 5개년 계획은 소련의 방식을 모방할 수밖에 없었는데, 이점이 불만스러웠다"(1961~1962년경의 발언)라고 말하였다. 그의 불만 표현 중의 하나는 7월 31일 농업 집단화에 관한 연설이었다. 이 연설 직전에 발표된 국가계획위원회 주임 리푸춘(李富春)의 5개년 계획에 대한 보고는 소련 공업화 모델의 기본 이념을 충실히 고려한 향후 15년간의 점진적인 사회주의화 시도였다. 이에 반하여 마오쩌둥의 연설은, 문제가 농업에 한정되어 있었다고는 하지만, 전략의 기본 구성면에서 관료들의 구상과는 다른 급진적인 사상체계에 의해 지지되고 있었다.

마오쩌둥의 특이한 저돌적 의사 표출은 정계에 큰 충격을 주었다. 하지만 이보다 더 놀랄 사실은 이 연설이 발표된 방식, 즉 마오쩌둥의 최고지도자로서의 행동양식이었다. 제1기 전국인민대표회의(전인대) 2차회의가 5개년 계획을 승인하고 폐회한 다음 날 마오쩌둥은 곧바로 베이징에서 각 성 · 직할시 · 자치구 당위원회의를 소집하여 그의 독자적인 생각을 피력하였다. 마오쩌둥은 당중앙이라는 정책결정의 틀을 뛰어넘어 비공식 임시회의에서 지방의 당간부들에게 직접 자신의 전략을 전하는 방법을 택하였다. 여기에서 마오쩌둥은 그가 지닌 카리스마에 힘입은 '선동가적' 기질을 최대한 발휘함으로써 지방 당간부의 역할을 이용해 그의 전략을 농촌사회의 상황 변화와 결합시키려 하였다.

여기에 드러난 마오쩌둥의 의도는 최고지도자와 지방간부를 직접 연결시킨 인격적 압력에 의해 사회적 상황를 전환시키려는 데 있었다. 당의 집단지도원칙을 경시한 마오쩌둥의 이러한 반제도적 행동은 아마 중국 공산당 지도부 전체에 심각한 충격을 주었을 것이다. 하지만 마오쩌둥에 의한 위로부터의 압력이 8월부터 집단화를 향한 농촌의 급속한 동원 상황으로 구체화되었을 때, 중앙의 실무관료들은 의구심에도 불구하고 새로운 상황에 대응해야만 했다. 그 결과 10월의 7기 6중전회에서는 농업 집단화에 대한 급진적 입장을 확인하였는데, 그 논지는 마오쩌둥의 7월 연설에 따라 구성되어 있었다. 농민동원 상황이 왜 갑자기 출현하게 되었는지는 수수께끼이다. 하지만 『중국 농촌에서 사회주의의 고조』라는 책에 수록된 마오쩌둥의 말이 보여 주는 바와 같이, 여기에서는 마오쩌둥 개인의 지도적 역할이 두드러진다. 마오쩌둥은 전국 200여 개 지구당 서기와 직접 연락을 취하면서 지방간부들을 내세워 수억 명의 농민을 동원하는 데 성공함으로써 거대한 농촌사회의 변혁을 이루었다. 이는 마오쩌둥 스스로가 그의 카리스마를 철저히 이용한 농촌혁명이었다.

급속한 변화가 진행되면서 마오쩌둥은 더욱 용기를 얻었고, "1958년 말까지 3년 만에 전국적 규모의 사회주의 혁명을 기본적으로 완성한다"는 극단적인 고속발전 구상인 「전국 농업발전요강 초안」이 1956년 1월 최고국무회의에서 승인되기에 이른다. 그러나 이 초안 역시 앞에서 보았던 마오쩌둥 특유의 지도 스타일－당중앙을 무시하는 형태－을 통해 작성되었다. 1955년 11월 마오쩌둥은 14개 성 당위원회 서기와 내이멍구(內蒙古) 서기를 모아 농촌 문제를 토론하고, 공동으로 17개조를 작성한 뒤 1956년 1월 각 성 · 직할시 · 자치구 책임자와 협의한 끝에 이를 40개조로 확대하였다. 이 초안은 당중앙이 소집한 베이징의 각계 인사들의 모임에서 토의 · 개정된 뒤 1월 23일 드디어 중앙정치국이 채택하여 국무회의에 제출하였다. 마오쩌둥은 중요한 정책 문제를 자신의 주도하에 비공식적으로 지방간부를 동원하여 결정하고 정치국이 추인하도록 하는 방법을 택하였다. 이러한 일처리 방식의 배경에는 그의 정치적 인격이 자리잡고 있나. 하지만 당중앙의 농촌업무부장 덩쯔회이(鄧子恢)가 마오쩌둥으로부터 '우경기회주의'라고 호되게 비판받은 데서 알 수 있듯이, 당중앙 내부에는 여전히 소극적인 자세를 취하는 인사가 많았다.

급진노선에 대한 정치국 내의 두려움은 1956년 4월 정치국회의에서 한 마오쩌둥의 다음 담화 가운데도 엿보인다. "발언 속에 힘이 없다. 하급과 상급의 관계는 고양이 앞의 쥐가 혼을 빼앗긴 것처럼 할 말은 많으나 하지 못하는 관계와 같다." 마오쩌둥 앞에서 다른 간부들이 위축되어 입을 다물어 버렸기 때문에 마오쩌둥은 소외감을 느꼈으며, 1956년 봄 중앙 내부의 분위기는 냉랭하게 변해 있었던 것 같다. 1955년 7월 말 이후 사회주의로의 이행을 둘러싼 마오쩌둥, 당실무관료, 지방간부, 노농대중 네 주역 간의 당내 역학관계가 이후 마오주의 체제의 동태를 방향짓게 된다. 바꾸어 말하면, 이 시기는 마오쩌둥 자신의 혁명적 방법이 분명해졌던 시기이자 그 뒤 변혁 단계에서 마오주의 체제 내부의 갈등구조의 원형을 암시하고 있던 시기이기도 하였다.

3. 스탈린 격하운동의 충격

1956~1957년 봄까지 중국 공산당은 1956년 2월 말 스탈린 비판이라는 국제적 충격의 영향을 받으면서 국내적으로는 사회주의로의 전환을 지지할 정치·경제 체제를 재구축하기 위한 노력을 기울였다. 이 시기에 마오주의 체제의 고전적 모델도 상당히 명확해진다. 우선 국제 공산주의 운동의 대전환이 제기한 문제에 대해서 지도부가 틀에 박힌 대응을 하지는 않았다. 외적 압력이 중국 내에 유발시킨 새로운 정치적 조류에 대해 마오쩌둥 자신도 일관된 반응을 보이지는 않았다. 당내 다수 지도자들에게 스탈린 비판은 중국의 내정과 중대한 관계를 맺고 있는 것으로 이해되었을 뿐만 아니라 신조류가 지향하는 정치체제의 유연성과 합법성 확립은 중국 공산당이 나아갈 방향을 반영하고 있었다. 마

오쩌둥은 스탈린 비판에 대해 통쾌함과 동시에 두려움을 느끼는 양면성을 보였다. 스탈린 비판은 그에게 스탈린으로부터의 해방과 중국 발전전략 형성에 대한 자신감을 주었지만, 그도 탈스탈린화 압력이 국내에 불러온 새로운 조류에 동조하지 않을 수 없었다.

스탈린 비판은 분명 중국에 위험한 논리를 내포하고 있었다. 따라서 이것을 어떻게 적절히 처리할 것이냐 하는 문제가 당 지도부의 중대한 과제였다. 중앙정치국의 토론에 기초해서 기록된 1956년 4월 5일 런민(人民)일보 편집부의 「프롤레타리아 독재의 역사적 경험에 대하여」라는 논문은 이 문제에 직면해 국익을 지킬 수 있는 적절한 방법을 제시하였다. 이 논문은 소련 제20회 전당대회의 기본 원칙을 긍정하면서 소련의 스탈린 비판이 도를 넘었다고 비판하였다. 반면에 이 논문은 중국에서도 개인숭배 반대투쟁을 계속해야 한다고 말하면서도, 스탈린주의의 병리를 대체할 수 있는 방법으로 옌안 이후 대중노선 전통을 강조한 이른바 중국적인 길의 우월성 과시였다.

그러나 이 논문의 논지는 정치국 내부의 암묵적이고 미묘한 이론(異論) 간의 타협의 산물이다. 이 논문의 함의는 마오쩌둥의 초제도적인 행동 스타일을 견제하고 대중노선과 집단적 지도를 확보하기 위해 스탈린 문제를 이용하려는 데 있었던 것 같다. 사실 마오쩌둥은 이때 당내의 개인숭배 반대 움직임을 내심 불쾌하게 여기고 있었다. 하지만 마오쩌둥도 방향은 달랐지만 스탈린 문제를 이용하고자 했다는 점에서 일치하고 있었다. 그가 1958년 3월 청두(成都)회의에서 한 말을 보더라도 그는 이것을 중국의 독자성과 주체성을 확신시킬 기회로 생각하고 있었음을 알 수 있다.

이 공동논문에서 발견되는 옌안적 전통으로의 회귀를 포함한 지도부의 사고방식에는 중국적인 정치인식이 나타나 있다. 이는 중국 공산당 지도부 내의 신조류에 대한 반응과 관련된 미묘한 갈등과 정치적 책략을 넘어 중국 공산당의 이데올로기가 여전히 중국 혁명의 경험에 구속되어 있었다는 점을 보여 주고 있는 것 같다. 1958년 4월의 시점에는 중국 공산당 지도부 전체에 인식상의 한계가 있었는지도 모른다. 신조류의 압력은 그 뒤 급속히 지도부 내의 괴리와 동조의 병존으로 뒤얽힌 유동적 상황을 만들어 냈던 것 같다.

1958년 9월의 8기대회는 중국 사회주의의 정치인식에 커다란 전환점이 되었다. 이 대회에서 한 류샤오치의 '정치업무 보고', 덩샤오핑의 '당규약 개정보고', 당대회의 '결의' 등은 일반적인 혁명적 방법으로부터 이탈해서 제도화되고 융통성 있는 노선으로의 이행을 천명하고 있다. 이는 1954년부터 시작된 중국 내의 유력한 정치적 조류가 소련의 20회 당대회와 보조를 맞추면서 정점에 달한 결과였다. 그리고 이 흐름은 1954년 말에 발생한 헝가리 사건 등 동유럽의 정치불안을 계기로 1957년 봄부터 시작된 당의 정풍운동과 백가쟁명운동에서 볼 수 있는 집권당의 자기비판운동이라는 새로운 정치국면으로 이어져 갔다.

8기대회의 주요 명제는 ① 계급모순이 거의 해결되고 사회주의 체제의 주요 모순을 비계급적인 것으로 변화시킬 것, ② 과학 · 예술 활동에 대한 행정적 규제와 독단 · 전횡적인 지배를 배제할 것, ③ 민주적 생활을 확산시키고 국가기관의 관료주의와의 투쟁을 진행시킬 것, ④ 인민민주통일전선의 기능과 각 민족 간의 단결을 강화할 것, ⑤ 법제를 강화하고 사회주의 건설의 질서를 고도화할 것, ⑥ 계급관계의 변화에 따라 반혁명분자에 대해 더 관대한 정책을 취할 것, ⑦ 당의 지도에서 주관주의를 극복하고, 대중노선, 집단지도, 당내 민주주의를 드높이며, 관료주의, 당파주의를 극복할 것 등이었다. 하지만 8기대회의 새로운 방향의 가장 상징적인 표출은 당규약에서 '마오 사상'이라는 말이 삭제된 점이다. 새로운 당규약의 총강에 나타난 "개인을 당이라는 집단 위에 두는 행위는 허용할 수 없다"라든가 "어떠한 개인이든 그의 활동에 결점과 오류가 없을 수는 없다"는 대담한 언급과 마오쩌둥 개인의 이름을 삭제한 사건이 전혀 무관하다고 할 수는 없을 것이다.

이 회의에서 류샤오치는 마오쩌둥 동지의 권위의 원천은 그의 이론적 능력, 대중에 대한 신뢰감, 대중노선, 당내 민주화 그리고 집단지도체제에 있다고 말하였다. 또한 덩샤오핑은 "노동자계급 정당의 지도자는 자기를 대중의 위가 아니라 대중 속에, 당의 위가 아니라 당 가운데 두어야 한다. 노동자계급 정당의 지도자는 대중과 완전히 결합된 가운데 모범적이어야 하며, 당의 조직에 복종하고 당의 규율을 지키는 데 모범적이어야 한다. 지도자를 중시하는 이유는 본질적으로는 당 · 계급 · 인민의 이익을 중시하기 때문이지 결코 개인을 신격화하려는 데 있지 않다"라고 말하였다.

마오쩌둥은 1956년 봄부터 고조되기 시작한 탈스탈린화 조류에 저항하기 어려웠을 것이다. 하지만 이 중요한 조류의 한편에서는, 마오쩌둥 자신의 말을 사용하면, 그의 머릿속이 팽창하고 있었다. 런민일보 편집부 논문과 같은 시기인 4월에 34명의 국무원 부장들을 대상으로 한 마오쩌둥의 비공개 담화인 '10대 관계론'[4]은 스탈린 비판 문제에 대한 간접적이면서 상당히 체계적인 회답이

4) 역자 주: 위대한 사회주의 국가를 건설하기 위해 건설적인 모든 요소와 가능한 모든 세력을 동원해야 하는데, 단기

었다. 1958년 3월 마오쩌둥이 "10대 관계를 제기하고 우리 자신의 건설노선을 제기하기 시작하였다. 원칙은 소련과 같지만 우리들 자신의 내용이 있다"라고 말한 것처럼, 그것은 마오쩌둥의 독자적 구상의 체계화를 위한 첫 시도였다. 그 내용은 모순론적 사고를 사회주의 공업화 및 국가 건설과 관련된 10개 항목에 적용한 것으로서 마오쩌둥 전략구상의 폭과 성숙도를 보여 준다. '10대 관계론'은 그때부터 약 1년 뒤인 1957년 2월의 「인민 내부 모순의 올바른 처리에 관하여」라는 담화로 확대 · 발전되었다.

그러나 중요한 사실은 '10대 관계론'에는 이미 1958년 대약진운동의 경제노선과 연장선상에 있는 몇 가지 생각이 초기적인 형태로 표명되어 있다는 점이다. '두 다리로 걷는다'라고 상징적으로 표현된 각 지역의 병진발전, 자립된 소경제권의 형성, 지방과 기층단위의 역할중시 등이 그것이다. 따라서 이 담화를 통해 마오쩌둥이 소련의 발전모델에 대한 체계적인 수정을 시도하거나 다른 길을 모색하기 시작했다고 해석할 수 있다. 마오쩌둥은 여기에서 제1차 5개년 계획을, 그의 말을 빌리면, "맹목적이지 않고 분석적 · 비판적인 태도로 중국의 실상에 비추어 재검토해야 한다"고 주장하였다. 하지만 이 비공식 모임에서 한 담화가 당시 실무관료들에게 어떻게 평가되었는지는 지금 확인하기 어렵다. 또한 이것이 공식 토론의 의제가 된 적도 없는 것 같다. 마오쩌둥은 1958년 5월의 발언에서, "1958년 4월 정치국 확대회의에서 명확한 결의는 없었고 신

적으로 많은 모순을 잘 다루어야 한다는 사고방식에서 나온 주장이다. 10대 관계는 농업과 공업 및 중공업과 경공업, 연해 지역 산업과 내륙 지역 산업, 경제 건설과 국토방위, 국가 생산단위 및 개인의 관계, 중앙과 지방, 한족의 민족주의와 소수민족의 민족주의, 당과 비당의 관계, 혁명가와 비혁명가의 관계, 옳음과 그름의 관계, 중국과 외국의 관계를 가리킨다.

사협정만이 결의되었는데, 모두 이에 찬성했다"라고 말하고 있다.

제8기 당대회의 새로운 정치노선 설정은 공식적으로 마오쩌둥에게 자신의 건설전략을 일시적으로 후퇴시키고 그의 혁명적 접근과는 대조적인 길을 시인하였다. 마오쩌둥 행동의 내면에는 압도적인 정치적 조류와 타협하려는 생각이 있었는지도 모른다. 하지만 그 자신도 진실을 전혀 시인하지 않았다고 보기는 어렵다. 그것은 마오쩌둥과 공산당 전체가 직면한 국내외적 대전환기에 있었던 그의 시행착오였다. 또한 1956년 후반부터 이상하리만큼 급속히 확산된 농업 집단화와 소련형 5개년 계획의 문제점도 점차 나타나기 시작하였다. 1956년 마오쩌둥이 "하반기 이후 우경 기회주의 풍조가 도처에 만연하고 있을 뿐 아니라 당 내외에 반사회주의적 역류가 있다"(1957년 1월)라고 말했듯이, 중국의 독자적인 길은 불확실성을 내포하고 있었다. 더욱이 이 시기에 발생한 동유럽의 동란은 중국의 내정에 큰 충격을 주었다.

마오쩌둥은 이러한 상황에 대처하기 위해 다른 지도자들의 걱정을 제거하면서 주도적으로 8기대회 노선의 틀을 훨씬 뛰어넘는 대담한 '자유화'(권리의 확대, 즉 liberalization)를 실시하였다. 하지만 이 조치는 예상과는 달리 일당지배체제에 대한 비판을 분출시켰다. 이에 따라 상황은 반전되어 억압정치가 출현하였을 뿐 아니라 저돌적 동원체제인 대약진운동이 시작되었다.

1957년 봄까지 중앙지도부는 '마오쩌둥 사상'이라는 공통된 신념체계를 공유하면서, 한 사람의 카리스마 밑에서 잠재적 갈등과 긴장을 내포한 채, 느슨한 집단지도체제를 유지하고 있었다. 하지만 엄밀히 말해 새로운 시대를 위한 확고한 노선을 갖고 있지는 못하였다. 1957년 여름 이후 반우파투쟁[5]이라는 정치적 위기 상황 속에서 마오쩌둥의 사상과 인간의 독재가 선명해졌으며, 초기 단계를 특징짓는 마오쩌둥 체제의 고전적 모델의 균열은 심화되었고 점차 해체의 길로 접어들었다.

제 5 절 마오쩌둥이라는 인간과 정치역학

1. 카리스마의 고독한 투쟁

대약진운동이 좌절된 이후의 과정에 대한 정치사적 조명 작업은 이 글의 주목적이 아니다. 여기서 문제삼아야 할 점은 그러한 정치적 전개 과정의 배경인 마오쩌둥 사상과 마오쩌둥이라는 인간의 긴장관계이다. 분석적 입장에서 보면 1955년 이후 정치 과정의 심층에는 체제 내의 엘리트 간에 마오쩌둥 사상의 자리매김 문제에 대해 완전한 합의가 없었다고 보아야 한다.

1958년 이후 마오쩌둥의 전략모델이 꽃피고, 마오쩌둥 사상 학습강요와 마술적 효용에 대한 선전이 전국으로 확산되어 갔다. 하지만 지배 엘리트 간에 좁은 의미의 마오쩌둥 사상이 궁극적으로 어느 정도까지 정치 · 사회의 종합적 신화이어야 하는지, 또 어느 정도까지 구체적인 정책 형성과 사회생활 영역의

5) 역자 주: 1956년 이후 '백화제방, 백가쟁명'이라는 슬로건 아래 진행된 자유화 과정에서 사회주의와 공산당을 비판하는 경우도 나타났다. 미오쩌둥을 중심으로 한 당권파는 이들을 사회주의의 적이자 독초라고 낙인찍어 농촌으로 사상개조를 보냈다. 이른바 반혁명 분자로 불리는 이들에 대한 본격적인 비난은 1957년 6월 8일 인민일보 사설에서 시작되었는데, 사설은 무정부 상태의 위험성을 경고하고 1년간 당내 반대자(우파)를 색출하였다. 반우파투쟁의 공격 대상은 1958년까지 55만 명. 1959~1964년에 30만 명에 달하였는데, 1978년에 모두 복권되었다.

행동지침이 되어야 하는지에 대한 인식은 여전히 애매했던 것으로 보인다. 대중적 차원에서는 마오쩌둥 현상이라고 할 만한 개인숭배운동이 점차 고양되어 갔으나 지배 엘리트 집단 속에서 마오쩌둥의 실상이 반드시 같지는 않았다.

독재자 마오쩌둥은 언뜻 보기에 당 위에 군림하면서 당을 완전히 지배하고 있는 불가침과 무오류의 지도자처럼 보였으나, 미시적으로 볼 때 그는 집단지도체제의 일원일 수밖에 없었던 것 같다. 마오쩌둥은 이러한 한계에도 불구하고 끊임없이 문제제기, 설득, 타협, 압력, 호령, 경고, 분노폭발, 자기비판, 파벌 형성 등을 위해 노력하였다. 그리고 정말로 필요하다고 느끼면 그는 제도의 틀을 뛰어넘어 카리스마적인 인격적 영향력을 활용하여 대중을 동원하고 정책결정기구를 통해 결정된 사실에 순응하도록 강요하였다. 비유해서 말하면, 마오쩌둥은 '스탈린 단계에서 생존한 고독한 레닌'이었다. 그렇다면 그를 이러한 행동으로 몰아간 내적인 것은 무엇이었으며, 또 그 정치적 귀결이 의미하는 바는 무엇이었는가 하는 문제를 다섯 가지 논점으로 한정하여 검토해 보자.

2. 위기의식과 계급투쟁

옌안 시기 유연한 조직운영 능력과 인격적인 매력을 보여 주었던 마오쩌둥의 이미지를 떠올리는 사람은, 건국에서부터 만년에 그가 강한 독재자로 변모한 사실을 놀랍게 받아들일 수밖에 없을 것이다. 마오쩌둥의 한 가지 중요한 측면은 그만이 건국 초기부터 독특한 위기의식을 느끼고 있었다는 점이다. 일반적으로 말해 지배자가 된 혁명가는 때때로 스스로 반역자였던 과거 경험과는 반대로 저항과 다른 의견에 대해 냉혹하며, 반혁명의 잠재적 위협을 지나치게 의식하는 경향이 있다. 마오쩌둥은 최고지도자였고 책임 있는 지위에 대한 자각이 있었다. 그렇기 때문에 그가 어떤 징후를 '자본주의의 부활'로 받아들일 충동에 쫓기고 있었다고 하더라도 전혀 이상하지는 않다. 앞에서 설명한 바와 같이 마오쩌둥은 건설전략의 형성기에 '계급투쟁의 첨예화와 복잡화'라는 정치인식을 핵심으로 삼고 있었다.

과도기가 첨예한 계급투쟁을 내포하고 있다는 사실은 당연히 공통된 인식일 수 있다. 하지만 계급대립의 존재, 표현 형태, 투쟁방법, 계급대립의 지속성 등에 대한 마오쩌둥의 인식에는 다른 지도자들에 비해 두드러진 특징이 발견된다. 1955년 7월 마오쩌둥의 농업 집단화에 대한 연설은 – 중농을 상·하층으로 나누고 빈농과 하층 중농들에게 부농에 대항하게 함으로써 생산력의 우열을 가리는 내용 – 계급투쟁적 발상에 기초하고 있었다. 하지만 그 직전에 있었던 리푸춘의 전인대 보고는 중농과 개인경영농 간의 명료한 차이를 보여 준다. 리푸춘 같은 당 실무관료들의 입장은 농촌 각 계층 간의 상호 이익을 꾀하는 비투쟁적 방법에 의한 문제처리 및 개인경영농에 대한 적극적인 지원과 지도를 통한 생산력 향상을 중시하였다. 이에 대해 마오쩌둥은 연설에서 당의 공식 견해를 "비교적 소수 부농에게 정신이 팔린 부르주아적이고 부농·상층 중농적 입장으로서 노동자계급의 입장에 서 있지 않다"고 단정하고 있다.

마오쩌둥의 계급투쟁론은 반혁명분자에 대한 경고 형태로 '10대 관계론'에도 재현되어 있다. 1957년 1월 연설에서도 그는 "반혁명에 대한 숙정을 계속하여 1년 안에 과업을 완수하라"고 호령하고 있다. 마오쩌둥은 사회주의식 개조 분위기가 고조되고, 1955년 12월에는 스스로 계급적인 역학관계에 근본적인 변화가 발생했다고 인식한 뒤에도, 그리고 나아가서 8기대회 이후 '자유화' 분위기가 확산되어 가던 시기에도 반혁명에 대해 경계할 것을 역설하였다. 마오의 이러한 자세는 그의 정치인식의 밑바탕에 있는 투쟁적 성향을 잘 보여 주고 있는 것 같다.

이점에 관해서도 마오쩌둥과 그의 동료 사이의 괴리를 느낄 수 있다. 동료들은 마오쩌둥의 말을 인용하면서도 마오쩌둥과는 다른 방향을 제시하고 있다. 저우언라이는 1956년 1월에 사회주의로의 '평화적' 이행 가능성을 강조하였고, 6월에 리웨이한(李維漢)은 '광범위한 인민의 정치 · 사상상의 사회주의 의식 확대와 강화'에 대해 말하고 있다. 그리고 특징적인 점은 그들의 의식 중에는 마오쩌둥에게서 발견되는 정치적 위기의식에 대한 토로보다는 오히려 긍정적 · 낙관적인 평가가 바탕을 이루고 있다는 사실이다.

마오쩌둥이 제도화와 자유화를 향한 흐름 속에서 보인 타협과 망설임, 그리고 백가쟁명 문제에 대한 무모한 관용 등과 결별한 뒤 위기의식에 사로잡힌 가혹한 독재자의 모습을 드러내기 시작한 것은, 1957년 7월 초 일부 성 · 시의 당위원회 서기를 소집한 칭다오(青島)회의부터이다. 이 회의에서는 공산당에 대한 비판이 분출된 봄부터 여름에 걸친 백가쟁명운동의 결과를 평가함으로써 반우파두쟁으로의 방향전환을 결정하게 된다. 마오쩌둥의 발언은 1~10월에 걸쳐 흔들리고 있었다. 초기에 그는 "대규모 정치투쟁은 기본적으로 끝났다", "독초는 극히 소수에 불과하다"라고 낙관적인 견해를 피력하였으나, 7월 8일에는 백가쟁명의 결과를 "예상하고 있었다"라고 강변하였다. 그러나 10월 7일에는 거꾸로 "우파의 반격 가능성을 간파하지 못하였기 때문에 기본적으로 해결했다고 말한 것이다"라고 변호하고 있다. 아마 결과를 거의 예상하지 못했다고 보는 것이 사실에 가까울 듯하다.

칭다오회의에서는 자본주의와 사회주의라는 '두 가지 길 간의 투쟁'이 여전히 존재한다고 지적하였고, 같은 7월의 상하이(上海)회의에서도 마오쩌둥은 '정치투쟁'으로서 계급투쟁의 존재를 확인하고 있다. 6월 19일에 원문이 공개되지 않은 마오쩌둥의 「인민 내부의 모순을 바르게 처리하는 문제에 대하여」라는 담화내용은, 당이 6월 8일 런민일보의 「이것이 무엇인가」라는 사설에서 반우파투쟁으로의 방향전환에 대해 경고하기 시작한 뒤, 상당한 수정과 가필이 가해졌으리라 예상된다(*The Secret Speeches of Chairman Mao*, Harvard University Press, 1989에는 이 원문이 수록되어 있다고 한다). 사실 이 담화가 문혁기 정치학습 교재 가운데 하나였다는 점에서 알 수 있듯이, 그 논지에는 뒤에 나타날 계속혁명론적 발상과 잠재적 연속성이 숨어 있음을 간과해서는 안 된다.

'인민 내부 모순론'에는 1960년대에 등장한 계속혁명론에서 사용된 전형적인 용어와 8기대회 노선의 정치적 인식이 혼재되어 있다. '인민 내부 모순론'은 마오쩌둥의 생각이 8기대회 노선의 명제와 10월에 공론화된 계급모순이 아직도 중국의 주요 모순이라는 새로운 명제 사이에서 방황하고 있었음을 보여 주고 있다. 하지만 논지의 중심은 '자유화(放鳴)운동' 장려가 아니라 '적과 아군'을 어떻게 구별할 것이냐 하는 문제를 설명하는 데 두고 있었다.

1957년 10월 7일 8기 3중전회에서 한 마오쩌둥의 담화는 계속혁명론을 향한 결정적인 첫발이었다. 마오쩌둥은 여기에서 8기대회 노선과 자기의 '인민 내부 모순론'을 미묘한 말로 수정 · 보호하면서, "두 가지 길–부르주아지와 프롤레타리아트, 사회주의와 자본주의의 길 – 이 과도기의 주요 모순이다"라고 단언하였다. 하지만 이 시기에 마오쩌둥이 말하는 정치제도와 소유제 문제에서 언급한 계급모순은 기본적으로 해결되어 있었다. 하지만 이데올로기 및 정치적 역학관계면에서는 주요 모순인 계급모순이 장기적으로 존속할 뿐만 아니라, 그러한 사회주의 사회는 장기적인 과도기가 필요하다는 도식이 매우 특이하고 무서운 정치적 함의와 정치적 비극을 품고 있었다는 사실은 마오쩌둥 자신조차도 알아차리지 못했을 것이다.

마오쩌둥은 1957년 후반 반우파투쟁의 성과에 대해 1958년 봄까지는 낙관적인 평가를 하거나 기술혁명 추진에 대한 제안을 포함한 업무처리 방법 10조를 기초하는 등 계급투쟁 강조노선에서 약간 후퇴하는 기미를 보이기도 하였다. 그럼에도 불구하고 1958년 5월 8기 2차대회를 전기로 해서 '두 가지 길'의 투쟁이라는 테제가 당의 공식 이데올로기로 등장하게 된다. 마오쩌둥은 이 회의에서 다섯 차례의 연설을 하였다. 이때 그는 7개월 전 3중전회의 회의주의로 되돌아가 "사회주의 혁명이 기본적으로 승리를 거두었다고 평하는 것은 지나친 낙관론이다"라고 말하였다.

마오쩌둥의 계급투쟁론은 1959년 국방부장 펑더화이(彭德懷) 해임 사건을 계기로 절망적인 수준에 이른다. 중앙 내부의 잠재적인 갈등은 1959년 7월 루산(蘆山)에서 열린 정치국회의에서 펑더화이의 건의서 문제 형태로 확대되었다. 마오쩌둥은 이에 대해 공산주의를 향한 그의 독자적인 도전과 지도력의 정당성을 옹호할 목적으로 지나친 반격을 가하면서 거기에 이데올로기적인 의미까지 부여하였다. 8월 16일 마오쩌둥은 펑더화이의 매우 점잖은 건의를 "루산에서 있었던 투쟁은 하나의 계급투쟁이며, 과거 10년 동안의 사회주의 혁명은 부르주아지와 프롤레타리아트라는 적대계급 간의 생사를 건 투쟁의 연속이었다"라고까지 말하고 있다.

펑더화이 해임 사건을 통해 마오쩌둥은 그의 계급투쟁관을 당내 계급투쟁이라는 방향으로 전진시켰다. 여기에서 마오쩌둥의 논리는 분명히 변질되었다. 이제 적과 아군의 구별기준은 사회주의와 당의 지도력 전반에 대한 태도의 문제가 아니라 마오쩌둥이 고집하는 특정한 정책을 당내 정치국 수준에서 무조건 수용하느냐 안 하느냐 하는 문제가 되고 말았다. 바꾸어 말해 인민 내부 모순의 허용범위는 마오쩌둥 사상의 급진화와 함께 현저히 축소되었다. 그리고 당 지도부 내부의 정책을 둘러싼 차이는 당의 공식 의사에 의해 계급투쟁을 반영한 것이거나 부르주아적 이익을 대표하는 것, 또는 그러한 사상의 영향을 받은 행위로 간주되었다.

1962년 1월 30일 중앙 확대업무회의는 마오쩌둥이 드디어 부르주아적 요소의 재생산에 대해 느낀 위기의식이 정점에 달한 테제, 즉 계속혁명론의 원형을 제출한 회의로 알려져 있다. 이 회의에서 그는 "이미 전복된 반동계급이 다시 부활을 기도하고 있다. 사회주의 사회에서는 새로운 부르주아 분자가 생겨날 수 있다. 전체 사회주의 단계에 걸쳐 계급과 계급투쟁이 있었는데, 이 계급투쟁은 장기간에 걸친 매우 복잡한 것이었을 뿐만 아니라 때로는 격렬하기까지 했다"라고 말하였다. 8월이 되자 그는 "자본주의 사상은 수십 년 동안 있어 왔으나 계급투쟁은 만 년 동안 유지시켜 나가자"라는 말을 덧붙였는데, 마오쩌둥의 이 생각은 9월 8기 10중전회에서 확인되었다. 마오쩌둥의 계속혁명론은 1964년 12월 담화에서 '당내 자본주의의 길을 걷는 실권파'라는 새로운 개념으로 발전하였고, 문혁 직전인 1965년 7월에 정치국회의에서는 '당중앙에 수정주의가 나타날' 가능성에 대한 경고에서 이론적으로 완성되었다.

그러나 사회주의 속의 '새로운 부르주아 분자'란 무엇인가, 그들이 왜 그리고 어떻게 재생산되는가, '어제까지는 공신이었으나 오늘은 원흉으로 변해 버리는'(마오쩌둥, 1959년 8월) 이유는 무엇인가 등에 대해서 마오쩌둥은 항상 애매하고도 자의적인 태도를 취하였다. 계급성의 기준이 이미 경제적 맥락을 떠나 정치적 태도에 의해 판정된 이상, 최종심판관은 마오쩌둥일 수밖에 없었다. 일찍이 슈워츠가 "프롤레타리아적 진리의 원천은 어떠한 집단, 어떠한 조직에도 존재하지 않으며 마오쩌둥의 사상 속에만 존재한다"(Benjamin Schwartz, *Communism and China*, Harvard University Press, 1968)라고 말한 그대로이다. 마오쩌둥의 자의성의 한 가지 전형은 펑더화이 비판이다. 8기 8중전회의 펑더화이에 대한 비난 결의의 논지는 분명히 '공공연한 적대적 계급모순'의 관계를 전제하고 있었다. 그럼에도 불구하고 마오쩌둥은 이상하게도 이를 인민 내부의 모순으로 처리하라고 지시하고 있다. 펑더화이 해임을 둘러싸고 당내에는 다양한 정치적 반응이 있었다. 이론적 차원에서 보면 이 지시는 마오쩌둥의 1957년 6월 논문(「인민 내부 모순을 바르게 처리하는 문제에 대하여」)과 잘 부합하지 않을 뿐 아니라 모순으로 가득 차 있었다. 마오쩌둥은 펑더화이의 문제에 대해서는 적과 아군을 구별하는 데 자의성과 애매성을 보였으며, 정치적·이론적으로도 이중의 오류를 범했다고 보아야 한다. 사망 직후 그가 역으로 자신의 계속혁명론의 논리의 적용 대상이 됨으로써 최후의 희생자가 될 운명에 처했던 사실은 이 이론의 정치적 허구성과 자의성에 대한 증명이라고 보아야 한다.

3. 농촌의 가혹한 이상주의

마오쩌둥의 스케일을 생각한다면 그의 의식, 가치관, 발전전략, 성벽, 행동양식의 다면적인 성격을 특정한 용어로 정의하거나 한 측면만을 강조해서 이해하려는 시도는 매우 한정적인 효용밖에 갖지 못한다. 그럼에도 불구하고 지금까지 학자들은 다양한 특징적 용어를 준비하여 왔다. 일반적인 것들을 들어보면 혁명적 유토피아주의, 이념주의, 급진주의, 혁명적 민족주의, 인민주의, 평등주의, 능동성을 중시하는 성향, 농민 · 무학자 신앙, 도시적 스타일 · 정규교육 · 관료적 절차에 대한 불신, 황제의식 등이다. 이러한 사회과학적 용어는 아마 마오쩌둥의 구체적인 실상의 겉만을 건드리는 데 지나지 않을지도 모른다.

마오주의 체제 내부에서 긴장은 점차 증폭되어 갔다. 이 사실을 사상체계로서의 '마오쩌둥 사상'의 특질이라는 관점에서 고찰하려 한다면, 여기에서는 필자 나름대로 대담한 포괄적 분석시각의 형태로 제시해 둘 수밖에 없다. 이 시각은 마오쩌둥 사상은 어떤 점이 매우 독특했느냐 하는 문제와 관련이 있다. 바꿔 말하면, 그가 예민한 위기의식에 고무되어 정치투쟁에 호소하면서까지 간직하고 키우려 했던 사회주의의 비전은 무엇이었느냐 하는 물음이다. 필자는 이것을 농촌의 빈곤이라는 제약 하에서 발상된 포괄적 · 동적 집단주의가 지속되는 혁명적 사회를 실현하는 일이라고 보고 있다. 이것은 바로 당관료가 검토할 수 있는 구체적 · 현실적 정책의 영역이 아니라 독재자만이 관계할 수 있는 정치철학적 이념의 차원에 속하는 문제일 것이다.

이러한 이념의 원천이 무엇이냐 하는 문제에 대해서는 물론 단순한 단정을 피해야 한다. 하지만 마오쩌둥의 혁명전쟁시기 농민혁명 경험, 특히 옌안 후기 변경 지역에서 탄생한 인민전쟁이념에 대한 집착과 혁명적 상황에 대한 철학적 인식인 모순에 대한 그의 특수한 이해가 가장 밀접하게 관련되어 있다는 사실만은 부정할 수 없으리라 생각된다.

되돌아보면 마오쩌둥이 사회주의 건설전략을 모색할 때 먼저 농촌과 농민 문제를 실마리로 삼았다는 사실은, 단순한 기술적인 시각을 넘어 중요한 상징적 의의를 갖고 있었다. 이 사실은 그가 농촌 · 농민 문제 속에서 중국 사회주의 건설을 위한 기반을 찾고, 또 농촌사회의 혁명화에서 중국적 사회주의 형성 계기를 마련하였음을 암시한다. 이 사실은 이상하게도 마오쩌둥의 혁명전략이 「후난(湖南) 농민운동 시찰보고」(1927. 3)에서 시작되었던 점과 맞아 떨어진다.

마오쩌둥이 그린 사회주의상의 농촌적 특질을 보여 주는 최초의 명제는 '일궁이백'(一窮二白)론(1956년 1월의 담화에서 시작됨)일 것이다. 빈곤과 무지라는 중국의 현실은 불리한 조건이기는 하지만, 이를 발전과 변혁의 원동력으로 평가해야 한다는 것이 그의 논지이다. 마오쩌둥의 이 담화의 중심은 분명 근대화의 견인차인 도시가 아니라 농촌에 있었다. 하지만 여기에는 마오쩌둥의 중대한 오해와 모순이 숨어 있다. 중국 농촌은 '무지'하다 하더라도 당의 의지에 항상 무조건 복종하는 '백지'는 아니다. '빈곤'이 발전의 원동력이라고 말한 것은 하나의 가능성을 지적한 데 불과할 뿐이며, 발전에 의해 빈곤과 무지가 개선되면 마오쩌둥이 말하는 중국 사회주의의 '이점'은 점차 상실될 수밖에 없다. 사실 마오쩌둥은 풍요로운 도시문화와 공업사회의 특징들을 바람직스럽지 못한 것들의 온상으로 여기고 있었다. 일궁이백론이 빈곤, 무지 및 빈민적 평등주의에 대한 긍정인지 아니면 이 내용이 그의 본뜻과 관계가 전혀 없는지는 의문이다. 하지만 인민공사(人民公社) 설립 과정에서 마오쩌둥은 무언가 포괄적인 해결을 가능하게 하는 새로운 공산주의 세계를 창출하려는 꿈을 묘사하였다.

대약진과 인민공사운동은 그 속에 포함된 정신, 운동, 제도, 이념 등 여러 측면에서 마오쩌둥의 사상이 개화된 것이다. 마오쩌둥의 뜻을 받들어 기록한 1958년 6월 『홍치』(紅旗)의 「발간사」와 다른 이론지에는 '하늘을 찌르는 기개'와 '의식혁명'이 마술처럼 잠재적인 생산력을 해방시킴으로써 급속한 발전을 가져왔다는 논조 일색이었다. 이 글들에는 마오쩌둥 사상, 인간 의지 중시, 바른 의식을 육성하는 사상개조, 그리고 극단적인 이데올로기 교육 같은 사상이 표출되어 있었다. 이후에 나타난 정치우선 원칙은 이 발상에 기초하고 있었다. 마오쩌둥 자신은 그 해 가을 대약진운동의 성과에 대해서 공상수준의 낙관주의에 빠져 있었다. '기개'와 '의식'의 힘의 구체적 표현은 '주관적 능동성'에 고무된 대규모 대중의 철저한 조직화와 동원이었다. '조직의 군사화, 행동의 전투화, 생활의 집단화'를 원칙으로 한 '대병단작전'(大兵團作戰) 형태의 대중생산운동은 전국을 열광시켰다. 마오쩌둥은 이를 옌안 시기 '인민전쟁'의 재현이라고 보았을지도 모른다. 이 작전은 1955년 12월에 "불균형이 일반적인 상황이며…… 불균형 속에서 선진적인 것을 발견한다"라고 한 그의 모순론에 대한 대응이었을지도 모른다. 하지만 본래 장기적이고도 지나친 대중동원은 어려운 일이었다. 뿐만 아니라 점차 나타나기 시작한 정책 전반에 내포된 많은 결함 때문에 동원체제인 대약진운동은 1958년 말에 종말을 고하였다.

인민공사는 제도로서도 매우 특이하였다. 출발 당시에는 농업, 공업, 상업, 학교, 민병의 활동이 일원화되었을 뿐만 아니라 정부와 공사도 일체화되어 있었다. 더욱이 사회복지, 공동식당 등 다양한 기능이 한 향(鄕)을 단위로 통합되어 있었다. 마오쩌둥은 이러한 자급자족적 인민공사에서 공산주의 이상향을 찾아내고 싶었을 것이다. 공사의 원칙은 내부 각 조직단위의 자립적 수평분업을 지향하는 농민의 농장 노동자화였다. 공사(commune)는 원래 도시의 평등주의적인 무장 노동자들의 공동체을 의미하였다. 하지만 마오쩌둥이 원한 것은 농민들의 통합된 집단적 에너지였다.

대약진운동의 이념은 농촌과 농민에 한정된 것은 아니다. 하지만 이 시기에 표면화된 인민주의 경향은 지식분자, 전문가, 기술자 등 도시적인 요소에 대한 마오쩌둥의 반감을 반영하고 있었다. 마오쩌둥은 "지혜는 대중으로부터 나온다. 나는 지식분자에게는 지식이 없다고 말해 왔다"(1957. 7)라고 말했다. 하지만 그의 '혁명적 이상주의' 입장에서 본다면 실무적이고 합리주의적인 발상은 낮은 평가를 받을 수밖에 없었을 것이다. 마이스너가 말한 바와 같이 마오쩌둥이 먼저 필요했던 것은 공업화가 아니라 인민의식의 '프롤레타리아화'였다는 점을 기억해야 한다. 그리고 근대화의 기점은 도시가 아니라 빈곤하고 무지한 농촌이라고 본 그의 사상에서는 도시주민을 하방(下放)이라는 형태로 농촌으로 보내 농민에게 프롤레타리아적 미덕을 배우게 한 것은 당연한 일이었다(Maurice

Meisner, *Mao's China and after*, The Free Press, 1986). 파이도 "마오쩌둥의 인민주의는 농촌 사람들에게 호의적이고 도시생활에 대해서는 의혹의 눈으로 보는 형태를 취하고 있다"고 쓰고 있는데(Lucin Pye, *Mao Tse-tung: the man in the leader*, Basic Books, 1976), 마오쩌둥이 농촌에 건 낭만주의가 농촌의 어떠한 현실을 반영하고 있었느냐가 마오쩌둥 운명의 분기점이었다.

슈워츠(Benjamin Schwartz)는 마오쩌둥의 사회주의에 대한 비전을 다음과 같이 평하였다. "단결된 사회, 철저한 집단주의적 사회를 위한 압도적 헌신과 완전한 일체성을 요구하고 있다. 여기에서는 개인의 전적인 희생, 전면적인 집단으로의 몰입이 이상화되어 있다. 따라서 사회생활은 군대생활과 유사하다"라고 말하고 있다. 그에 따르면 마오쩌둥의 비전은 "마르크스와는 거의 접점이 없는 일종의 집단주의적 신비주의로서, 무서울 정도로 단순화된 이러한 이념은 인간적인 입장에서 볼 때 영속성이 의심될 수밖에 없"(앞의 책)는데, 이 이념을 가혹한 이상주의라고 할 수도 있을 것이다. 하지만 마오쩌둥은 1960년대 전반기 류샤오치 같은 당관료의 목숨을 건 체제 재정립을 위한 조정정책을 지켜보면서 1965년 1월「23조」가운데 어떠한 사회주의를 지향할 것인가를 되묻고, 아래로부터의 하층농민 동원이라는 인민주의적 집념을 재분출시키게 된다. 이것이 바로 문화혁명의 서곡이었다.

4. 문화혁명의 허와 실

"문화혁명의 바탕을 형성하고 있던 이념과 목표가 무엇이냐?" 하는 물음에 대해 약간 곤혹스러움을 느끼는 것은 필자만이 아닐 것이다. 1966년 8월 8기 11중전회가 채택한 16개조의 문혁에 관한 결정은 투쟁의 목표와 방법을 정의하고 있다. 또한 5월 7일 린뱌오에 대한 마오쩌둥의 '5.7지시'나 신문의 논조를 보더라도 마오쩌둥의 나이를 느낄 수 있을 만큼 관념적이고 공상주의적인 사회주의 이념을 엿볼 수 있다.

이 이념들은 기본적으로 이미 논한 마오쩌둥의 사고방식과 동일한 궤도 위에 있다. 문화혁명의 이념은 다음과 같이 요약될 수 있다.

첫째, 마오쩌둥 자신이 말하듯이 항일 근거지에서 얻은 경험의 재현으로서 군대, 공업 노동자, 농민, 학생, 상업 · 서비스업, 당 · 정 기관원 각자가 자기 분야 이외에 정치, 군사, 문화, 농업 등 각 영역에 걸쳐 부차적이면서도 다기능화 내지는 다능력화되는 것이다. 현대의 속어로 말하면 분업화에 역행하는 일종의 종합형 인간으로 이루어진 사회의 구현이다. 이 소박한 염불과도 같은 세계가 공업화로 대변되는 현대사회에 대한 안티테제로서 어느 정도 의미를 가질지도 모른다. 하지만 여기에 나타나 있는 마오쩌둥의 옌안적 소우주에 대한 향수는 오늘날 비판의 대상이 되고 있는 '군사적 공산주의' 체제로 귀결되고 말았다. 마오쩌둥의 이상은 건국 이후 십수 년이 지났음에도 인민들에게 군사를 가르칠 뿐 아니라 군대가 직접 대중공작과 문혁에 참여함으로써 '군과 민을 영원히 일체화'(마오쩌둥, 1966. 5. 7)하도록 군대가 주도하는 특이한 정치사회를 실현하는 데 있었다.

둘째, 착취계급의 구사상 · 구문화 · 구풍속 · 구습관을 타파하고 새로운 것을 주입함으로써 사회 전체의 정신 상태를 개조하려는 문제의식이다. 마오쩌둥이 가장 중시한 것은 바로 변혁의 장벽인 부르주아계급 사상의 타도이다. 하지만 실제로 마오쩌둥이 말한 극복해야 할 부르주아적인 것은 문화와 습속의 문제라기보다는 우선 마오쩌둥을 둘러싸고 있는 승복하기 어려운 정치적 장벽, 특히 마오쩌둥이 "생각이 시대에 뒤져 있다"고 평한 많은 사람들(마오쩌둥, 1967. 9)이었다. 대표적인 경우는 언론 · 교육 · 문예계를 지도하는 '반동적인 학술적 권위'와 '당내에 파고든 자본주의의 길을 걷는 실권파'(走資派)였다. 요컨대, 마오쩌둥의 "모든 질곡을 분쇄하자"(1966. 7)는 발언은 그가 처한 입장과 투쟁의 목표를 적절하게 표현하고 있다. 하지만 타파 후에 주입되어야 할 새로운 이념은 마오쩌둥이 5월 7일에 말한 바와 같이 '어떤 새로운 의견이라든가 발명이 아닌' 4반세기 이전부터 축적해 온 게릴라전의 경험과 관련되어 있었다. 또한 문혁이라는 태풍 속에는 황제에 대한 충성을 연상시키는 봉건적 미덕을 강조한 혼돈 사회의 정신적 양상이 드러나기도 하였다. 이 현상는 문혁의 역설이라고 할 만하다.

셋째, 문혁 초기에 탈권(奪權)투쟁의 수단이든 진실한 정치이념이든 마오쩌둥이 다시 인민주의 충동에 사로잡히게 되었다는 점이다. "대중을 신뢰하고 대중에 의거하며 대중의 창의를 존중한다", "대중을 생각한 대로 과감하게 일어서게 한다", "두려움을 제거하며 소란을 두려워해서는 안 된다" 등의 '16개조'에 담겨져 있는 마오쩌둥의 대중신앙(大衆信仰)은 무정부주의와의 경계선을 애매하게 하였다. "반란에는 이유가 있다"(造反有理)는 말에서 알 수 있듯이 마오쩌둥은 이 시기에 중앙, 당조직 그리고 기타 모든 사회권위 및 신념체계를 의심하고 있었다. 마오쩌둥은 또 이렇게 말하고 있다. "당 중앙기관이 나쁜 일을 했을 때는 언제든지 지방에서 모반을 부추겨 중앙으로 진격해야 한다. 지방에서 손오공(반란파)을 여러 사람 양성해서 대대적으로 천궁(天宮)을 혼란시켜야 한다"(1966. 3). 또한 "혼란은 확대될수록 좋다. 혼란에 혼란을 더하면 드디어 결론이 도출된다. 혼란의 결과 깨끗해진다. 혼란이 어떻든 두려워하지 마라", "모순이 폭로되면 해결은 쉬워진다. 이번의 문화혁명은 손실은 최소이고 성과는 최대이다"(1967. 9). 이러한 표현들은 늙은 혁명가 마오쩌둥의 허무주의적 체념에 기초한 낙관주의라고 보아야 할 것 같다.

그러나 마오쩌둥의 혼란에 대한 전망은 잘못된 것 같다. 본래 문혁이 지나친 혼란으로 변한 사실에 대해서 마오쩌둥은 "전혀 예상하지 못했다"(1966. 10)라고 말하였으나, 1966년 8월에는 "몇 개월 동안 혼란을 지속하라"고 말하였다. 그는 문혁의 방법, 규모, 기간에 대해서 당초에 매우 소극적인 전망을 하고 있었다. 문혁에서 마오쩌둥의 대중신앙을 보증할 대중봉기에 의한 창조성이 증명되었는지는 불확실하였으며, 문혁의 혼란은 거의 무한대로 확대되었다. 1968년 봄부터 홍위병운동은 끝나고, 인민해방군이 개입한 이후 전국적으로 군사관리제도가 정착되었으며 군의 정치적 영향력도 커지고 있었다. 이때 마오쩌둥의 인민주의는 무정부주의와 군의 정치지배라는 양극 사이를 방황하게 되었다.

요컨대, 문혁은 출발점부터 마오쩌둥의 정치이념과 무관하지는 않았으나, 이념은 문혁의 현실적 추이 속에서 별다른 실질적 의미를 갖지 못했다. 문혁은 결국 권력기구 내부의 처참한 권력투쟁의 연속과 전국 규모의 내란을 야기시키는 계기에 불과하였다. 마오쩌둥은 정권을 탈취하였지만 문혁에서 말하는

'새로운 것'은 경극(京劇)의 개혁 같은 부차적인 수준에 머물렀다. 문혁을 계기로 린뱌오의 '반마오쩌둥 쿠데타 계획'으로 대표되는 반항아도 생산되었다. 이 현상을 '마오쩌둥 사상' 최후 단계의 비극 또는 퇴폐로 볼 수도 있다. 문혁은 대약진에 대한 평가를 둘러싼 당내의 분쟁에 기인한 것임에도 불구하고 문혁파는 '부정의 논리' 이외에 진정으로 실권파의 정책을 대체할 만한 새로운 건설 전략과 비전을 구체적 · 체계적으로 명시하지 못하였다. 구조적으로는 도시든 농촌이든 1960년대 전반 조정기 때 모습을 그대로 지니고 있었다. 농업과 공업에서는 '따짜이방식'(大寨方式: 정치우선, 자력갱생, 다각경영원칙)과 '따칭방식'(大慶方式: 불굴의 육체적 노력과 농공을 결합한 광업도시 건설)을 새로운 발전모델이라고 선전하는 수준에 머물고 있었다. 마오쩌둥은 어떠한 사회주의이어야 하는가를 물으면서 중국인에게 엄청난 대가를 지불하게 하였다. 결국 이 운동은 정책으로 정착되지 못한 채 정치노선의 혼미와 정책적 공백 상태를 남기고 말았다.

5. 정치적 인격의 수수께끼

우리는 이제 마오쩌둥의 정치적 인격에 접근해야 하는 어려운 문제에 직면하였다. 이 문제에 대한 본격적인 연구나 자료는 아직 적은 편이다. 아마 파이(Lucien Pye)의 '마오쩌둥의 정신세계, 대인관계의 정신역학'에 초점을 둔 일련의 연구가 선구적인 연구물이 아닐까 생각된다. 결국 마오쩌둥이라는 인간의 인격적 깊이와 폭, 그리고 인격의 굴절과 애증병존 현상을 잘 읽어 낼 만한 척도는 아직 발견되지 않고 있다. 중국에서 마오쩌둥 비판의 핵심 논점 중의 하나는 1958년부터 시작된 개인숭배의 확산과 그 결과인 개인적 전제정치체제의 형성이다. 이러한 현상에 대한 비난은 당연히 있었다. 하지만 분석적 관점에서 보면 그러한 현상이 있었다는 사실을 확인하는 데서 그치지 않고 그러한 현상이 왜 생겼느냐, 또 그러한 현상에서 보이는 독특한 논리와 심리는 무엇이냐 하는 문제를 마오쩌둥의 인격적 특질, 중국의 정치 시스템 및 문화 측면에서 해석할 필요가 있다.

우선 이 문제에 대한 마오쩌둥 개인의 특징적인 사실은 그가 1958년 3월 이후 몇 차례에 걸쳐 개인숭배를 긍정하는 발언을 했다는 점이다. 이 현상은 레닌이나 스탈린에게서도 발견되지 않았다. 거만함을 드러낸 발언을 한 배경에는 마오쩌둥이 탈스탈린화 시대에 자부심 강한 대국의 독재자로 등장했다는 사실, 그리고 그렇기 때문에 개인숭배 문제를 항상 의식하지 않을 수 없었던 객관적 조건이 있을 것이다. 하지만 발언의 함의는 마오쩌둥의 자의식 가운데 그 자신이 말한 '숭배받고 싶은 욕망'(1970년 12월 스노와의 대화. 에드거 스노, 『혁명, 그리고 혁명…』, 조일신문사, 1972)이 강하게 내재되어 있다. 이를 욕망이라기보다는 혁명에 대한 확고한 사명감과 이데올로기 창조자로서의 자부심의 표현으로 보아야 할지도 모른다. 마오쩌둥의 이러한 생각을 '유아독존'이라고 비판할 수도 있다. 대부분의 마오쩌둥 담화 속에 우리가 두려워할 만한 독선이 언급되어 있는 것도 사실이다.

그의 특이한 기질은 제도에 대한 그의 태도에도 잘 나타나 있다. 그는 당을 중시하기는 하였지만 당운영의 정상적인 절차, 민주집중제 원칙, 정부의 제도 등을 경시하거나 무시하는 경향이 강하였다. 그는 비인격적인 제도를 별로 신뢰하지 않았으며, 정책전환기에는 그의 급진주의에 협력하는 특정 파벌을 중용하기도 하였다. 하지만 1958년 이후 문혁기까지 측근들의 구성은 불안정했으며, 말기에는 마지막 친구인 부인 장칭(江青)까지도 믿지 않았다고 한다. 그의 이러한 행동방식은 어떤 정신역학에 기인한 것일까? 마오쩌둥의 놀라운 정치적 의심과 교활한 냉담성이 잘 나타난 글은 장칭에게 쓴 편지(1966. 7. 8)의 한 부분이라고 생각된다. 이 편지에서 그는 은근히 린뱌오를 겨냥하여 "7~8년 지나면 다시 둔갑할 것이다"라고 말했는데, 그는 린뱌오의 정변론에 대해 '심한 불안감을 느끼고 있었던' 것이다. 린뱌오의 『마오 주석 어록』에는 "저렇게 놀라운 신통력을 갖고 있으리라고 믿지는 않았다"고 씌어 있는데, 이 말은 마오쩌둥의 본심이 아니었다. 하지만 문혁의 출발점에서는 "그(린뱌오)에게 동의하지 않을 수 없었다. 중대한 문제에 대해 내 본심과 달리 다른 사람의 의견에 찬성한 경우는 내 인생에서 처음이었다"고 쓰고 있다.

또한 파이에 따르면 마오쩌둥의 정책결정기구에 대한 반응은 "군림과 지배 사이를 오갔다"고 할 수 있을 정도로 후퇴, 관찰, 숙고 그리고 갑작스런 개입으로 특징된다. 야오가이룽(姚蓋隆)도 마오쩌둥은 '정치국과 중앙당의 위'에 위치하면서 1958년 1월 난닝(南寧)회의 이후에는 정치국회의에도 출석하지 않았으며, 꼭 필요한 경우에만 출석하여 연설하였다고 말하고 있다(야오가이룽, 「역사상의 발전과 우리가 발전하는 길」, 1980. 10). 마오쩌둥이 당을 완전히 사유물로 여겼다는 주장은 지나친 주장이다. 하지만 파이는 마오쩌둥이 가끔 사용했던 '당중앙' 또는 '중앙'이라는 단어가 무엇을 그리고 누구를 가리키는지 애매한 상황에서 '권위의 인격화'의 역설을 발견하고 있다. 마오쩌둥의 이러한 지배 스타일도 중국 황제의 이미지를 연상하게 한다. 마오쩌둥은 자신과 진시황을 즐겨 대비시키곤 하였는데, 외국의 학자들은 마오를 왕조의 시조인 진시황, 유방, 조조 및 장기간 재위했던 건륭제와 비교하는 데 흥미를 보이고 있다.

마오쩌둥은 1970년 12월 은유적으로 자신을 '무법무천'(無法無天)이라고 묘사하였다. 그런데 부인에게 보낸 편지 가운데서 자기를 '원숭이'와 '호랑이'의 성질이 섞인 존재라고 토로하고 있는 점은 매우 흥미롭다. 파이는 원숭이는 장난기, 이상주의자, 활달, 변덕, 도발성, 조롱, 변화를 뜻하고, 호랑이는 군주와 두려운 지배자를 의미한다고 해석한다. 이 특징들로부터 연상되는 것은 자의적 · 도전적이며 전제적인 정치적 인격의 이미지이다. 마오쩌둥은 '모순'을 중시했으며, 그 자신도 애증이 병존하는 사람이었다. 그는 한때 투쟁, 충돌, 혼란을 시인하고 '비판과 단결'의 통일 변증법을 이상화하였다. 하지만 한편으로 자기에 대한 비판에 대해서는 비록 사소한 징후이거나 극도로 억제된 것이라 하더라도 매우 예민하게 반응했을 뿐만 아니라 용서하지 않았다. 그는 한편으로는 후퇴와 개입을 반복하고 또 회의에서 담화할 때에는 전횡을 일삼으면서도 가끔 고립감을 토로하고는 하였다. 그리고 1957년 무렵부터 저항에 직면할수록 그는 급진화의 길을 선택하였다. 하지만 정책실패의 책임에 대해서는 실질적으로 애매한 태도를 취하였고, 조정기에는 그의 혁명이념과는 다른 온건한 정책을 인정하였다.

마오쩌둥의 독재자로서의 냉혹성의 일면은 홍위병운동 말기인 1968년 7월 28일 베이징 홍위병 대표와의 대화에서도 발견된다. 당시 중앙은 홍위병의 무장투쟁을 저지하려 하였다. 홍위병 대표 한아이징(韓愛晶)은 "저는 호랑이의 등에 탔기 때문에 내리려 해도 내릴 수가 없습니다"라고 변명하였다. 이에 대해서 마오쩌둥은 "호랑이 등에서 내릴 수 없을 때, 나라면 호랑이를 죽이겠다"고 응수하고 있다. 한때 마오쩌둥한테서 '손오공'이라고 칭찬받았던 홍위병은 이때 이미 사악한 자로 간주되어 가차 없이 일소된다. 마오쩌둥의 노여움과 냉혹성은 류샤오치파가 문혁기에 당했던 비참한 운명이 웅변으로 말해 주고 있다. 이러한 성향은 마오쩌둥 자신이 "당내 최대의 자본주의의 길을 걷는 실권파를 비판하여 따돌림받게 만든다"고 한 심한 말(「위대한 전략적 배치」, 1967. 9)에서도 알 수 있다. 독재자의 냉혹성과 관련이 있는 마오쩌둥의 또 한 가지 성벽을 들면, 그가 정풍운동과 정치교육에 대해 말할 때 현대의 정치가로서는 이상할 정도로 '사람을 죽이는 일'에 대해서 자주 언급하고 있는 점이다. 물론 마오쩌둥은 혁명투쟁에서 사람을 그렇게 많이 죽이지는 않았다고 강조하고 있다. 역설적인 이미지로서 그는 전능한 황제가 사람을 죽이지 않는 것은 선정의 증거라고 설명하고 있는 것 같다. 마오쩌둥의 내면에 잠재해 있는 황제의식과 적대자에 대한 관용과 보복 충동의 조합이 그의 독특한 정신역학을 구성하고 있는지도 모른다.

파이는 "마오쩌둥의 위대성의 비밀은 인간의 감정을 이해하고 일깨워 당치도 않은 능력과 무수한 방법을 이용해 다른 사람의 마음과 정열을 지배하기 위해 그 자신을 사용한 점에 있다"고 쓰고 있다. 문혁기에 개인숭배를 의식적으로 선전 · 이용했던 사실은 그 전형이다. 마오쩌둥은 베이징의 쯔진청(紫禁城) 안에서 살지는 않았지만, 쯔진청을 아주 가까이에서 볼 수 있는 황족의 궁인 중난하이(中南海)에서 생활하였다. 그의 귀족적 생활 스타일과 그가 강조한 인민주의, 대중의 창조력에 대한 신뢰, 대중노선과의 관련은 약간 수수께끼이다. 이점에 대한 파이의 해석에 따르면, 마오쩌둥의 마음 속에는 '약자에 대한 공감과 자기가 권력 그 자체라는 인식의 결합', 또는 '비인격화된 대중과의 일체감'과 '대중으로부터 격리'되고 싶은 욕망이 병존하였다는 것이다. 하지만 마오쩌둥의 마음 속에서는 이상화된 대중과 레닌주의적 엘리트주의가 양립할 수 있었을 것이다. 마오쩌둥도 인정하고 있는 민중 속의 전통적인 황제숭배의식은 마오쩌둥의 인민주의의 기묘한 기반이었는지도 모른다.

마오쩌둥의 시대는 너무 오래 지속되기는 하였으나 중국의 새로운 시스템 형성기라는 의미를 갖고 있다. 여기에서 안정된 제도화 사회와는 달리 시스템 건설자인 독재자의 역할에 대해 명확한 정의와 한계를 설정하기는 곤란하다. 파이가 말한 바와 같이 마오쩌둥의 인격이 그 자신의 역할을 창출해 냈던 것이다. 이러한 의미에서 마오쩌둥 이후에 그의 인격과 역할을 계승할 만한 인물을 발견하기는 거의 불가능할 것이다.

6. 열망과 귀결

마오쩌둥의 지배 전체를 개관해 볼 때 인상깊은 사실은, 마오쩌둥이라는 인물은 개인이 통치하기에는 너무 큰 국토를 껴안고 큰 위험이 따르는 과격한 정책을 생각해 내고, 반복적으로 개혁에 도전하였으며, 최후에는 자기가 완성한 시스템을 쇠퇴시킴으로써 정치적 혼미를 남긴 채 사라져 간 현대세계에 유례 없는 독재자였다는 점이다. 그는 역사의 무대에 특이한 인간상을 부각시켰다. 하지만 정책결정자로서의 이미지는 매우 애매해서 혁명적 이념(홍(紅))과 현실적 과제(전(專)) 사이에 잠재해 있는 모순에 대해 의문을 제기하기는 하면서도, 때로는 졸속주의에 빠진 극화(劇化) 지향적 혁명가에 머물고 말았다고 보아야 할지도 모른다.

중대한 전환점에 서서 그가 취한 정책결정에는 한 가지 패턴이 있었다. 그 패턴은 바로 그의 마음을 매혹시킨 작은 사례를 '착실한 조사연구와 표본실험도 없이 경솔하게' 전국으로 확산시키는 방식이었다. 대표적인 예는 1955년 7월의 연설에서 말한 허베이(河北)성의 빈농 세 가구의 합작사(合作社), 1958년 4월 허난(河南)성의 웨이싱(衛星) 인민공사, 1964년 2월 산시(山西)성 따짜이(大寨) 인민공사일 것이다. 이러한 중요한 정책에 대한 의사결정 과정에 마오쩌둥의 자의적인 개입과 이때 보여 준 그의 사상 및 이념의 특이성은 당 지도부 내에 긴장을 확대시켰다. 그에 의해 추진된 대중동원은 가끔 단기적으로는 큰 성과를 거두기도 하였으나, 결국 중대한 결함과 취약성을 드러냈다. 정치운동과 동원 상황이 불러온 정치적 역학관계의 변화는 문혁에서 전형적으로 나타난 바와 같이 그의 기대와 예상을 뒤집는 것이었다.

마오쩌둥 같은 독재자도 정치적 상황에 대한 지배능력에는 한계가 있었다. 그의 입장은 주체적인 상황 연출자로부터 점차 상황역학의 객체로 바뀌지 않을 수 없었다. 그를 에워싸고 있는 중국 사회의 여러 객관적인 한계가 그를 무겁게 짓누르고 있었다. 사실 대약진운동 후 마오쩌둥은 1959년 4월에 국가주석을 사임하고 제2선으로 물러남으로써, 그의 지도력은 공동화(空洞化)될 위기를 맞았다. 또한 문혁 후 특히 1971년 린뱌오 사건을 전후한 시기부터 마오쩌둥의 지도력은 희미해지기 시작하였다.

마오주의 체제의 내부에서 이데올로기, 정책결정 및 권력관계가 시기마다 어떠한 관계를 맺고 있었느냐 하는 문제는 아직 충분히 해명되어 있지 않다. 하지만 지금까지 밝혀진 바와 같이 1955년부터 마오쩌둥의 시대가 종결되기까지 그의 지도력에는 이질적인 이념과 접근방법이 병존하였으며, 이러한 이질적 요소의 병존은 다양한 형태로 갈등을 확산시켰다. 그리고 끝으로 마오쩌둥이 당의 실무관료들을 대상으로 문화혁명이라는 방법을 통해 실권파 일소 작업에 착수했을 때 이미 마오쩌둥 자신의 붕괴 과정도 함께 시작되고 있었다.

제 6 절 마오쩌둥 비판과 새로운 역풍

중국의 재생이라는 커다란 과제에 도전하였던 마오쩌둥의 존재감과 사후 급속히 희미해져 간 그의 잔상 간의 대조는 도대체 무엇을 의미하는 것일까? 탈스탈린화가 스탈린 사망의 논리적 귀결이었다면, 마오쩌둥도 마찬가지 운명을 맞았다고 할 수 있다. 또한 혁명 이후 정치 · 사회의 진화는 결국 혁명가들 자신을 장사지냄으로써 혁명을 끝맺는 역사논리를 마오쩌둥의 경우에도 볼 수 있다. 하지만 미오쩌둥의 비극은 그 자신의 비극임과 동시에 중국의 비극이기도 했다는 사실을 잊어서는 안 된다. 마오쩌둥을 비판하는 그의 후계자들과 현재 중국의 논객들도 마오쩌둥의 앞을 가로막았을 뿐 아니라 그를 자기붕괴로 몰아넣었던 대국의 지극히 어려운 현실을 마오쩌둥보다 더 적절히 해결하고, 중국을 확고한 발전궤도에 올려놓을 수 있으리라고는 아직 단언하기 어렵다.

필자는 다른 글에서 마오쩌둥 비판에 대해 논한 적이 있기 때문에(「공산주의 정치에서 최고지도자에 대한 비판」, 『현대 중국과 세계』, 경응통신, 1982) 상세한 내용은 생략한다. 여기에서 한 가지 짚고 넘어갈 문제는 1989년 6월 4일 톈안먼광장에서 있었던 피의 탄압에서 시작되는 일련의 정치적 역류는 과연 어떤 의미를 갖고 있느냐 하는 문제이다. 이 사건은 중국의 정치변동 형태가 마오쩌둥 시대와 크게 다르지 않으며, 쇠퇴한 시스템의 재건이라는 마오쩌둥 이후의 과제를 다시 미로 속으로 끌고 갈 위험성마저 있음을 의미한다. 바꾸어 말하면, 마오쩌둥 사망 이후 중국 내에서 분출된 마오쩌둥 비판의 내용은 무엇이며, 당 지도부는 거기에서 무엇을 배웠는가 하는 의문이 다시 제기될 수 있다.

마오쩌둥 이후 그의 영상은 권력의 정치적 요청에 따라 단계적으로 변용되었다. 먼저 마오쩌둥과 마오쩌둥 사상의 우상적 가치가 최대한 이용되는 시기가 있었다. 이 시기에는 마오쩌둥의 권위를 빌려 마오쩌둥 사상의 본질적인 부분을 제거하였다. 이들은 우상숭배를 이용하는 우상변용수법을 통해 1978년 봄부터 마오쩌둥을 비교적 상식적인 근대화론자로 그리려는 전술을 구사하였다. 다음으로는 이름을 들먹이지 않고 암묵적이고 부분적으로 우상을 파괴하는 단계를 지나 공공연한 부분부정에 이르는 단계이다. 그리고 1980년 8월 덩샤오핑이 '마오쩌둥 동지가 말년에 범한 오류'를 말한 뒤 당내에서는 공공연한 비판이 이루어졌다. 이렇게 해서 1981년 6월 '건국 이래 당의 몇 가지 역사적 문제에 대한 결의'에 이르게 된다. 이 단계에서는 공식적으로 당에 의해 창작된 마오쩌둥 잔상이 결정되었다. 이 결의에서는 마오쩌둥에 대해 "공로가 첫째이고 오류는 두 번째이다"라고 하였고, 오류는 '궁극적으로 위대한 프롤레타리아 혁명가가 범한 오류'로 이해해야 한다고 하였다. 마오쩌둥 사상은 선별되었으며, 옳음이 입증된 부분만이 집단적 지혜인 '마오쩌둥 사상의 과학적 체계'라는 당의 새로운 공식 이데올로기로 흡수되었다. 하지만 공로에 대한 언급은 매우 빈약하였다. 거론된 대부분의 공로도 스스로의 오류를 수정했다는 의미의 공로인 경우가 많았다. '역사결의'의 주목적은 1955년 이후 마오쩌둥의 지도와 사상을 비판적으로 검토하면서 이데올로기나 정치적 노선 차원에서 '근대화'를 향한 획기적인 돌파구를 모색하려는 데 있었다.

당 지도자들이 그려 낸 마오쩌둥론의 논점에는 타당성이 적지 않다. 하지만 그 논점 속에는 과거와의 연속과 단절 사이에서 오는 고뇌의 표현인지 알 수 없지만 비논리성, 허구성, 조잡함, 불공평도 병존하고 있었다. '결의'는 결국 특정한 역사시기에 당내의 정치적 타협의 산물이었다. 새롭게 창조된 마오쩌둥상은 그의 실상과는 거리가 멀고 문제의 본질에 대한 접근도 철저하지 못하기 때문에, 사람들에게 어색함을 느끼게 한다. 따라서 새로운 마오쩌둥상은 불안정하고 미약하며 대중적 존경으로부터도 멀다.

체제건설자 마오쩌둥의 역할은 분명히 1950년대에 막을 내렸는지도 모른다. 그는 1976년까지 계속 투쟁하였으나 미완의 혁명과 혼돈을 유산으로 남겼다. 그의 뒤를 이은 덩샤오핑은 철지하지는 않지만 마오쩌둥 비판을 통해 새로운 길을 열고자 했다. 덩샤오핑이 한 일은 마오쩌둥의 정치를 변형시키는 작업에 지나지 않을 뿐 아니라 마오쩌둥을 뛰어넘는 것도 아닌 것 같다. 덩샤오핑의 말년 정치 스타일과 그의 시대의 정치적 귀결이 어딘지 모르게 마오쩌둥의 스타일과 흡사한 이미지로 보이기 시작하였다는 사실은 매우 시사적이다. 톈안먼 학살은 마오쩌둥 이후 덩샤오핑을 괴롭혔던 대중들의 신념의 위기가 아닌 심각한 신념의 붕괴를 불러왔다. 마오쩌둥은 '미완의 혁명'을 남겼으나 덩샤오핑의 새로운 결단은 이념적 인민공화국의 해체, '근대화의 좌절'로 통하는 새로운 혼돈의 시대를 향한 서곡이라는 후세의 평가를 받게 될지도 모른다. 이는 덩샤오핑 역시 '중국의 비극'의 포로에서 벗어날 수 없음을 의미한다.

Chapter

4

중국의 체제변혁과 정치 공간, 현실 공간의 변화

제1절 격변하는 세계와 중국 사회기반의 변화

제2절 새로운 경제 공간의 팽창

제3절 사회 공간의 변화–단위체제의 동요와 새로운 사회계층의 응집

제4절 정치권력 공간의 변동–기층 사회의 새로운 움직임

제5절 중국식 사회주의와 소비생활의 신단계

西村成雄, 「中國社會主義の政治空間と現實空間」, 『アジアのひとびとを知る本』, 東京: 大月書店, 1992, pp. 213~237

중국의 체제변혁과 정치 공간, 현실 공간의 변화

제 1 절 격변하는 세계와 중국 사회기반의 변화

1991년에는 1월의 걸프전쟁에서 12월 소련의 해체에 이르기까지 세계사적 사건들이 농축되어 분출하였다. 지각변동의 시대를 맞고 있는 세계 속에서 중국 사회(이하 대륙을 대상으로 함)는 언뜻 보기에는 비교적 안정적인 것처럼 보인다. 세계사는 이 비대칭성 가운데서 마치 인류의 지혜를 시험하고 있기라도 한 것 같다.

중국 사회가 안정적이라는 표현은 물론 상대적 · 피상적인 설명일 뿐 중국 사회는 실제로 매우 활발한 사회적 가역반응 중에 있다. 또한 중국 사회는 화학적 평형 상태를 유지하고 있다고 할 수 있다. 현대 중국 사회를 이해하는 하나의 관건은 이 사회적 평형 상태를 어떻게 인식하고, 어떤 조건 하에서 평형에 변화가 오고 있는지를 밝히는 데 있다. 결론적으로 말해, 중국 농촌 공간의 어떤 평형 상태가 중국 사회 전체의 평형을 유지할 수 있게 하고 있다. 아마 동부 연해 도시 공간의 경제발전이 농촌과 어떤 새로운 가역반응을 일으키고, 또 새로운 평형을 이룰 수 있는가 하는 문제는 앞으로도 매우 중요해질 것이다.

중국이 경제 개혁에 착수한 지 10년이 지난 1989년의 조사에 의하면, 전국 2,169개 현(농촌인구 8억 1,784만 명) 가운데 농민 1인당 연간 순수입이 300위안 이하인 '빈곤 현'은 329개로서 전체의 15.2%, 600위안 이하의 '의식주가 보장된 현'은 573개로서 26.4%로 나타났다. 그리고 그 중간 정도인 연수입 300~600위안인 현은 1,267개로서 전체의 58.4%, 그리고 그 인구규모는 전체 농촌인구의 59.9%에 해당하는 4억 9,000만 명이었다. 압도적인 다수를 차지하는 중간수준의 농촌 중 851개는 이미 400~600위안 수준(3억 4,000만 명, 약 40%)에 달해 있다(이상의 수치는 『중국사회과학』, 1991년 제4기에 근거). 따라서 1989년 시점으로 볼 때 중국 농촌은 대체로 '의식주가 해결된 단계'에 있다고 볼 수 있다.

근래 10년 동안의 경제 개혁이 만들어 낸 농촌 공간의 경제수준 향상은 바로 오늘날 중국 민중의 생활과 중국 사회주의 정치 공간의 기반이다. 하지만 우리는 농촌 공간 내의 사회적 가역반응과 도시 공간 내의 가역반응이 어떤 고차원적인 변화를 낳고, 또 새로운 사회적 평형을 이루려 하고 있느냐 하는 내부구조를 밝힐 필요가 있다. 따라서 이 글의 관심은 중국의 정치구조 및 정치적 대립관계보다는 다각적인 측면에서 중국의 사회적 기반을 이해하는 데 두고 있다.

제2절 새로운 경제 공간의 팽창

1. 팽창과 축소

저장(浙江)성 원저우(溫州)시 룽강(龍港)진이라는 어촌에 기업 내에서 주식을 발행하는 주식합작기업이 생긴 것은 1984년이었고, 지금까지 500개 기업이 설립되어 의류, 담요, 기계기구, 수산가공품 같은 제품의 20%를 일본 등지로 수출하고 있다. 룽강진의 최대 사기업인 플라스틱공장에서는 400명의 직원이 일하고 있다. 사영기업은 1991년 현재 이미 원저우 공업총생산액의 1/3을 차지하고 있다(1991. 10. 26, 공동통신).

법률이 사영경제를 인정한 것은 1988년 4월 개정헌법에 기초해서 6월에 공포된 '사영기업 잠정조례'인데, 이 조례는 8인 이상의 종업원을 고용하는 기업을 대상으로 하였다. 1989년 3월에는 사영기업 수가 40만 개에 이르렀는데, 1988년에만 17만 5,000개가 증가하였다. 경영규모는 더 작아져 기업평균 16인을 고용하고 있는 것으로 조사되었으며, 업종은 공업과 수공업을 비롯하여 상업, 운수, 건축업으로 확대되었는데, 특히 동부 연해 각 성의 농촌발전은 놀라울 정도이다. 어느 추계는 2000년경에는 사영기업이 100만 개로서 총 1,500만~1억 2,000만 명의 노동자를 거느릴 것이라고 예측하였다(왕커중(王克忠) 편, 『중국 현단계 사영경제 탐색』, 푸단대학출판사, 1990).

중국의 경제 시스템은 전 인민소유제(국유), 소도시(城鎮) 집단소유제(공유), 소도시 개인소유제, 기타 소유제(사영기업 포함), 농가책임제 등으로 구성되어 있다. 근로자의 수는 1989년 현재 각각 1억 3,500만 명, 650만 명, 132만 명, 4억 1,000만 명으로서 총 5억 5,000만 명 정도로 나타났다. 또한 1차산업은 3억 3,000만 명, 2차산업은 1억 2,000만 명, 그리고 3차산업은 1억 명을 고용하고 있는 것으로 나타났다(『중국통계연감』, 1990).

이중 국유공업이 총생산액에서 차지하는 위상을 보면, 개혁 초기에 75%였으나 10년이 지난 1989년에는 56%로 하락하였는데, 머지않아 50% 수준까지 저하할 것으로 예측되었다. 1만 3,400개의 중 · 대형 국유기업 중 약 1/3은 적자를 기록하여 국가로부터 지원을 받고 있다. 하지만 국가 재정수입의 60%가 국영기업의 상납이윤과 세금이기 때문에 국유기업의 개혁은 매우 중요하다. 1991년 9월 중앙업무회의에서 이 문제가 상정되어 인원정리를 포함한 개혁 문제가 제기되었는데, 이는 매우 당연한 일이었다(『쵸스』(求是), 1991년 21기). 국유경제 공간의 활성화가 요청되는 이유는 본래 기대되는 국유경제의 사회적 역할과 그 실상 간의 괴리가 너무 컸기 때문이다. 이와는 대조적으로 집단소유제 기업, 도시와 농촌의 개인 · 사영경제 공간의 급속한 팽창이 오늘날 중국의 특징을 이루고 있다.[1)]

1) 역자 주: 개혁 초기에 공업 생산에서 75%를 훨씬 넘게 차지하던 국유기업의 비중은 이후 빠른 속도로 감소하여, 2000년 공업총생산액에서 차지하는 국유기업 및 국유주식제 기업의 비중은 절반 이하인 48.3%까지 축소되었으며, 최근에는 35% 수준이다. 2000년 공업총생산액에서 차지하는 집단기업의 비중은 15.2%, 외자계 기업의 비중은 27.1%, 이중 주식제 및 종업원지주제를 포함한 사실상 사영기업의 비중은 24.9%였다. 자본주의 경제에 비하면 중국의 국유계 기업이 차지하는 비중은 여전히 크다고 볼 수 있다. 하지만 이는 개혁 20년 동안 중국 경제체제 개혁의 내용이 사실상 국유부문의 비중축소와 비국유부문의 비중확대였다는 점에서 매우 의미 깊으며, 중국 경제가 WTO 체제로 편입됨에 따라 국유부문의 비중축소는 더 빠른 속도로 진행될 수밖에 없었다.

2. 경제 개혁과 대외경제 개방

1966년부터 10년 동안에 걸쳐 일어났던 문화대혁명기의 정치 · 경제적 대격변을 체험하였고, 더욱이 1970년대 신흥공업경제권(NIEs)의 경제성장을 목도한 중국 민중은 정치안정과 경제발전에 대한 욕구를 축적해 왔다. 이 사회적 마그마의 중압을 느끼면서 1978년 12월 중국 공산당 제11기 3중전회는 바야흐로 '네 가지 현대화'(공업 · 농업 · 국방 · 과학기술의 현대화)를 위한 경제 개혁과 대외개방정책을 선언하였다. 문혁기에 극에 달했던 폐쇄적 경제 시스템으로는 개개인의 생활수준 향상 의욕을 흡수할 수 없었을 뿐 아니라 그 의욕을 억제할 수도 없었다. 냉전구조 속에서 군사비 부담도 국민의 생활수준 향상을 압박하는 큰 요인이었다. 개혁개방으로의 대전환은 국민의 가처분소득(구매력) 증가를 인정함으로써 사회주의적 풍요의 가능성을 찾으려 한 일종의 '부민(富民)정책'이었다.

이전까지 중국 경제발전 전략의 특징은 분명히 고도로 집중된 생산수단의 국공유화(현실의 불균형을 무시한 획일화뿐 아니라 개인경제의 소멸을 시도), 고도로 집권화된 관리체계, 중공업화를 위한 고축적 · 저소비 정책 등에 잘 나타나 있다. 경제 공간의 비상품경제화 정책은 중앙집권적 자원동원형 경제 시스템을 만들어 냈다.

하지만 중국의 경제체제는 1979년에 시작된 경제 개혁으로 점차 행정적 수단에 의한 자원배분 시스템에서 시장기제를 통한 자원배분으로 전환하기 시작하였다. 상품경제와 시장경제를 자본주의에 고유한 요소로 보고 계획경제를 상품경제와 대립되는 개념으로 보는 체제관은 1984년 '경제체제 개혁에 관한 결정'(중국 공산당 제12기 3중전회)에서 부정되고, '공유제를 기초로 하는 계획적 상품경제' 개념이 제기되었다. 1990년대 초 중국의 전 생산품 중 30%는 계획경제, 70%는 시장경제에서 움직이고 있을 정도였다. 그리고 1987년에는 시장기제의 도입을 사회주의 초급 단계로 정식화하였다(중국 공산당 제13기대회). 다시 말해, 사회주의 초급 단계이기 때문에 대담한 개혁이 요청된다는 논리이다. 그만큼 중국 사회의 현실은 다양화 · 다원화를 향해 빠르게 변모하기 시작하였다. 개혁개방의 결과 1979~1988년의 10년간 평균경제성장률은 9.6%,[2] 대외무역증가율은 15%에 달함으로써[3] 바야흐로 고도경제성장의 시대를 맞게 된 것이다.

3. 중국의 3대 지역경제권

개혁이 시작된 뒤 경제발전의 가장 중요한 견인차는 농가생산책임제를 전면적으로 실시함으로써 노동의욕을 향상시키고 생산력을 재조직한 일이었다.

2) 역자 주: 개혁이 시작된 뒤 1988년까지 평균 9.6% 성장률을 자랑하던 중국 경제는 1988~1989년 매우 심각한 경기과열, 고인플레이션에 시달렸고, 이에 따른 서민생활의 고통, 부정부패의 만연, 지역 간 · 계층 간 빈부격차 등으로 인하여 큰 혼란을 겪기도 하였다. 톈안먼 사태로 대표되는 이 시기의 경기과열과 사회혼란에 대한 보수파적인 탄압이 벌어진 뒤 중국으로 몰려들던 외국 기업들은 중국 정부에 대한 불신으로 중국을 등졌고 성장률은 급락하였다. 그러다가 1991년을 지나면서 중국 경제의 성장률이 기지개를 켜기 시작하였고, 결정적으로는 1992년 덩샤오핑의 '남방담화'를 계기로 폭발적인 성장률을 나타냈다. 그 결과 1992년부터 1996년까지 중국의 경제성장률은 무려 연평균 12%가 넘는 놀라운 성적을 기록하였다. 하지만 1996년 이후 하강세를 보이던 중국 경제는 여러 국내외적 요인의 영향으로 1998년부터 분명한 침체 국면에 접어들어 1999년에는 7.1%라는 부진한 성장률을 올리는 데 만족해야 했다.

3) 역자 주: 1970년대 후반 개방사회로 나온 중국의 대외무역은 경제성장률을 추월하는 속도로 증가하였다. 그 결과 1970년 후반 일부 사회주의 국가와의 거래를 제외하고는 국제무역이 미미하던 사회였으나, 1995년에는 세계무역량의 2.6%를 차지하였고, 2000년 기준으로 수출입총액이 4,743억 달러가 됨으로써 한국을 추월하였다. 중국이 세계무역에서 차지하는 위치는 1978년 당시 32위, 1995년에는 11위, 2000년에는 8위, 2012년에는 드디어 1위 교역국이 되었다.

1982년에는 인민공사를 행정조직(향 · 진정부)과 농업 생산조직으로 분리하였고, 1984년에는 인민공사를 폐지할 만큼 빠른 변화가 뒤따랐다. 중국 농촌은 토지공유제를 기반으로 하는 광대한 농가경영 형태로 이행하였다. 그 결과 식량 생산은 개혁 초의 3억 수천만t에서 1984년에는 4억t대까지 상승하였다.

경제 공간의 개혁과 함께 경제발전의 또 다른 견인차는 연해 지역의 경제특구 설치였다. 중국 정부는 1979년 7월 광둥의 선전(深圳), 주하이(朱海), 산토우(汕頭), 푸젠(福建)의 샤먼(廈門)에 경제특구를 지정하여 세제상의 우대조치를 취하고 화교 자본과 외국 자본 도입을 꾀하였다. 이어서 14개 연해개방도시를 지정하였고, 1984년 연해경제개방구, 1988년에는 하이난(海南)성 특구, 주강(珠江) 삼각주, 푸젠 동남연해지구, 창강(長江) 삼각주, 환발해권 연해 지역 경제권을 지정하였다. 이것이 이른바 외향형 경제의 구축이라는 연해경제 발전전략이다. 이를 통해 중국은 아시아 · 태평양 경제순환 영역에 편입하여 국제분업과 경쟁을 통해 국제경제적인 위상을 확보하고자 하였다.

지역경제권은 크게 셋으로 분류할 수 있다. 먼저 둥베이(東北) · 화베이(華北) 경제권은 랴오닝(遼寧), 베이징(北京), 허베이(河北), 산둥(山東)을 포괄하는 지역으로서 1988년 전국 공업총생산액의 26%, 특히 중공업은 전국의 55%를 차지하였다. 이 지역경제는 '중 · 후 · 장 · 대'(重 · 厚 · 長 · 大) 산업 분야의 기술 및 경영관리의 낙후성이 지적되었다. 하지만 일본에서도 논의되고 있는 환동(일본)해경제권론, 환황해경제권론과 관련하여 새로운 경제발전의 가능성이 높이 평가되고 있다.

다음으로 화둥(華東)경제권은 장쑤(江蘇), 상하이(上海), 저장(浙江) 지역을 포괄하는데, 1988년 전국 공업총생산액의 25%를 차지하였으며, 경공업부문의 비중이 높은 것으로 나타났다. 특히, 향진기업(鄕鎭企業)의 발전이 두드러져 전국 향진기업 총소득의 36%를 차지하였다. 1992년 상하이의 푸둥(浦東) 지역 개발이 국가계획에 포함되어 외자도입을 비롯한 본격적인 국제금융, 교역, 물류 및 첨단산업지대화 구상이 현실화되고 있다.

화난(華南)경제권은 푸젠, 광둥(廣東), 장시(江西), 하이난을 범위로 하는데, 공업총생산액은 전국의 11%, 경공업부문의 비중은 63%를 차지하는 것으로 조사되었다. 중국 정부는 이미 대규모 경제특구를 건설・운영하였고, 홍콩과 타이완 경제를 포함한 중화경제권의 발전은 동남아시아 전역에 큰 영향을 주고 있을 뿐 아니라 화인(華人)경제권을 준비하고 있다는 평을 듣고 있다. 이 지역은 상하이 일대가 본격적으로 개방되기 이전까지 중국 연해 지역 경제권 가운데 가장 주목받는 지역이었다.

앞으로 일본 경제는 불가피하게 중국 지역경제권과 관련을 맺게 될 것이다. 지역경제권의 경제지표로서 연간 1인당 국민총생산액과 국민소득액이 〈표 4-1〉에 나타나 있다.

경제수준을 표시하는 지표인 중국의 1인당 GNP는 1980년 현재 약 300달러였다.[4] 하지만 이 지표는 중국 각 지역의 불균등성과 실질적 생활내용을 반영

4) 역자 주: 2000년 현재 중국의 국내총생산 규모는 1조 700억 달러, 1인당 국민소득은 840달러로 나타났다. 지역 간의 경제격차를 보기 위해 상하이와 구이저우 지역의 경우를 보면, 2001년 상하이의 1인당 실질국민소득은 4,500달러를 넘었고 구이저우 지역은 간신히 700달러 수준에 도달하였다. 그런데 이 통계수치의 단순비교만으로 중국의 지역 간 소득수준의 실체를 파악하기 어렵다. 왜냐하면, 우선은 전반적인 물가수준을 고려한 구매력 평가를 기준으로 재환산할 때 중국의 소득수준은 크게 상승하는 것으로 조사되고 있다. 또 전문가들은 구매력 평가 외에도 도시 지역은 통계에 잡히지 않는 소득의 종류가 많을 뿐 아니라 각종 음성소득도 많기 때문에 대도시일수록 소득의 실체는 공식 통계수치를 훨씬 웃돌 것으로 보고 있다. 따라서 대도시 지역의 소득수준은 통계수치를 크게

표 4-1 연간 국민총생산액과 국민소득액 (단위: 위안)

	지역	국민총생산액(1인당)	국민소득액(1인당)
둥베이 · 화베이 경제권	베이징	4,127	3,034
	톈 진	3,117	2,654
	랴오닝	2,141	1,827
	산 둥	1,293	1,143
	허베이	1,139	986
화둥경제권	상하이	5,135	4,487
	장 쑤	1,755	1,554
	저 장	1,716	1,541
화난경제권	광 둥	1,864	1,509
	푸 젠	1,254	1,090
	광 시	737	632
	하이난	–	–

자료: 程極明 主編,『亞太地區經濟環境與中國東部地區經濟開發』, 江蘇人民出版社, 1990.

하지 못하고 있다. 1990년의 한 조사는 20개 항목에 달하는 사회 · 경제 지표를 종합 · 분석함으로써 중국의 1인당 국민총생산액은 1,500달러 수준이라고 밝히고 있다(『중국사회과학』, 1991년 제4기). 전체적으로 보아 1990년 현재 중국은 '먹는 문제가 해결된 단계'에 와 있다고 판단할 수 있다.

그러나 연해 지역 경제권의 급속한 발전은 내륙 농촌과의 경제적 · 문화적 격차를 낳았다. 한족 이외의 소수민족이 집단으로 거주하는 지역(소수거주민족이라고 하는데, 1989년 통계로 광시에는 총인구 4,150만 명 중 1,618만 명이 소수민족으로서

상회할 것으로 평가되고 있다. 그런데 더 심각한 문제는 시장화가 더 진행되고 세계경제로 깊이 편입되어 갈수록 지역 간 · 계층 간 경제격차는 날로 확대되어 왔다는 점이다. 또한 이 문제는 현재까지도 해소되지 않은 채 갈수록 심화되고 있다.

39%를 차지하고 있다. 티베트에서는 216만 명 가운데 소수민족이 208만 명으로 97%로 나타났다)의 경제적 낙후는 민족동질성을 둘러싼 정치적 모순을 확대시키는 조건이 되고 있다. 장쩌민 총서기가 (1991년 12월 하순) 내륙의 소수민족지구를 많이 포괄하고 있는 구이저우(貴州)성을 방문해서, 동부 연해 지역의 경제발전과 함께 중 · 서부 지역의 경제진흥을 사회 · 경제 발전전략의 일환으로 삼을 것을 강조하였다. 그 이유는 지역 간 경제격차를 조정할 필요가 있었기 때문이다.

하지만 지역경제권 구상은 단지 연해 지역뿐 아니라 내륙의 국경무역 형태로 동남아시아, 러시아 극동 지역, 카자흐스탄 등과 새로운 교역관계를 확대시켜 가고 있으며 경제적 장벽도 낮아지고 있다. 소수민족집단의 정치동향도 이러한 경제 공간의 새로운 팽창과의 관계 속에서 다시 이해할 필요가 있다.

제3절 사회 공간의 변화-단위체제의 동요와 새로운 사회계층의 응집

1. 단위체제

근래 10년 동안 새로운 경제 공간이 빠르게 팽창함에 따라 중국의 사회 공간은 구조적 변화 과정 가운데 놓이게 되었다.

이전에 중국 사회조직의 발전은 기업을 포함한 모든 기관들이 국가로부터 어떻게 더 많은 자원을 배분받느냐에 달려 있었다. 국가는 사회를 책임지고, 사회는 국가에 종속될 수밖에 없는 상황이었다. 이 사회 공간은 도시에서는 기업 및 사업 단위, 농촌에서는 인민공사라는 생산 행정단위에 의해 채워졌고, 전 국민은 그 밑에서 일괄적으로 통제받았다.

특히, 도시사회 편성의 기초 세포는 '단위'(單位, work unit)였다. 단위는 종업원들에게 사회적 분업으로서의 직장, 즉 임금을 획득하는 장임과 동시에 주거, 부식수당, 의료보장, 퇴직연금 등 생활자료 조달과 사회보장의 장이기도 하였다. 노동자가 국가에 의해 직장에 배치 · 취업된 이상 국가의 하위에 있는 단위는 국가로부터 그 지위를 확실히 보장받을 필요가 있었다. 그 신분은 바로 '단위신분'이었다. 반대로 말하면 노동자는 자유롭게 전출입할 수 없는 생 · 로 · 병 · 사의 장인단위에 귀속되어 있었다. 이 제도는 단위가 노동력을 소유한다는 의미에서 '노동력 단위소유제'라고 규정할 수도 있다. 가족의 개인생활까지 포함한 직장과 거주생활 공간이 일치된 단위는 하나의 거대한 가정과도 같은 존재였다.

더욱이 단위는 국가 행정구조 피라미드의 바탕에 위치해 있으면서 행징적 혈연관계로 조직되어 있었다. 예를 들어, 결혼등기, 여관숙박, 차표구입 등 모든 일에는 단위의 증명이 필요하였다. 물론 공산당의 조직계통도 단위를 따라 말단까지 영향을 미치고 있었다. 즉, 단위는 국가뿐 아니라 당조직에 의해서도 담보되고 있었다. 이처럼 취업구조에만 한정되지 않는 전반적인 사회통제 시스템의 특징은 '단위체계'(單位体制, work unit system)라고 할 수 있으며, 단위는 곧 국가 · 사회 · 당의 삼위일체를 지탱해 주는 중요한 기둥이었다.

단위에 속한 사람들의 행동양식은 우선 단위 내의 인간관계를 중시하지 않고는 생활이 불가능하였다. 따라서 단위체제는 강한 상호 의존관계를 만들어 냈다. 또한 단위체제 하에서는 개인의 능력과 업적은 배제되고 평등주의 원칙이 일반화되었다. 뿐만 아니라 단위체제에는 '계약'이 아니라 '행정적 권위와 권력'을 서열기반으로 하여 통제와 복종관계가 재생산되는 구도가 확립되었다(『중국사회과학』, 1989년 제1기).

그러나 경제 개혁에 따라 상품경제와 시장기제가 도입되면서 인민공사가 해체(1984년)되고, 새로운 개인경영(個體戶) 및 사영기업 조직이 창출되면서 단위도 시장기제의 확대와 함께 변화를 피할 수 없게 되었다.

현재 실시되고 있는 기업경영책임제[5]는 국가와 기업(단위) 사이에 계약관계를 도입했다는 점에 가장 큰 특징이 있다. 그 내용을 보면 공장장 또는 경영인이 국가와 계약서를 교환하고, 생산계약 사항을 공장장들이 책임지고 실현하는 것이다. 다만 이때에도 기업 내부까지는 계약관계를 관철시킬 수 없었을 뿐 아니라 노동력 단위소유제에 기초한 고정공(固定工)제도를 변화시킬 수도 없었다. 하지만 기업과 국가의 계약에 기초한 개혁이 경제발전의 원동력이 되었다는 사실은 빠른 경제발전에서도 엿볼 수 있으며, 기업과 국가의 계약에 의한 경제발전 가능성의 공간은 날로 커져 갔다.

5) 역자 주: 도시기업 개혁이 시작되면서 가장 어려운 문제는 국유기업의 개혁이었다. 국유기업을 사회보장까지 책임지는 소사회가 아니라 독립된 하나의 현대적 기업으로 만들기 위한 조치는 여러 방면에서 시도되었다. 정부와 기업을 분리한다는 취지에서 도입된 개혁조치 중 하나가 바로 경영책임제이다. 이 밖에도 기업소득세제도, 인수와 합병 같은 조치들이 제기 · 시도되었다. 하지만 본질이 국유기업인 한 경영책임제를 포함한 국유기업의 개혁조치를 통한 현대기업화에는 한계가 있을 수밖에 없다. 따라서 "대기업은 쥐고 중소기업은 놓는다"(抓大放小)는 큰 틀에서 대기업은 적극적으로 인수합병을 통해 경영합리화를 꾀하고 중소기업은 매각하거나 민영화 또는 주식회사의 형태로 개조하는 방향으로 진행되었다. 2000년대 초 중국 경제는 세계무역체제로의 편입이 시작되었으나, 국유대기업은 대부분 중요한 기간산업을 포괄하고 있기 때문에 대다수를 매각하거나 민영화하기는 어려운 만큼, 앞으로 관련 외국기업과의 제휴를 통해 변신해 나갈 수밖에 없을 것으로 예상되고 있다.

2. 전원노동계약제

사실 베이징시 노동국은 1988년 말 이후의 노동력 단위소유제의 틀 안에서이기는 하지만, 새로운 개혁에 착수하였다. 베이징 화공기계공장 노동자 루치우중(呂秋中)은 다음과 같은 느낌을 들려주고 있다.

> "전에 나는 국가로부터 분배받아 여기서 일하고 있다는 편안한 느낌이었다. 그러나 '전원노동계약서'에 서명하고부터는 일을 어떻게 소화하여 계속해 나갈 것이냐 하는 위기감을 갖게 되었다."

전원노동계약서는 노동자 전체가 예외 없이 평등과 자주적 희망에 기초해서 기업과 노동계약(생산, 보수, 노동보험, 복지, 학습, 규율 등 권리 · 의무 관계, 계약기한의 변경, 해제, 계속 등을 규정)을 체결한 증명서이다. 이 계약서는 단위신분으로서의 고정공제도, 즉 철밥그릇(鐵飯碗, 평생직업)과 이 제도에 따른 노동생산성 저하를 방지하는 데 목적이 있었다. 하지만 그 본질은 기업단위 내에 노동계약제[6]의 도입이었다. 이 계약서에는 계약기한과 의무규정이 명시되어 있기 때문에 기업측에서는 고용권에 근거한 해고가 가능하다. 경제특구에서는 이미 노

6) 역자 주: 중국에서 노동계약제는 1983년 도입되어 1986년에 제도화되었다. 노동계약제는 신규노동자와 1년, 3~5년 또는 20년 노동계약을 하는데, 이때 노동자는 계약기간에 대해 경영진과 협상하도록 규정되었다. 이 제도는 1994~1995년의 「노동법」에 의해 보장되었고, 1994년 현재 채택률이 26%였고, 1995년에는 41%로 급격히 증가하였다. 이 비율을 기타 소유제기업에 적용할 경우 그 수치는 70%가 넘는 것으로 보고되었다. 이 제도 외에 1989년부터는 직급에 관계없이 동일하게 노동계약을 맺도록 하는 전원계약제가 도입되었는데 실시목적은 기업 내 고용구조 조정에 있었다. 그리고 노동계약제는 1990년대 중반 이후 더욱 가속적으로 도입되었다.

동계약제가 실시되고 있었다.

기업과 노동자의 관계는 단위소유제와 같은 행정관계가 아니라 일종의 '고용계약 법률관계'로 이행해 갔다. 1991년 말 베이징에서 전원노동계약제를 채택한 기업은 100개가 넘었으며, 9만 명의 노동자가 서명했다. 베이징 노동국은 1995년까지 모든 기업에 전원노동계약제을 도입할 계획을 세웠다. 이 제도는 분명히 노동력 단위소유제의 틀을 사실상 능가할 가능성을 갖고 있다. 개혁이 심화됨에 따라 사업 · 기업 단위는 국가 행정기관의 부속물에서 자주경영기업으로 변모할 수밖에 없다. 그렇다면 단위가 갖고 있던 전체 생활 공간과 관련된 다양한 기능은 분리되며, 특히 노동자의 단위신분은 폐지되어야 했다. 이러한 노동제도의 개혁을 위해서는 단위뿐 아니라 당연히 단위중심으로 운영되던 사회보장제도도 정비[사회보장의 사회화]할 수밖에 없게 된다.

단위사회체계의 변용은 중국의 사회 공간을 서서히 변화시켜 왔다. 이 사실은 시장경제 공간이 확대됨에 따라 종업원이 생활 필수자원의 단위 의존에서 탈피하게 되었고, 여기에 더하여 주택의 상품화가 진행됨으로써, 시장화 조류는 불가피하게 인민의 사회생활 심층에까지 변화를 불러오게 됨[7]을 의미한

7) 역자 주: 중국에서는 1949년 건국 이후 1953년부터 본격적인 사회주의식 개조작업이 시작되었다. 그리고 공산당은 사회주의식 개조작업과 함께 이념과 발전전략에 맞춰 효율적인 사회관리 및 통제틀을 구축하는 작업에 나섰다. 이때 수립된 중국적인 사회관리체제가 바로 본문에서 논의되고 있는 '단위체제' (work unit system)이다. 단위체제 하에서 각 기업 및 사업단위는 국가를 대리하여 구성원을 관리 · 통제하는 기관으로서, 종업원의 일터, 주거 공간(지역에 따라서는 주거 공간이 일터와 동일한 곳에 위치하지 않은 경우도 있었음), 그리고 사회보장이 함께 어우러진 소사회였다. 단위에 속한 종업원은 단위신분을 갖게 되고 평생 일자리가 보장되었다. 단위체제는 건국 이후 사회주의식 개조작업이 일정한 단계에 오르면서부터 마오쩌둥이 사망할 때까지 중국의 핵심적인 사회관리 및 통제체계였다. 하지만 1970년대 말 개혁개방이 선언되면서 국유단위는 현대적 기업으로 변모할 것을 요구받았고, 이에 따라 단위는 짊어지고 있던 사회적 책임을 하나씩 벗어 던지지 않을 수 없었다. 개혁개방 20년을 지나오면서 대부분의 단위들은 사회보장 기능을 포기하였고, 의료, 양로 등 사회보장 수단은 단위로부터 국가의 손으로 이전될 운명을 맞았다. 이중에서 비교적 늦게 시장상품이 된 복지재는 바로 '주택'이다. 단위를 통해 거의 무상으로 공급되던 주택은 종업원들에게 가장 고가의 소비재였을 뿐 아니라 일터와 거주 공간을 하나로 묶어 주는 고리

다. 이 과정은 자연히 광범위한 사회적 혼란, 사회적 병리현상을 낳는다. 경제 발전에 따른 대규모 경제범죄는 그것이 사회특권층일수록 일반대중의 불만 누적으로 나타날 수밖에 없다. 또한 치안기능의 저하는 반대로 직접적 지배의 강화를 낳는 악순환을 만들어 낸다. 이러한 사회모순의 증대를 해결하면서 흡수할 수 있는 유연한 사회조직을 편성하려는 시도도 있다.

역사적으로 보면, 냉전체제 하에서 탄생한 중화인민공화국은 급속한 공업화를 도모하지 않을 수 없었다. 여기에 알맞는 효과적인 인적 · 물적 동원형 사회구조가 '단위사회체제'였다고 볼 수 있다. 개혁개방 이후 10여 년 동안 나타난 사회변동은 이미 단위체제가 그 역사적 사명을 마감하고 있음을 보여 준다. 중국의 사회 공간은 이제 새로운 사회적 가역반응을 다양하고도 다차원적으로 용인 · 재편성하지 않고는 더 이상 유지하기 힘든 단계로 진입하게 되었다.

3. 새로운 사회계층

농촌사회 공간의 큰 변화를 가능하게 한 원동력은 농가생산책임제의 전국적 전개와 향진기업의 발흥 · 발전이었다. 1991년 식량(쌀, 보리, 옥수수, 콩, 감자류)생산고는 4억 3,500만t으로서 약 11억 명의 식량자급이 거의 실현된 것으로 보고되었다. 10년 전인 1981년의 3억 2,500만t과 비교하면 약 1억t이 증산되었다.

였기 때문에 급진적인 주택제도 개혁이 현실적으로 어려웠다. 하지만 1980년 중반부터 주택제도 개혁조치가 하나씩 도입되고, 1998년에는 급기야 신규주택에 대해 완전한 상품화 조치가 있었고, 2000년까지는 대부분의 지역에서 이 작업을 일단락지었다고 보고되었다. 이처럼 일터와 주거 공간을 하나로 묶어 줌으로써 단위를 단위로 만드는 핵심 고리였던 주택의 상품화는 개혁 후 서서히 진행되어 오던 단위체제의 해제를 촉진하는 역할을 하였다.

향진기업은 잉여 농업 노동력을 흡수함과 동시에 농민의 현금수입을 증대시킴으로써 농촌 소비시장의 구매력은 전체 경공업제품의 70%를 차지하기에 이르렀다.

도시의 시장경제가 확대되면서 명목상 집단경제의 구성원인 농민층에 사회계층의 분화가 진행되었다. 1990년대 초 8억 명의 농민 중 약 1억 2,000만 명이 비농업노동에 종사하고 있는 것으로 조사되었는데, 이는 약 7,000만 호로서 전 농가의 35%에 해당한다. 이에 따라 농민의 사회계층은 점차 다음과 같은 여덟 가지로 분화되었다.

① 농업 노동자로서 경지를 도급경영하는 계층. 농민의 55~57%.

② 농업 노동자로서 집단소유제 공장과 광산 및 상점노동에 종사하는 계층. 호적은 농촌에 있으며 농민의 약 24.6%.

이 두 그룹이 농민의 약 80%를 차지하고 있는데, ②그룹은 증가할 것으로 예측되었다.

③ 사영기업과 개인경영 상 · 공업 기업에서 일하며 식량을 자급자족할 수 있을 정도의 토지를 도급받은 계층. 약 4%.

④ 농민지식분자 계층으로서 교육과 과학기술, 의료, 문화, 예술 관계에 종사하는 계층. 약 1.52%.

⑤ 개인 노동자와 개인 상 · 공업을 경영하는 계층으로서, 상 · 공업의 경우는 7명 이하의 노동자를 고용하는 계층. 약 5%.

⑥ 사영기업주 계층으로 영리를 목적으로 8명 이상의 노동자를 고용하는 계층. 약 0.1~0.2%.

⑦ 농촌기업 관리자층으로서 경영권 · 결정권을 갖는 계층. 약 3%.

⑧ 농촌관리자층으로서 향과 촌의 기층 간부. 약 6%.

1984년에 있었던 인민공사 폐지는 농업 집단화 정책으로부터의 대전환이었는데, 1991년 11월 중국 공산당 중앙 제13기 8중전회는 10년 동안의 농업정책과 농촌활동을 다음과 같이 정리하였다.

첫째, 지금까지 추진해 온 경영권을 갖는 농가생산책임제를 발전시켜 나간다. 둘째, 농업 생산을 위한 사회적 서비스 시스템(공동치수관개와 공동노동 등)을 창출할 뿐만 아니라 개별화된 농업의 기반을 정비한다. 이 계획은 1991년 6월 이후 화둥(華東) 지역의 심각한 홍수 경험을 바탕으로 한다. 셋째, 전국적으로 향진기업을 발전시키고 농업의 현대화와 농촌의 공업화를 꾀한다(런민일보, 1991. 12. 26).

8억 명이 넘는 농촌인구의 생활수준을 '의식주가 해결된(溫飽) 단계'에서 '중진국(小康) 단계'로 향상시키기 위해서는, 특히 향진기업의 중요성이 강조되어야 할 것이다. 중국 정부도 농촌의 경제발전이 바로 현재의 정치체제 안정에 불가결한 사회적 조건이라고 생각하고 있다. 농촌사회 공간에서 다양한 계층 간의 유동과 가역반응 과정은 경제발전의 에너지를 만들어 낸다. 하지만 우리는 전체 사회의 평형이 어떤 모순 속에서 재조직되려 하고 있는가 하는 문제에 주목할 필요가 있다.

제 4 절 정치권력 공간의 변동–기층 사회의 새로운 움직임

1. 중국의 직접선거

중국에서는 상당수 현과 향 수준의 인민대표는 직접선거로 선출되고, 성 · 국가 수준의 인민대표는 간접선거로 선출된다. 현수준의 인민대표대회에서 성 · 국가의 인민대표가 조직되며, 이는 단원제 국회(전국인민대표회의)로 수렴되어 간다. 1990년에는 전국적으로 현 · 향의 직접선거가 실시되었다.

개혁시대를 맞아 당연히 정치 공간도 변동기를 맞았다. 경제 개혁을 추진할수록 중국 사회계층의 다원화는 진전된다. 이에 따라 복잡한 이해관계를 조정할 필요가 생김에도 불구하고 정치권력 공간은 이에 상응한 변화를 보여 주지 못하였다. 그러한 중에 적어도 경제 개혁을 추진하는 데 부적절한 정치 공간은 개혁의 대상으로 지목되어 왔다.

그중 하나가 기층 사회의 복수입후보제도와 직접선거이다. 이제 중국의 기층 단위 선거에서는 이전과 같은 사실상의 신임투표와는 달리 낙선자가 나오게 되었다. 1990년에 실시된 저장성 어느 현의 인민대표선거에서는 368명의 입후보자 가운데 123명이 낙선하였다(낙선율 33.4%). 이 조사가 분석한 낙선원인이 매우 흥미 있다. 낙선자는 농민이 가장 많은 46.8%, 노동자가 38.2%, 지식분자는 21.7%, 간부는 13.3%였다. 여성 입후자는 당선자 81명 중 52명으로서 성차별에 의한 당락 영향은 거의 없었다고 한다. 더욱이 입후보자 중 61.6%인 225명이 중국 공산당원이었다. 당선자 245명 중 당원이 163명으로 66.5%를 차지하였으며(낙선율 26.6%), 나머지는 82명으로 33.5%였다(낙선율 42.7%). 여기에서 보듯이 정치적 입장이 당락에 미친 영향은 명백하다(『정치와 법률』, 1991년 제2기).

그러나 실제로 선거에서 각급 당조직은 인민대표가 폭넓게 선출되어야 하기 때문에 당원의 비율이 지나치게 높을 필요는 없다는 점을 강조했다고 한다. '투표상자를 통해 선출된 인물'이 앞으로 어떻게 정치적 역할을 증대시켜 나갈 것인가? 여기에서는 비당원 인민대표가 33.5%를 차지하고 있는 사실에 주목하고 싶다.

기층 직접선거의 투표율은 1981년 96.5%에서 1987년에 90%로 떨어졌으며, 1990년에는 선거에 대한 관심이 더 떨어졌다고 한다(장스쥔(張式軍), 『지방인민대표회의업무연구』, 샹난(湘南) 런민출판사, 1988; 『정치와 법률』, 1991년 제4기). 선거에 대한 무관심은 반대로 지금까지의 정치권력 공간의 특이성을 보여 주고 있다. 정치에 무관심한 계층이 생기고 또 무관심해도 생활할 수 있는 사회 공간과 사회적 용량의 확대현상을 주목해야 한다고 생각한다. 물론 여기에는 정치적으로 위임받은 인민대표와 대의기구인 인민대표대회가 유권자의 현실적 이익을 실현시켜 주지 못한 데 대한 비판의 의미도 내포되어 있다. 이는 정치적 위임을 받은 각급 인민대표가 본래 기대되는 역할을 담당하기 어려운 현실적 한계를 반영하고 있다고도 할 수 있다.

직접선거로 선출된 인민대표가 구성하는 향과 진의 인민대표회의에는 현재 상설기관이 설치되어 있지 않다. 1년 중 2~3일 만의 권력기구라는 야유를 받고 있는 이유가 바로 여기에 있다. 하지만 지방 인민대표대회에도 점차 향 · 진의 인민대표대회 주석단 상임위원회가 생기면서 상시적 조직으로 바뀌어 가고 있다.

1982년 인민공사가 해체되면서 기층 정권인 향 · 진 정부가 수립되었으나, 1987년 공산당 제12기 대회에서는 향 · 진의 당정분리는 당분간 실시하지 않는다는 규정이 결의되었다. 하지만 현실적으로는 당서기, 향과 진의 장, 향과 진의 인민대표대회 주석단 상임주석 같은 향급 간부의 당정 연석회의에서 정치 · 행정적 업무가 다루어지고 있다. 이는 향의 당위원회 지도력이 정치권 영역의 복수화라는 현실적 변화 요구에 순응하고 있음을 보여 주고 있다. 즉, 기층 당이 현실사회 공간의 다원화에 대응하고 있는 것이다.

일반적으로 향 · 진 간부는 본거지 출신자가 다수로 압도적이다. 따라서 정치적 · 행정적 태도와 행동이 청렴하지 않으면 간부와 농민대중의 모순은 축적된다. 더욱이 10년에 걸친 농가생산책임제 하에서 농민의 자주성은 이미 간부의 강압명령을 거부할 힘을 갖기 시작하였다.

기층수준의 정치권력 공간은 새로운 경제 공간의 팽창과 사회계층의 다원화라는 조류에 대해 새로운 대응이 필요한 단계에 도달하고 있다(『정치와 법률』, 1991년 제3, 4, 6기). 이러한 움직임이 어떠한 통로로 중앙정치까지 반영될 수 있을지는 예측하기 어렵지만, 단편적으로 당과 정부가 말하는 새로운 정치 시스템으로서 각급 '인민대표대회 강화론', '공산당 지도 하의 다당협력론', '정치협상회의 강화론' 등으로 나타나고 있다. 요컨대, 중국 공산당에게는 과거의 정치적 지배의 정통성이 소멸해 가는 가운데 새로운 정통성 조달 메커니즘이 요청되고 있는 것이다.

2. 농촌 종족생활의 재생

농촌사회 공간의 변화라는 측면에서 기층수준의 현실을 살펴보자. 후난(湖南)성 농촌에 대한 조사에 따르면 기층 권력을 지탱하고 있는 촌민위원회의 수는 1985년 290개에서 1989년에는 500여 개로 증가하였다. 촌민위원회가 증가한 이유는 하나 이상의 성(姓)으로 된 촌락에 성씨마다 촌민위원회가 조직되었기 때문이다. 즉, 본래 하나였던 촌민위원회가 둘 이상으로 조직되었는데, 이는 종족적 결합원리가 재생되고 있다는 사실을 의미한다. 어떤 촌민위원회는 이미 종묘관리, 사당사무 등 종족관리기구로 성격이 바뀌었으며, 기층 당조직 간부도 늘어나고 있다고 한다. 더욱이 이 종족중심의 자치화 현상은 종래의 행정적 지배보다는 더 유효한 기능을 수행하고 있다는 것으로 알려졌다(『학술계간』, 1991년 제3기).

이러한 현상의 배후에는 구전통을 이용하여 자기표현을 하고자 하는 농민의 의식, 다시 말해 종묘제사, 묘지관리, 족보 편찬 및 수정, 족룡(族龍)과 족기(族旗) 제작을 통해 종족의 일체감을 재생시키려는 의도가 엿보인다. 어느 지역에서는 족룡, 족기를 중심으로 1,000명 이상이 집결한 종족 간 싸움까지 벌어지기도 했다고 한다. 이러한 사태는 중국의 농촌사회 공간에 전통적 자율 공간이 재생되고 있음을 상징하고 있을 뿐만 아니라 지금까지 정치권력 공간을 지탱해 온 기층 권력이 상대적으로 약화되고 있음을 의미한다. 종족은 분명히 촌락이라는 공적 국가권력과 병존하고 있으며, 종족은 그 속에서 종족권을 확보한다. 국가권력이 작용하는 공간을 사회적 표층이라고 하면, 사회적 표층은 개혁

이전까지 사회적 심층에 영향을 미쳐 왔다고 생각된다. 하지만 지금 종족 공간은 국가권력 공간과 상호 침투관계를 맺어 가고 있다. 따라서 양자 간에 서로 모순되는 측면까지를 고려하면서 현재 중국 농촌사회의 실태를 다각적으로 이해할 필요가 있다(『학술연구』, 1991년 제4기).

제5절 중국식 사회주의와 소비생활의 신단계

1. 중진국[小康] 소비혁명

필자는 3년 만에 상하이에 가서 중국에서 규모가 가장 큰 상하이 제1백화점을 방문하였다. 이 백화점의 사장은 연간 1억 명의 고객이 찾아오고 있으며, 1980년대에는 3년마다 매상고가 배증해 왔다고 말하였다. 그는 일본 등 외국과의 상품 · 서비스 제휴를 포함한 소비물자 공급 문제에 대해 자신감을 나타냈다. 이 상황은 한 백화점뿐만 아니라 상하이시의 상점가에 공통되고 있다. 백화점에는 다량의 일용품, 의료품, 가전제품들이 진열되어 있었고 몹시 붐비었다. 나는 이번 여행에서 소비생활의 다양화와 구매력의 향상을 목격하고 중국식 사회주의의 실태를 실감하였다.

관련 자료를 보더라도 이러한 소비욕구의 향상은 상하이, 베이징, 텐진, 광저우를 중심으로 하는 동부 연해도시지대 및 연강(沿江)도시뿐 아니라 전국의 중소도시 그리고 중소도시의 근교 농촌까지로 확산되고 있다. 즉, 중국의 거의 전 지역이 소비경제의 순환에 편입되고 있는 것이다. 이는 10년 동안의 경제 개혁과 대외개방정책의 결과로써 먹는 문제가 해결된 단계를 뛰어넘는 '소비혁명'이라 할 수 있을 것이다. 이 추세를 새로운 사회적 중간층의 형성과 사회적 다원화 경향이라고 불러야 하지 않을까?

전체 중국 사회의 구조와 공간은 사회주의라는 정치 공간에 의해 덮여 있다. 하지만 중국의 현실 사회주의가 새롭게 팽창하고 있는 새로운 공간을 포용할 수 있으리라 믿을 만한 근거는 있다. 사후적이기는 하지만 1987년 중국 정부는 현재 중국이 사회주의 초급 단계에 있다고 말했는데, 이점을 보면 그 가능성은 더 명확해진다.

그러나 이 문제 속에는 중국을 둘러싼 정치권력 공간이 경제 공간의 팽창을 얼마만큼 견뎌 낼 수 있느냐 하는 정치적 긴장과 위기도 함께 내포되어 있다. 초급 단계에 대한 해석과 현상이해를 둘러싼 갈등은 정치 문제화될 가능성이 있다. 경제 공간 내부의 '계획의 유산 성격이 강한 국공유경제'와 '시장경제' 간의 균형 문제가 정책적 긴장을 만들어 낼 것이다. 더욱이 그 속에는 경제 공간과 정치권력 공간 전체에서 일어나는 긴장이 경제 공간 내의 긴장 문제와 교착되는 가운데서 어떤 균형점을 찾아낼 수 있을 것이냐 하는 이중의 위기가 내재되어 있다.

이제 중국의 정치권력 공간은 1989년의 정치적 위기 뒤 종래의 사회주의적 구조로 위축된 것처럼 보인다. 1991년 말 소련의 해체도 그러한 해석에 박차를 가하고 있다. 하지만 중국의 경제 공간은 경제특구 등을 통해 이미 아시아 · 태평양 경제권의 일환으로 긴밀히 편입되고 있기 때문에 중국 정부가 더 이상 폐쇄정책을 취할 수 없는 단계에 와 있다. 1997년의 홍콩 반환은 화난(華南) 지역 경제권에 더 강한 유대를 형성해 줄 것이며, 타이완을 포함한 해협 양안의 경제권도 그 상호 침투성[8)]이 높아 가고 있다.

2. 위로부터의 정치 개혁

정치적으로 보면 1989년 이후 현재까지 중국 정부는 '사회주의적 민주' 건설의 중요성을 강조하고 있다. 중국 정부가 사회주의적 민주를 강조할 수밖에 없는 이유는 중국 사회 공간의 심층에서 의사표출이 계속되고 있기 때문일 것이다. 이러한 의미에서 사회적 심층으로부터의 압력에 대응한 위로부터의 사회주의적 민주화가 어떤 논리와 내용을 준비하고 있는지 주목할 필요가 있다.

첫째, 사회주의적 민주정치의 건설은 점진적 · 장기적 역사 과정이라는 논리가 있다. 그 주 내용은 정치적 급진을 부정하고 '네 가지 기본 원칙'(사회주의, 프롤레타리아 전제정치, 공산당의 지도, 마르크스 · 레닌주의 마오쩌둥 사상)을 전제로 제도화 · 법률화를 꾀한다는 점에 있다.

둘째, 정치 권력 공간의 중심은 중국 공산당의 지도를 기초로 한 인민대표회의제도라는 논리로서, 인민대표제도의 정비 · 충실화를 그 내용으로 한다.

---

8) 역자 주: 타이완과의 상호 침투성의 현단계는 1991년 12월 타이완의 제2기 국민대표 선거에도 나타나 있다. 이 선거 결과는 국민당의 승리였으며 타이완 독립을 정강으로 한 민진당은 상대적으로 퇴조하였다. 특히, 수년간 화난, 홍콩, 타이완의 경제교섭이 긴밀해지고 있으며, 타이완 기업의 대륙 투자는 이미 대륙과의 경제관계를 빼고 정치적 선택을 생각할 수 없는 수준에 와 있다. 해협 양안이라는 민족의 일체성은 하나의 새로운 경제 공간을 기초로 해서 그 정치적 재응집을 가능하게 하고 있다. 특히, 타이완에 민진당 정권이 수립된 뒤 찾아든 경기침체, 그리고 상대적으로 양호한 성장세를 유지하고 있는 중국 경제의 흡입력이 결합되면서 타이완 자본의 대륙이동은 가속 단계에 접어들었고, 타이완 정부의 통제능력은 이미 한계에 도달한 것으로 평가되고 있다. 하지만 타이완 독립론이 앞으로도 타이완 사회에 어느 정도의 영향력을 유지하리라는 점도 무시할 수 없다.

오늘날 중국 사회에서 정치적 자원이라 할 만한 제도는 분명히 각급 인민대표회의제도밖에 없다. 이것을 어떻게 활성화하여 민의를 수렴하는 장치로 만들 것이냐 하는 문제가 긴급한 과제이다. 그 이유는 현실이 그렇지 못하기 때문이다. 중국은 지금 문화혁명기의 민주와 법제의 파괴 단계로부터 겨우 정치제도의 부흥 단계를 지나고 있다고 이해할 수 있다.

이러한 점진적인 정치적 발전론과 인민대표제도 충실론이 중국 정치권력 공간의 특징이라면, 정치 공간과 경제발전의 불균형은 피하기 어렵다. 사회에 대한 정치적 통제기구인 단위체제와 노동의 단위소유제 및 종래의 정치제도도 이미 경제발전의 저해요인이 되고 있다. 1984년의 인민공사 해체는 경제발전을 저해하는 조건 중 하나를 제거한 것이다. 여기에는 도시와 농촌 간의 정치적 조건의 차이가 있다. 도시는 초기적 단계에 있는데, 농촌에는 경제 개혁의 수익자층이 늘어나게 되었고, 이들은 농촌사회가 어느 정도 평형 상태를 유지하면서 현체제를 지탱해 주는 사회적 기반이 되었다. 다만 지역경제 격차의 확대가 대량의 취업기회를 찾는 농민층의 유동성을 증폭시키고 있다. 이 흐름이 사회적 통제의 범위를 넘을 가능성이 있다는 점, 그리고 아직은 농촌과 도시의 사회적 평형 메커니즘을 찾아 내지 못하고 있는 점은 앞으로 해결해 나가야 할 과제이다.

3. 중국식 사회주의

1978년 말 이후 중국이 경제 개혁과 대외개방정책을 취할 수밖에 없었던 이유는 현실 사회에 살고 있는 인민대중의 불만과 반발 때문이었다. 사회적 마그마를 스스로의 통로를 통해 흡수하고 대변한 것이 당시 중국 공산당의 실질적 지도자 덩샤오핑과 천윈(陳雲)이었다. 이후의 중국 정치는 기본적으로 덩샤오핑과 천윈의 정치라고 해도 과언이 아니다.

앞에서 지적한 대중의 새로운 생활의욕을 대변한 것이 1982년 중국 공산당 12기대회에서 있었던 2000년을 목표로 하는 전국 공업총생산액의 4배화와 중진국 단계라는 생활수준 향상목표의 설정이었다. 아직 여전히 빈곤한 현이 있기는 하지만 1989년 현재 생활수준은 거의 먹는 문제가 해결된 단계에 도달했다고 평가되었다.

이러한 경제적 성과와 어울리는 정치 개혁이, 앞으로 더 많은 모순을 내포하게 되더라도 비교적 오랫동안 추진해 가야 할 과제이다. 이 과제는 단지 위로부터의 개혁에 그치지 않고 대중측의 정치적 응집과 매우 밀접한 관련을 맺게 될 뿐만 아니라 응집 정도도 경제발전 수준에 의해 규정될 것이다. 기존 체제가 스스로의 정치권력 공간을 유지하고자 하면, 개혁이 시작된 뒤 중국 사회에 발아하여 점차 성장하고 있는 새로운 정치 공간을 흡수할 수 있는 논리와 내용을 창출해 낼 수밖에 없을 것이다.

지역 공간이라는 측면에서 볼 때 이 문제는 또한 한족과 비교해 극소수에 지나지 않는 소수민족의 문제로도 이해될 수 있다. 인구의 8%(9,120만 명)를 차지하고 있는 55개 소수민족이 정치 · 경제적으로 어느 정도 우대를 받고 있기는 하다. 하지만 현실적으로 소수민족이 민족일체성을 유지할 수 없다면 소수민족 지역자치제도에 대한 개혁이 의사일정에 포함되지 않을 수 없게 될 것이다.

소수민족집단의 동향은 단지 다민족 국민국가의 국내 정치뿐 아니라 국제 정치의 변동과도 밀접하게 관련을 맺고 있다. 최근 중국은 미국의 인권외교에 대해 매우 민감한 반응을 보이고 있다. 중국 정부는 끝까지 국가주권에 대한 불간섭원칙을 강조하고 있다(『중국의 인권상황』, 1991).

대외정책의 특징도 UN 외교라는 장을 이용하면서 1991년 걸프전쟁에서 본 바와 같이 미국의 주도에 어느 정도 거리를 유지하면서 정치적 다극화를 근거로 '평화공존 5대원칙'[9] 입장에서 관망하는 태도를 취하고 있다. 하지만 이 입장도 현재의 정치체제를 유지하려는 노력과 경제발전을 위한 자본주의 세계경제와의 연계라는 중요한 모순의 가운데 서 있다. 문제는 어떻게 지속적으로 균형점을 찾아나갈 수 있느냐 하는 데 있다.

중국 사회주의의 정치권력 공간은 중국 사회의 현실 생활 공간의 팽창에 대해 어느 정도의 두려움을 보이고 있다. 그러면서도 중국의 정치권력 공간은 13억 명의 인구를 가진 다민족 국민국가의 통합과 국민생활의 향상이라는 거대한 과제를 안고 있다. 앞에서 본 바와 같이 중국에서는 정치 공간과 경제 공간이 괴리를 보이는 가운데서도 하나의 체제로 유지해 나갈 시스템이 모색되고 있다. 이는 마치 타원의 초점이 두 개인 것과 마찬가지로, 권력유지 동기를 공유하면서도 그 수단인 경제발전이 사회주의 이데올로기와 어울리느냐 아니냐 하는 또 다른 초점을 둘러싼 정치적 긴장관계를 증폭시키고 있다. 하지만 이 두 공간은 모두 전체적인 균형을 유지하려 하고 있다. 이것이 바로 타원형 이중

9) 역자 주: 중국 외교의 원칙인 평화공존 5대원칙은 상호 주권 및 영토의 존중, 상호 불가침, 상호 내정불간섭, 평등한 이익추구, 평화공존을 가리킨다.

권력구조의 모순이 아닌가 생각된다. 그리고 정치 공간과 경제 공간 간의 모순은 바로 중국뿐 아니라 베트남, 라오스, 캄보디아 및 북한을 포함한 아시아의 현존 사회주의 국가가 직면하고 있는 문제이기도 하다.

다른 한편으로 중국 같은 다민족국가가 안고 있는 과제는 이미 국경을 전제로 하는 폐쇄적 틀로는 해결할 수 없게 되어 버렸다. 정치 공간의 개혁 과정도 이러한 현실과의 상호 침투성과 관련해서 전망되어야 할 것이다.

이러한 커다란 과제를 앞두고 일본에서 아시아와 중국 사회를 보는 시각은 다음 세 가지가 있을 것으로 생각된다. 첫째, 20세기 전반 아시아의 역사에서 일본이 어떤 역할을 수행했는가 하는 점을 정확히 인식할 필요가 있다. 둘째, 이점과 관련해서 아시아 국가들이 오늘날 국가주권을 강조하고 있는 점을 충분히 이해할 필요가 있다. 셋째, 아시아 사회의 정치 공간에서 발생되는 모순들과 그 해결방향은 사회 중간층을 형성해 가고 있는 아시아 민중의 시각에서 다시 이해할 필요가 있지 않을까 생각된다.

Chapter

5

중국 전통사상에서 개인과 국가

제1절 머리말

제2절 유가: 공자, 맹자, 순자

제3절 묵자와 묵가

제4절 법가(法家): 상앙, 이사, 신불해, 한비자

제5절 도가: 노자, 장자

제6절 전통사상에서 개인과 국가

제7절 전통사상의 한계

제8절 맺는 말

중국 전통사상에서 개인과 국가

제 1 절 머리말

중국 전통사상 가운데 개인과 국가가 어떻게 이해되고 있느냐 하는 의문에 대해 살펴보기 전에, 먼저 중국의 전통사상은 무엇이냐 하는 의문에 대해 생각해 보아야 할 것 같다. 긴 역사와 풍부한 기록문화를 자랑하는 중국 역사 속에는 다양한 사상가들이 명멸하였다. 많은 주요 사상가들은 주로 춘추전국시대에 출현하였다. 그중 어떤 사상가는 현실 정치 속에서 역할을 통해 이상을 구현할 기회를 얻기도 하였고, 어떤 사상가는 자신의 사상을 가르치고 전파하며 생을 마감하기도 하였으며, 현실과 인위적인 것으로부터의 자유를 외치기도 하였다. 중국의 전통사상을 말할 때 우리가 먼저 떠올리는 것은 유가, 법가, 묵가, 도가 등이다. 종교라고 한다면 불교, 도교 등을 들 수 있겠지만, 불교는 인도에서 전래되었다. 도교는 중국에서 형성되었으나 우리의 관심은 종교로서의 도교보다는 도가사상이 관심 대상이다. 이렇게 볼 때 중국의 전통사상 중 유가사상(공자, 맹자, 순자), 묵가사상(묵자), 법가사상(상앙, 이사, 신불해, 한비자), 도가사상(노자, 장자)이 우리의 관심 대상이 된다.

유가는 한(漢)나라 이후 정치이념의 자리에 올랐지만, 핵심 사상가인 공자나 맹자는 현실 정치에서 활동할 기회를 얻지 못하였다. 중국 여러 왕조에서 겉으로는 유가사상, 유가적 이상사회를 말하였지만, 현실 정치에서는 법가의 주장과 수단을 가장 널리 활용하였다는 의미에서 외유내법(外儒內法)이라고 평가하는 사람도 있다. 그럼에도 불구하고 현재까지 받아들여지고 연구되는 주요 전통사상들은, 그 정도의 차이는 있을지언정, 오랜 동안 중국인과 중국 사회를 포함한 동아시아 지역 전반에 직접 또는 간접적으로 많은 영향을 미쳐 왔다.

아편전쟁 이후 중국 사회가 대혼란에 빠졌을 당시 중국의 지식인들은 자주(自主)와 현대화를 위해 "전통을 어떻게 이해하고 처리할 것이냐?" 하는 이른바 '전통과 현대화 논쟁'의 소용돌이 속에 수십 년의 세월을 보냈다. 뿐만 아니라 건국 이후에도 정치 상황, 사회 상황에 따라 '전통'에 대한 이해와 해석을 둘러싼 논쟁이 다시 분출하곤 했다. 1949년 사회주의 사상, 이념, 혁명운동이 주류 자리를 획득하여 사회주의 국가가 건설되었으나 이후에도 전통을 둘러싼 논쟁은 끊이지 않았다. 대표적인 현대 지도자인 마오쩌둥은 전통을 부정하는 데 앞장섰고, 개혁개방의 설계사인 덩샤오핑은 전통을 부활시키고자 노력했다. 지금도 중국 공산당은 공자, 유가사상, 전통을 이용해 민족주의를 고양시키고자 노력하고 있다. 이처럼 중국에서 전통사상은 현재를 이해하고 미래를 설계하는 데 있어서도 매우 중요한 위상을 차지한다.

유가, 묵가, 법가, 도가 같은 중국의 전통사상은 철학, 윤리, 정치, 인간, 자연 등 매우 방대한 내용을 포괄한다. 따라서 전통사상을 연구하기 위해 살펴보아야 할 원전과 관련 자료들이 많고, 우리의 능력이 미치지 못한다. 여기에서는 연구 성과의 도움을 받아[1] "중국의 전통사상 속에서 '개인'과 '국가'가 어떻게 인식되고 있고, 시대에 따라 그것이 어떻게 이해되고 적용되었느냐?" 하는 데 초점을 맞추어 논의를 전개해 나가려 한다.

제 2 절 유가: 공자, 맹자, 순자

공자의 이름은 공구(孔丘: 기원전 551~기원전 479)로서, 춘추(春秋)시대 중기의 사상가이다.[2] 그가 활동하던 시기는 진(秦)이 통일하기 약 3세기 전 중국이 현재 영역의 일부를 차지하고 있을 때이다. 중국 역사에 따르면, 이 시기는 주로 주 왕조(周: 기원전 1122~기원전 249)가 통치하였으나 천자였던 주왕은 권위를 인정받았을 뿐 권력을 누리지는 못하였다. 고대 중국에서는 누구도 천자에게 종속되지 않은 국가가 존재한다는 생각을 하지 못하였다. 다시 말해서, 이 시기 중국인들은 '천자가 중심인 천하'(天下)라는 사고틀 속에 갇혀 있으면서, 정치적 현실은 소수의 기술자, 상인, 농부가 대부분인 작은 다수의 제후국들이 분권된 구조였다.

춘추시대(기원전 771~기원전 403)는 기원전 770년 주(周)나라 평왕이 낙읍(현재의 낙양)으로 천도하면서 시작된 혼란의 시대로서, 이 무렵 이전을 서주(西周),

1) 이 글은 구소련의 탁월한 중국학자 비탈리 루빈(V.A. Rubin)의 해석을 존중하면서 그에 따라 요약 · 재정리하는 가운데 필자가 논평을 하는 형식으로 구성되어 있다. 따라서 논지는 기본 루빈의 것이며, 일부 해설과 부연설명은 필자의 것이다. V. A. Rubin/임철규 옮김, 『중국에서의 개인과 국가』(서울: 현상과 인식,1980) 참조.

2) 춘추시대라는 명칭은 공자가 노(魯)나라를 중심으로 편찬한 역사서인 『춘추』에서 비롯되었고, 전국시대라는 명칭은 전한시대의 유향이 쓴 『전국책』에서 비롯되었다.

이후를 동주(東周)시대로 부른다. 동주는 춘추와 전국 두 시기로 나뉘는데, 전기를 춘추시대 후기를 전국시대라고 부른다. 춘추시대에는 상징적인 권위를 인정받던 천자 아래 수많은 도시국가들이 병존하는 형태의 정치권력 구조를 보였는데, 기원전 5~6세기경에는 씨족 조직도 큰 역할을 하였다. 혈연관계로 결속된 강력한 조직의 존재는, 씨족의 구조와 사회계급 사이의 유기적인 연관관계와 함께 가정과 국가가 동일하다는 가국일체(家國一體) 관념을 강화시켜 주는 역할을 하였다.

춘추 전기에 주 왕실이 쇠약해지자 제(齊)나라 환공과 진(晉)나라 문공이 경쟁적으로 여러 민족과 남방의 초나라를 정복함으로써 잠시 평화가 유지되었다. 하지만 춘추 중기를 지나면서 진(晉)과 진(秦), 진(秦)과 초(楚) 간의 싸움이 시작되었는데, 나중에 진(晉)에서 반란이 일어나 한 · 위 · 조 삼국이 분열하여 주 왕실의 인정을 받음으로써, 제(齊) 환공, 진(晉) 문공, 초(楚) 장왕, 오(吳) 합려, 월(越) 구천이 번갈아가며 패권을 장악하였다. 춘추 5패(春秋五覇)라고 불리는 이들은 왕실의 권위[명분]를 빌려서 패권을 행사했다. 패자(覇者)는 제후들이 함께 모여 추대하였고, 이때 내세운 명분은 주나라 왕실을 받들고 오랑캐를 물리친다(尊王攘夷)는 데 두었지만, 이는 명분에 불과했고 패자가 실질적으로 권력을 행사하였다.

전국시대 초 약 140여 개의 소규모 국가에서는 사람들이 서로를 대체로 잘 알고 있었고 통치자와 백성의 관계는 매우 사적인 성격을 띠고 있었다. 나라를 가리키는 국가(國家)라는 용어 속에 반영되어 있듯이 당시의 국가는 하나의 대가족이라는 의미가 강하였다. 평상시에는 군주와 귀족들이 세력을 나누었지만, 위기에 처했을 때는 백성들이 무장해서 싸웠고, 통치자들도 백성들의 동의 없이는 쉽게 행동하지 못하였다. 따라서 통치자의 운명도 백성들의 손에 달려 있다는 점을 깨달은 사람들은 백성에게 관심을 기울여야 한다고 충고하기도 했다. 이러한 사고방식은 공자의 "백성의 믿음이 없으면 나라가 설 수 없다"(無信不立)라는 말에도 잘 반영되어 있다.

당시에 수많은 도시국가의 군주들이 패권을 타투고 있었기 때문에 야심이 있는 통치자들(군주)은 부국강병에 도움이 될 인재들을 경쟁적으로 채용하였다. 이때 공자는 철학사상이 꽃피던 시대를 열었다. 그의 가르침은 뒤를 잇는 사상가들을 위한 출발점이었는데, 그들 중에 어떤 사상가는 그의 사상을 발전시킨 반면, 어떤 사상가들은 그의 사상을 비판하였다. 이 시기에 출현한 사상가들은 대부분 혼란과 전란 속에서 어떻게 사는 것이 좋을지, 국가를 어떻게 운영해야 하는지 등에 대한 생각들을 야심가들에게 설득하거나 제자들에게 가르쳤다.

공자는 본래 순수한 사상가는 아니었고 현실 속에서 이상적인 군주를 만나 꿈을 펼치고자 하였다. 그는 그의 생각을 받아들이고 실행할 군주를 찾아 13년간 여러 나라를 돌아다녔으나 출세가 쉽지 않다는 점을 깨닫고 연구와 가르침으로 일생을 보냈다. 그는 옛것을 연구하고 가르치는 데 관심을 기울인 최초의 인물로 평가받는다. 공자는 오는 사람이면 빈부귀천을 가리지 않고 가르침을 베풀었는데, 이러한 태도는 신분으로 사람을 구분 짓던 시대에 매우 파격적인 태도였다.

공자가 죽은 뒤 약 70~80년 동안 그의 제자들이 그의 철학, 문학, 정치학, 도덕 등 다양한 주제들에 관한 말을 모아 정리한 것이 『논어』이다. 그러나 이 책에는 어떤 사상체계도 정교하게 다듬어져 있지는 않다. 공자의 말과 제자들의 말이 뒤섞어 있고, 대개는 반복되는 문제에 대한 다양한 대답들이 제시되어 있기 때문에, 이후 사상가나 지식인들은 원전을 이해하고 해석하고 체계화하는 데 많은 노력을 기울였다.

『논어』의 가장 두드러진 특징 중의 하나는 공자가 상정한 과거 이상적인 시대의 전통문화를 매우 높게 평가하고 있다는 점이다. 공자는 전통을 정리해서 배우고 현재에 되살리려 했을 뿐 무엇인가를 임의로 새롭게 만들어 붙이려 하지 않았다(述而不作). 공자에게 전통은 예(禮)의 개념 안에서 구현되었는데, 예는 인간관계의 규범으로서 의식, 예절, 의례 등으로 이해할 수 있다. 중국의 전통에서 예와 악(樂)은 문(文, 文化)을 형성한다. 고대 한자에서 문이라는 글자는 몸에 문신이 있는 사람을 의미했는데, 주나라의 기록에서는 그것이 선, 그림, 장식의 의미를 갖는다. 공자는 문의 개념을 주 왕조의 창시자인 문왕(文王)에게서 찾고자 했는데, 이점에서 그는 복고주의자이자 전통주의자였다. 이처럼 한 글자와 어떤 특별한 인물을 동일시하는 사고방식은 고대 중국어의 구조에서 유래한 고대 사상의 특징 중 하나이다. 다른 언어와 달리 고대 중국어에는 시간의 분류인 시제가 없었다. 따라서 시제를 표현하기 위해서는 구체적인 이름과 사건을 언급해야 했는데, 이리한 언어학적 구조에서 과거와 현재와 미래 사이의 차이는 없어진다. 이러한 습관은 과거의 인물들을 영원히 존재하는 것으로 인식하도록 할 뿐 아니라 역사적 전례 참조를 중시하는 습관을 만들어 내기도 했다.

공자는 인간을 독립된 개인으로서가 아니라 관계 속의 개인, 즉 서로간의 관계 속에서 의미를 갖는 관계인(關係人)으로 보고, 상하, 남녀, 신분에 따른 관계규범인 예(禮)를 중시하였다. 따라서 공자에 따르면 바른 관계를 정립하려면 학습과 교육을 통해 예를 함양해야 하기 때문에, 전통문화와 교육이 중요하다. 또한 공자는 국가를 가정의 확장으로 이해하였다. 그에 따르면 국가는 가정의 확장 형태로서, 가정의 출발점에 있는 개인은 가족, 사회, 국가로 이어지는 관계 속에서만 의미를 부여받게 된다. 그리고 공자는 국가를 통치하는 리더는 가정의 우두머리인 가장처럼 인(仁)과 덕(德)으로 무장한 도덕실천자이어야 한다고 보았으며, 이러한 사상의 줄기는 맹자뿐 아니라 이후 유가 사상가에게 계승되었다.

공자는 객관적인 사회규범이나 법(法)보다 도덕적으로 선한 통치자에 대한 강한 믿음을 가지고 있었다. 그는 "사회규범이냐 선한 통치냐"의 논란에서 후자의 손을 들어준 셈이다. 그리고 국가는 하나의 대가족이라는 생각은 사회실서에 있어서 가장 중요한 문제들, 특히 법에 대한 공자의 견해를 규정하였다. 공자는 법이 사회를 개선하는 데 그다지 중요하지 않다고 믿었다. 그에게 중요한 것은 통치자 스스로가 모범을 보임으로써 백성을 가르치고, 덕과 예로 백성을 이끌 수 있느냐 없느냐였다. 공자는 『논어』에서 통치의 필요조건이 윗사람과 아랫사람을 구별하는 데 있다고 주장하지는 않았다. 그가 법을 높이 평가하지 않고 법의 성문화(成文化)에 대해 반대한 이유는 통치자의 높은 도덕성이 선한 정치를 위해 필요하고 충분하다고 보았기 때문이다. 공자의 사상에서 통치자는 분명한 이미지로 나타나지만 국가의 형상은 불분명하다. 그는 도덕적·

문화적 가치들을 법과 대조시킴으로써 중국 역사에 큰 영향을 미쳤으나, 당시의 군주들은 문화와 도덕이 아니라 법과 힘을 선호하였다.

그는 역사 속에서 덕(德)과 인(仁)으로 다스린 가장 이상적인 국가였다고 믿는 요순(堯舜) 시대를 모범으로 상정하고, 그 시대의 전통을 되살리고 배워야 한다고 보았다. 다시 말해서, 공자는 교육을 통해 옛 도덕, 예, 문화를 알고 배우고(知), 도덕을 함양함으로써 이상사회를 회복할 수 있다고 믿었다. 따라서 공자 사상에서 개인이 의미를 찾는다면, 옛것을 배우고 자신을 닦아(修身) 도덕적인 사람으로 변하고, 나아가 가정과 국가를 이상적인 모습으로 만드는 데 기여하는 인간 정도에서 찾을 수 있다.

공자는 본질적으로 현세주의자로서 현실 정치를 통해 이상사회를 건설하는 데 관심이 있었을 뿐 내세의 보상이나 징벌 또는 신에게 비는 일에는 관심이 없었다. 그는 덕이 있는 자들을 위한 내세적인 보상도 말하지 않았고 악한 이들을 사후 고통개념을 통해 겁주지도 않았다. 그는 철저한 인본주의자로서 현세의 삶도 모르기 때문에 사후(死後) 세계나 신, 귀신은 말하지 않으려 했다.

또한 『논어』에서 발견되는 흥미로운 점은 순종과 복종에 대해서만 가르치지 않고 불복종에 대해서도 말하고 있다는 사실이다. 공자는 군주를 어떻게 섬길 것인지를 묻는 질문에 대해 "속이지 말고, 임금에게 허물이 있으면 서슴지 말고 간언(諫言)하라"고 말하였다. 공자는 진정한 사람은 출생에 의해 좌우되지 않고 도덕적 성품과 문에 의해 좌우된다고 보았으며, 이 경지는 원칙적으로 모든 사람들이 도달할 수 있다고 보았다는 점에서 매우 진보적이었다. 그는 도덕적인 인간[君子]으로의 변화에 대해 매우 낙관적인 생각을 가지고 있었다. 공자의 수많은 말을 통해 우리는 군자가 함축하고 있는 인격에 대해 이해할 수 있다. 공자는 "군자는 의(義)를 생각하고 소인은 이(利)를 생각한다"고 하였다. 공자에 따르면 군자의 가장 중요한 덕목은 인간다운 자질인 인(仁)이며, 인은 배움을 통해 함양될 수 있는 성질의 것이다.

공자의 가르침을 잘 계승한 사람은 맹자(孟子)이다. 맹자의 이름은 맹가(孟軻: 기원전 372~기원전 289)로서 춘추시대보다 더 혼란스러운 전국시대(기원전 403~기원전 221)의 사상가이다. 맹자의 활동 시기는 공자가 활동하던 시대와 약 150년의 격차가 있다. 전국시대는 공자가 살던 시대보다 더 치열한 싸움이 난무하던 시대로서, 공자가 꿈꾸던 세상은 더 요원해 보였다. 춘추시대의 명분 경쟁은 의미를 잃고 바야흐로 세력중심의 현실주의적 책략들이 유행하면서, 주 왕실과 천자는 이름뿐이고 제후들의 피비린내 나는 경쟁은 멈추지 않았다. 전국시대 패권을 다투던 주요 제후국들은 진(秦), 연(燕), 초(楚), 한(韓), 위(魏), 조(趙), 제(齊) 7개 나라로 압축되었는데, 이를 전국칠웅(戰國七雄)이라고 부른다.

공자가 주로 짧은 경구를 통해 생각을 설파하고 가르친 것에 비해, 맹자는 논리와 변론으로 군주들을 설득하고자 했다. 맹자는 뒤에 서술할 법가의 전체주의적 국가 운영에 대응해서 인(仁)과 의(義)로 통치할 것을 주장하였다. 그는 사람의 본성은 선하기 때문에 이익을 다투는 세상 속에서 흐려진 부분을 닦아 본래의 선한 상태로 돌아가야 한다고 가르쳤다.

공자는 전통과 문화를 절대화하고 과거의 이상적인 사회를 재현하는 데 심혈을 기울였다는 점에서 전통주의자였다. 공자가 통치자(군주)와 국가를 하나로 보았는지는 불확실하며, 다만 가정의 인자한 가장처럼 도덕적인 통치자를 고대했을 뿐이다. 하지만 맹자 시대에 와서 이점은 약간 달라진다. 맹자는 인과 의에 따르지 않는 바르지 못한 군주는 바꿀 수 있다고 봄으로써 그릇된 군주에 대한 도전의 길을 열어 놓았다.

유가의 막내는 순자(荀子)이다. 순자의 이름은 순황(荀況: 기원전 298~기원전 238)으로서 맹자의 바로 다음 세대에 속한다. 순자는 공자와 맹자의 가르침 중에서 현실 정치와 거리가 있었던 부분을 집중적으로 궁리하고 가르쳐 유가의 막내이면서 법가를 위한 길을 닦았다는 평가를 받는다. 그는 엄격한 사회계급 제도의 필요성을 강조하고, 인간은 본질적으로 악하며, 스승에게 복종함으로써 나쁜 성격이 바뀔 수 있다고 주장하였다. 공자와 맹자가 요순시대의 이상을 구현하고자 한 이상주의자였다고 한다면, 순자는 현실을 직시한 현실주의자였으며, 인과 의뿐 아니라 사회규범의 중요성도 설파하였다.

순자는 한 나라를 운영하는 데 있어서 덕(德), 힘(力), 부(富) 3요소의 중요성을 강조하였다. 덕은 천하를 얻는 길이며 힘은 무력, 부는 경제를 의미한다. 그에 따르면 강한 나라를 만들기 위해서 세 요소가 다 필요하지만 덕만이 천하를 얻을 수 있다고 하였다. 이점에서 순자는 공자와 맹자의 계승자이다. 하지만 맹자가 인간의 본성이 선하다고 본 것과 달리 순자는 인간의 본성은 악하기 때문에 '사회규범'을 통한 통제가 필요하다고 본 점에서는 다르다. 이러한 이유 때문에 그는 성선설에 입각한 유가의 인본주의와 성악설에 근기한 법가의 법치주의의 중간지점에 위치한다는 평가를 받는다. 순자는 갈수록 혼란스러워져 가는 세상을 보고 인과 의보다 사회규범이 중요하다는 점을 강조한 것이다.

공자는 유가가 왕조의 통치이념이 되기 약 350년 전에 죽었다. 기원전 3세기 말 중국이 진시황(秦始皇)에 의해 최초로 통일되었을 때, 공자의 추종자들은 잔인한 박해를 받았다. 진시황은 고대 문학과 철학 연구를 금지하였고, 농사와 의술, 점술에 대한 기술 서적을 제외하고는 개인이 소유한 책들을 모두 불태우라고 하였다. 그러나 보편적인 가치들을 마비시키고 단일체제의 기초 위에 제국을 세우려는 진시황의 시도는 실패하였다.

진의 뒤를 이은 왕조인 한나라(漢: 기원전 206~기원후 200년)의 황제들은 조상의 과오로부터 교훈을 얻어 유가와 싸우기보다 유가를 받아들이는 길을 선택하였다. 한 무제(기원전 140~기원전 87)는 유가를 국가이념으로 삼았는데, 이 기본 틀은 1911년 신해혁명까지 유지되었다. 그러나 중국 제국의 통치 교리로서의 유가는 공자의 가르침과 달랐다. 유가의 윤리적 태도에 도가로부터 끌어온 우주론적 관심과 몇 가지 자연주의적인 가르침이 첨가됨으로써 유가사상은 정치화, 종교화, 관념화되어 갔다. 특히 황제, 곧 하늘과 땅과 인간의 우주론적 삼위일체의 중심에 있던 천자는 종교적인 후광을 얻었고, 유가경전에 대한 지식은 군주에 봉사하는 현실 학문으로 변질되었다. 공자와 맹자가 백성들이 나라의 가장 중요한 요소라고 보았음에도 불구하고, 정치화된 유교에서는 사실상 통치자가 나라의 중심으로 간주되었다. 과거제도는 문화의 통일과 국가 통합을 촉진시켰는데, 이는 정치에 참여하기를 바라는 모든 사람이 똑같은 교육 과정을 통과해야만 했기 때문이다. 과거 시험에서 유가경전이 핵심 과목이 되면서 변질된 유가사상과 가르침은 관료에게까지 파고들었다.

유가사상과 가르침은 공자에서 맹자로, 맹자에서 순자로 이어졌다. 하지만 이들의 인간 개인에 대한 생각, 국가나 통치자에 대한 생각은 약간의 강조점의 차이는 있을지언정 큰 변화 없이 이어졌다. 유가사상은 본질적으로 도덕주의에 기반하고 있으며, 국가주의적 색채는 없다. 그런데 초기 유가와 법가들 사이의 논쟁은 고대 중국 사회에서 전개된 이념적 투쟁의 중요한 면을 보여 준다. 전제주의와 전제군주(專制君主)에 대항해서 반론의 날을 세운 초기 유가와 달리 이후 유가들은 점차 전제주의의 이념에 적응해 갔으며, 이러한 관념은 법가에서 고조되었다.

제3절 묵자와 묵가

묵가의 대표는 묵자(墨子)이고 이름은 묵적(墨翟: 기원전 479~기원전 381?)이다. 묵자는 공자 말기, 즉 춘추시대 말에 태어나 활동한 사상가이자 실천가였다. 공자와 묵자 사이의 수십 년 동안은 제후국 간의 전쟁으로 사회가 혼란스럽던 시기이다. 이 시기 중국은 경제, 정치 구조, 이념에서 혁명적인 변화를 겪었다. 관개(灌漑)방식의 진보, 농업, 수공업, 광업 등에서 철기 사용의 증가로 인해 경제가 활성화되고 무역이 발달하였다. 이전에는 알려지지 않았던 일정한 크기의 도시들이 문화생활의 중심으로 부상하고 있었다. 묵자는 공자학파에서 교육을 받았다고 하는데, 기본 사상은 유가의 도덕주의와 국가주의 사이의 갈림길에서 있다는 평가를 받는다. 사마천은 『사기』(史記)에서 공자에 대해서 상당한 양을 할애한 반면, 묵자의 전기는 24자를 기록했을 뿐이다. 묵자와 그의 가르침에 대한 기록은 많지 않고 다만 짧은 기록 형태로 남아 있다. 『사기』에 의하면 그는, 특히 방어전술과 경제 문제에서 탁월했다고 하는데, 통치자들에게 침략전쟁을 포기하고 널리 사랑하라고(兼愛) 설득하며 돌아다녔다. 실천가이기도 했던 묵자는 엄격하게 훈련된 조직의 지도자이기도 하였는데, 이 조직은 공격받을 위험이 있는 약한 나라들을 돕는 일을 했다고 전해진다. 그의 추종자들은 무술을 연마하고 군사 문제를 연구했는데, 지도자의 말을 법으로 여겼고, 지도자가 죽기 전에 후계자를 선정했다고 한다. 묵자가 죽은 뒤 이 조직은 세 분파로 분화하였으나 지속적으로 발전하지 못하고 사실상 소멸하였다.

『묵자』의 구조와 문체는 논어와 매우 다르다. 논어가 대화 형식인 데 비해 묵자는 몇 편을 제외하고는 독백으로 되어 있고, 각 편은 특별한 주제에 관한 말의 모음 형식으로 되어 있다. 『묵자』에서 중요한 부분은 경편(經篇), 겸애편(兼愛編), 절용편(節用編), 절장편(節葬編), 비악편(非樂編), 비명편(非命編), 비유편(非儒編)인데, 이중 많이 알려진 부분은 폭넓은 사랑을 말한 겸애편과 절약을 말한 절용편이다. 논이가 격언 투의 언어인 데 비해서 묵자의 언어는 무미건조하며 지루하고 반복적이다.

묵자 사상의 핵심은 '최대 다수의 기본적인 욕구 충족', 전제군주, 절제와 노동 강조에서 찾을 수 있다. 그는 국가는 백성들의 기본적인 욕구를 충족시키는 문제를 해결해야 하는데, 이를 위해 국가와 통치자의 역할이 중요하다고 보았다. 유가사상을 학습한 묵자는 유가의 구분 의식으로부터 상하, 빈부, 귀천, 국가를 뛰어넘는 겸애를 역설하였다는 점에서 매우 독특한 사상적 분화를 보였다. 그는 검소하고 수도사적인 인간을 요구하였는데, 이를 위해서 문(文)은 별로 유용하지 않다고 본 점에서 공자와 달랐다. 공자와 달리 현실주의자인 듯하면서도, 도덕적 인간이 아니라 이타주의적 인간을 강조했다는 점에서 묵자의 또 다른 이상주의적인 면모가 보인다. 하지만 최대 다수의 기본 욕구 충족에 초점을 맞춘 묵자는 유가와 달리 이상적인 사회로 가기 위해 과격한 수단을 옹호하기도 했다. 그는 삶과 노동은 같은 뜻으로서 노동이 중요하기 때문에, 예술과 문처럼 쓸모 없는 것을 없애야 한다고 하였다. 뿐만 아니라 그는 사치스러운 것, 음악을 포함한 즐거움을 더해 주는 것을 없애야 한다는 급진적인 주장을 하기도 했다.

묵자의 사상은 흔히 서양의 공리주의(功利主義, Utilitarianism)와 함께 이야기된다. 제레미 벤담(Jeremy Bentham)[3]에서 시작되어 존 스튜어트 밀(J. S. Mill)[4]로 계승된 공리주의는 인간의 행동은 그 효용에 따라 평가되어야 하며, 행동의 목표는 '최대 다수의 최대 행복'이어야 한다고 주장하였다. 묵자의 사고방식이 공리주의와 일맥 상통하는 점이 있다는 사실이 흥미롭다. 하지만 묵자는 인간의 행동과 가치를 판단하는 척도는 '최대 행복'이 아니라 '기본적인 욕구 충족'이어야 하며, 이 과정에서 국가와 통치자의 역할이 중요하다고 본 점에서 공리주의와 이해의 각도가 다르다.

묵자는 겸애를 실천하는 방법으로 다음 몇 가지를 제시하였다. 먼저 모든

---

3) 벤담(1748~1832)은 영국의 철학자 · 법학자로서 인간의 행동은 그 효용에 의해 평가되어야 하며, 인생의 목적은 최대 다수의 최대 행복의 실현에 있다고 주장하였다. 대표 저서는『도덕과 입법의 원리 서설』등이 있다. Jeremy Bentham/고정식 옮김,『도덕과 입법의 원리 서설』(나남, 2011) 참조.

4) 존 스튜어트 밀(1806~1873)은 영국의 철학자이자 정치경제학자로서, 논리학, 윤리학, 정치학, 사회평론 등에 걸쳐서 방대한 저술을 남겼다. 경험주의 인식론과 공리주의 윤리학, 그리고 자유주의적 정치경제 사상을 바탕으로 현실 정치에도 적극적으로 참여해서 하원의원을 지내기도 했다. 그의 공리주의는 스승이던 벤담으로부터 물려받은 것이지만, 여기에 생시몽주의와 낭만주의를 가미해서 나름의 체계로 발전시켰다.『논리학체계』,『정치경제학원리』,『자유론』등 전 33권으로 이루어진 전집을 남겼다. John Stuart Mill/박동천 옮김,『정치경제학원리』(*Principles of political economy: with some of their applications to social philosophy*)(나남, 2010) 참조.

사람들에게 이타주의가 자기에게 이롭다는 점을 설득해야 하고, 다음으로 통치자들에게 겸애의 이익을 설득해야 하며, 세 번째로 통치수단으로서 보상과 형벌이 필요하며, 끝으로 통치자의 잘못에 대해서 간언해야 한다. 그가 잘못된 통치자에 대해 간언해야 한다고 말한 점에서는 공자와 상통하지만 맹자처럼 저항권을 말하지는 않았고, 통치수단으로 보상과 형벌이 중요하다고 본 점에서 유가와 갈리고 법가와 통한다. 그리고 이타주의가 개인에게 이롭다는 점을 설득해야 한다는 사고방식은 동감(sympathy)과 이타심(altruism)의 중요성을 설파한 애덤 스미스(A. Smith)의 『도덕감정론』(*The Theory of Moral Sentiment*)[5]의 논리와 통하는 측면이 있다.

공자는 사리사욕에서 자유로운 인(仁)과 덕(德)으로 무장한 인간을 이상형으로 보고, 교육을 통해 이상적인 인간을 양성하고자 하였으며, 교육의 내용은 이상적이라고 믿는 과거 시대의 문화와 학문으로 보았다. 이와 달리 묵자는 타인을 이타적으로 대하는 것이 자신에게 이로움을 설득하는 일이 중요한데, 이 역할은 절대군주가 해야 한다고 보았다. 공자는 이상사회 건설에서 인간에 대한 믿음이 강했던 반면, 묵자는 군주 또는 국가의 역할을 신뢰하였다. 묵자는 백성들이 현명한 인물을 통치자와 관료로 뽑아야 한다고 말함으로써 유가와 유사하면서도 다른 견해를 나타내기도 한다. 유가가 인으로 무장한 통치자를 갈구했다고 한다면, 묵자는 지극히 이타적인 인간과 이를 설득하고 구현할 통치자의 역할을 기대하였다. 하지만 공자는 사상가이자 교육자에 멈춘 반면, 묵자는 그의 이상을 실현하기 위해 행동한 실천가였다.

5) A. Smith/김광수 옮김, 『도덕감정론』(한길사, 2016).

언뜻 보기에 묵자의 생각과 태도가 공자와 크게 갈리는 것 같지만 꼭 그렇지만은 않다. 공자와 마찬가지로 묵자도 정치적 활동에 의미를 두는 정치성향을 보이며, 통치자는 백성의 운명을 개선하는 데 관심을 기울여야 한다고 생각하였다. 그러나 이러한 전제로부터 무엇이 유도되어야 하는가에 대한 관점은 달랐다. 묵자는 이타주의 교육의 필요성과 이에 대한 통치자 또는 국가의 역할 강조, 최대 다수의 기본적 욕구 충족이라는 객관적이고 엄격한 기준을 강조한다. 이에 비해서 공자를 포함한 유가는 교육을 통한 개인의 수양과 혈연을 포함한 관계를 매우 중요하게 여겼다.

묵자의 '겸애'로 요약되는 주관적 관계를 초월한 문제해결 방식에 대해서 유가는 매우 비판적이었다. 묵자는 "세상에서 모든 큰 해를 끼치는 것은 바로 이렇게 서로를 분별(別)하는 것이다. 그러므로 분별이 없어져야 하며 ……그것은 서로를 사랑함(兼愛)으로 대신해야 한다"고 말하였다. 널리 사랑해야 한다는 묵자의 주장은, 구분을 중시하는 유가들에 의해 흔히 "부모도 임금도 모르는(無父無君) 사상"으로 비판되기도 했는데, 맹자는 묵자가 "겸애를 가르침으로써 가정을 거부했다"고 비꼬았다. 묵자 사상의 이러한 특징 때문에 일부 중국의 학자들 중에는 묵자를 사회주의의 선구라고 여기기도 한다.

국가주의적 입장을 취한 묵자에게 이상적인 '개인'은 이타주의로 무장한 개인이며, 국가는 감정이 억제된 개인에게 이타주의를 교육하고 그들에게 기본적 욕구를 만족시키기 위한 조직이다. 이렇게 볼 때 묵자의 생각속에서 겸애를 가르치고 성취하는 일은 통치자에게 달려 있다. 묵자는 "세상이 마치 금수들이 사는 것처럼 혼란스러운 이유는 통치자와 지도자가 없기 때문이며, 여기에서 탈출하려면 백성이 현명하고 통치자를 천자로 뽑고 또 현명한 인물들을 선발해야 하며, 윗사람의 허물이 있으면 간언해야 한다고 말했다." 이러한 생각은 유가적 사고방식을 계승하고 있는 것이기도 하지만, 다른 한편으로는 전체주의적 국가와 감정이 절제된 이타주의로 무장한 개인을 상정한 그의 사상의 출발점과 모순되기도 한다. 이는 아마 유가에서 교육을 받은 사람으로서 유가를 완전히 떠나지 못하는 한계로 보인다. 그러면서도 그는 통치수단으로 형벌과 보상을 주장한 점에서 일부 법가와 손이 닿아 있기도 하다.

묵자는 관계 속의 인간이나 혈연 속의 개인이 아니라 '인간' 자체에 특별한 관심을 갖기는 하였다. 그러나 묵자는 전체주의 국가와 전제군주를 선호한 데서 보듯이, 이타주의로 철저하게 교육되고 절제된 인간, 기본적 욕구가 충족된 채 열심히 노동하며 그 이상의 어떤 욕구도 허용되지 않는 국가를 제안하는 등 극단적인 수단을 말하였다. 그는 바로 전체주의 국가의 부속품으로서의 개인을 그리고 있는 것이다. 공자는 이상사회 건설이라는 목적에 집중한 반면, 묵자는 이상사회 건설을 위한 수단에 더 집중하였다고 볼 수 있다.

이상에서 설명했듯이 독특한 사상의 소유자였던 묵자의 어록인 『묵자』에는 모순된 내용이 혼합되어 있어서 통일성이 부족하다. 그는 자신이 꿈꾸는 세상의 기반에 국가를 두고, 국가로 하여금 최대의 효율성을 보장하게 하고자 했다. 이러한 생각은 결과적으로 '상과 벌'이라는 수단에 의해 교육되고 통치되고 통제되는 섬뜩한 세계를 그리게 만들었다. 여기에서 그의 사상은 당초 출발점에서 상정한 이타주의로 무장한 개인의 집합인 평등하고 아름다운 세계라는 구도가 갑자기 전체주의적인 구도로 바뀌어 버리게 된다. 이처럼 주장의 통일성 부족, 일관되지 못한 내용, 극단적인 수단 제시 때문인지 그의 사상은 학문적으로나 실천적으로 계승되지 못하였다.

제 4 절 법가(法家): 상앙, 이사, 신불해, 한비자

법가는 부국강병을 원한다면 전제군주가 법규범을 통해 철저하게 통치해야 한다고 주장하였다. 법가는 유가의 사상 기초와 달리 중국 고대 사상 중 최초로 공공질서, 법규범의 중요성을 강조했다는 점에서 중요한 의미를 가진다. 법가의 주요 사상가로서 상앙, 이사, 신불해, 한비자 등이 거론되지만 창시자는 명확하지 않다. 부국강병을 위한 다양한 사상과 방책들이 상호 경쟁하는 가운데서 법가들은 치밀한 법과 엄격한 법집행을 강조하였을 뿐 아니라 이를 현실 속에서 구현한 행동가들이었다. 여기에서는 상앙, 한비자를 중심으로 살펴본다.

상앙(商鞅: 기원전 390~기원전 338)의 이름은 공손앙(公孫鞅)으로서 기원전 4세기 격동하는 전국시대에 살았는데, 이 무렵 여러 나라들은 끊임없이 패권을 다투었다. 상앙은 진(秦)나라의 유학자이자 법가를 대표하는 중요한 정치가였다. 그는 상(商)나라를 분봉 받았기 때문에 상앙으로 불리며 본래의 성(姓)은 희(姬), 씨(氏)는 공손(公孫), 이름은 앙(鞅)이다. 또 다른 별칭으로 위(衛)나라 공족(公族) 출신이어서 위앙(衛鞅)이라 불리기도 하였다. 상앙은 주나라 왕족과 위나라 공족의 후예였다고 하는데, 생전에는 유학자를 자칭하였다. 유가나 묵가와 달리 그의 사상과 주장들은 진 효공에 의해 채용되었고, 높은 관직에 등용되기도 하였다. 상앙의 사상은 『상군서』(商君書) 29편으로 전해지고 있는데, 그는 병법에도 밝아 병서인 『공손앙』(公孫鞅) 27편을 짓기도 했으며, 『상군서』에서는 묵가의 흔적이 발견된다.

기원전 361년, 위나라 재상 공숙좌(公叔座)가 상앙을 위 혜왕(惠王)에게 추천했으나 혜왕은 그의 비범함을 알아보지 못하였다. 이에 상앙은 진나라 효공(孝公: 기원전 361~기원전 338)이 널리 인재를 초빙한다는 소식을 듣고 진나라로 갔다. 상앙이 처음부터 효공에게 발탁된 것은 아니었으나 곧 개혁[變法]의 핵심으로 떠올랐다. 그는 나름대로의 부국강병을 위한 술책으로 진 효공을 설득하는 데 성공하여 총리 격인 대량조(大良造) 자리에 올라 정치 개혁의 총설계자가 되었다.

당시 제후국들의 피비린내 나는 전쟁이 계속되는 가운데 백성들은 생업보다 전쟁에 동원되고 무거운 세금을 부담해야 했다. 전쟁과 혼란의 시대에 전통문화를 존중하고 배우며 도덕적 규범에 충실하자는 주장은 먹혀들기 어려웠고, 생존을 위한 투쟁 현장에서 전투의지를 약화시킬 뿐이었다. 이때 강력하고 효율적인 군대를 세우려는 군주들은 중앙집권화를 꾀하고 모든 유용한 수단을 자신의 손아귀에 넣고 싶어하였다. 상앙의 변법은 바로 이러한 시대적 요구에 맞았다. 군주국들은 경쟁적으로 정치의 중앙집권화, 통치자의 권력 강화, 자원의 확대와 중앙으로의 집중에만 관심이 있었다. 상앙은 모든 사람들이 알 수 있도록 법령을 널리 선포해야 한다고 말하면서도, 그 법령에 대해 어떤 의견을 내는 것도 엄격하게 금지시켰으며, 법이 모두에게 똑같이 적용되어야 한다고 하였으나, 군주는 예외로 생각하였다.

상앙은 두 차례의 변법(變法)을 성공시켜 약소국 진나라를 강대국으로 만들었다. 상앙이 추진했던 변법의 목적은 법규범에 기초한 부국강병이었다. 그가 실행했거나 실행하고자 했던 주요 변법 중 하나인 오가작통법(五家作統法)은 다섯 집을 한 단위로 묶고, 이를 단위로 납세와 징병을 부과하는 제도였다. 다음은 상업의 억제이다. 상앙은 강력한 중농주의자였으며, 상업을 악업(惡業)으로 보았고 백성을 농업에 전념시키기 위해 상업을 강력히 탄압하였다. 세 번째는 노예제 폐지이다. 그는 노예제를 폐지하고 노예를 해방시킴으로써 지주의 힘을 약화시킴과 동시에 양인을 늘려 재정을 확충하고자 하였다. 네 번째는 군공수작제(軍功授爵制)이다. 이는 누구든 전쟁이나 기타 방법으로 국가를 위해서 공을 세우면, 그에 마땅한 작위를 내리도록 한 제도이다. 끝으로 악습 및 구습 타파이다. 그는 진나라에 내려오는 악습이나 오랜 전통을 타파함으로써 백성들의 의식을 새롭게 하고자 하였다.

상앙은 통치의 가장 중요한 수단은 법(法)이며, 백성은 엄격한 법률로 이끌고 형벌로 복종시켜야 한다고 주장하였다. 공자는 법을 공포하는 것을 반대했는데, 그 이유는 그렇게 하면 백성들이 형벌은 면하게 되지만 수치심은 잃게 된다고 생각하였기 때문이다. 상앙의 생각은 전혀 달랐다. 공자의 도덕적인 접근법은 형벌을 통치의 기본 방법으로 여긴 묵자에게 이질적이었으며, 상앙에게는 더욱더 받아들일 수 없는 것이었다. 법가는 통치의 수단으로서 보상과 형벌을 중시하였고, 여기에 '법'(法)이라는 이름을 부여했다는 점에서 묵가의 계승자들이었다. 법가들은 묵자의 국가개념을 발전시키면서 기술적인 영역에서 더 구체적이고 엄격한 수단들을 고안해 냈다. 이러한 의미에서 법가의 법은 분명히 전제 군주를 돕기 위한 것이지 그를 제한하거나 백성을 위한 것은 아니다.

또 상앙에게서 흥미로운 점은 국가를 하나로 통일하는 중요한 방법으로 황무지 개간을 제안한 사실이다. 그는 백성들이 이리저리 돌아다니는 상업을 좋아하지 않았으며, 한 곳에서 농업 생산에 종사하도록 만들어야 한다고 생각하였다. 상앙은 백성을 한 곳에 머물며 농사에 집중하게 하고 또 어리석게 만들어야 통합이 가능하다고 보았다. 본질적으로 패자와 패권 외에 관심이 없는 반도덕 · 반문화주의자들인 법가들은 어리석고 자율성도 없는 백성이 통치자의 목적달성을 위해 유용하다고 본 것이다. 상앙은 "백성들이 무식하고 마을의 경계 밖에 무엇이 있는지를 모른다면 땅을 경작할 수밖에 없기 때문에, 우둔하고 무식한 인구가 힘의 원천"이라고 보고, "백성이 통치를 앞서면 나라는 약해지고 통치가 백성을 앞서면 국력은 강해진다"고까지 말하였다. 유가가 강조한 문(文), 문화, 전통, 도덕 등을 묵가는 쓸모 없는 것이라고 보았는데, 법가는 쓸모 없을 뿐 아니라 해롭다고 보았다.

상앙의 사상적 특징은 그가 국가, 군주가 백성들에게 봉사하기 위해 존재한다는 생각을 거부하였다는 점, 국가를 필요로 하는 것은 백성이 아니라 통치자라고 보았다는 점, 국가와 백성 사이의 관계를 적대적인 관계로 본 점에서 찾을 수 있다. 상앙의 이러한 사상적 특징은 동서양을 막론하고 법가 이론을 다른 사상과 구별해 주는 특징이다. 상앙에 따르면 백성, 즉 개인은 단지 통치자의 손에 있는 도구로서만 가치가 있다. 국가를 가정의 연장으로 보고 덕과 인으로 통치할 것을 주장한 공자가 선한 가장 같은 통치자를 생각한 데 비하여, 상앙의 사상 체계 안에는 전제군주의 법에 의한 통치, 그리고 통치자의 도구로서의 백성이 있을 뿐이다.

진 효공과 상앙의 강력한 추진에도 불구하고 변법을 좌초시키기 위한 시도는 여러 번 있었다. 특히, 진나라의 유력한 몇 부족의 반발과 당시 태사였던 감룡과 두지의 반대로 변법은 중단 위기를 맞기도 하였다. 효공에게 도달한 반대 상소가 하루 수천 개였을 정도로 상앙의 변법은 나라를 뒤흔들 만한 내용이었다. 상앙은 변법 반대자를 용서하지 않았고 변법을 어길시 가차없이 엄벌하였다. 변법 앞에서는 당시 태자(훗날 진 혜문공)도 예외일 수 없었는데, 태자가 법을 어기자 스승이던 공자 건(진 효공의 형)을 잡아 그의 코를 베었다. 이 일로 공자 건은 영원히 은둔했으며 태자는 상앙을 증오하게 되었다. 상앙의 변법은 당시에는 과격하다는 평가도 있었으나 법을 위반하였을 때는 지위고하를 막론하고 적용했기 때문에 열렬히 환영하는 사람들도 있었다.

상앙의 후원자인 진 효공이 죽자 그를 증오하던 태자가 즉위하였는데, 혜문왕은 즉위 후 원로 중심의 상앙 반대파를 규합하여 상앙을 탄핵하였다. 상앙은 체포령이 내려진 사실을 알고 도주하여 어느 객사에서 하루를 묵으려 하였으나, 객사 주인은 상앙이 만든 법령에 따라 알지 못하는 사람을 숙박시키지 않았다. 상앙은 위나라로 도주하였으나 위나라는 상앙을 받아들이지 않았다. 그는 진 효공이 그에게 할당해 준 지역에서 군대를 일으켰으나 진나라 군대에 의해 제포되었다. 이렇게 해서 신나라를 좌우하며 선제군주가 법으로 통치하는 나라를 구현하려던 상앙은 반역자가 되어 그가 창시한 거열형(車裂刑)[6]에 처해

6) 죽은 시체나 생명이 있는 상태에서 사지와 목을 다섯 수레에 따로 매달고 말을 달리게 하여 찢는 형벌이다. 중국에서는 진 · 한 시대에 시작된 것으로 본다. 그 뒤 수 · 당이 율령제도를 실시해 새로운 형벌제도를 채택함에 따라 이 형벌은 법전에서 없어졌으며, 송 · 명의 율에서도 제외되었다.

졌고, 전 가족도 몰살당하였다.

기본적 욕구 충족과 경제에 관심이 많았던 묵자는 가장 비생산적인 지출을 하는 문화적 행위인 음악을 공격하였다. 상앙은 한발 더 나아가 말(책사의 언변이나 유가의 말) 자체를 공격하였다. 상앙은 말이 전제군주에게 위협이 될 수 있다고 보고, "지혜로운 군주는 말을 좋아하는 것으로 군대를 강하게 할 수도 땅을 개간할 수도 없다"고 하였다. 그는 심지어 "문(文)은 국가에 해로우며 농업과 군대를 약하게 하기 때문에 기생충"이라고까지 하였다.[7)]

한비자(韓非子: 기원전 ?~기원전 233)는 법가의 완성자라는 평가를 받는다. 한비자의 이름은 한비(韓非)로서, 그의 사상은 『한비자』로 남아 있다.[8)] 『한비자』는 55편으로 이루어져 있는데, 모든 내용을 한비가 직접 집필했는지는 확실하지 않으나, 전체가 사상으로 통일성을 갖추고 있으며, 한비의 사상을 잘 전한 글로 평가받는다. 『사기』 「한비전(韓非傳)」에 따르면, 한비는 소국인 한(韓)나라 귀족의 서자로 태어났다. 한나라는 전국칠웅의 하나였지만, 국토가 좁고 강국인 진나라와 초나라의 압박을 받아 국가의 존망이 위태로운 상태였다. 한비는 부국강병을 위한 학문을 배우기 위해 당시 대표적 학자였던 순자의 문하에 들어갔다. 한비의 동문으로는 훗날 진나라의 재상이 된 이사(李斯)가 있다. 한비는 유가의 막내인 순자에게서 배운 뒤 처음에 한나라의 번영을 위해 일했고, 나중에는 진시황을 위해 봉사하였다.

---

7) 『상군서』에 따르면 상앙은 국가를 좀먹는 기생충은 인, 의, 선, 자기완성, 성실, 믿음, 웅변, 지성, 시, 서, 예, 악 등이다.

8) 사상가 한비자와 저서 『한비자』의 명칭은 본래 모두 한자(韓子)였으나 당나라 한유(韓愈)가 한자(韓子)로 불리게 되면서 혼동을 피해 한비자로 불리게 되었다.

한비는 당초 한나라 왕에게 '법술'(法術)이 부국강병의 유일한 길이라고 진언했으나 받아들여지지 않았다. 그의 '법술'에 관심을 보인 것은 진나라 왕인 정(政, 뒷날의 시황제)이었다. 정은 한비의 저작을 읽고 감탄하여 만나고 싶어하였다. 그러자 동문인 이사가 꾀를 써 한비를 사신으로 보내도록 한나라에 요구하게 하였다. 진나라가 한나라를 공략하자, 한나라는 한비를 사자로 보내 화친을 요청하였다. 진나라 왕은 한비를 만났지만 그를 바로 등용하지는 않았고, 일정한 시간이 흐른 뒤 등용하였다. 이사는 동문수학한 한비의 천재적인 능력을 잘 알고 있었기 때문에, 그가 높은 자리에 오르면 자신의 입지가 흔들릴 것을 두려워해 늘 경계하였다. 이사는 매우 언변이 뛰어났으나 한비자는 말더듬이였는데, 학문에 있어서는 이사가 한비에 미치지 못하였다. 한비는 법가뿐만 아니라 도가, 유가, 묵가 등 여러 학문을 두루 섭렵하고 법을 통한 부국강병의 논리를 정립하였다. 나중에 이사는 동료의 도움을 받아 한비를 참소해 옥에 가두었다. 이사는 옥중에 독을 넣어 보냈고, 한비는 어쩔 수 없이 그 독을 마셨다고 한다. 3년이 지나 한나라는 멸망하였고, 10년 뒤 진나라가 천하를 통일하자 정은 스스로 시황제라 칭하였다. 시황제의 정책은 모두 한비의 사상에 따라 세워졌는데, 이점 때문에 시황제를 한비의 제자라고 말하기도 한다. 한비는 진시황이 매우 존경했다고 하는데, 『사기』에 의하면 『한비자』의 「고분」(孤憤)과 「오두」(五蠹)를 본 진시황이 크게 감명을 받았다고 한다.

한비는 노자의 '무위'(無爲)와 순자의 '성악설'에서 영감을 받고, 상앙(商鞅)의 '법'과 한나라의 재상 신불해(申不害)의 '술'(術)을 종합해 독특한 통치 이론인 '법술'(法術)이라는 개념을 만들어 냈다. 한비는 고대의 문학서적과 철학서적 연구를 금지할 것을 요구하면서, 법으로 가르침을 삼아야 한다고 말하였다. 여기에서 보듯이 한비는 묵가의 사상처럼 반문화 · 반교육적 입장을 견지한다.

한비는 군주는 법(法)과 술(術)로 통치해야 한다고 주장하였다. 한비의 사상을 따라가 보자. 약육강식의 시대에서 나라를 잃지 않기 위해서는 부국강병을 이루어 다른 나라와 싸워 이겨야 하는데, 그러기 위해서는 먼저 군주가 강력한 통치력을 가져야 한다. 군주가 힘에 의존하지 않고 개인적인 감화력(덕)으로 통치를 해야 한다는 사고방식은 난세에 맞지 않다. 군주 자신이 견고한 국가체제를 만들어 완벽하게 장악하고 파악해야만 평범한 군주라도 나라를 잘 다스릴 수 있다. 이렇게 하기 위한 체계적인 방법이 바로 '법술'이다.

법술의 '법'은 명문화하여 백성에게 제시한 법규범이다. 법은 널리 알려야 하며, 여기에 '술'을 도입해야 한다. '술'이란 신하들에 대한 군주의 통치기술이다. 여기에서 신하란 위로는 대신에서 아래로는 일반 관리와 백성까지 포괄하는 개념이다. 법과 술은 군주가 아무도 모르게 은밀히 사용하는 것이 중요한데, 만약 속내를 들켜 버리면 아무런 효과가 없기 때문이다. 군주의 힘이 약해지면 신하들은 군주의 지배권을 배제하려고 하는데, 그 이유는 그렇게 할 때 그들의 이익을 극대화할 수 있기 때문이다.

그렇다면 과연 신하를 어떻게 통제해야 할까? 먼저 신하의 실태를 파악해야 한다. 그들은 자신이 유능하고 뛰어난 실적을 올리고 있는 것처럼 위장하며, 나아가 서로의 허물을 감싸 주면서 군주의 눈을 가리려 한다. 군주는 여기에 대한 대책을 마련해 두어야 한다. 밀고(密告)를 장려하고, 밀정(密偵)을 활용해 수시로 정보를 모으는 한편, 개별적인 능력을 시험해 보아야 한다. 이처럼 실태를 파악한 다음, 두 개의 손잡이로 신하를 조종해야 하는데, 그것이 바로 '상과 벌'이다. 군주는 상벌의 집행권을 절대로 남에게 넘겨 주어서는 안 된다. 이것이 없으면 군주는 이름뿐인 존재가 되어 자리를 위협받는다. 그러나 상벌도 명확한 기준을 정하고 그 기준에 따라 엄격하게 운용할 때만이 비로소 효과가 있다. 중요한 것은 성과가 많고 적음이 아니라, 신하를 잘 통제하는 데 있다.

법가들은 대체로 통치 방법과 기술을 백성들이 알아서는 안 된다는 생각을 공유했으며, 백성뿐 아니라 통치자의 측근에게까지 엄격하게 비밀로 해야 한다고 주장하기도 했는데, 그 대표가 바로 신불해(申不害: 기원전 ?~기원전 337)이다. 법가의 한 사람이자 한(韓)나라의 재상이었던 신불해는 통치의 기술, 즉 술(術)의 대가로 이름이 높았다. 그는 권력을 손아귀에 넣으려는 통치자는 주위에 있는 사람들에게 자신의 견해와 욕망을 조심스럽게 숨겨야 하는데, 그렇지 않으면 신하들이 통치에 대한 지식을 이용해서 그를 속일 기회를 갖기 때문이라고 말하였다. 이러한 사고방식은 한비에게도 찾아볼 수 있다.

상앙, 한비자를 포함한 법가는 철저한 국가주의자이자 국가와 통치자를 거의 동일하게 인식하였으며, 그들의 최종적 관심은 부국강병이었다. 그리고 법가에게 개인 또는 백성은 통치자의 목적 실현을 위한 도구에 지나지 않는다. 그들에게 자유롭고 독립된 개인은 없고 오직 도구화된 개인이 있을 뿐이며, 그 위에는 절대권력자와 전체주의 국가가 있다. 법가는 문화, 문, 도덕, 학습에 대해서 부정적인 시각을 가졌고, 백성을 미련한 존재로 만들어야 통치에 유리하다고 본 점에서 유가와 명백하게 대립된다.

공자와 묵자는 자신의 사상을 실현할 군주를 만나지 못하였다. 이에 비해 법가 사상가들은 그의 사상을 채용한 군주를 만나 이상을 실현하고자 행동하였다. 상앙은 전체주의를 이상적인 국가로 인식하고, 통치자를 위한 절대 권력의 필요성을 강조하였다. 그에게 있어서 백성은 덕이나 인으로 다스릴 대상이 아니라 통치자의 도구인데, 통치의 수단이 바로 법(法)이다. 그리고 상앙의 이러한 사고방식은 한비에게도 이어졌다.

묵가가 기본적 욕구충족 사회 실현이 국가의 의무이고, 보상과 형벌은 이를 실현하기 위한 수단이라고 했는데, 법가는 묵가의 정신을 이어받아 '보상과 형벌'수단을 '법'개념으로 대체하였다. 법가 중에서, 특히 상앙은 백성을 교육이 아닌 투쟁의 대상으로 인식하였다.

상앙과 한비가 처형당하였지만 그들의 개혁이 폐지되지는 않았다. 중국 역사에서 많은 왕조가 겉으로 유가사상과 이념을 내세우고 인, 덕, 질서, 충과 효를 강조했지만, 법가의 영향을 받지 않은 중요한 국가정책은 거의 없었다고 해도 과언이 아닐 정도로 법가의 영향은 지대하였다. 진나라는 법가의 가르침에 힘입어 중앙집권화, 강한 군대, 훈련된 관료 같은 것을 통해 백 년 이상 지속된 전쟁에서 강력한 국가가 되었다. 나중에 진나라가 봉기에 의해 무너진 뒤 유가의 이념이 정치이념으로 등극하게 되었는데, 이때부터 유가사상은 법가의 가르침을 흡수하면서 현실에 적응하며 변질되어 갔다.

제 5 절 도가: 노자, 장자

도가사상의 태두라고 알려진 노자(老子)의 이름은 이이(李耳: 기원전 6세기)이다. 사마천은 최초의 도가 철학자로 알려진 노자가 주(周) 왕실 서고의 벼슬아치였는데, 노년에 젊은 공자를 지혜의 길로 인도했다고 기록하였다. 그런데 공자와 만났고 서쪽 지방으로 여행하던 중 5,000자쯤 되는 책을 저술했다고 하는 노자는 전설상의 인물이고, 오랫동안 그의 저작으로 알려졌던 『도덕경』(道德經)이 기원전 300년 전에 나온 책이라는 사실이 고증되면서, 많은 학자들은 『장자』(莊子)를 최초의 도가 책으로 간주하고 있다.

장자(莊子)의 이름은 장주(莊周: 기원전 365~기원전 290)인데, 사마천은 『사기』에 장자에 대한 짧은 기록만을 남기고 있다. 그는 작은 벼슬을 하였으나 직업에 대해서 강한 거부감을 가지고 있는데, 그의 사상은 『장자』로 남아 있다. 초나라 왕이 장자의 재능에 대해 듣고 그에게 재상 자리를 제의했는데, 장자는 "가라, 다스리는 자가 나에게 고삐를 걸게 하느니 차라리 진흙탕에서 뒹굴며 즐거움을 얻겠다"고 답하였다고 한다. 여기에서 보듯이 장자는 인위, 싸움, 경쟁, 도덕, 교육 등으로부터 자유로운 인간을 추구하였다. 최상의 선으로서의 '자유'에 대한 장자의 믿음과 세속적이고 물질적인 것에 대한 경멸은 왕들과의 대화에도 나타나 있다.

그의 사상은 자유롭고 속박 받지 않은 채 한없는 상상의 날개를 펼치고 있다는 점에서 다른 고대 사상과 구분된다. 논어의 짧은 경구와 묵자의 설교적 어조, 그리고 법가의 오싹한 주장과 달리 장자의 사상은 여러 역사적 인물이 참여하는 우화와 대화, 신화적 인물, 그리고 혼돈이나 도솔천(稻率天: 도가에서 노자가 있는 곳이라고 믿는 하늘) 같은 환상적이 존재를 통해 표현되어 있다. 공자는 도가에 대해서 "그들은 세속 밖에서 노니는 사람들이고, 나는 세속 안에서 노니는 사람이다. ……이런 사람들이 어찌 세속의 예를 따라서 속인들의 눈과 귀에 비위를 맞추겠는가"라고 평하였다.

도가는 인간사회의 싸움과 거짓에 대항해서 자연과의 하나됨을 주장하였다. 유가가 도덕으로 무장한 사람인 군자를 이상적인 인간으로 상정한 데 대해서 도가는 사회적 특성에서 탈피한 자유로운 인간을 이상으로 삼았다. 도가는 유가가 강조한 예와 도덕으로부터 인간의 해방을 말하였는데, 문(文)이나 문명에 대해서도 통렬히 비판하였다. 장자는 "윤리규범은 학의 다리를 절단하고 오리의 다리를 늘리는 데 사용된다"며 문화, 문명, 문을 강하게 거부하였다. 그리고 유가는 나보다 '천하'를 우선하였는 데 비하여 도가는 천하보다 '나'를 우선하고, 인간 개인에 대한 무한한 애정을 갖고 있었다.

고대 중국 사상에서 도(道)라는 개념은 아직 도가 사상가의 견해와 연결되지 않았고, 사람이 가야 할 길이라는 의미로 이해되고 있었다. 유가에게 도(道)는 사람이 마땅히 가야 할 길이었다고 한다면, 도가는 도를 우주의 생성발달 원리이자 우주의 이치라고 봄으로써, 이 용어에 다른 의미를 부여하였다. 도가사상의 주제는 사회에 대항해서 자신을 정립하고 인위와 사회를 거부하는 인간에 대한 관심이다. 하지만 장자도 유가처럼 좋은 모든 것을 먼 옛날로 돌리는 뿌리 깊은 전통에 따라, 옛날의 진인(眞人)들은 외로움을 두려워하지 않았고, 훌륭한 공을 세웠으나 음모를 꾸미지 않았다고 보았다. 이러한 사유 과정을 통해 장자는 사회의 싸움과 거짓에 대응해 자연과의 합일이라는 대응구조를 세웠다. 유가는 이상적인 인간상으로 군자를 말하는데, 군자는 교양, 지성, 책임감, 도덕적 의무로 교육된 사람이라는 의미를 갖는다. 이와 달리 장자에게 이상적인 인간은 인간적 · 사회적 특성에서 탈피해 자연과 자신을 일치시킴으로써 모든 인연을 끊고 선과 악의 반대쪽에서 나타나는 성인, 즉 초인이다. 묵가와 법가는 인간을 철저하게 수단으로 보는 데 비해서, 도가는 유가처럼 인간을 수단이 아닌 목적으로 보았다는 점에서 통한다.

장자의 문화, 문명에 대한 생각은 유난히 냉소적이다. 그는 인간의 행동은 물론 장자 자신이 속한 사회의 도덕과 문화를 비난하였다. 장자는 자기보존이 최고의 가치이며 최대의 임무라고 믿었는데, 자기보존은 모든 활동을 삼가할 때만 가능하며, 이런 의미에서 무위(無爲)가 최대의 가치로 선언된다. 하지만 도가가 꿈꾸는 인간과 세상은 이처럼 소극적이고 냉소적이며 현실도피적인 데서 멈추지는 않는다. 도가에 따르면 천하보다 자신의 삶을 더 중시하며 무위를 실천하는 자만이 천하의 통치를 맡을 수 있다. 여기에서 보면 도가는 종국적으로 현실 도피가 아니라 더 크고 이상적인 세상을 꿈꾸었다고 할 수 있다.

장자는 사람의 활동이 도덕적이냐 아니냐 하는 것은 중요하지 않다고 보았을 뿐 아니라 도덕적 원리들이 그의 가르침에 위협이 된다고 보고 통렬히 공격하였다. 장자는 세련됨, 정교함, 궤변, 지식에 대항하면서 기술적인 혁신이나 노동을 절약하는 고안품에 대해서도 반대했는데, 그 이유는 그것들이 자연스러운 순박함과 평범함으로부터 이탈이라고 보았기 때문이다. 그렇다면 장자에게 있어서 국가는 인간의 자유를 구속하는 인위적인 존재로 자연스럽게 거부된다. 도가는 문화, 사회, 지식, 도덕, 논리, 수단, 국가 등을 인간 존재에 대한 폭력의 한 형태로 보는 셈이다. 이러한 점에서 도가사상은 디오게네스[9]나 루소[10]와 상통하는 측면이 있다. 디오게네스는 도덕과 국가를 거부하고 인간의 원초적인 동물 상태로의 복귀를 요구하였고, 루소는 도가와 달리 도덕적 근거에서 문명을 비판하지만, 문명을 야만인들의 삶과 대조했다는 점에서 도가와 다르다.

이러한 도가사상은 불교에 영향을 주기도 하고, 시대가 가면서 기원후 2세기 무렵부터 점차 장수와 불멸에 대한 탐구, 신비로운 것에 대한 관심, 민간 신앙으로 분화되어 갔다. 노자가 도가의 초인 중의 한 사람으로 간주되었음에도 불구하고 가장 널리 전파된 도가 학파는 노자, 장자의 사상 및 견해와는 다른 교리를 지니게 되었다. 종교성을 지닌 도교의 유파는 도가의 신비주의적 측면을 유가의 윤리와 결합시킨 『포박자』(抱朴者)라는 책을 쓴 갈홍(葛洪: 253~333)에 의해 시작되었다. 갈홍은 사람이 특수한 식이요법과 삶의 길에 집착함으로써 죽지 않을 수 있다고 말하였다. 그는 죽지 않기를 원하는 자는 충성과 효도와 성실함과 인간에 대한 사랑을 행동의 기본 원칙으로 삼아야 한다고 말함으로써 도가사상에 신비주의와 함께 유가적 사고방식도 가미하였다.

중국 문화에서 도가의 영향은 종교의 범위를 훨씬 뛰어넘는다. 중국 사상의 한 흐름으로서 도가는 중국에서 원시 과학적 지식의 발달을 촉진함은 물론,

---

9) 디오게네스(Diogenes)는 기원전 3세기경 그리스의 철학자로 알려졌다. 그는 자족을 강조하고 향락을 거부한 인물이다.
10) 루소(Jean-Jacques Rousseau)는 18C 초 제네바에서 태어난 프랑스 철학자로서 사회계약론, 직접민주주의, 공화주의에 깊은 관심을 가진 계몽주의 철학자이다.

삶의 고단함에 지친 서민들에게 종교적 안식처이자 결속의 장을 마련해 주기도 하였다. 힘든 삶에서 벗어나지 못하고 현실 정치의 희생양이었던 수많은 대중들에게 개인, 개인의 자유를 중시하는 도가사상은 민간에 널리 받아들여지고 또 종교화되기도 하였다. 이점에서 보면 도가사상은 인간, 개인의 발견에 공헌하였다고 할 수 있다. 역사상 나타난 여러 민중의 봉기가 도교적 민간신앙 또는 종교집단이 관련된 경우가 많았다는 사실이 이를 증명한다.

제 6 절 전통사상에서 개인과 국가

유가들은 직업적 선생이자 설교자로서 군주들에게 영향을 주어 군주로 하여금 유가의 원칙을 이행하도록 하고자 했다. 이들과 달리 법가들은 사실상 정치적 활동가였다. 두 학파 모두 같은 군주들에게 호소하였기 때문에 서로 적대자의 논증에 답해야 했다. 법가적 전체주의 주장에 답하고자 한 시도는 맹자에게서 나왔다. 공자 시대에는 전제군주에 대한 정당화 시도는 아직 없었다. 따라서 공자가 군주에게 인자한 자세를 취하라고 요구했을 때, 그의 제안은 무시되었다. 맹자는 군주에게 인(仁)과 의(義)에 의한 통치의 길을 따라야 천하를 얻을 수 있고, 군주의 의무는 백성을 돕는 일이라고 말하였다. 그런데 맹자가 죽은 지 70년이 못 되어 중국은 가장 잔인한 전제군주 중 하나인 진시황에 의해 통일되었다. 하지만 또 다른 유가사상가인 순자는 이 문제를 좀 다르게 다루었다. 현실적인 인물이었던 순자는 이웃 왕국들을 병합하는 데는 덕, 힘, 부 세 가지

방법 모두 목표를 성취할 수 있을지라도, 가장 효율적이고 경제적인 길은 덕이라고 하였다. 이점에서 순자와 맹자의 생각이 상통한다. 그런데 법가는 인정(仁政)이라는 이상주의에 대해 매우 민감하게 반응하였다. 한비는 통치에 필요한 것은 정치적 수단(법, 상벌)과 힘으로서, 백성들은 자기에게 무엇이 좋고 나쁜지를 모르는 아이와 같다고 보았다.

유가에서 묵가를 거쳐 법가사상에 이르기까지 인간은 사회적 존재라는 전제에 기반을 두고 있다. '관계인'(關係人)에만 의미를 부여하는 현세주의자 공자는 관계를 떠난 개인, 군자를 생각할 수 없었다. 따라서 그에게 가정에서의 효와 가정의 확장인 국가에 대한 충이 중요하며, 독립된 개인은 별 의미가 없다. 이처럼 유가는 자유로운 개인이 아니라 관계인을 상정하고 관계의 규범인 예를 중시하였으며, 전통에 대한 교육을 통해 도덕적인 인간을 육성할 것을 주장했고, 인자한 가장과 같은 통치자가 인으로 백성을 다스려야 한다고 하였다. 공자를 비롯한 유가는 교육, 도덕, 예, 전통문화에 특별한 의미를 부여하였으나, 국가에 대한 특별한 인식은 없었다.

이와 달리 묵가와 법가는 통치자와 국가를 최고의 위치에 두고 그들이 상정한 이상사회를 위해 국가와 통치자의 강력한 역할을 주문하였다. 묵가는 절제되고 기본적 욕구가 충족된 개인을 상정하고, 국가가 개인에게 이타주의를 교육해서 국가라는 큰 기계의 부속품 같은 인간의 집합을 만들고자 하였다. 묵가가 그리는 세계는 전제군주가 철권통치하는 가운데 감정도 낭비도 여유도 없는 무미건조한 개인이 로봇처럼 열심히 노동하는 조직이다. 법가는 국가와 전제군주를 사실상 하나로 보고, 개인은 철저하게 무시하였다. 이처럼 묵가와 법가에게 전제군주나 국가는 있어도 독립되고 자유로운 개인은 없다. 묵가와 법가 사상은 사회와 현실을 중시하고 군주와 국가를 중시했다는 점에서 유사하지만, 인과 덕에 의한 통치를 이상으로 삼은 유가의 군주 및 국가와 묵가 및 법가의 그것은 다르다. 묵가는 피도 눈물도 없는 전제군주에 의한 최대 다수의 기본 욕구충족을 이상으로 여겼고, 법가는 서슬 퍼런 법집행만이 부국강병으로 가는 길이라고 보았다. 다시 말해서, 묵가와 법가가 그리는 전체주의 국가에서 개인은 없고, 전제군주 아래 인간 '개인'은 없다.[11] 묵가와 법가는 문, 문화, 도덕, 전통에 대한 거부감이 컸으며, 오로지 통치자의 절대적 권력과 법규범에 의한 통치에만 관심이 있었다. 이점에서 유가와 법가는 통치자에게 매우 설득력 있게 받아들여질 여지가 있었으며, 유가는 여러 왕조의 통치이념으로 봉사하였고, 법가는 대부분 왕조의 현실 통치수단으로 이용되었다.

도가는 유가, 묵가, 법가의 주장들을 전적으로 거부하였다. 도가는 경쟁, 도덕, 인위, 거짓, 의무, 국가, 전통, 문화 등 인위적인 것의 속박으로 가득 찬 사회를 악으로 간주하였다. 따라서 도가는 자연으로 복귀해야 자유를 얻을 수 있다면서, 예와 폭넓은 사랑 및 전체주의 모두에 도전하였다. 유가, 묵가 그리고 법가 사상 모두 인간이 사회적 존재라는 전제에 기반을 두고 있는 데 비해, 도가는 인위를 거부하고 독립되고 자유로운 개인을 사랑한 반사회적인 사상이다. 도가사상은 본질적으로 개인의 자유, 인위로부터의 해방을 중요시하기 때문에 절대 권력과 패권에 관심 있는 통치자들에게 설득력이 있을 수 없었다. 이

11) 러시아 비탈리 만스키 감독이 북한의 실상을 그린 다큐영화 「태양아래」에서 "태양 아래 인간은 없다" 고 말하고 있는데, 묵가와 법가가 그리는 세계도 마찬가지 설명이 가능할 것 같다.

표 5-1 중국 전통사상에서 국가, 인간, 문화

	국가	개인	문화
유가	가정의 확장	관계인(관계 속의 개인)	문, 문화 중시. 도덕적 인간 함양 수단으로서의 교육
묵가	전체주의 국가(기본적 욕구충족과 이타주의 교육의 주체)	이타주의로 교육되고 철저히 절제된 감정 없는 개인	문, 문화 부정. 절제와 이타주의 강조
법가	전체주의 국가(질서유지자로서의 국가). 국가=통치자	통치자의 부국강병을 위한 도구	문, 문화 부정(국가의 기생충). 법규범 강조
도가	국가 거부	자유로운 개체로서의 개인	문, 도덕, 문화 거부

점에서 전제군주에게 유가사상과 법가사상이 훨씬 매력이 있었으며, 유가사상은 여러 왕조의 통치이념의 자리를, 법가는 대다수 왕조의 통치수단의 자리를 지킬 수 있었다.

정리하자면, 묵가와 법가는 인간·개인을 철저하게 수단으로 보는 데 비해서, 도가는 유가처럼 인간을 수단이 아닌 목적으로 보았다는 점에서 일치한다. 고대 사상 중에서 인간, 개인에 큰 의미를 부여한 사상은 역시 도가로서, 도가사상에서 나(개인)는 천하보다 귀중하다. 도가 다음으로 개인, 인간에 관심을 보인 사상은 유가라 할 수 있다. 유가는 본질적으로 인본주의에 뿌리박고 있으며, 법규범보다는 관계와 정치에서 인, 덕, 의를 우선시한다. 이와 달리 법가는 통치자에 의한 치밀한 법과 엄정한 법집행을 내용으로 하는 법의 지배(rule by law)를 중시하였다. 법가의 이러한 사고방식은 객관적이고 공정한 법의 엄정한 집행과 법 앞의 만인평등을 내용으로 하는 법치(rule of law)와는 다르다.

유가의 막내인 순자는 유가와 법가의 중간에 위치해 있다. 순자보다 더 냉철한 묵자는 절제되고 이타주의로 무장된 사람들의 기본적인 욕구를 충족시키는 사회를 꿈꾸었다는 점에서 독특한 사상을 제기하였다. 그러나 그가 그린 세상은 감정이 철저히 통제되고 조금의 낭비도 허락되지 않은 채 열심히 노동하는 개미 같은 개인들의 집합으로, 섬뜩하고 전체주의적인 냄새마저 난다. 유가가 국가에 대한 특별한 관심 없이 인과 덕이 있는 군주를 기대했는 데 비해, 묵가와 법가는 모두 전체주의 국가를 상정하고 있다. 하지만 묵가와 달리 법가가 말하는 국가는 거의 통치자와 동일선상에서 인식하고 있다. 유가에서 독립된 자율적 존재로서의 개인은 의미가 없고 모두 관계 속의 개인, 즉 관계인이 중요하다. 묵자와 법가에게 있어서 독립된 개인은 의미 없을 뿐 아니라 철저하게 국가의 부속품으로 치부되며, 통치의 대상일 뿐이다. 이와 달리 도가는 순수하게 인간 개인에 대한 깊은 애정을 가졌고, 문화, 도덕, 수단, 법제도, 국가 등 인위적인 모든 것을 거부하였다.

제 7절 전통사상의 한계

이상에서 중국 전통사상 중에서 유가, 묵가, 법가, 도가를 중심으로 사상의 기본적 특징과 개인 및 국가에 대한 이해에 대해 정리하고 비교해 보았다. 어기에서는 보편적이고 현대적 관점에서 중국 전통사상의 한계에 대해 생각해 보려 한다.

중국 전통사상의 첫 번째 한계는 뿌리 깊은 도덕주의(moralism)[12] 또는 윤리

중심주의 전통이다. 이 한계는 도덕, 교육, 문화를 거부하는 도가의 경우는 예외이다. 도덕주의 전통은 모든 문제의 근원과 해결책을 도덕, 윤리에서 찾고 도덕교육과 도덕적 인간에서 그 해결책을 찾으려 하는 사고방식을 말한다. 모든 문제의 원인과 해결책을 윤리도덕에서 찾고, 도덕을 가르치면 도덕적인 인간이 만들어질 수 있다고 보는 사고방식이 도덕주의라고 할 수 있다. 도덕주의의 문제는 "모든 사회 문제는 윤리도덕의 문제인가?" 그리고 "윤리도덕을 가르칠 수 있는가?"라는 의문과 관련이 있다. 유가의 경우는 도덕주의적 전통이 유난히 강하며, 묵가나 법가도 강조점은 다르지만, 각자가 강조하는 요소를 모든 문제의 근원으로 보고, 해결책도 거기에서 찾으려 한다. 그리고 교육을 통해 어떤 윤리적 · 사회적 · 정치적 목적을 달성하고자 한다. 유가는 윤리도덕을 가르치려 하고 묵가는 이타주의, 절제, 노동윤리를 가르치려 하며, 법가는 법규범의 가치를 가르침으로써 어떤 이상으로 향하고자 한다. 물론 각 사상이 지향하는 이상에는 차이가 있다.

이러한 도덕주의 전통은 현대에도 그대로 이어졌다. 마오쩌둥의 중국식 사회주의도 도덕주의적 성격이 강하다. 마오쩌둥은 지식인을 혐오하였고 전통에 대해 강한 반감을 가지고 반(反)전통의 입장을 견지하면서도, 교육을 통해 사상을 개조하여 사회주의적 인간을 만들려는 노력을 쉬지 않았다. 그의 노력은 무모함, 조급성 및 개인적인 정치적 계산으로 인해 참담한 실패로 끝났지만,

12) 일반적으로 도덕적 가치 또는 도덕적 의미를 기본적으로 중시하는 지적 · 정서적 · 윤리적 태도 또는 입장을 가리킨다. 이 용어는 정확하고 엄밀한 의미에서 학술적으로 정의되는 일반 사조(思潮) 또는 관념체계를 의미하는 것이 아니므로, 다양한 맥락에서 다양한 의미로 사용되고 있다. 여기에서는 나름대로 정한 도덕적 가치를 우선하며, 교육을 통해 도덕윤리를 함양할 수 있다고 믿는 사고방식을 의미한다.

교육을 통해 인간을 개조하려는 일종의 도덕주의적 사고방식은 전통사상과 맥이 닿아 있다. 복잡한 다원화 사회에서 모든 문제의 원인과 해법을 윤리도덕과 교육에서 찾으려는 생각은 순진할 뿐 아니라 현실적이지 못하다.

두 번째 한계는 현대 인류사회의 보편적 가치에 대한 인식의 부족이다. 이 문제는 "과연 인류 보편의 가치가 있을 수 있는가?"라는 의문과 관련해서 어느 정도 논란의 여지가 없지 않다. 하지만 일부 사회주의 국가, 전체주의 국가 지도자들을 제외하고는 대체로 현대 인류사회의 보편적 가치에 대해서 동의한다. 보편적 가치란 자유, 인권, 민주 등을 의미하는데, 이 3자는 독립된 개념이라기보다는 서로 연결되어 있다. 우리가 이러한 보편적 가치를 인정한다고 할 때, 도가사상을 제외하고 중국 전통사상에는 인권, 개인, 자유에 대한 인식과 성찰이 매우 부족하며, 본질적으로 인본주의인 유가사상도 이점은 마찬가지임을 알 수 있다.

중국 현대사에서 이러한 보편적 가치에 대한 관심이 전혀 없지는 않았다. 1911년 쑨원(孫文)의 신해혁명은 군주제를 무너뜨리고 공화제 국가를 세우려는 혁명이었고, 1919년에 시작된 5.4운동은 전통에 대한 통렬한 반성과 함께 '민주'라는 개념에 대한 관심을 환기시키고자 하였다. 5.4운동에서 '민주와 과학'이 강조되었다고 하지만 '민주'에서 말하는 개인의 권리는 민족의 발전을 위한 수단으로 인식되고 있었다.[13] 하지만 사회주의 국가가 건국되면서 이러한 관심은 사회주의식 전체주의에 의해 무시되었다. 개혁개방 이후 공산당은 전통부활을 외치고 보편적 가치를 서구의 가치라고 폄하하면서 중국에 맞는 중국

13) 제1장 제2절, 제2장 제2절 참조.

의 가치를 주장하고 있다. 하지만 중국 공산당과 일부 전체주의 국가를 제외하고는 이에 동의하지 않는다. 이러한 이유 때문에 중국 공산당은 전통사상의 부활을 말하기 이전에 먼저 개인, 인권, 민주 같은 보편적 가치에 대한 성찰이 필요하다는 지적이 많다.

중국 전통사상의 세 번째 한계는 국가와 개인의 중간 존재인 자율적인 개인들의 집합 또는 활동 공간인 사회(society)에 대한 내용은 없다는 점이다. 우리는 앞에서 전통사상에서는 도가사상만이 개인에 대한 깊은 애정을 갖고 있다는 사실을 보았다. 유가와 도가를 제외하고 묵가와 법가 사상은 국가주의적 성향을 갖고 있으며, 개인은 통치자의 도구일 뿐이다. 유가에서도 독립된 개인은 없고 관계 속의 관계인이 있을 뿐이다. 그런데 어느 전통사상도 국가와 개인의 중간 지대이자 독립된 개인들의 자율적 공간인 사회, 시민사회에는 관심이 없다. 사실 시민, 시민사회라는 개념은 시민의 탄생 이후에 시작되었기 때문에 서구에서도 오래된 개념은 아니다. 하지만 현대사회에서 시민들의 자율적 공간인 시민사회는 매우 중요하다. 그런데 중국에서는 아편전쟁 이후 전통에 대한 반성, 서양사상에 대한 비판적 관심, 공화제 운동, 민주에 대한 관심에도 불구하고, 아직까지 사회에 대한 성찰을 거의 찾아볼 수 없다. 중국 사회는 현대로 접어들면서 전통사회로부터 사회주의식 전체주의로 전환되었고, 지금까지도 경제 공간을 제외한 나머지 영역은 공산당에 의해 철저히 관리·통제되고 있다. 마오쩌둥이 통치하던 중국을 좀 더 좋게 평가한다면, 왜곡되기는 하였지만, 마치 묵자가 그린 세계를 구현하려던 시대가 아니었을까 생각된다. 개혁개방 이후 중국이 사회주의식 전체주의 국가에서 강력한 권위주의 국가로 전환되었다고는 하지만, 당치국가로서 여전히 개인과 개인들의 자율적 조직은 철저히 통제되고 있다. 그렇기 때문에 중국에는 경제 영역을 제외하고는 개인의 권익과 자유를 주장 · 보호 · 보장할 자율적 공간이 거의 없는 셈이다. 최근 들어서 환경운동을 중심으로 시민사회 운동이 일어나고 있다. 하지만 아직은 매우 미약한 수준이며, 이러한 조직도 당에 의해 철저하게 통제되고 있다.

제8절 맺는 말

한(漢)나라 이후 전통시대 중국에서 시대별로 유가사상이 지배적인 때도 있었고 어느 때는 불교사상이 지배적인 때도 있었으며, 모든 시대를 통틀어 도가사상이 민간의 저변에 확산되기도 하였다. 그러나 공식적으로 통치이념의 위상을 차지한 것은 유가사상이다. 본문에서 보았듯이 유가사상은 적어도 명분상으로는 통치자들에게 매력이 있는 사상이다. 따라서 오랜 동안 공식적인 통치이념 자리를 지킨 유가사상은 정치, 사회, 문화 모든 측면에서 중국 사회에 강한 흔적을 남길 수밖에 없었다. 하지만 역대 왕조의 통치 행태, 정책에서는 사실상 법가의 통치수단이 널리 활용되었다. 묵가는 기본적 욕구가 충족되고 철저하게 절제된 채 열심히 노동하는 인간의 집단이 있고, 국가가 그러한 인간에게 이타주의를 교육하고 철저하게 통제하는 세상을 꿈꾸었다. 하지만 사회주의식 전체주의 같은 느낌을 주는 묵가의 세상은 지나치게 이상적이었기에 설득력을 갖기 어려웠고, 그들이 강조한 법규범의 중요성은 법가에 의해 더 발전되었다. 이에 비해서 현실 정치, 국가, 도덕, 문화, 예 같은 인위적인 것으로부터의 자유를 말하는 도가사상은 개인 차원에서는 모르지만, 통치자의 입장에서는 호감을 가질 수 없는 사상이다.

전통사상의 개인과 국가에 대한 관념에는 많은 차이가 있다. 유가는 독립된 개인보다는 관계인, 관계의 규범인 예를 중시하고, 덕과 인으로 통치하는 선한 통치자를 생각했으나 국가주의적 사고방식은 약하다. 유가사상은 본질적으로 인본주의와 현세주의에 기반하고 있으며, 문화, 전통, 교육, 도덕, 예를 가르치는 일을 중요시하였다. 유가에서 국가는 가정의 확장으로서 대가정이라는 의미가 강한데, 인과 덕으로 무장한 선한 군주와 국가는 구별되며, 사상가에 따라서 군주에 대항할 수 있는지에 대한 견해도 다르다. 반면에 묵가와 법가에게 개인은 철저하게 통치자, 부국강병을 위한 도구로 인식되며, 그들은 법규범에 근거해서 절대군주가 철저하게 통제하는 국가를 생각하였다. 물론 묵가는 국가가 개인에게 이타주의를 가르치고 그들에게 기본적 욕구를 채워 주는 역할을 해야 한다고 하였고, 법가는 엄격한 법규범과 지위고하를 막론하고 철저하게 집행하는 국가(=통치자)를 이상적이라고 보았다는 점은 다르다. 하지만 법가의 세계에서 전제군주는 법적용 대상에서 제외된다. 묵가와 법가에게 자유로운 개인은 없기 때문에 인본주의도 아니고 오직 국가주의가 있을 뿐이며, 이들에게 문화, 전통, 예, 도덕은 사치에 불과하다. 이에 비해서 도가는 전통사상 중에서 특이하게 현실, 도덕, 문화, 교육 같은 인위적인 것으로부터 개인의 자유를 주장했다는 점에서 가장 인본주의적이며 본질적으로 반문화적이다. 묵가와 법가에게 국가, 통치자가 중요했다면 도가에게는 '나'가 중요하였다. 하지만 그 관심은 세상 속에서 적극적으로 역할을 하며 이익과 인권을 주장하는 자유로운 개인이 아니라 자연과 하나 되는 소극적인 자유인이다.

중국의 전통사상이 공통적으로 취약한 부분이 있다. 중국의 전통사상은 전반적으로 뿌리 깊은 도덕주의 전통, 현대 인류사회의 보편적 가치(인권, 자유, 민주 등)에 대한 성찰 부족, 그리고 시민, 사회에 대한 무관심이 바로 그것이다. 1919년에 시작된 5.4 신문화운동에서조차도 개인은 민족 발전의 수단으로 인식되고 있었다.

19세기 말 아편전쟁의 충격에서 자유로울 수 없었던 중국 지식인들에게는 자주(自主)와 현대화를 위해 전통을 어떻게 이해하고 적용해야 하는지의 문제가 큰 고민거리였다. 다시 말해서, "자주와 현대화를 위한 전통이냐 반전통이냐?"가 토론의 주제가 되었다. 이 논쟁은 무려 80년 넘도록 진행되었고, 각자의 경험, 전통에 대한 이해, 현실 인식 차이로 인해 다양한 견해와 정책이 경쟁적으로 제안되었다. 전통시대 중국에서 관료 시험의 교재가 유가경전이었기 때문에, 이들이 옹호하거나 부정한 대상은 주로 유가사상, 유가문화, 유가전통이었다.

그런데 논쟁의 최후에는 서구로부터 수입된 사회주의 사상과 그것으로 무장한 사회주의 세력이 폭넓은 지지를 받았고, 1949년 사회주의 국가가 세워졌다. 마오쩌둥이 통치하던 사회주의 중국에서도 전통을 둘러싼 논쟁은 끊이지 않았다. 마오쩌둥은 반(反)전통을 고수하고 지식인을 혐오하며 그가 그리는 중국식 사회주의를 건설하려는 꿈을 꾸었다. 마오쩌둥 시대 중국에서 개인은 없었고 묵가형 사회주의 국가만 있었다. 그런데 사실 마오쩌둥도 중국 전통사상의 특징인 도덕주의적 성향에서 벗어나지 못하였고, 개인숭배에서 보듯이 국가와 통치자를 등치시키고자 하는 욕구가 강하였다.

개혁개방 이후 개방이 확대되고 시장화가 심화되며 경제 공간이 팽창하면서 개인은 설 자리를 찾았으나 그 공간은 경제 영역에 국한되고 있다. 당과 국가는 정치, 사회, 문화 영역에서 상당한 통제력을 유지하고 있고, 국가는 전체주의 국가로부터 경제성장에 매달리는 강력한 권위주의 국가로 변모하였다. 개인의 경제활동 공간은 거의 자본주의 사회와 별 차이가 없다는 평가를 받고 있지만, 인권, 정치적 자유, 민주 측면에서는 여전히 취약하다. 현재 중국에서 개인은 국가에 의해 철저히 통제되는 절반 정도의 자유로운 개인이며 개인들의 자율적 조직인 사회, 시민사회는 여전히 철저하게 통제된다. 중국 공산당과 정부는 이를 '중국식 사회주의,' '중국적 가치'라고 강변한다. 하지만 '중국식'을 고집하기보다는 보편적 가치에 대한 성찰, 사회의 의미와 가치에 대한 성찰이 필요하지 않을까 생각된다. 또한 현재 중국에서는 시민, (시민)사회는 걸음마 단계에 머물고 있으며, 시민들의 자율적 조직인 사회를 공산당이 좋아하지 않는다. 마오쩌둥 치하의 전체주의 국가에서나 개혁개방 이후 강력한 권위주의 국가에서도 시민들의 자율적 활동 공간인 시민사회는 여전히 취약하다.

개혁개방의 설계사인 덩샤오핑은 개혁개방과 함께 전통의 부활에 관심을 기울였다. 개혁개방으로 먹는 문제를 해결하고 경제대국이 되었으나 공산당은 불안하다. 공산당의 이념적 · 도덕적 설득력이 시효를 다하였고, 오직 경제성장만이 당의 집권 정당성을 보장해 주는 시대이기 때문이다. 이러한 절박한 상황에 대한 대안으로 등장한 것이 바로 애국주의라는 이름의 민족주의와 전통

부활 운동이다.[14] 다시 말해서, 유가사상이 그랬듯이 현재 중국에서도 공자를 포함한 유가사상이 '애국주의'라는 이름의 민족주의와 국가주의를 강화시키는 데 이용되고 있다. 그러나 전통사상, 구체적으로 유가사상이 개방과 시장화 시대를 사는 중국인, 복잡다단한 중국 사회뿐 아니라 21세기 세계인들에게 얼마나 설득력이 있게 다가설 수 있을지는 매우 의문이다.

14) 중국 공산당과 정부는 산동 취푸(曲阜)의 공자기념관을 성지로 만들고자 할 뿐 아니라 전국 각지에 공자 사당을 신축 또는 개 · 증축하는 등 공자 중심의 전통부활을 위해 많은 재원을 투자하고 있다. 사회주의 정당인 공산당이 전통사상을 선전하고 교육하려 한다는 점은 매우 흥미로운데, 이 사실은 공산당의 절박성을 말해 주기도 한다. 개혁개방 이후 새로운 민족주의는 공산당에게 도움이 될지는 모르지만, 경제력 팽창, 국력 신장과 함께 주변국에게 긴장감을 유발하고 있다.

Chapter

6

중국의 개혁개방을 어떻게 이해할 것인가

제1절 구사회주의권의 개혁개방을 이해하는 방식
제2절 개혁개방, 개혁개방의 길
제3절 개혁개방 전후 경제적 환경
제4절 개혁개방의 구도와 단계
제5절 개혁개방의 과정
제6절 개혁개방을 둘러싼 논란
제7절 개혁개방 방식의 특징
제8절 개혁개방의 성공 여건
제9절 중국의 길은 성공의 길인가?
제10절 중국은 새로운 경제발전모형을 창조하는가?

6 중국의 개혁개방을 어떻게 이해할 것인가

제 1 절 구사회주의권의 개혁개방을 이해하는 방식[1)]

제도 변화와 경제성과

신고전파 경제학은 재산권이 완벽히 보장되고 정보획득 비용이 들지 않을 뿐 아니라 시장거래에 비용이 들지 않는 마찰 없는 교환 과정을 가정한다.[2)] 하지만 이러한 가정은 현실 시장의 거래를 설명하는 데 많은 한계가 있다. 정보를 얻고 계약을 집행하며, 또 계약을 위반하는 기회주의적 행위를 통제하는 데는 '거래비용'(transaction costs)[3)]이 든다. 제도(institution)는 거래비용과 밀접한 관련이

1) 이 부분은 2016년 6월 하노이 세계한민족포럼 발표문 제2절의 일부이다. 임반석, 「베트남과 북한의 개혁개방 성과는 왜 다른가」, 『제17회 하노이 세계한민족포럼 발표자료집』(2016. 6), pp. 26~29.

2) D. C. North/이병기 옮김, 『제도, 제도변화, 경제적 성과』(*Institution, Institutional Change, and Economic Performance*)(서울: 자유기업센터, 1997), p. 26.

3) 거래비용은 시장거래에서 발생되는 정보비용, 집행비용, 강제비용의 합이다. 거래비용 개념 및 거래비용 개념을 주요 분석도구로 삼는 신제도주의 경제학에 관해서는 R. H. Coase, "The Nature of Firm," *Economica* N. S. 4, 1937; R. H. Coase, "The Nature of Firm," *Journal of Law, Economics, and Organization*, 4(spring), 1988; Claud Menard(ed.), *Transaction Cost Economics*(Cheltenham, UK: Edward Elgar Publishing Ltd., 1997); Claud Menard(ed.), *Institution, Contracts and Organizations*(Cheltenham, UK: Edward Elgar Publishing Ltd., 2000); J. J. Vromen, *Economic Evolution*(London and New York: Routledge, 1995); S. G. Medema, *Coasean Economics: Law and Economics and the New Institutional Economics*(Mass.,USA: Kluwer Academic Publishers,1998) 등 참조.

있고, 거래비용은 시장거래의 활성화와 연결되며, 시장거래의 활성화는 경제성과 및 경제발전과 깊은 관련이 있다. 이러한 이유 때문에 경제의 성장과 발전에서 제도가 중요한 요소로 부각된다.

경제학에서 성장과 발전의 요소인 '제도'의 발견은 우리에게 매우 중요한 의미를 던져 주었다. 초기 제도주의 경제학은 제도를 외생변수로 보고 제도와 경제성장 및 발전의 관계에 관심을 집중하였다. 신고전파 시각에서도 제도는 외생변수에 불과한데, 이러한 사고방식은 제도주의 경제학에도 그대로 이어졌다. 그러나 신제도주의로 접어들면서 제도는 생성, 변화한다는 인식의 전환이 일어났다. 경제학이 제도의 중요성을 부각시키기 이전까지 경제학자들은 경제발전 요소로 주로 자본, 노동, 기술, 나아가서는 '경제하려는 의지'(will to economize) 등에 주목하였다. 이에 비해서 신제도주의 경제학은 제도의 기원, 생성 과정, 변화로까지 관심을 확장했다.

자유시장경제에서 경제적 효율은 개인의 재산권과 이익 추구가 최대한 보장될 때 실현될 수 있다. 경제효율의 전제가 되는 경제 주체의 사익 추구는 크게 두 가지 제약 조건에 직면한다.[4] 첫 번째 제약은 제도적 장치와 관련되어 있고, 두 번째 제약은 예산 및 시간과 관련이 있다. 시장행위의 주체는 재산권이 명확하게 정의 · 보장되는지, 거래비용은 어느 수준인지, 그리고 주어진 시간과 예산 조건은 어떤지를 고려하여 행위를 한나. 그렇기 때문에 개인의 경제행위에 대한 유인은 재산권이 분명하게 정의 · 보장되고 거래비용이 크지 않을 때 강해진다. 이렇게 볼 때 경제 주체의 경제행위를 자극함으로써 경제효율을

4) P. J. Boettke, "The Rule of Law" (www.gmu.edu/departments/economics/pboettke/law.htm), p. 3 참조.

극대화하기 위한 제도적 장치는 재산권을 보장하고 거래비용을 줄이기 위한 제도의 구축이며, 제도는 만들어지고 변화한다. 신제도주의 경제학의 큰 공헌은 제도를 주어진 요소가 아니라 가변적인 요소로 보았다는 점에 있다.

지금 우리의 관심은 제도 일반이 아니라 경제활동을 유인하는 제도, 특히 재산권과 관련된 제도이다. 왜냐하면, 제도주의에 따르면 경제행위에 대한 유인 또는 혁신(과학기술, 경영)에 대한 유인은 재산권의 보장에서 시작되기 때문이다. 개인이 경제활동으로부터 얻은 부와 소득을 자신이 지배할 수 없거나, 혁신 노력이 사회로부터 아무런 보상도 받을 수 없는 제도 환경에서는 혁신 유인은 말할 것도 없고 경제행위의 자발성과 적극성 자체가 억압된다.

제도와 관련해서 또 한 가지 기억해야 할 점은, 법제도가 사회질서를 확보해 주는 중요한 사회규범의 하나이기는 하지만 시공을 초월한 법제도는 있을 수 없다는 사실이다. 법제도는 시대가 새로워지고 시대정신이 달라짐에 따라 변천해야 한다. 시장질서 원리로서의 법제도도 이해관계가 복잡해지고 참여자들이 서로에 대한 정보를 거의 갖지 못한 채 거래에 참여하는 정도가 심화되면, 그에 맞게 변천되어야 한다.

그런데 제도에는 과거의 반작용인 경로의존성(path dependency)이 있기 때문에 변화가 쉽지 않으며, 전통이나 이념의 중압이 강한 사회에서 제도 변화는 매우 어렵다. 특히, 사회주의 사회처럼 장기간 이념이 지배하던 사회에서 제도 변화는 더 어렵다. 한 사회의 제도 중 문자적 의미의 헌법, 법률, 규정을 바꾸는 일이 쉬울 수도 있지만, 지도자, 사법제도, 관료제, 정치적 이해관계와 관련된 제도 변화는 느리고 어렵다. 이 어려움은 기술적 · 재정적인 데 있는 것이 아니라 주로 제도 구축과 제도 변화를 거부하는 지도자의 손, 입법담당자의 이해관계, 법조인의 인식, 관료의 비협조 내지는 반발에 있다. 이념이 지배하거나 부정부패나 냉소주의에 젖은 시스템 속에서 기득권층과 엘리트들은 강한 압력이 아니고는 이익을 포기하려 하지 않는다.[5] 그렇다고 해서 제도 변화를 노리는 개혁 시도가 혁명이나 폭력으로 소기의 목적을 달성하기도 어렵다. 제도는 안정성을 가지고 있기 때문에 제도의 변화와 개선은 이점을 고려하여 치밀하고 인내심 있게 추진될 때 소기의 목적을 달성할 수 있다. 여하튼 경제 성장과 발전을 원한다면 그에 맞는 제도 변화와 제도 구축이 필요하다. 사회주의 '체제'라고 할 때 체제는 하나의 정치경제제도이며, 개혁개방에서 경제적 측면의 핵심은 시장화 또는 사유화이다. 따라서 사회주의권의 개혁개방은 체제이행, 체제변화, 체제 개혁 이전에 제도 변화 과정이라 할 수 있다.

사회주의 사회의 개혁개방에 대한 고전적 설명

소련 사회주의 체제가 붕괴하자 코르나이(Janos Kornai)는 1990년대 초 사회주의 체제의 몇 가지 형태를 제시하였다.[6] 그는 사회주의의 등장에서 소멸까지의 과정을 혁명적-이행적 사회주의 체제에서 고전적 사회주의 체제로, 고전적 사회주의 체제에서 개혁 사회주의 체제로, 그리고 개혁 사회주의 체제에서 탈

5) 이러한 진단에 대해서는 Thomas Carothers, "The Rule of Law as a Goal of Development Policy"; "The Rule of Law on Western Thought"; Thomas Carothers, "The Rule of Law Revival," *The Rule of Law and Economic Development*, Collecting Papers II (The World Bank Group, www1.worldbank.org/publicsector/legal, 2001) 참조.

6) Janos Kornai, *The Socialist System: The Political Economy of Communism*(Oxford University Press, 1992).

사회주의 체제(post-socialist system)로 정리하였다.[7] 그리고 그는 사회주의의 필요충분 조건은 국유제, 중앙집권 관료제, 공산당 일당지배를 꼽았고, 자본주의의 필요충분 조건으로는 사유제, 시장에 의한 사회경제 조절, 정치적 자유화를 들었다. 그에 따르면 사회주의 사회의 체제 변화는 고전적 사회주의 단계에서 발생하는데, 이 변화는 개혁과 혁명을 모두 포함한다. 개혁은 체제가 완전히 변하지는 않으면서 소유제, 경제조절 기제, 정치구조 중 적어도 하나 이상에서 적당히 급진적인(moderately radical) 변화가 발생하는 경우를 의미한다. 코르나이는 체제 변화를 그 깊이에 따라 사유화, 시장화, 정치적 자유화로 구분하였다. 사유화는 국유에 변화가 생겨 사유권을 인정하는 것을 의미한다.[8] 시장화는 행정적 · 관료적 조절 메커니즘의 시장조절로의 대체이며, 변화의 깊이에 따라 가격 개혁, 시장사회주의, 기업의 자주관리 등으로 구분된다. 코르나이의 설명에는 대외개방에 대한 내용이 부족한데, 대외개방은 넓은 의미의 시장화에 포함되는 것으로 이해할 수 있다. 사유화는 변화의 마지막 단계로서 정치 개혁, 즉 공산당의 일당지배, 절대적 권위를 가진 공식 이데올로기의 실질적 변화를 의미한다. 그의 설명에서 사유화와 시장화는 경제제도의 변화, 자유화는 정치제도의 변화라 할 수 있다.

코르나이는 처음에 공산당의 독재 여부를 혁명과 개혁을 구분하는 기준으로 제시하였으나, 뒤에 중국과 베트남의 사례를 고려해서 공산당이 존재하더라도 제도가 시장친화적(market friendly)이고 사유제 방향으로 변하면 체제이행

7) Janos Kornai(1992), pp. 18~21.
8) Janos Kornai(1992), pp. 565~568.

으로 볼 수 있다고 수정하였다.[9] 그는 이상의 세 요소 중 한 요소만 변하는 단일 전환에서 정치 변화는 사실상 어렵다는 점을 지적하는데, 정치적 자유화는 리더십과 정책의 유연성에 의해 어느 정도 보완될 수 있는 측면이 있다고 보았다. 이처럼 코르나이가 말하는 사회주의 체제 변화는 다른 의미에서 독점적 · 착취적 정치경제제도에서 포용적 · 개방적 정치경제제도로의 변화를 의미한다.

제2절 개혁개방, 개혁개방의 길

자유와 민주, 그리고 경제적 번영이 인류가 추구하는 보편적인 목표라고 볼 때, 현실 사회주의 체제는 이와 같은 보편적인 역사발전 방향과 큰 괴리를 보였다. 이상사회 구현을 위한 오랜 실험의 결과가 백일하에 드러나면서 현실 사회주의는 변화하지 않을 수 없었다. 20세기 말이 되면서 체제 변화에 대한 요구는 비단 사회주의 사회에만 국한되지 않고 변형되거나 변질된 자유, 민주, 시장을 중심 내용으로 하는 모든 체제에도 동일하게 다가왔다. 그것은 좋든 싫든 세계적인 차원의 민주화, 개방화 및 시장화를 지향하는(때로는 강요하는) 형태로 밀려왔다.

현실 사회주의 국가들은 대부분 마르크스-레닌주의, 또는 그것의 변형된 사상을 당과 국가의 공식적 지도이념으로 삼는데, 이념적인 차원에서뿐만 아

9) Janos Kornai, “Market Socialism? Socialist Market Economy?” *From Socialism to Capitalism, Eight Essays*(Budapest-New York: Central European University Press, 2008), pp. 58~60.

니라 정치적 · 제도적인 차원에서도 당의 지도권이 보장된 체제를 견지하였다. 정도의 차이는 있지만, 대부분의 현실 사회주의 국가에서는 국공유제를 원칙으로 삼고 사적 소유와 사적 경제활동을 제약하며, 기본적으로 통제경제를 유지한다. 하지만 모든 현실 사회주의 국가들이 이러한 특징을 공유하지는 않았다. 역사적 상황과 현실적 조건에 따라서 현실 사회주의 체제는 앞의 특징을 어느 정도 수정 · 보완하는 다양한 조합 형태를 보였다.

1980년대에 들어서 과학기술의 비약적인 발전과 더불어 세계경제는 과거와는 다른 차원으로 발전하기 시작하였고, 이에 따라 사람들의 사고방식과 생활양식에도 현저한 변화가 발생하였다. 의식과 생활양식이 변화함에 따라 기존의 권위주의적인 가치체계, 경제구조, 사회구조, 그리고 정치제도에 대한 시민사회의 불만과 다양한 욕구가 분출하였다. 이 움직임은 거의 모든 사회에서 더 민주적이고 개방적이며 인간적인 가치와 제도를 추구하는, 밑으로부터의 시민운동과 위로부터의 개혁운동 등 다양한 형태로 나타났다. 변화의 소용돌이 가운데서 자연스럽게 더 획일적이고 경직된 가치와 제도를 견지해 온 스탈린주의적 사회주의 체제, 마오주의적 사회주의 체제, 개발독재형의 권위주의 체제에서는 자연스럽게 다원적인 사회보다 더 강력한 변혁 욕구가 표출되었다.

범세계적으로 진행된 개방화, 민주화를 지향하는 조류로 인해 거의 모든 현실 사회주의 국가들은 어떤 형태로든 과거와 같은 체제를 더 이상 유지할 수 없게 되었다. 그러나 개별 사회주의 국가들의 역사적 환경과 현실적 조건에 따라 체제위기에 대응하는 양식, 즉 개혁개방과 탈사회주의의 길도 각기 달랐다.

사회주의 사회의 개혁개방 유형과 관련해서 가장 단순한 시각이 바로 '점진의 길과 급진의 길'이라는 이분법적 사고방식이다. 이분법적인 이해는 한편에 중국, 그리고 다른 한편에 소련을 세운 뒤 나머지 나라들은 특수성이 무시된 채 마구잡이로 이 두 나라 뒤에 강제로 줄을 세운다. 이분법적 사고방식은 소련과 중국의 사례를 개혁개방 성과를 평가하는 중요한 척도로 삼는다. 이분법은 또한 개혁개방이 시작된 뒤 정치와 경제 양 측면에서 실패한, 즉 개혁개방의 대표적인 실패 사례로 소련을 꼽고, 정치 안정과 경제발전을 비교적 잘 조화시켜 온 중국을 개혁개방 성공 사례로 간주한다. 이렇게 한 다음 그들은 점진이 성공의 길이고 급진은 실패의 길이라는 성급한 결론을 내린다.

현실 사회주의 사회의 개혁개방을 좀 더 구체적이고 현미경적으로 살펴보면 이분법적인 이해가 얼마나 순진한 발상인지를 깨닫게 된다. 무엇을 두고 급진과 점진을 가늠하는지도 분명하지 않음은 말할 것도 없거니와 이분법으로 수십 개에 달하는 복잡다기한 사례를 설명해 내는 데는 무리가 따른다.

사회주의 개혁개방 사례를 보면, 개혁개방 과정이 급진적이고 단절적인 '체제 해체'라는 형태로 진행되는 경우도 있고, 오랜 시간을 끌면서 지지부진한 형태로 진행되는 경우도 있으며, 또 시행착오를 거쳐 위로부터의 변혁이라는 형태로 진행되는 경우도 있다. 따라서 성급하게 사회주의 체제의 종말을 말하거나 새로운 체제의 탄생을 논하는 자세나 어떤 유형이 양호한 경제성과와 직접적인 상관관계가 있다는 등의 단순 논리는 큰 한계가 있을 수밖에 없다. 이보다는 차분하게 각 사회의 역사적 · 문화적 여건과 특수성을 고려하면서 개혁개방을 향한 다양한 경로와 형태를 관찰하는 자세가 필요하다.

구사회주의권의 개혁개방과 그 성과를 말할 때 변혁의 성과는 주로 경제성장이라는 측면에서 설명된다. 하지만 개혁개방의 유형은 보는 시각에 따라 매우 다양하고 복잡한 형태를 보인다. 더욱이 개혁개방의 길과 경제성과 간에는 단순한 유형 분류로 설명해 내기 불가능할 정도로 매우 혼란스러운 조합을 보인다. 개혁개방을 '급진적인 길과 점진적인 길'이라는 시각에서 분류하고, 점진적인 길만이 성공의 길이라고 단정을 내리는 자세는 동아시아 전 지역의 경제발전 현상을 동아시아 발전모형 또는 아시아적 가치와 같은 용어를 통해 거칠게 설명해 내려는 자세만큼이나 조잡하다.

우리는 단순히 개혁개방의 속도 측면에서 급진적 길과 점진적 길을 말하고 싶어한다. 그런데 급진과 점진의 내용이 무엇이냐를 묻는다면 문제는 매우 복잡해진다. 예를 들어, "변혁이 취약한 부분에서 시작되었느냐 아니면 상대적으로 유리한 부분에서 시작되었느냐?" "변화가 경제에서 시작되었느냐 아니면 정치에서 시작되었느냐?"를 중심으로 볼 것이냐, 아니면 "시장기제의 도입 시기나 도입 속도를 중심으로 볼 것이냐?"에 따라 급진과 점진의 내용은 달라진다.

사회주의 사회의 개혁개방을 정치적인 측면에서 분석할 경우에도 매우 복잡한 유형들을 추출할 수 있다. 사회주의 국가들이 직면한 체제붕괴와 변화 과정에서 집권 엘리트와 반대 세력 간의 상호 관계를 보면 이 역시 매우 복잡한 모습으로 나타난다. 첫째가 위로부터 전격적으로 개혁개방이 실현되는 유형이다. 이 유형에서는 집권 엘리트 내부에서 개혁 세력이 등장하여 개혁과 개방을 추진한다. 이 과정에서 체제의 위기에 대한 대응전략과 관련하여 급진적인 개혁파와 보수파 간의 갈등이 심화되고, 시민사회의 압력이 가중되면서, 마침내 개혁파들이 주도하는 형태의 변화를 이룬다. 이 유형의 대표가 소련, 헝가리, 불가리아 등이다. 두 번째 유형은 보수파와 개혁파 간의 타협에 의한 평화적인 개혁개방 유형이다. 이 사회에서는 현실 사회주의 체제의 핵심 내용을 고수하려는 권력 엘리트와 조직화된 반체제 세력들 간의 첨예한 대립과 갈등이 반복된다. 그러다가 두 세력이 타협하게 되고 타협을 통해 평화적으로 개혁개방이 추진된다. 이 유형의 대표가 폴란드, 체코 등이다. 세 번째 유형은 보수파의 저항과 아래로부터의 급진적인 변혁을 통한 개혁개방 유형이다. 보수파는 기존의 현실 사회주의 체제를 완강하게 고수하다가 아래로부터의 강력한 저항에 직면하여 기존 체제가 급진적으로 붕괴한다. 이 유형의 대표는 동독, 루마니아, 알바니아 등이다.

구사회주의권의 개혁개방을 변혁의 '주체'를 중심으로 고찰할 경우 또 다른 유형을 발견할 수 있다.[10] 먼저 헝가리, 폴란드, 체코 및 발트 3국은 공산당과 결별한 새로운 정치 세력이 개혁개방을 주도하였다. 루마니아, 불가리아는 공산당을 계승한 세력이 점진적인 개혁개방의 길을 걸었다. 중국과 베트남은 공산당 내의 개혁파에 의해 개혁개방이 시도되었다. 그리고 소련은 공산당 내 개혁파에 의한 전격적인 개혁개방의 길을 걸어왔다.

또한 사회주의 사회의 개혁개방을 불러온 역사적 계기를 보면, 이 역시 매우 다양한 스펙트럼을 보인다.[11] 소련에서는 사회주의 경제 건설의 실패로 인

10) 이영훈, 「개혁개방기 북한의 경제발전 모델」, 『북한의 경제발전 모델과 남북경협 모델』, 2001년 고대 아세아문제연구소 제1회 북한전문가 워크숍 자료집(2001), p. 85 각주 10 참조.
11) 이영훈(2001), p. 89 각주 16 참조.

한 경제생활의 피폐를 배경으로 하여 1980년대 후반부터 당내 일부 집단에 의해 개혁과 개방이 시도되었다. 소련 개혁개방 출발의 주요 계기는 경제 실패였고, 목표 역시 경제발전과 생활수준 향상이었다. 소련의 개혁개방은 결정적으로 고르바초프를 중심으로 한 정치 세력에 의해 정점에 달하였다. 동유럽 사회주의국과 발트 3국 및 중앙아시아 독립국에서는 소련이 해체되면서 갑자기 변혁시대를 맞았다. 이들 국가들에서 개혁개방은 경제발전 우선이냐 개혁개방 우선이냐를 숙고할 여지도 없이 갑작스러운 외부 환경의 변화에 따라 주어졌다.

이에 비하여 중국에서는 30년간의 계급투쟁 우선 노선, 소련형 경제 건설 전략, 주관주의 및 개인숭배에 의한 합리적인 경제정책 목조르기, 그리고 그로 인한 인민들의 끓어오르는 불만을 배경으로 1970년대 말 당내 소수 개혁파에 의해 개혁과 개방이 선언되었다. 소수파가 주도한 개혁개방은 지도층 내부의 갈등을 불러왔으며, 개혁개방을 둘러싼 갈등과 숨고르기는 1980년대 초까지 계속되었다. 중국 개혁개방의 주요 계기는 오랜 사회주의 경제 건설 괴업의 실패였고 개혁개방의 목표는 경제성장과 생활수준 향상이었다. 그리고 이후 여러 굴곡을 거치면서 경제성장이 지속되었고 1989년 정치적 혼란을 넘어 1992년을 지나면서 시장화로 대표되는 개혁개방은 한층 가속되었다.

제3절 개혁개방 전후 경제적 환경

개혁 이전 중국의 전통적인 경제구조는 1950년대 초 소련의 모형을 모방한 중공업 우선 발전전략의 산물이다. 전통적 경제구조는 크게 세 부분으로 구성되어 있었다. 첫째는 인위적인 저이자율, 저환율, 저임금, 그리고 저물가를 특징으로 하는 거시정책 환경이고, 둘째는 계획에 의해 수행되는 여신, 외환 및 기타 자원배분제도이다. 세 번째는 경영자주권이 없는 명령 수행자로서의 미시경영 주체이다. 이 세 구성부분은 자본이 부족한 농업국이 중공업 우선 발전전략을 선택하면서 자연스럽게 생성되었다.

1949년 중화인민공화국이 성립될 당시 공산당은 오랜 전쟁으로 인하여 만신창이가 되었고, 인구의 89%가 농촌에 거주하고 있으며, 공업이 국민소득의 12.6%에 불과하던 전형적인 농업국을 접수하였다. 당시 세계인들은 중공업화 수준을 종합적 국력이자 경제적 성취의 기준으로 삼고 있었다. 따라서 중국의 지도자들도 중공업을 우선시하였다. 여기에 더하여 1950년 중국이 6.25전쟁에 개입한 대가로 서방으로부터 정치적 고립과 경제 봉쇄를 당하였는데, 공산당 정권은 국가안전을 위해 중공업화의 길을 선택하지 않을 수 없었다. 이 밖에도 1930년대 소련의 중공업 우선 발전전략이 뛰어난 성과를 올린 점도 중국 지도자에게 중공업화에 대한 의지를 강화시키는 데 일조하였다. 이러한 역사적 배경으로 인해 중국 정부는 1953년 반(半)식민지와 내전의 피해로부터 복구 작업이 일단락되자 바로 중공업 우선 발전전략을 내걸었다. 이 전략목표는 국가의 생산재와 군수물자 생산능력을 하루빨리 증대시키려는 데 두고 있었다. 중공업 우선 발전전략은 이어지는 5개년 계획을 통해 구현되었다.

제1차 5개년 계획 초 이자지출과 수입설비 비용을 줄이기 위해 중국 정부는 저이자율 및 저환율 정책을 채택하였다. 또한 공업으로 하여금 자본의 확대

재생산을 가능하게 하기 위해 임금, 원자재, 에너지 및 운수 부문에 저가정책을 실행하였다. 이러한 거시정책을 선택한 이유는 기업으로 하여금 저가정책으로 창출된 이윤으로 대출금을 상환하고 재투자 자금을 축적할 수 있게 하기 위한 데 있었다. 당시 대부분의 기업이 개인소유였기 때문에 기업이윤이 정부가 계획한 발전 항목에 투자된다는 보장이 없었다. 이 위험을 없애기 위해 사기업을 신속하게 국유화하였는데, 새로운 주요 기업들이 국가소유였기 때문에 이윤을 중공업 분야에 집중 투하할 수 있었다. 동시에 정부는 저임금정책이 기능할 수 있도록 저물가정책의 적용 대상을 도시주민의 식품, 주택, 의료 및 의복을 포함한 생활필수품 전반으로 확대하였다. 이렇게 해서 저이자율, 저임금, 저원자재 및 생필품 가격은 중공업 우선 발전전략의 기본적인 거시정책 환경이 되었다.

그런데 노동력이 상대적으로 비교우위에 있던 경제환경 하에서 추진된 왜곡된 거시경제정책은 여신, 외환, 원자재 및 기타 생필품의 수급에 불균형을 불러왔다. 이에 따라 우선 발전부문과 비우신 발진부문 간의 값싼 자원확보 경쟁을 피하고 한정된 자원을 정부가 선정한 우선부문에 집중하기 위해서는 자금, 외환, 노동력, 원자재 및 생필품에 계획과 행정통제 방법을 동원해야 했다. 정부의 계획과 행정을 통한 경제통제는 점차 은행, 대외무역 그리고 각종 물자의 배분체계에 대한 독점으로 나타났다.

앞에서 설명한 바와 같은 뒤틀린 거시정책 환경과 고도로 집중된 자원배분제도 하에서 경쟁은 억압되었고 이윤은 더 이상 기업의 효율을 평가하는 기준이 될 수 없었다. 시장규칙의 부재와 정부의 의도에 의한 임의적인 경제관리는 심각한 경제 문제들을 야기하였다. 이 문제들을 완화하기 위해 정부는 경영자의 경영자주권을 박탈하고, 미시경제 주체 및 경영자의 역할을 정부의 계획과 지령으로 대체하였다. 국유기업은 지령성 계획에 따라 생산하고, 행정성 자원배치체계를 통하여 필요한 물자를 조달하였다. 생산품 가격은 국가 유관기관이 결정하였고, 국가기관은 생산에서 소비에 이르는 전 과정을 통제하였다. 대부분의 투자자금과 유동자금은 국가예산과 은행대출에 의존하였다. 국유기업의 이윤은 국가재정으로 상납되었고, 손해는 국가예산에 의해 보전되었다. 연성예산(soft budget)체계 속에서 자주권이 없는 국유기업은 점차 중앙의 명령에 따라 움직이는 부속품이 되어 갔고, 경쟁에서 자유로워진 기업은 효율과 이윤을 위해 노력할 필요가 없었으며, 기업들은 이윤이나 효율이 아닌 '투자 항목과 자금 유치 경쟁'에 열중하게 되었다.

중공업 우선 발전전략과 관련된 정책과 자원배분제도는 농업에도 큰 변화를 불러왔다. 식량과 기타 농산품을 낮은 가격에 묶어 둠으로써 도시의 저가 배급제도를 지지하기 위해 정부는 1953년 농촌에 강제수매정책을 실행하였다. 강제수매정책에 따라 농민은 국가가 정한 가격에 일정량의 농산물을 판매하도록 강요당하였다.

중국 농민은 천 수백 년간 봉건적 수탈 속에서 가난과 기아에 허덕여 왔다. 1949년 사회주의 혁명 완수 후 토지 개혁이 실시되었고, 농민은 처음으로 봉건적 속박과 약탈로부터 해방되었다. 공산당은 경제사회의 발전법칙에 충실하고, 중국의 발전 단계를 고려하며, 경지를 소유한 농민의 정당한 소망을 만족시키기 위해 초급수준의 합작사(合作社) 형태를 통해 농업 생산력을 향상시키고자 했다. 하지만 1950년대 말 위로부터의 명령에 의해 고급수준의 집단화 형태인 소련식 집단농장제도가 도입된 것이다. 이에 따라 농촌에 공산주의로 진입하기 위한 과도기 제도로서 인민공사(人民公社, people's communes)가 조직되었다. 1959년 8월 4일 허난(河南)성 신샹(新鄕)현에 최초의 인민공사가 조직되었고 곧 전국 규모로 확산되었다. 1956년에는 전국의 자본주의적 상공업도 모두 공사합영(公私合營)이라는 형태의 사회주의적 소유로 전환되었다.

인민공사제도를 통한 농민의 조직화는 처음으로 농민의 손에 들어온 경지를 박탈함은 물론 생산수단까지도 인민공사 소유로 귀속시킴으로써, 농민을 인민공사 간부의 지휘와 명령에 복종하는 자율성 없는 존재로 만들었다. 인민공사제도 하에서 농민의 노동은 집단노동이 되었고 연말에 노동의 대가를 실물계산에 의해 지불하도록 되어 있었으나, 대개는 공사에 부채를 지게 되었다. 인민공사의 정사합일(政社合一)체제와 뒤이은 개인숭배 사조는 농촌 생산력의 발전을 저해함은 물론 사회주의 기본 원칙에도 위배되었다. 여기에 더하여 문화혁명에 의해 농촌 파괴가 가중되었기 때문에 농민은 아사를 피하여 사방으로 유랑하기까지 하였다.

농업은 중공업화와 도시를 위해 값싼 원자재와 식료품을 제공하는 역할뿐 아니라 아직 마땅한 외화수단이 없던 시기에 외화벌이의 원천이기도 하였다. 1950년대 수출에서 농산품이 총수출량의 40%를 차지하고 있었는데, 이 상황은 1970년대까지 계속되었다. 중공업 우선 발전전략에서 외환은 자본과 함께 중요한 제약요인이었다. 따라서 발전 초기의 공업화를 위한 자본재 수입능력은 거의 농업에 의존하고 있었다고 해도 과언이 아니다.

공업발전과 마찬가지로 농업발전 역시 자원과 자금의 투자가 필요하다.

그러나 정부는 부족한 자원과 자금을 공업에서 농업으로 이전시키려 하지 않았다. 이에 따라 중공업 우선 발전전략 과정에서 정부는 농업과 공업이 자원경쟁을 하지 않게 하는 전략을 선택하였다. 이 전략은 농촌 노동력을 동원하여 관개, 방홍, 개간 등 노동집약형 건설 항목에 주력함은 물론, 조밀하게 심기, 세밀한 제초작업 및 다량의 유기비료 사용 같은 전통적 방법을 강화함으로써 단위면적당 농업 생산고를 높이고자 하였다. 정부는 이를 위해 농업 집단화가 필요하다고 판단하였고 인민공사라는 특수한 집단생산 조직을 도입·확산시켰던 것이다. 집단농업에서 소득분배는 생산활동에 대한 구성원의 노력에 기초하도록 하였으나, 시간적·공간적으로 노동자의 노력을 감독하기란 불가능하였다. 따라서 집단농업의 보수(報酬)제도는 평등을 근간으로 삼았다.

자본이 부족한 경제에서 왜곡된 거시정책 환경과 계획에 의한 자원배분제도 및 자주권 없는 미시경영 주체는 중공업 우선 발전을 위한 자원동원 능력을 최대화하였다. 그러나 경제활동에서 개인의 적극성이 억압되었기 때문에 정부의 투자구조는 발전전략의 성격을 보는 가장 좋은 지표였다. 3/4에 달하는 인구가 농업을 생업으로 삼고 있었는데, 1953~1985년의 농업 투자는 국가 총투자의 10%에도 미치지 못하였다. 이에 비하여 농공업 총생산액에서 차지하는 중공업의 비중은 1952년의 15%에서 1970년대에는 40%까지 상승하였다.

산업구조 측면에서 볼 때 전통적인 사회주의 중공업화는 빠른 중공업회라는 소기의 목적을 실현할 수 있게 하였다. 그러나 중공업화를 위해 지불한 비용은 컸다. 비교우위를 무시한 산업구조는 자원배분의 효율을 떨어뜨렸고, 경영자와 노동자의 적극성 부족은 기술적 효율의 저하를 불러왔다. 경제개발을 위한 초기 자본은 상대적으로 부족하였고 노동력은 풍부한 상황이었다. 만약 가격이 시장에 의해 결정되었다면 자본가격은 상대적으로 비싸지고 노동력의 가격은 쌌을 것이다. 당시 중국 경제의 비교우위는 노동집약 부문에 있었다. 만약 투자가 시장의 수급에 의해 결정된다면, 이윤을 추구하고자 하는 노력은 기업가들에게 자본절약형과 노동집약형 기술을 채용하게 함으로써 더 많은 자원이 노동집약산업으로 배분되었을 것이다. 그런데 경제원칙을 무시한 발전전략은 만성적인 소비재 부족, 생활수준과 삶의 질 하락을 불러왔다.

기업의 입장에서는 이윤이 더 이상 기업의 효율을 평가하는 기준이 아니었고, 계획에 의한 자원배분체계는 효율적 자원배분을 불가능하게 하였다. 경영자는 대량의 재고 유지에만 급급할 뿐 자원의 경제적인 이용에는 관심이 없었다. 과잉 고용, 과잉 재고 및 자원이용의 저효율은 자주권이 없는 국유기업 전체의 특징이었다. 또한 경영자는 노동자의 임금과 장려금을 결정할 권한이 없었고, 노동자의 임금은 생산활동에서 그가 쏟은 노력이나 기업의 경영 상황과 무관하였다. 이러한 보수체계는 노동 자발성과 노동에 대한 적극성을 저해하였다.

사회주의 건설 과업을 통하여 소련식 경제통제 및 군사 공산주의적 경제관리 하에 있던 농촌은 피폐해졌고 농민의 생활은 빈곤해졌다. 한편에 효율을 내지 못하는 대규모 중공업이 있었고, 다른 한편에는 소비재가 절대 부족한 상황이었는데, 정치투쟁은 반복될 뿐 아니라 갈수록 강도를 더해 갔다. 정치에 대한 인민의 불만은 커 갔고 사회경제 질서는 2~3년마다 대규모 '계급투쟁'을 통해 간신히 유지되었고 계급투쟁의 강도는 갈수록 강해졌다. 1950년대 말에는 인재(人災)와 자연재해가 겹쳐 3,000만 명이 굶어 죽었고, 정치투쟁이 극에 달한 문화혁명기간에는 200만 명이 폭력으로 죽었다. 인민들은 외부세계에 대해 거의 알지 못하였고, 정부도 교조적 개인숭배 틀 속에 틀어박혀 세계 속에 고립되어 있었다. 이러한 가운데 도시 노동자와 직공의 생활 역시 최저 생활수준을 간신히 유지할 정도였다.

제 4 절 개혁개방의 구도와 단계

1978년 중국 공산당 제11기 3중전회에서 개혁개방을 선언한 지 벌써 35년이 넘었다. 지난 35년 동안 중국은 사회 각 분야에서 숨가쁜 변신을 해 왔고 정치 측면에서도 보이게 또는 보이지 않게 많은 변화가 있었다. 중국은 '현대화'라는 과제를 향해 정신없이 달려왔는데, 이 길은 사회주의 발전사, 개혁개방사, 시장화 역사 등 어느 용어로 설명해도 큰 무리가 없을 만큼 훌륭한 역사의 한 장으로 기록될 만하다. 중국 공산당은 이 과정을 사회주의 혁명시대의 '대장정'(大長征)과 결부시켜 '새로운 장정'이라고 부르기도 한다.

중국의 개혁개방은 '하나의 중심, 두 가지 기본'(一個中心, 兩個基本點)이라는 큰 밑그림에 근거하고 있다. 하나의 중심이란 '경제 건설,' 즉 경제발전이고 두 개의 기본 점은 '네 가지 기본 원칙'과 '개혁개방'이다. 하나의 중심이 '경제발전'이라는 사실은 중국 개혁개방의 목표가 계급투쟁을 핵심으로 하는 정치 우선이 아니라 경제발전과 생활수준 향상으로 전환되었음을 의미한다. '하나의 중심, 두 개의 기본 점'에는 경제발전을 위해 '무엇이든' 대담하게 시도할 수 있다는 의지가 반영되어 있다. 네 가지 원칙이란 사회주의 유지, 프롤레타리아의 독재 유지, 공산당의 지도 유지 및 마르크스 · 레닌주의와 마오쩌둥 사상의 유지인데, 요약하면 마르크스 · 레닌 및 마오쩌둥의 사상을 기본으로 하는 공산당의 독재와 지도이다. 또 다른 기본 점은 개혁개방으로서 문호를 개방하여 세계시장에 참여함은 물론 국내 경제 운영에도 시장기제를 도입한다는 내용을 골자로 하고 있다. 그런데 두 가지 기본 점 중에서 네 가지 원칙은 공산당의 지속적 집권과 관련이 있고, 개혁개방은 시장화 및 대외개방과 연결되어 있어서 양자가 사실상 잘 어울리지 않는다. 따라서 우리의 전통적인 체제관으로 보면 이 양자는 서로 대립된다. 하지만 하나의 중심이 우선되고 있는 데서도 알 수 있듯이, 결국 두 가지 기본 점은 경제발전이라는 하나의 중심을 위해 변증법적으로 통일되도록 설계되어 있다.

중국 개혁개방은 표면적으로 당의 결의라는 형식을 통해 위로부터 아래로 확산되어 온 것처럼 보인다. 하지만 실제로는 소련식 정치경제체제를 이식한 군사 공산주의적 통치방식의 붕괴, 지도자의 시대착오적인 사상과 독단에 의한 경제적 낙후와 피폐, 그리고 인민의 치솟는 불만에 대한 불가피한 대응에서 나온 것이다.[12)]

마오쩌둥이 살아 있는 동안에는 '계급투쟁'이라는 수단으로 사회안정을 확보할 수 있었다. 하지만 마오쩌둥이 죽고 4인방(四人幇)이 제거되고 개혁개방 시대로 접어들면서 이전의 사회안정화 수단은 더 이상 통용될 수 없게 되었다.

12) 朱紹文, 「經濟體制改革の推移と展望」, 『中國の經濟體制改革』(東京: 東京大出版會, 1991), p. 4.

특히, 인구의 대다수를 차지하면서 인민공사라는 군사주의적 굴레 속에 있던 농민은 정치혐오와 빈곤으로 인해 일촉즉발의 상황 하에 있었다. 1978년 12월 13일 덩샤오핑의 지도로 당중앙이 "사상해방, 실사구시, 일치단결로 앞을 내다보자"[13]라는 글을 발표하였는데, 이 글이 바로 중국 공산당 수뇌부에 의한 개혁개방의 신호탄이었다.

제11기 3중전회의 「결의」에 이어 나온 덩샤오핑의 말과 글, 그의 후계자였던 자오쯔양(趙紫陽)의 「보고」를 통해 살펴볼 때 당초 중국의 개혁개방은 경제체제 개혁뿐 아니라 장기적으로 정치 개혁까지를 함께 지향하고 있었다. 하지만 경제가 큰 난관에 직면하거나 반대 세력의 득세로 공산당의 집권이 불가능해지는 경우가 아니면, 정치 개혁이 중요한 문제로 부상하기는 어렵다. 물론 공산당 내부에서 기업인을 당원으로 영입하는 문제나 다당제 도입 가능성 등 자주적인 변신이 논의되었다. 하지만 현 단계에서 정치 개혁의 내용은 지방 및 기업으로의 행정권과 경영 의사결정권 이양, 당내의 민주화 및 풀뿌리 수준의 직접선거 같은 수준에 그치고 있다. 지금까지 중국 개혁개방의 주 내용은 경제체제 개혁일 수밖에 없는데, 경제체제 개혁의 내용은 재정권 · 경제 의사결정권 이양과 시장화, 그리고 적극적인 대외개방으로 요약할 수 있다.

1978년부터 1990년까지 중국의 개혁개방 과정은 대체로 다섯 단계로 구분할 수 있다. 제1단계는 1978년부터 1984년까지로서 농촌의 생산 관계와 정치 개혁 시기이다. 제2단계는 농업 개혁이 어느 정도 완성된 뒤 1984년 10월 제12기 3중전회가 도시의 경제체제 개혁을 결의하고 이를 국민경제 전체로 확대시킨

13) 「解放思想, 實事求是, 團結一致向前看」, 『鄧小平文選』 第二卷(北京: 人民出版社, 1978), pp. 140~153.

시기이다. 제3단계는 앞 단계에서 나타난 경기과열과 인플레이션에 의한 경제 혼란을 수습하고 1988년 제13기 3중전회에서 '경제환경의 정비, 경제질서의 정돈'을 기본 방침으로 삼은 단계이다. 끝으로, 제4단계는 1988~1989년의 경기과열과 정치적 소요를 지나 1992년 덩샤오핑의 남방담화와 함께 시작된 전반적이고 강도 높은 개혁 시기이다. 그리고 2001년 WTO 가입 이후 경제체제 개혁은 선진적 제도를 적극적으로 도입하는 개혁의 제도화 단계로 전환되고, 개방도 소극적인 단계를 지나 적극적이고 폭넓은 단계로 진입하였다.

제5절 개혁개방의 과정

농촌 개혁에서 도시 개혁으로

1978년 제11기 3중전회가 농촌 개혁이 선행되어야 함을 인정하고 농가생산책임제(農家生産聯産承包責任制)를 승인하자 1~2년 내에 인민공사는 해체되었다. 그 결과 1984년 말 570만 개에 달하던 인민공사 산하의 생산대(生産隊) 가운데 99.9%가 농가생산책임제를 채택하였다. 공사가 해체되면서 공사소유이던 가축, 중대형 농기구, 농기계 등은 할인가격으로 농민에게 처분되었다. 농민이 재산권과 신분 두 측면에서 해방되자 노동의욕은 이전에 볼 수 없던 수준으로 높아졌고, 1978년부터 1985년에 걸쳐 농촌경제는 매우 빠르게 성장하였다. 농업 총생산액은 1979년부터 1986년까지 연평균 6.6% 성장하였다. 농촌 지역의 향진기업(鄕鎭企業, township and village enterprises)[14]의 발전도 괄목할 만하였는데, 향진기업은 농촌경제의 다양화를 촉진시켰다. 농촌의 농공업제품 상품화율은 1984년 61%, 1985년 63.9%, 농촌의 공산품 상품화율은 1984년 84.7%, 1985년 84.6%에 달하였다.

농가생산책임제에 의해 농가는 농업 생산의 기본 단위가 되었고 어느 정도 독립성을 지닌 상품생산자가 될 수 있었다. 이 가운데 일부 농가는 분화되어 전문적으로 특정 농산물을 생산하거나 양식하는 전업농(專業戶)이 되었으며 일부 농촌 지역은 전업촌으로 변모하였다. 농촌 개혁은 개혁개방의 기초가 되었을 뿐 아니라 개혁개방을 성공으로 이끈 중요한 요인이기도 하였다.

농촌 개혁이 일단락되자 1984년부터 경제체제 개혁은 제2단계인 도시 개혁으로 중심이 전환되었다. 이 시기 개혁의 주 대상은 기업관리체제였다. 기업개혁의 주목적은 국공유제 기업과 다양한 기업이 공존하는 구조로 개편하고, 정부기관에 대한 기업의 종속성을 개선하여 상대적으로 독립된 생산자로 만듦은 물론, 기업활동에 경쟁원리를 도입함으로써 시장경제를 형성시키는 데 있었다. 그 결과 사영, 개체, 집단, 합자, 합작, 외자 등 다양한 기업 형태가 생겨났고, 새로운 형태의 기업들이 국민경제에서 차지하는 비중은 날로 확대되었다.

14) 개혁개방이 시작된 뒤 거대한 국유기업은 1990년대까지도 개혁의 사각지대에 있었고, 민간기업은 초보 단계에 머물러 있었다. 이때 집단소유, 농촌 지역 입지, 중소규모, 지방정부의 적극적 지원을 특징으로 하여 각 지역 상황에 맞게 발흥한 기업이 바로 향진기업이다. 향진기업은 처음에 집단소유 형태가 주류를 이루다가 1984년 헌법이 비국공유를 인정하면서 개인소유 기업이 빠르게 증가하였는데, 많은 기업들이 외형상으로는 집단소유 형태였으나 사실상 개인소유인 경우가 많았다. 향진기업은 1978년 이후 발흥하고 1984년을 기점으로 급증하였는데, 향진기업의 수는 1992년 9월까지 약 550만 개에 달하였다. 향진기업은 국공유기업보다 소유 특성상 경영의 유연성이 있었으며, 지방정부의 적극적인 지원이라는 환경을 바탕으로 시장을 파고드는 데 성공하였다. 적어도 1990년대 중반까지 향진기업은 전민소유제에 비해 4배 이상의 생산성을 보임으로써 사실상 경제성장을 이끄는 견인차 역할을 하였다. 뿐만 아니라 향진기업은 인구의 급격한 도시이동을 막고 농가소득을 향상시키는 데 기여하였다.

1985년 이후 기업관리체제 개혁과 함께 여러 가지 경영책임제 형태가 등장하였다. 중대형 국영기업 가운데 경영책임제를 실시한 기업 비율은 1987년에 82%에 달하였다. 국유 중소기업은 위탁경영 방식을 채택하였는데, 1987년 상업부문의 82.2%, 공업부문의 46%가 위탁경영 방식을 채용하였고, 이 밖에도 일부 기업에서는 주식제를 실험하였다. 하지만 과거 30년간 대부분의 공장들은 상품생산과 경영관리에 관한 의식과 지식이 전혀 없었고, 다만 상급기관의 지령에 따라 생산활동을 해 왔기 때문에, 개혁에도 불구하고 생산효율이 빠르게 향상되지는 않았다. 기업의 정부보조금에 대한 의존도 여전하였다. 1987년 기업에 대한 정부보조금은 360억 위안에 달하였는데, 이 규모는 총재정수입의 15%에 해당하였다. 정부는 기업관리제도를 개선하기 위해 1986년부터는 공장장책임제를 허용하였는데, 1987년 국공유제 기업 가운데 68%가 공장장책임제를 도입하였다. 정부는 10년간의 개혁 노력을 통해 공업총생산액, 국민총생산액, 국가재정수입, 도시 및 농촌 주민의 소득을 모두 배증시킬 수 있었다.

하지만 기업의 경영책임제는 책임자에게 단기적 이익만을 생각하게 하는 사태를 야기하였다. 도급기간은 일반적으로 2~3년이었는데, 짧은 기간은 도급인에게 단기적 이익만을 추구하게 하였다. 여기에 더하여 형식상으로는 기업의 자율권을 확대해 준다고 하였으나, 관료와 간부의 기업에 대한 온정주의적 간섭은 여전하였다. 외부로부터의 간섭과 경영책임자와 노동자의 담합은 1990년대까지도 개선되지 않았다. 또한 경영책임제 하에서 노동자는 도급인의 통제와 지휘에 복종하는 고용노동자가 되었다.

이처럼 제2단계 개혁에서는 국민경제의 세포인 기업에 대한 개혁을 시도하였으나 단기간 내에 농촌 개혁이 보여 준 가시적이고 명확한 개혁성과를 얻지는 못하였다. 따라서 중국 경제에서 가장 중요한 지위를 차지하는 국공유 중대형 기업을 경영자주권을 가진 기업으로 변혁시키는 작업이 중요한 과제로 남았다.

도시기업 개혁 단계에서 정부는 농업을 경시하고 사회간접자본에 집중 투자하였기 때문에 경제구조에 불균형이 발생하였다. 1980년대의 고성장세는 이러한 부문 간 투자불균형이 수급 간의 모순을 야기시킴으로써, 특히 부식품과 원재료 가격이 앙등하였다. 각급 지방정부는 확대된 재정권과 경제 의사결정권을 이용하여 투자증대에 열을 올림으로써 맹목 · 중복 투자가 만연하였다. 제조업의 성장률은 높았으나 생산성은 높지 않았는데, 노동생산성은 연평균 0.8%로 매우 낮았다. 특히, 중대형 기업의 경제적 효율은 매우 낮았고 손실도 컸다. 노동자의 노동의욕은 뚜렷하게 향상되지 않았고, 관료와 간부들은 계획가격과 시장가격 간의 격차를 이용한 치부에 열중하였다.

정리 · 정돈과 개혁개방의 가속

1985년 이후 계속된 경기과열로 인해 1980년대 후반에는 인플레이션이 심화되었다. 물가가 상승함에 따라 소수의 특권계층은 권력을 이용하여 돈을 모으는 데 열심이었고, 민심은 불안해졌으며 사회질서는 어지러워졌다. 1988년에 사회적으로 큰 혼란이 발생하였고, 1989년에는 톈안먼 사태로까지 비화되었다. 이에 따라 제13기 5중전회는 「정리 · 정돈과 개혁심화에 관한 결정」을 채택하였다.

경제체제 개혁을 시작한 이후 중국은 사실 세 차례에 걸쳐 경제 조정을 한 바 있다. 첫 번째는 1981년의 경제 조정으로서 1963년 이후 처음으로 발생한 1980년의 인플레이션을 진정시키고 노동자의 생활을 안정시키기 위한 조정이었다. 두 번째는 1985년의 인플레이션 압력을 진정시키기 위한 것이었고, 세 번째는 1988년부터 시작된 고인플레이션과 투기, 매점매석 같은 행위에 의한 사회혼란을 수습하기 위한 조정이었다. 1988년 여름부터 각지의 혼란 상황은 가격 개혁을 주도하던 개혁파 지도부에게 큰 타격이었다. 개혁을 지휘하던 덩샤오핑도 불가피하게 자오쯔양을 희생양으로 삼아 보수파의 공격을 누그러뜨리고 톈안먼 사태를 무력으로 진압함과 동시에 일련의 경제안정화 조치를 통해 경기과열과 사회혼란을 수습하지 않을 수 없었다.

1988~1989년 최고조에 달하던 경기과열과 사회혼란은 예상보다 빠른 속도로 진정되었고, 1990년 1년 동안의 정리기를 지나 1991년부터는 경제가 빠르게 고성장 궤도로 복귀하였다. 경제가 정상을 회복해 가는 가운데서도 경기과열과 사회혼란을 계기로 다시 발언권을 얻은 보수파는 사상적 측면뿐 아니라 경제정책면에서도 끊임없이 문제를 제기하였다. 이에 덩샤오핑은 개혁개방정책은 중단될 수 없으며 두려움 없이 모든 것을 시도하여 경제발전을 이룩하여야 한다는 신념을 확인시켜 주기 위해, 1992년 노구를 이끌고 남부 개방 지역을 순시하면서 개혁개방을 가속화시키자고 역설하였다. '남방담화'라고 불리는 이 시찰에서 행한 덩샤오핑의 언급은 잠시 침체기를 보낸 중국 경제의 성장 과정에 날개를 달아, 중국 경제는 또다시 고성장의 궤도로 복귀할 수 있었다.

제6절 개혁개방을 둘러싼 논란

중국의 개혁개방은 건국 후 30년 동안 중앙계획경제체제에 시장원리를 도입하는 시도였던 만큼 논쟁도 끊이지 않았다. 개혁개방 이후 시기에 따라 주제와 각도를 달리한 뜨거운 논쟁들이 있었는데, 논쟁은 성격에 따라 대체로 체제성격, 소유제, 개혁속도, 개혁방식과 전략, 그리고 국유기업 개혁방식[15) 등 매우 다양한 얼굴로 나타났다. 여러 측면의 논쟁들은 별개가 아니라 서로 얽혀 있으며, 개혁의 진행 단계와 경제 상황에 따라 문제의 초점이 달라졌을 뿐이다.

먼저, 체제성격 논쟁은 개혁개방 이전에도 권력투쟁이 가열될 때마다 반복되어 왔다. 개혁개방 이전의 체제 논쟁은 일부 지도자들이 주장하는 정책이나 조치가 "사회주의적이냐 아니면 자본주의적이냐?"를 판단하는 논쟁으로서, 형식은 체제성격 논쟁이었으나 사실상 노선투쟁 또는 권력투쟁의 측면이 강하였다. 그러나 시장기제가 도입되면서 시작된 체제성격 논쟁은 이전과 달리 "시장기제와 시장요소가 사회주의 체제와 부합하느냐?" 하는 문제를 중심으로 전개되었고, 경제 상황이 양호할 때는 잠복되어 있다가 경제성장 과정에 문제가 발생할 때마다 다시 등장하고는 하였다. 톈안먼 사태 이전까지 덩샤오핑의 후계자였던 자오쯔양이 시장주체론의 선봉장이었고 이론적으로 지원한 학자는 우징롄(吳敬璉)이었다. 이에 대해서 혁명 1세대 경제이론가인 천윈(陳雲)

15) 중국에서 개혁개방 이후 달아오른 각종 논쟁에 대해서는 張問敏 等, 『中國經濟大論戰』(經濟管理出版社, 1995); 張問敏 等, 『中國經濟大論戰』 第2輯(經濟管理出版社, 1996)에 잘 정리되어 있다. 그리고 개혁속도 논쟁은 열띤 토론기간을 거쳐 점진적 개혁방안이 주류를 차지하게 되었다. 개혁속도 문제에 관한 글들은 많이 나와 있는데, 대표적인 자료로는 樊綱(1996); 張宇, 『過渡之路』(北京: 中國社會科學出版社, 1996); 吳敬璉 等, 『漸進與激進』(北京: 經濟科學出版社, 1996) 등 참조.

은 계획주체론의 선두에 있었다. 1990년 이전까지 비교적 뜨겁던 전개되던 체제 논쟁은 톈안먼 사태를 전후하여 고조되는 듯 보였으나, 1991년부터 경제가 안정되고 미증유의 고성장 궤도에 진입하면서 힘을 잃게 되었다. 계획주체론자들은 사회주의 체제에 '시장기제' 를 도입하는 것이 체제성격상 어울리지 않는다고 개혁파를 공격하였다. 하지만 이 체제 논쟁은 덩샤오핑이 "시장은 자본주의와 같은 의미가 아니며, 사회주의에도 시장은 있다. 계획은 사회주의와 같은 의미가 아니며, 자본주의에도 계획은 있다" 는 언급을 계기로 잦아들고, 대세는 덩샤오핑의 구상대로 시장화 방향이 승기를 잡는 방향으로 정리되었다.

다음으로 개혁속도에 대한 논쟁이 있다. 이 논쟁은 일단 시장기제의 도입이라는 개혁개방 방향을 받아들이면서, "개혁속도를 어떻게 조절할 것이냐?" 하는 문제를 중심으로 벌어진 논쟁이다. 개혁 초기에 급진적인 시장화를 찬성하는 학자들과 점진적인 시장화를 옹호하는 학자들로 나뉘어 뜨거운 토론이 전개되었다. 급신파는 하루빨리 경직된 중앙계획체제를 포기하고 빠른 시장화를 통해 체제를 변혁해야만 개혁효과도 높이고 개혁에 따른 비용도 축소할 수 있을 뿐만 아니라, 개혁에 대한 반동 세력의 반격으로 인한 개혁의 실종을 막을 수 있다고 보았다. 이에 비하여 점진파는 소련과 몇 동유럽 국가들이 갑작스런 개혁개방으로 체제나 국민경제가 붕괴된 예를 지적하면서 점진적 개혁만이 중국이 사회주의 체제를 보존하고 경제를 파탄으로 몰고 가지 않는 길이라고 보았다. 개혁속도 논쟁은 개혁이 진행되면서 자연스럽게 점진파가 우세해지는 결과를 낳게 되었다. 덩샤오핑이 '네 가지 원칙' 을 제시하면서 그의 사상과 상당 부분 배치되는 마오쩌둥의 사상을 계승하겠다고 선언한 것은, 예상되는 보수파의 반격을 완화시키기 위한 배려였다. 그리고 이 선택 속에는 대립되는 요소들을 조화시키려는 개혁주도 세력의 고뇌가 내재되어 있었다.

세 번째로 중요한 논쟁은 개혁과 함께 비중이 커져 가는 "비국공유경제를 어떻게 볼 것이냐?" 하는 문제를 중심으로 한 소유제 논쟁이다. 엄격히 말해서 현재 중국의 체제가 사회주의라는 근거는 사실 공산당이 통치하고 있고 토지가 원칙적으로 국공유이며,[16] 농업을 제외한 주요 산업이 국공유라는 점뿐이다. 그런데 개혁과 함께 다양한 소유 형태가 출현 · 발전하였다. 특히, 사유 및 사영 경제 및 외자경제가 놀라운 속도로 팽창했으며 현재는 국내총생산의 2/3를 차지하기에 이르렀다. 이처럼 비국공유 부문이 팽창하면서 국공유제를 근간으로 한다는 체제적 기반이 흔들렸으며, "사유경제의 발전이 사회주의 발전을 위한 수단이냐, 아니면 개혁의 목적이냐?" 하는 논란이 일게 된 것이다. 이 논쟁 역시 덩샤오핑이 사회주의 초급 단계에서는 다양한 소유제 방식, 다양한 경영 형태 및 분배방식이 공존할 수밖에 없다는 언급, 그리고 헌법에 앞으로 장기간 사회주의 초급 단계에 머물러 있으리라고 명시되면서 수그러들었다.

네 번째 논쟁은 국유기업 개혁방식과 관련된 논쟁이다. 이 논쟁은 국유기업 개혁방식 중에서도 오래 전부터 제기되었던 주식제 개혁을 중심으로 한 논쟁이다. 비효율과 자원낭비의 주범으로 지목되어 온 국유기업을 효율적인 경제 주체로 개혁하기 위한 토론과 제도적 개선 노력은 도시 개혁이 시작된 이후 줄곧 있어 왔다. 하지만 이중에서도 국유기업 개혁과 관련해 가장 뜨거운 논란

16) 중국에서는 아직도 주택과 관련된 대지를 제외한 대부분의 토지는 국공유로 되어 있다. 하지만 1998년부터는 일반 인민들에게 가장 중요한 자산인 주택이 원칙적으로 상품화의 길로 접어들면서 토지의 국공유라는 내용에도 큰 변화가 일어났다.

거리는 역시 국유기업의 주식제 도입이다. 주식제는 사실 자본주의적 경영방식의 꽃으로 인식되었기 때문에 이 제도를 사회주의 체제 속에 끌어들인다는 사실이 많은 보수 학자, 정치 지도자 및 관료들에게 거부감을 주었다. 주식제 개혁의 유효성에 대해서는 대부분 동의하면서도 이 제도를 도입하는 데는 민감하였다. 오랜 논란 끝에 1990년대 들어 "큰 것은 붙들고 작은 것은 놓는다"(抓大放小)는 원칙에 따라, 주식제가 국유 대기업에까지 적극적으로 도입되었고, 중소기업의 상당 부분은 이미 주식합작제(종업원지주제 형태)가 도입되거나 민영화되었다. 주식제는 다수에 의한 소유라는 점에서 사회주의적 소유라는 이론적 설명이 설득력을 가지면서 사실상 체제 속으로 포용되었으며, 1997년에 열린 공산당 15차 대회는 국유 중소기업에 한해 주식제를 정식으로 추인하기에 이르렀다.

제 7절 개혁개방 방식의 특징

중국의 개혁개방은 사전에 어떤 명확한 계획이나 전략에 근거해서 진행되지 않았다. 물론 대내 개혁과 달리 개방의 경우 점-선-면 형태로 개방을 확대해 왔다고는 하지만, 학습할 사례가 전혀 없는 상황에서 절박한 현실 상황을 타개하기 위해 매우 소극적으로 시행착오를 거치면서 진화해 왔다. 이러한 측면에서 볼 때 사후적 관점에서 개혁개방의 특징을 추출해 보는 수밖에 없다. 중국 개혁개방의 특징은 다음과 같이 몇 가지 측면에서 찾아볼 수 있다.

첫째, 개혁이 가장 취약한 부분에서 시작되었다. 개혁 이전까지 중국의 농촌 인구는 전체 인구의 거의 85% 이상이었는데, 먹고 사는 문제는 매우 심각한 수준에 달해 있었다. 따라서 개혁의 첫 대상을 정하는 데 있어서도 역시 사회주의 정권수립 당시처럼 농촌이 우선되었다. 개혁이 가장 취약한 부분에서 시작되었다는 점에서 중국의 개혁은 급진적이라고 할 수도 있다. 개혁 초기에 도시 국유기업에 대한 수술을 하지 않고, 농촌 개혁을 통한 농민의 생산의욕 향상을 개혁의 실마리로 삼음으로써, 절대 다수를 차지하는 농민의 불만을 해소하고, 식량 문제를 해결함은 물론 도시로의 대량 인구유동을 포함한 도시 실업 문제를 완화시킬 수 있었다. 또한 농업 개혁을 선행함으로써 향진기업 같은 농촌 공업화를 가능하게 하였으며, 빈곤한 농촌에서 잉여를 확보함으로써 도시 개혁에 유리한 환경을 마련할 수 있었다. 중국의 개혁개방은 이처럼 가장 취약한 농촌에서 출발한 뒤, 이어 도시 개혁으로 초점을 전환함으로써 도시민들에게 시장을 이해하고 새로운 환경에 적응할 수 있는 여유를 확보할 수 있게 하였다.

중국 경제 개혁의 중점은 농촌 개혁이 일정한 수준에 이르렀다고 판단된 1980년대 초반부터 제2단계인 도시 국유기업 개혁으로 바뀌었다. 농촌에서 시작하여 도시 국유기업으로 이어진 개혁순서는 본래 사회 문제로 발전할 잠재성을 지닌 국유기업의 개혁비용을 줄일 수 있게 해 주었다. 도시 국유기업은 국가의 자원을 낭비하는 공룡이었을 뿐만 아니라 합리적인 시장지향 기업이 아니라 종업원들에게 요람에서 무덤까지를 보장해 주는 작은 사회보장 기관이었다. 따라서 개혁개방 시작과 동시에 국유기업에 대한 수술을 하기는 어려웠다.

둘째, 개혁 단계에 따라 끊임없이 개혁목표와 관련된 핵심 용어를 재조정하였다. 1978년 개혁개방이 선언된 뒤 가장 큰 난점은 구체제의 관성 때문에 '시장경제'라는 용어를 함부로 사용할 수 없었다는 데 있었다. 당시까지 중국인의 관념으로는 시장경제가 곧바로 자본주의와 연장선상에 있는 것으로 받아들여졌다. 따라서 단계에 따라 상품교환 법칙을 이용하는 계획경제, 계획위주 시장보완경제, 계획적 상품경제, 사회주의 시장경제 같은 용어[17]가 조심스럽게 구사되었다. 개혁 초기에 사용될 수 없었던 '시장경제'라는 용어는 1992년 가을 공산당 제14기 대회에 이르러서야 공식으로 인정받았다. 사실상 시장기제의 도입이면서도 사회의식과의 마찰을 완화하고 개혁비용을 줄이기 위해 개혁 단계에 따라 개혁목표를 조정함으로써 소모적인 정치투쟁에 따른 비용을 줄이고 안정적인 개혁을 추진할 수 있었다.

셋째, 개혁개방이 부분적 실험에서 시작해서 점차 확산되는 형태를 취해 왔다. 개방을 위한 실험은 먼저 외부세계와의 교류 조건이 양호한 남부 지역에 특구를 건설하고 개방실험을 통해 점차 개방범위를 확대하는 과정을 거쳤다. 특구실험이 일정 단계에 오르자 특구를 다섯 지역으로 늘리고, 실험에서 얻은 자신감과 비결을 발판으로 점차 개방 지역을 점-선-면 그리고 전방위로 확대시켰다.

농촌 개혁도 실험을 통해 확산되었다. 안후이(安徽)성 당서기 완리(萬里)가 1970년대 말에 시도한 정책실험이 그것이다. 농촌 개혁 실험의 주 내용인 농촌 자주권 확대 시도는 일찍이 국가주석이던 류사오치(劉少奇)의 주도 아래 시도

17) 개혁 단계에 따른 용어 구사에 대해서는 樊綱, 『漸進改革的政治經濟學分析』(上海: 上海遠東出版社, 1996), p. 180 참조.

된 바 있었다. 농촌 개혁의 주 내용은 이렇게 요약된다. 첫째 자류지(自留地)를 많이 남긴다. 둘째, 자유시장을 만들고 노르마(norma)[18]를 상회한 부분은 자유롭게 거래하게 한다. 셋째, 스스로 손익을 책임지게 한다. 넷째, 농산물 생산단위를 가구당으로 한다. 여기에서 자류지란 인민공사가 소유하고 있던 거의 모든 집단소유지 가운데서 극히 일부를 농가단위로 자유로이 경작할 수 있게 만든 부분이다. 완리의 강력한 자주권 확대 부활 시도에 따라 농촌은 활기를 띠게 되었고, 자류지에서 생산된 농산물은 매우 신선한 상태로 시장에 나왔다. 자류지에서 생산된 작물은 다소 값이 비싸기는 하였지만, 매상이 좋아 농민의 생활향상에 도움이 되었고, 농산물시장이 형성되었다. 자주권 확대정책을 도입한 이후 안후이성 농민의 생활수준이 향상되었는데, 이 정책은 곧 전국으로 확산되었다.

도시기업 개혁 역시 일부 지역에서 실험을 거치고 농촌 개혁이 일단락되자 전국적 규모로 확산되었다. 정부에서 기업으로의 분권화 작업은 기업의 자주권 확대라는 형태로 시작되었다. 1978년 10월 쓰촨(四川)성 당서기이던 자오쯔양의 주도 하에 충칭(重慶)제철을 포함한 여러 기업을 대상으로 기업 개혁을 실험하였다. 그 결과 자주권을 확대하면 노동에 대한 종업원의 적극성이 발휘되어 상납 이윤도 증대된다는 사실이 증명되었다. 이 실험을 모형으로 하여 기업자주권 확대실험은 전국으로 확산되었다.

넷째, 개혁개방이 현상(現象)에서 시작하여 점차 본질 쪽으로 파고드는 순서를 밟아 왔다. 중국의 개혁개방은 경제 개혁으로부터 서서히 정치 개혁으로

18) 개인이나 공장에 할당된 표준 노동량, 최저 생산 책임량, 또는 개인에게 부과된 노동량을 말한다.

전화되는 과정을 밟아 왔다. 30년 동안 사회주의 계획체제 속에서 살아온 인민과 기업에게 소유제를 중심으로 한 생산관계 개혁은 받아들이기 어려웠다. 따라서 생산력을 발전시키기 위해서는 경영방식보다 소유 형태의 개혁이 더 중요하지만, 중국 정부는 계획가격과 시장가격을 공존하게 함으로써 전 인민에게 시장에 적응할 수 있는 시간을 주었다. 그 뒤 계획부분을 점차 축소시키고 시장부분을 확대시켜 나갔으며, 이와 함께 다양한 경영방식과 소유 형태를 실험할 수 있는 공간과 시간을 허용하였다. 외곽에서의 개혁이 어느 정도 성공하자 1992년 덩샤오핑의 선언을 계기로 좀더 대담한 개혁인 소유 형태 개혁을 고려하게 되었다.

계획과 시장이 공존하는 가운데 발생하는 혼란을 완화하기 위해 실행했던 이중가격제는 시장기제가 정착되어 가면서 각종 가격 개혁 조치를 통해 점차 시장화되었다. 그리고 1990년대 들어서는 일부 특수한 품목을 제외하고는 대부분 가격이 시장화되었다. 경제 개혁의 중요한 부분인 가격 개혁이 거의 완성되자 개혁개방은 체제의 본질에 가까운 소유제 개혁으로 방향을 전환하였다. 1998년부터 주택무상공급제가 폐지되면서 사실 토지를 포함한 일부 부동산만이 국공유제 범주에 남게 되었다. 중국에서 토지는 원칙적으로 국공유이고 개인은 사용권을 갖는 것으로 되어 있으나, 실제로 사용권은 매매가 가능하기 때문에 사유나 마찬가지이다. 중국이 사회주의 체제라는 중요한 근거는 주요 생산수단이 국공유제로 되어 있다는 점이고, 현재는 토지와 국유기업만이 국공유제 범위 안에 있다는 사실은 이론적 · 실천적으로 적지 않은 문제를 안고 있다. 중국에서 체제 개혁과 관련된 다음 단계에 논쟁의 초점은 소유제가 될 수밖에 없었으며, 소유제는 경제체제와 정치체계(상부구조)를 연결하는 고리에 해당한다.

다섯째, 상호 대립되는 요소들을 배제하지 않고 조화시키려는 노력을 들 수 있다. 개혁으로 인한 충격과 마찰을 피하고 조화 또는 통일시키려는 노력은 개혁개방의 발원지인 덩샤오핑의 사상과 조치에도 잘 나타나 있다. 그는 마오쩌둥에 대해서 전적으로 부정하거나 깎아내리지 않고, '자주'(自主) 측면에서의 공로와 경제에서의 실패를 균형 있게 평가하면서 반성 속의 계승 자세를 견지하였다. 또한 덩샤오핑은 이전의 사상적 유산을 부정하지 않고 비판하면서 끌어안는 전략을 구사하였다. 개혁개방의 지침인 '하나의 중심, 두 가지 기본 점'을 보면, 두 가지 기본 점인 네 가지 기본 원칙과 개혁개방은 사실상 상호 대립된다. 그럼에도 불구하고 대립되는 요소들을 변증법적으로 통일시키려 노력하고 또 그렇게 할 수 있다고 믿는 것이 개혁개방 구도의 특징 중 하나이다.

여섯째, 기존 체제 밖에서 자연스럽게 성장한 개혁의 씨앗이 안전을 보장해 준다고 판단될 때 중앙이 제도나 법률을 통해 추인하고 확산시켰다. 이 특징은 흔히 오해되는 내용으로서 어떤 의미에서는 개혁개방 방식에서 가장 주목할 만한 특징이다. 이 방식은 점진이든 급진이든 정부가 적극적으로 개혁을 추진했다기보다는 개혁에 대한 정부의 방임 또는 방관적인 태도를 말한다. 실험에서 확산으로 이어지는 과정에서 정부는 일정 기간 동안 방관한 뒤 안전성을 확신할 수 있을 때 비로소 법률이나 제도를 정비하였다. 다시 말해서, 중국 개혁개방에서 새로운 체제의 씨앗은 중앙에 의해 만들어진 것이 아니라 중앙의 용인 하에 체제 밖에서 자연스럽게 성장하였다. 이러한 개혁방식은 농촌과 국유기업 개혁에서도 마찬가지였다.

제8절 개혁개방의 성공 여건

구사회주의권의 개혁개방 성공 여부를 가름하는 기준으로 우리는 정치발전, 경제발전 및 사회발전 등 여러 측면을 생각해 볼 수 있다. 하지만 여기에서는 경제성과를 개혁개방 성공의 기준으로 간주하고, 가장 우수한 성적을 거둔 대표적인 예인 중국의 개혁개방이 성공할 수 있게 한 여건들을 생각해 본다.

중국의 개혁개방이 성공하게 된 요인을 한두 마디로 간단히 설명하기는 어렵다. 더구나 개혁개방이 성공할 수 있었던 요인을 '점진적 방식' 때문이라고 말하기는 더욱 어렵다. 또한 다른 사회주의 개혁개방 사례와 비교해 볼 때 중국만이 성공적이었다고 단정하기에는 무리가 있다. 그럼에도 불구하고 중국의 개혁개방 성과가 과대 포장되고 있는 이유는 사실에 대한 면밀한 분석이나 이해가 없기 때문이며, 더 큰 이유는 중국의 성장률이 가장 높았을 뿐 아니라 공산당과 정부가 그렇게 주장하고 교육 · 선전해 왔기 때문이다. 여기에 더하여 사회주의 종주국이었던 소련이 붕괴된 역사적 사실은 중국의 사례를 신화로 만드는 데 기여하였다.

중국의 개혁개방이 우수한 경제성과를 거둘 수 있었던 여건[19]들은 다음과 같이 정리할 수 있다.

19) 임반석, 「중국개혁개방 모델, 북한에 이식 가능한가」, 『자유공론』(2001. 5), pp. 112~114 참조.

첫째, 비교적 짧은 사회주의 역사이다. 1917년 혁명에서부터 1990년대 초 붕괴까지 소련의 사회주의 중앙계획체제의 역사는 무려 80년이 넘었다. 더욱이 소련은 붕괴되기 전까지 전형적인 중앙계획경제체제와 철저한 집단화 생산구조를 견지해 왔다. 이에 비하여 중국의 중앙계획체제의 역사는 1949년 건국에서 1970년대 후반 개혁개방까지 30년에 불과하였다. 중국은 소련에 비해 중앙집중의 강도와 계획체제의 역사적 유산이 훨씬 약하였다. 이러한 이유 때문에 중국에서는 중앙계획체제 하에서도 미시 주체들 간의 교환이 계속되었으며, 이 힘이 개혁개방으로 인한 큰 충격을 완화시켜 주는 역할을 하였다.

둘째, 구경제체제의 이중적 모습을 지적할 수 있다. 소련과 달리 중국 농촌은 계획과 관련된 영역 외에 시장체제로의 전환에 유리한 원시적 형태의 교환시장이 비교적 넓게 존재하고 있었고, 기업들 간에도 생산품의 일정한 부분을 교환하는 전통이 있었다. 농업을 보면 이미 90% 이상의 농촌 지역이 인민공사라는 집단생산 조직 속에 편입되었으나, 개혁이 시작된 뒤 2년 안에 거의 해체되고, 농산물시장도 빠르게 발전하였다. 이는 그만큼 새로운 요소에 적응할 수 있도록 시장적 요소가 저변에 잠재하고 있었음을 반증한다. 따라서 중국에서는 개혁에 따른 충격이 비교적 작았을 뿐 아니라 시장에 대한 적응비용도 적었다.

셋째, 중국에서는 중앙과 지방 간에 노르마를 두고 서로 협상할 수 있을 만큼 느슨한 환경이 조성되어 있었다. 건국 초기부터 시기에 따라 집중과 분권이 되풀이되었으며, 중앙계획체제라고는 해도 지방이 철저하게 중앙에 종속되는 형태가 아니라 어느 정도 분권적 특징이 유지되었다. 따라서 중국에서는 지방의 협상능력과 행정적 자주성이 다른 사회주의 국가들보다 더 컸는데, 이는 지방으로의 경제 의사결정권 이양과 함께 지방의 잠재적인 경제운영 능력을 만들어 주는 중요한 요인이었다.

넷째, 지방 간의 초기적 시장의 존재이다. 중국은 대국이고 지역 간 자연조건뿐 아니라 민족구성 및 주요 생산물도 다르기 때문에, 마오쩌둥 통치 하에서까지도, 다른 사회주의 국가들보다 지방 간의 교환관계가 존재하고 있었다. 이는 지역 간 시장의 초기적 형태가 잠재되어 있었음을 말한다. 초기적 형태의 시장은 이질적 요소인 시장기제 도입의 충격을 완화시켜 주는 데 긍정적인 역할을 하였을 뿐 아니라 경제 의사결정권이 지방으로 이양되자 매우 빠르게 경제성장을 이룰 수 있는 동력이 되었다.

이상에서 지적한 몇 가지 요소들은 결국 중국의 역사적 · 문화적 요인 및 매우 느슨한 계획(느슨한 집권제와 행정적 분권화)으로부터 기인한 것이라고 생각된다. 나카가네(中兼和津次)는 건국 이후 개혁개방 시기까지 중국의 경제체제 모형을 소유제, 분배기제 및 의사결정 제도라는 세 차원에 기초해서 정리하였다(〈표 6-1〉 참조). 그는 마오쩌둥 통치 하의 경제체제모형을 제도화가 결여된 집권과 인치(人治)의 결합으로 설명하고 있다. 그에 따르면 마오쩌둥은 군사전략가로서 초기 조건을 고려하여 지방에 독립적이고 완결된 공업체계와 자급체계를 구축하고자 하였는데, 이러한 구상이 바로 느슨한 집권제(slackly centralized system)를 가능하게 하였다는 것이다.

다섯째, 양호한 외국의 지원(구체적으로 화교들의 투자) 조건이다. 중국의 경제개발에는 화교들의 자본지원이 큰 역할을 하였으며, 혈연이나 민족적 동질

표 6-1 세 개의 경제체제모형

	소유제	분배기제	의사결정제도
스탈린형 (소련형 경제체제)	국유제	계획	중앙집권
마오쩌둥형 경제체제	공유제	느슨한 계획	느슨한 집권과 행정적 분권
덩샤오핑형 경제체제 (사회주의 시장경제)	공유제를 중심으로 하는 다중소유제	계획과 시장의 병존에서 시장중심으로	분권화

자료: 나카가네 카츠지/이일영 외 옮김, 『중국경제발전론』(서울: 나남출판, 2001), p. 246에서 표현 수정.

감을 갖고 있는 화교는 중요한 안전판이었다. 중국에 투자하는 화교들은 대부분 홍콩, 대만, 싱가포르, 동남아를 포함한 유럽과 미국 등지에 분포되어 있으며, 인구뿐 아니라 자본력에서도 매우 강력하다. 과거 대만의 경제발전에 절대적인 역할을 한 바 있는 풍부한 화교 자본은 중국으로 하여금 자본 부족으로 절박한 상황에 직면할 필요가 없도록 해 주었다. 막강하고 안정적인 화교 자본의 지원에 힘입어 중국은 개혁개방을 시작한 이후 여러 차례의 경기과열과 사회혼란을 겪으면서도 곧바로 회복의 길로 복귀할 수 있었다.

여섯째, 양호한 식량 및 자원 조건을 들 수 있다. 중국은 인구대국이며 국토가 광대하다. 중국의 경지면적은 한국의 국토면적보다 더 넓다(1인당 경지면적 1.7ha). 중국은 지역에 따라 서로 다른 농산물을 생산할 수 있는 토지가 널리 분포되어 있어 유용한 식용작물 재배나 목축 조건도 유리하다. 또한 중국은 인구대국이라는 점만 빼면, 중요한 자연자원이 풍부하며 주요 자원의 자급도 가능한, 세계에서 보기 드문 나라이다. 양호한 중국의 식량 및 자원 조건은 중국 경제의 안정적 발전을 지지해 주었고, 이 분야에서 선진국에게 저자세로 임할 필요가 없게 해 주었다. 소련은 주기적인 식량난으로부터 자유롭지 못했으며, 자연 자원에 지나치게 의존하는 경제로 인해 늘 경제가 불안하였다. 또한 만성적인 노동력 부족에 허덕이던 소련과 달리 중국은 인구대국으로서 기업발전에 필수적인 저임금 노동력의 무한공급이 가능한 조건을 갖추고 있었다.

일곱째, 거대한 국내시장과 정치안정이다. 중국의 넓은 국토와 많은 인구는 거대한 국내시장을 만들어 주었다. 중국은 거대한 시장을 이용하여 세계 각국의 자본과 기술을 효과적으로 유인할 수 있었다. 이윤획득이 어려운 시장이라는 사실이 널리 알려져 있음에도 불구하고 많은 외국 자본들은 경쟁적으로 중국에 진입하였다. 또한 광대한 내수시장은 중국 기업으로 하여금 안정적인 내수시장을 바탕으로 성장할 수 있는 언덕이었다. 여기에 더하여 중국은 건국 이후 지금까지 일당지배 형태이기는 하지만 정치안정을 확보해 왔고, 개혁개방이 시작된 뒤에도 약간의 혼란에도 불구하고 정치안정은 비교적 잘 유지해 오고 있다. 정치안정은 지속적인 개혁개방 추진과 경제정책의 일관성에 유리한 조건이 되었다.

이상에서 우리는 중국 개혁개방이 성공할 수 있었던 역사적 · 문화적 · 사회적 여건들을 정리해 보았다. 그런데 중국의 경제적 성공은 이와는 좀 다른 미시적 차원에서 설명할 수도 있다.[20] 이 설명은 바로 중국이 택하였던 개혁개방 전략에 초점을 맞추는데, 중국은 소련과 달리 전략 선택면에서 합리적이었고,

20) 이러한 시각 및 소련과 중국의 개혁전략 비교에 대해서는 이근 외 지음, 「왜 구소련은 실패하고 중국은 성공하였는가」, 『중국의 기업과 경제』(서울: 박영사, 2002) 참조. 이 글에서는 주로 pp. 48~50을 참고하였다.

그것이 경제적 성공을 가능하게 하였다고 본다.

개혁 초기인 1978년부터 1984년까지 중국 경제성장의 주 원천은 사실상 농업이었다. 이 시기에 단행된 농촌 개혁, 특히 인민공사의 해체와 농가생산책임제의 확산은 최초의 이질적 요소의 접목이자 사회주의 체제에 대한 최초의 충격이었다. 개혁의 결과 순농업 생산은 개혁 이전의 연평균 1.8% 성장에 비해 7.4%라는 높은 성장을 성취할 수 있었다. 이에 비하여 순공업 생산은 개혁 이전과 거의 동일한 비율로 증가하는 데 그쳤다. 그리고 다음 단계의 주요 성장 동력은 새로운 경제 주체인 사적 기업이나 농촌의 집단기업 같은 비국유공업이었다. 곡물수확은 1984년 최고치에 도달한 뒤 초기 충격효과 소진과 농업 투자 감소로 인해 감소하였다. 이에 반하여 개혁 후반기 비국유공업 부문의 성장과 비중 증대는 주목할 만한 것이었는데, 이때 성장의 중심은 향진기업이었다. 이 시기 순공업 생산의 연평균 상장률은 이전 시기 8.5%에서 15%로 급상승하였다. 다시 말해서, 개혁 개시기 성장은 농업 개혁에 따른 농업발전에 의해 주도되었고, 이 농업부문의 성장은 도시 개혁과 새로운 생산 주체의 발전으로 이어졌다. 농업발전은 농촌의 비국유 경제 주체의 발전과 함께 농촌 지역에 잉여 축적을 가능하게 해 주었을 뿐 아니라 도시에 필요한 잉여노동력을 만들어 주었다. 또한 농촌 지역의 향진기업 발전은 농촌 지역의 소득수준 향상에 기여함은 물론 도시로의 급격한 인구이동 문제를 완화시켰다. 향진기업은 농업 개혁 이후 1990년대 중반까지 사실상 경제성장의 견인차였다. 요컨대, 중국은 전략상의 합리적 선택으로 인해 초기 단계에 성취된 취약한 농촌 개혁의 성공에 힘입어 무리 없이 도시 기업 개혁으로 이어갈 수 있었다. 하지만 이러한 사후적 설명방식은 설명 자체로는 설득력이 있어 보이지만, 개혁이 마치 당과 정부에 의해 계획되고 준비된 듯한 인상을 준다는 한계가 있다.

결론적으로 말해서 개혁개방 성공의 여건은 우선은 역사적으로 형성된 양호한 친시장적 초기 조건,[21] 지속적인 정치안정, 느슨한 집권과 분권적 전통, 양호한 식량 및 자원 조건, 그리고 화교 자본의 안정적이고 지속적인 자원을 지적할 수 있다. 그렇다 해도 중국의 방식은 공산당이 주체적이고 적극적으로 선택하고 계획한 것은 아니라는 점을 기억해야 한다.

제 9 절 중국의 길은 성공의 길인가?

'중국의 길'의 실체

이미 언급했듯이 중국의 개혁개방은 사전에 계획되고 준비된 개혁개방이 아니었다. 1970년대 말 절박한 상황에서 공산당이 생존하기 위해 부득이하게 택한 길이었다. 개혁개방 선언 이후 중국의 역사를 돌아봄으로써 우리는 사회주의 중국이 걸어온 개혁개방의 길을 정리할 수 있는데, 중국의 길을 말하기 위해서는 다른 사례와 비교해 볼 필요가 있다. 다른 사회주의 국가의 개혁개방과 성과를 비교하기 위해서 우리는 '중국의 길'에 대한 개념을 좀 더 분명히 할 필

21) 개혁개방 초기의 환경에 대해서 경제개발론에서는 초기 조건(initial conditions), 경제체제론에서는 환경요인(environmental factors)이라고 부른다.

요가 있다. 흔히 '중국의 길'은 점진적인 개혁의 길이라고 말한다. 그렇다면 '점진'은 구체적으로 무슨 뜻이며, 중국의 길은 점진적인 길인가?

먼저, 점진적인 길이라고 할 때 '점진'이 무슨 의미인지 불분명하다. '점진'이 정치체제보다 경제체제의 개혁이 우선되었다는 의미인지, 시장요소 도입의 속도와 관련이 있는지, 개혁이 비교적 유리한 부분에서 시작되었다는 의미인지, 아니면 시장기제 도입 시기의 시기적 선후와 관련이 있는지 분명하지 않다. 만약 그 의미가 정치체제를 그대로 둔 채 경제체제 개혁을 선행하였다는 뜻이거나 공산당이 절대적인 지위를 유지하면서 이질적인 시장기제를 단기간에 이식하지 않고 점차적으로 도입하였다는 뜻이라면 어느 정도 받아들일 수 있다. 지배정당의 지속적 집권은 중국뿐 아니라 구소련, 일부 구소련 독립국 및 베트남에서도 마찬가지였다. 하지만 그것이 사회주의 계획경제체제에 시장기제를 접목하는 시기의 선후 문제를 말한다면 문제는 달라진다.

사회주의 사회로서 개혁개방의 길에 나선 나라의 개혁개방 시발점을 보면, 대체로 중국은 1978년, 베트남은 1987년, 그리고 구소련의 강력한 영향력 하에 있던 나라의 경우는 1990년이다. 구소련의 영향력 하에 있던 동유럽과 독립국들(Commonwealth of Independence States: CIS)은 갑작스러운 소련의 영향력 퇴조라는 외생변수가 개혁개방의 중요한 계기였으며, 시기적으로는 비교적 늦게 시작되었다. 이에 비하여 중국은 내적 필요와 외적 환경 변화에 대한 대응으로 소수파에 의해 비교적 이른 시기에 개혁개방이 시도되었다. 중국의 대내 개혁은 농촌에서 출발하였는데 집단화 생산으로부터 생산책임제로의 이행은, 가장 취약한 부분에서 단행되었고 시간적으로나 속도면에서 사실상 빅뱅이라고 할 만큼 급진적인 것이다. 중국에서 개혁개방이 시작될 당시 학습할 어떤 선례도 없었고, 시기적으로도 이른 1970년대 말에 특구실험과 농촌 개혁이 감행되었다. 농촌 개혁, 기업 개혁, 특구실험 등은 1970년대 말과 1980년대 초에 실험되었는데, 시기적으로 어떤 사회주의권 국가보다도 앞섰다. 농촌은 당시 인구의 절대다수가 거주하면서도 빈곤 정도가 가장 심한 지역으로서, 농업 개혁은 구체제 색깔이 짙은 부문에 대한 직접적인 개혁시도라는 점에서 사실은 위험부담이 매우 컸다. 개방실험도 마찬가지였다. 대국인 중국은 당시까지 중앙에 의해 간신히 통치되고 있었는데, 남부의 몇 지점을 대상으로 펼친 특구실험은 사실상 큰 모험이었다.

이상에서 알 수 있듯이 흔히 일컫는 '점진적 길'과 '급진적 길'의 차이는 시간적인 빠름과 느림의 문제도 아니고 개혁개방의 순서 문제도 아니다. 급진적 길의 특징은 신체제 요소가 아직 발전되지 않았을 때 개혁비용을 생각하지 않고 구체제에 대한 개조 작업을 시행하는 데 있고, 점진적 길의 본질은 구체제를 개혁할 수 없을 때 구체제적 요소를 그대로 둔 채 신체제 요소를 육성 · 발전시키는 데 있다고 보는 편이 합리적인 이해이다. 중국의 개혁개방은 구체제 외곽에서 신체제 요소가 성장하도록 허용하는 형태로 진행되었다. 하지만 여기에서 지적되어야 할 사실은 체제 외에서 성장한 신체제 요소는 당이나 정부에 의해 주도적으로 육성된 것이 아니라 방임 · 방관 속에서 성장하였다는 점이다. 따라서 중국 개혁개방의 성격은 개혁속도를 중심으로 한 '점진이냐 급진이냐' 하는 내용보다는 신체제 요소에 대한 실험에서 얻은 경험을 확산시키는 '돌다리도 두드리며 건너는 신중한 방법'이라는 데서 찾아야 할 것 같다. 그렇다 해도 초기 농촌 개혁은 매우 급진적인 개혁이었다는 사실을 부인할 수 없다.

여기에서 우리가 한발 물러나 중국의 길이 점진의 길이라고 인정한다 하더라도 논란거리는 남는다. 이제 우리는 개혁개방 유형과 그 성과를 비교하는 문제에 직면하게 된다. 초점을 좁혀 '중국의 길'과 '개혁개방의 경제성과'라는 좀 더 구체적인 문제를 생각해 보자. 이 문제는 널리 받아들여지는 주장처럼 "중국의 길이 성공의 길인가?" 하는 의문으로 구체화될 수 있다.

대다수 사회주의 국가들이 개혁개방의 길에 들어선 후 어떤 길을 걸어왔으며 그 성과는 어떻게 다른가 하는 의문은 정치학과 경제학의 중요한 토론거리였다. 중국 공산당과 주요 지도자 및 학자들도 개혁속도와 경제성과 간의 관계에 관한 뜨거운 토론을 벌인 바 있다. 중국에서 이 문제에 관한 토론의 주류는 점진적 개혁개방 방식의 손을 들어주는 쪽으로 귀결되었고, 현재 여러 연구자들도 중국 정부가 말하는 점진론을 옹호한다.[22] 점진적인 길을 옹호하는 사람들의 논지는 중국처럼 인구가 많고 국토가 넓은 나라에서는 철저한 중앙의 지도에 따라 점진적으로 개혁해 나가야만 격변으로 인한 혼란과 비용을 줄일 수 있다는 것이다. 그들은 중국뿐 아니라 다른 사회주의 개혁개방 국가에 대해서도 점진적 개혁개방의 길을 권하고자 한다. 인민들에게 공산당의 지속적인 통치만이 내일의 안전과 번영을 약속해 준다고 선전함으로써 생존 의미를 부여받고자 하는 공산당의 입장을 이해할 수 있고, 중국의 경이적인 경제성장률에 매혹되어 중국의 것은 무엇이든 높이 평가하려는 태도도 어찌 보면 자연스

22) 이러한 견해의 대표적인 연구자는 놀란과 린이푸이다. Peter Nolan, *China's Rise and Russia's Fall: Politics, Economics and Planning in the Transformation from Socialism*(St. Martin's Press, 1995); 林毅夫 · 蔡昉 · 李周, 「論中國經濟改革的漸進式道路」, 『經濟硏究』(1993. 9) 참조.

렵다. 하지만 이러한 논리는 전후 일본 경제의 번영과 비극을 설명하는 논리만큼이나 허무하다. 많은 학자들은 전후 지속적으로 성장해 온 일본 경제를 보고 일본적인 것은 무엇이든 미화하던 때가 있었다. 그러다가 일본 경제가 1980년대 중반부터 장기 불황의 늪에 빠지자 이전에 미화를 위해 동원되던 요소들을 비난을 위한 재료로 사용하였다. 이러한 취약한 논리에 빠지지 않기 위해서는 좀 더 차분한 관찰이 필요하다.

개혁개방의 비용을 중심으로 개혁방식의 우수성을 말하려는 사고방식은 재검토될 필요가 있다. 급진적인 개혁방식이 사회적 혼란과 기타 비용을 증가시킨다고 하지만, 많은 나라에서 시도된 바 있는 개혁의 역사를 볼 때 꼭 그렇지만은 않다. 점진적 개혁은 흔히 반개혁 세력의 방해에 의한 개혁의 의미 퇴색 내지 실종, 개혁이 미온적인 데서 오는 반개혁적 요소의 개입으로 인한 개혁 후퇴를 비용으로 지불해 왔다. 나아가서 느린 개혁은 개혁 이전으로의 회귀까지도 예상될 수 있다. 이처럼 두 개혁방식은, 임의적으로 선택할 수 없을 뿐 아니라 모두 장단점을 지니고 있으며, 이 양자의 비용을 단편적으로 비교하기 어렵다. 제도주의적 시각에서는 새로운 제도의 정착과 필요한 인재 양성을 통해 거래비용을 절약할 수 있다는 점을 들어 점진적인 길이 더 우월하다고 말할 수 있다. 하지만 단기간의 충격에 따른 비용과 편익, 지지부진한 개혁에 따른 비용과 편익을 어떻게 계산하고 또 비교할 수 있는지 의문이다. 여기에는 점진과 급진 어느 한편의 우월성을 일방적으로 선언할 어떤 근거도 없다.

요컨대, 중국 개혁개방 성공의 중요한 요인은 급진이냐 점진이냐 하는 속도의 문제가 아니라 아직 분명하지는 않지만 대단한 경제성과를 가능하게 한 특유의 역사적 · 사회적 조건이 아닐까 생각하게 된다.

구사회주의권 개혁개방의 경제성과

여기에서 시야를 넓혀 개혁개방의 길을 걸어온 구사회주의권 국가 전반으로 눈을 돌려 볼 필요가 있다. 1970년대 후반부터 개혁개방을 시작한 중국은 여러 차례의 굴곡을 겪어 오면서도 세계인이 주목할 만한 경제성과를 거두어 왔다. 하지만 중국의 높은 성장률은 다분히 소련이나 동유럽 국가들에 비해 공업화 수준이 현저하게 낮았기 때문에 개혁이 시작되면서 농업부문에 쌓여 있던 과잉 노동력이 도시로 이전됨으로써 이루어진 부분이 작지 않고, 실질 성장률의 진실성에 대한 의문도 끊이지 않고 있다.

유감스럽게도 개혁개방을 통한 경제성장이라는 현상은 비단 중국 경제에만 국한된 현상은 아니다. 사회주의 체제가 붕괴한 이후 러시아를 포함한 정치적 혼란이나 내전에 휘말린 일부 구사회주의 국가를 제외한 대부분의 사회는, 중국 수준의 경제성장을 보이지는 못하였다 하더라도, 양호한 경제발전뿐 아니라 정치발전도 보여 주었다. 중국과 기타 개혁개방 성적이 우수한 구사회주의국들 간의 차이는 이렇다. 중국은 정치체제는 뒤로 한 채 경제체제 개혁을 선행하였고 시장기제의 도입도 매우 조심스럽게 시도되었다. 반면 다른 나라는 대체로 개혁개방이 갑작스러운 외생변수의 변화에 의해 주어졌고, 정치체제와 경제체제가 동시에 빠른 속도로 변혁되었다. 중국은 절대적 비중을 차지하는 국유기업의 소유 형태에 큰 변화를 주지 않고 비국유부문을 점차적으로 자유화 · 개방화시켜 나간 반면, 헝가리, 폴란드, 체코 및 발트 3국 등은 개인의 영리 활동을 대폭 확대함은 물론 국유기업도 적극적으로 사유화하는 길을 밟았다. 중국은 점진적인 시장화와 개방이 개혁개방의 핵심이었던 반면, 주요 동유럽 국가들은 사유화, 시장화, 민주화가 동시에 진행되었다. 중국을 제외한 이들 개혁개방 국가의 공통점은 지리적으로나 민족적으로 서방세계에 가까웠고 개혁개방과 동시에 소련의 영향력에서 벗어나 서방세계와 세계시장을 향해 달려왔다. 정치안정을 보면 중국은 공산당의 일당독재를 유지하면서 정치안정을 확보하였고, 다른 나라들은 변질된 공산당이거나 민주적인 정치제도에 의해 정치안정을 확보하고 있다. 물론 다른 나라들은 갑작스러운 변화로 인한 혼란의 영향으로 초기 경제성과가 불안정안 곡선을 그렸다. 하지만 이는 중국에 비해 매우 빠른 속도로 시장요소가 이식되었다는 사실을 생각하면 매우 자연스러운 현상이다.

이점에서 피셔(S. Fisher)의 연구[23]는 매우 시사적이다. 피셔는 일찍이 주요 사회주의 개혁개방국의 성과에 대한 비교 연구에서 개혁개방의 형태와 경제성장 속도 간에는 상관관계가 희박하다는 결론을 제시한 바 있다. 그렇다면 중국이 개혁개방 후에도 큰 충격 없이 안정적인 경제성장을 할 수 있었던 이유는, 중국 정부가 말하듯이 개혁개방 속도와 깊은 관련이 있다고 보기는 어렵다. 구체적인 자료를 통해 개혁개방 국가들의 경제성과를 비교해 보자.

만약 우리가 〈그림 6-1〉처럼 각 사회의 역사적 · 사회적 · 정치적 요인의 차

23) S. Fisher, "Socialist Economy Reform: Lessons of First Three Years," *American Economic Review Papers and Proceedings*(May 1993) 참조.

그림 6-1 중국, 베트남, 동유럽 및 구소련 국가의 개혁개방 이후 성장률 추이 비교

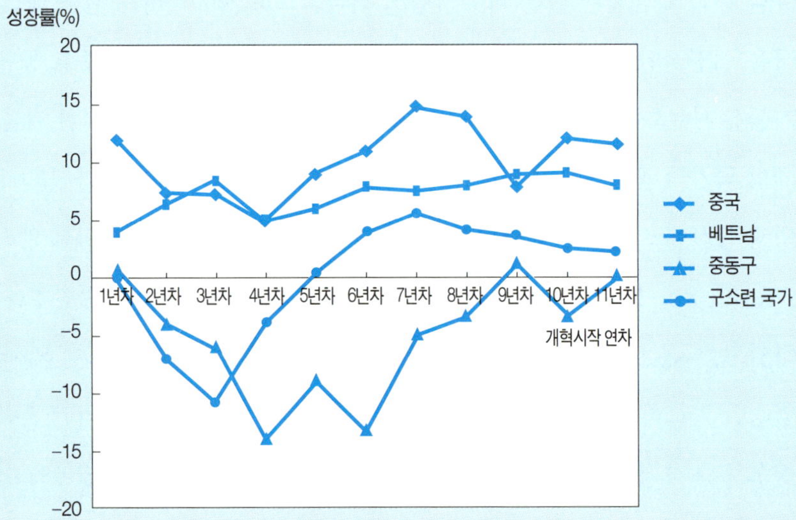

주: 각국의 개혁이 시작된 해는 다음과 같이 정하였다. 중국 1979년, 베트남 1987년, 중·동구 및 구소련은 1990년.

자료: 정여천, 『동구 경제체제 전환의 평가와 북한경제에 대한 시사점』(대외경제정책연구원, 2000), p. 89.

이를 무시한 채 단순 비교한다면 중국만이 유일하게 경제발전에 성공한 사례라는 결론에 도달할 가능성이 높다. 〈그림 6-1〉을 보면 공산당이 지속적으로 통치하면서 정치안정을 이루고 조심스럽게 시장요소를 도입한 중국과 베트남이 우수한 성적을 낸 것으로 이해된다. 하지만 이 설명에는 중국과 베트남을 제외한 20개가 넘는 나라들이 단순화되어 있다. 또한 그림에는 중유럽과 동유럽 국가들이 하나로 묶여져 있고 구소련 국가들도 하나로 묶여 표현되어 있다. 그중에서도, 특히 중유럽과 동유럽 국가들은 나라에 따라 역사적·사회적 여건도 다르고 정치체제도 매우 다르다. 더욱이 그림에서는 소련의 영향력에서 벗어

표 6-2 중국과 주요 동유럽 및 발트 3국 경제성장률 추이

	1991	1992	1993	1994	1995	1996	1997	1998	1999	2000	2001	2002
중국	8.2	14.2	13.5	12.6	10.5	9.6	8.8	7.8	7.1	8.0	7.8	
폴란드	7.0	2.6	3.8	5.2	7.0	6.0	6.8	4.8	4.1	6.0		
헝가리	11.9	3.1	0.6	2.9	1.5	1.3	4.6	4.9	4.5	6.6		
체코			0.1	2.2	5.9	4.8	1.0	2.2	0.2	4.4		
에스토니아									−1.1	6.9	5	
라트비아									1.1	6.5	5.5	
리투아니아									−3	3.3	4.5	5

주: 1) 중국의 2001년 수치는 추정치임.
2) 중국을 제외한 동유럽 세 나라의 2000년 성장률은 1/4분기 수치임.
3) 리투아니아의 2002년 수치는 스칸디나비아 SEB은행의 추정치임.

자료: 『世界經濟白書』(2000), 日本經濟企劃廳, pp. 305~307; 『中國統計年鑑』 각년호; 『동아일보』(2001. 9. 12); "Estonia at a glance" World Bank 홈페이지(검색일: 2002. 1. 24); "Latvia at a Glance" World Bank 홈페이지(검색일: 2002. 1. 24); "Lithuania at a Glance" World Bank 홈페이지(검색일: 2002. 1. 24).

난 뒤 빠른 개혁개방을 통해 양호한 경제성과를 기록한 발트 3국(에스토니아, 라트비아, 리투아니아)의 경제성과는 제외되어 있다.

이 문제점을 극복하기 위해서는 좀 더 구체적인 관찰이 요구된다. 〈표 6-2〉는 발트 3국을 포함한 동중유럽과 발트 3국의 성과를 비교하고 있으며, 〈그림 6-2〉는 이를 시각적으로 보여 준다.

〈표 6-2〉와 〈그림 6-2〉를 보면 중국뿐 아니라 동유럽의 헝가리, 폴란드 및 체코도 양호한 성적을 기록하였을 뿐 아니라 중국과는 달리 정치적으로도 민주적인 안정을 확보하였다. 발트 3국도 어느 정도의 흔들림은 인정되지만 양호한 경제성과를 기록하였다. 발트 3국은 소련으로부터 독립하면서 유럽연합 중심으로 교역을 전환하고, 과감한 개혁을 추진해 왔는데, 유럽연합에 대한 수출 비중은 60%가 넘는다. 특히, 세계경제가 전반적으로 침체 중인 가운데도 발트

그림 6-2 중국과 주요 독립국의 경제성장률 추이

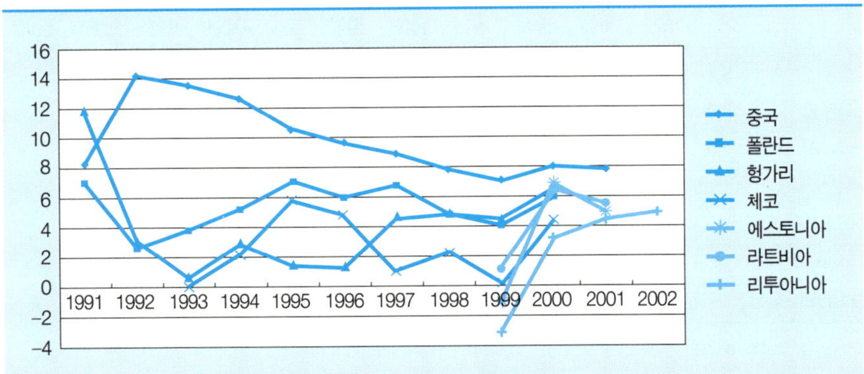

3국 경제는 양호한 성장을 기록하였다. 이중 리투아니아의 경제가 좀 취약한 것으로 나타나 있지만 이후 호전되었다. 〈그림 6-3〉의 (a)와 (b)를 비교해 보면 알 수 있듯이 동유럽과 발트 3국의 경제는 개혁개방 초기에는 절반 정도가 플러스 성장을 하였고 절반 정도는 마이너스 성장을 기록하였다. 하지만 1995년을 지나면서부터 경제성장률이 대부분 플러스 궤도로 올라섰으며, 이후에도 비교적 안정적인 성장을 하였다.

중국의 경우에는 정치 · 사회적으로 철저하게 폐쇄되고 경제적으로도 여전히 정부의 통제가 심한 사회로서 외부의 영향으로부터 자유로웠다. 반면에 동유럽과 발트 3국은 완전히 개방된 시장사회로서 곧바로 외부의 영향에 노출되어 있었다. 또한 중국의 통계수치에 대해 많은 연구기관과 전문가들이 강한 의구심을 품고 있으며 일부 학자들은 성장률의 실질치가 절반 정도에 불과하다는 분석을 내놓고 있다. 주어진 통계지표상으로 중국의 경제성장 성과가 가

그림 6-3 동유럽과 중유럽 개혁개방 국가의 시기별 경제성장률 변화

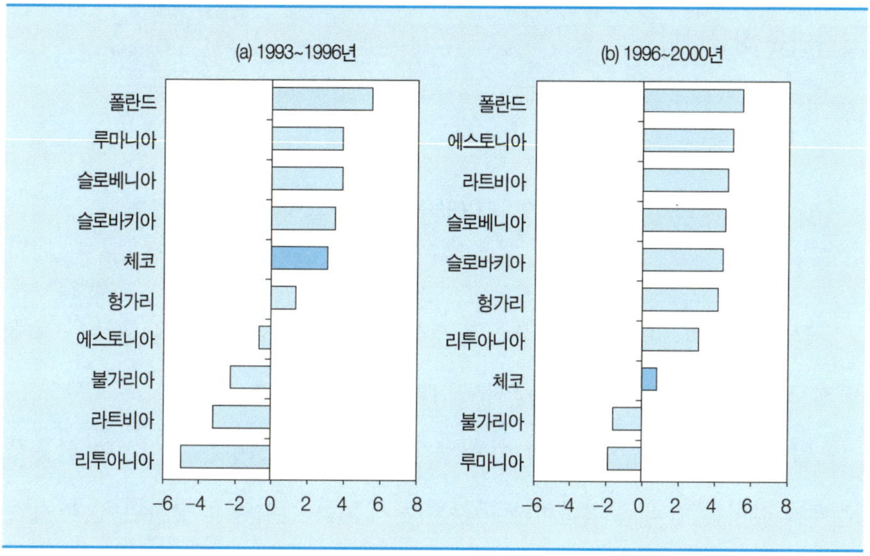

주: 그림에 나타난 수치는 기간 중 평균 경제성장률을 나타냄.
자료: "Real Growth Rates, 1993~1996, 1996~2000," University of Economics 홈페이지, Prague, Czech Republic(검색일: 2002. 1. 24).

장 우수한 것은 사실이다. 하지만 지금까지도 여러 측면에서 폐쇄되어 있고 언론이 철저하게 통제되는 사회라는 점을 고려하면 성장률을 포함한 주요 수치들의 진실성은 의심의 여지가 있다. 중국은 정치체제의 근간이 불안정하고 정치적 자유는 초보적 수준이며, 장기적 관점에서 정치의 안정성이 언제까지 유지될지는 더욱 의심스럽다. 개혁개방의 성과를 경제를 포함한 사회발전 및 삶의 질 측면에서 비교한다면 중국의 사례가 반드시 우수하다고 단정할 수는 없다.

따라서 현 단계에서 역사적 맥락도 다르고 개혁개방의 길도 다르며 변혁의 역사도 상이한 나라들을 두고 성급하게 개혁의 성과를 비교하고 비용을 판단하기는 성급하다.

제 10절 중국은 새로운 경제발전모형을 창조하는가?

끝으로 개혁개방 이후 중국의 경제성과와 관련하여 "중국은 새로운 경제발전모형을 창조하는가?" 하는 의문에 대해 생각해 보자.

일부 전문가들은 개혁개방 이후 중국의 경제발전모형은 동아시아 신흥공업국이 걸어온 길과도 명확하게 구분되는 새로운 길이라고 평가한다. 하지만 현실 사회주의 사회의 개혁개방을 좀 더 세밀하게 살펴보거나, 개혁개방 이후 경제성장 과정과 동아시아 신흥공업국의 경우를 면밀하게 관찰해 본다면, 이러한 이해가 거친 발상임을 깨닫게 된다. 거시적 관점에서 동아시아 신흥공업국의 발전모형과 중국의 그것을 비교할 경우, 사실상 큰 차이점을 발견하기 쉽지 않다. 하지만 미시적인 관점에서 비교 · 분석한다면 내용은 달라진다.

중국의 사례가 동아시아 신흥공업국과 다른 점은 공산당의 지배가 지속되고 있고, 사회주의 계획경제로부터 개혁개방의 길을 걸어왔다는 사실이다. 이를 중국 경제발전모형의 특수성으로 간주하고 중국이 새로운 발전모형을 창조하고 있다고 단정하려 한다면, 우리는 동아시아 신흥공업경제(NIES) 모두에게 독립된 하나의 모형을 부여해야 하는 문제에 봉착한다. 중국 경제발전모형의 일반성을 말한다면, 대략 후발 자본주의국처럼 대외지향 공업화를 추구하였으며, 한국과 싱가포르처럼 정부의 강력한 개입을 특징으로 하는 정부주도형 경제발전모형을 따르고 있다는 정도로 정리될 수 있다. 중국과 동아시아 주요국 모두 지배 정당이 장기간 집권하는 가운데 경제성장을 주도했는데, 중국은 단일정당체제이고 그 당이 공산당이라는 점에서 분명히 다르다.

중국에서 사회주의라는 이름과 어울리는 내용은 기껏해야 공산당이 지배 정당으로 군림하고 있다는 점, 토지가 국공유로 되어 있으며 생산의 1/3을 차지하는 주요 산업이 국유라는 점뿐이다. 인민의 생활과 가장 밀접한 부동산인 주택은 1998년을 분기로 하여 사실상 상품화되었다. 주요 토지에 대한 국공유제도 사용권이 활발하게 교환되고 있기 때문에 사실상 사유나 마찬가지이다. 미국도 토지는 원칙적으로 국유로 되어 있고, 과거 홍콩의 토지도 여왕의 소유였다. 더욱이 중국이 WTO에 가입한 이후 중국의 개혁개방은 제도화, 법제화 및 개인의 권익 보장이라는 장치에 힘입어 막바지를 향해 치닫고 있다. 중국의 집권당이 언제 바뀔지 또는 중국이 '사회주의'라는 옷을 언제 벗어던질지를 당장 예측하기는 어렵다. 하지만 '개혁개방'이라는 용어가 더 이상 별 의미가 없게 될 단계에 와 있다는 점은 분명하다.

먼저, 거시적 관점에서 중국과 동아시아 신흥공업국의 발전모형을 비교해 보자. 현재 중국이 지향하는 체제는 싱가포르를 모범으로 하는 권위주의적 개발독재체제이고, 발전전략은 수출지향 공업화로 대표되는 동아시아 신흥공업국 모형과 어느 정도 유사하다. 중국의 특수성이 있다면 신흥공업국과 달리 사회주의 사회로부터 개혁개방의 길을 걸어왔다는 점, 대안 정당이 없이 공산당이 지배하고 있으며, 수출이 GDP에서 차지하는 비중이 비교적 작다는 점에서 찾을 수 있다. 중국이 이미 세계시장에 깊숙히 편입되었고, 개혁개방이 완성 단계로 향하고 있다고는 하지만, 앞으로도 공산당과 정부가 주도하는 시장화, 세계화, 제도화, 그리고 경제발전을 지향할 수밖에 없다. 시장이 정부에 의해 통제 · 관리되고 있다는 점에서 중국이나 과거 동아시아 주요 신흥공업국(홍콩 제외)의 경제운영 방식과 큰 차이가 없다. 다만 개혁개방 이전의 중국에서 정부는 사회주의식 전체주의 정부였으나 개혁개방 이후 경제성장에 주력하는 강성 권위주의 정부라는 점이 다르다.

우리가 꼭 중국과 동아시아 신흥공업국과의 차이를 말하고자 한다면 이 정도가 아닐까 생각된다. 철저한 대외지향 공업화를 선호해 온 동아시아 신흥공업국의 대외의존도가 일반적으로 70~80% 수준인 데 비하여, 중국은 WTO 가입 이전까지 대외의존도가 30% 이하였다. 중국의 대외의존도가 현재는 70% 정도로 높아졌으나 GDP에서 순수출 비율은 20% 수준이며, 수출을 주요 외자기업에 의존하고 있다. 중국 경제는 개혁개방 이후 동아시아 신흥공업국의 발전 모형을 거울삼아 연해 지역 중심의 대외지향 공업화를 추구해 왔고, 이 모형이 주효했음은 중국의 경제성과가 잘 설명해 주고 있다. 하지만 중국의 경제발전 모형은 1998년부터 점차 내수시장을 중시하는 형태로의 전환이 시도되고 있다. 내수시장과 해외시장을 조화시키려는 전략은 동아시아 경제위기, 미국발 금융위기로부터 학습한 결과이다. 중국의 경제발전 과정에서 발견할 수 있는 또 한 가지 특징은 자본의 상당 부분을 외국인 직접투자에 의존하고 있다는 점이다. 이 방식은 한국과 매우 다르며, 발전 초기 미국과 유사하고, 내자에 주로 의존해 온 일본과는 매우 다르다. 자본의 큰 부분을 외국인 투자에 의존하면서 내수

시장을 중시하는 발전방식은 중국의 특징이라 할 만하다. 또한 중국은 왕조시대처럼 토지를 원칙적으로 국공유로 하고 있다. 이 사실이 중국 경제발전모형과 동아시아 신흥공업국의 발전모형을 구분할 수 있는 가능성을 열어 준다. 하지만 이 요소를 확대 해석하기에는 문제도 많다.

앞에서 설명한 거시적인 설명방법과 달리 미시적인 관점에서 중국의 경제구조와 경제운영 방식 및 전략을 분석한다면 중국과 다른 동아시아 신흥공업국과의 차이는 더 커진다. 이러한 관점에서 중국이 동아시아 발전모형을 건너뛰고 미국과 유사한 모형으로 진행해 나갈 가능성이 있다고 보는 경우도 있다.[24] 그 주요 논지는 이렇다.

여기에서 말하는 미시적 측면은 기업지배구조, 은행-기업 관계, 노동시장의 유연성, 생산물시장의 경쟁 정도, 산업정책과 기업-정부 관계 등이다. 미시적 관점에서 본 동아시아 발전모형의 특징은 기업의 높은 내부자(insiders) 지분율, 은행-기업의 밀접한 관계, 낮은 주식시장 의존도, 경직적인 노동시장, 외자기업 비중이 낮은 독점적 국내시장, 선택적이고 강력한 산업정책 등이다. 이에 비하여 중국은 상장기업의 외부자(outsiders) 발언권이 강한 가운데 내부자의 지분율은 비교적 낮으며, 시장화 역사에 비하여 주식시장이 빠른 속도로 발전하여 상장주식/GDP 비율이 비교적 높다. 은행-기업 관계를 보면 중국의 은행들은 기업주식을 소유하지 못하도록 규제받는 은행-기업 분리주의를 지향하고 있다. 또한 노동자의 이직률이 높고 해고도 용이하게 되어 있는 등 노동시장의

24) 이근 외, 「중국은 동아시아 발전모형을 건너뛰는가」, 『중국의 기업과 경제』(서울: 박영사, 2002) 참조. 이 글에서는 주로 pp. 68~69를 참조하였다.

유연성이 매우 높다. 중국 경제에서는 외자기업의 비중이 높으며, 내국기업 간, 내국기업과 외자기업 간, 외국기업 간 내수시장 경쟁은 매우 치열하다. 시장경쟁이 치열한 가운데, 정부가 외국인 투자기업의 높은 시장점유율을 강제로 규제한다는 지적이 끊이지 않고 있다. 또한 세계화의 진행, 거대한 경제규모와 특수한 중앙-지방 관계 및 지방 간의 이해관계 마찰 등으로 인하여 정부의 산업정책이 현실 속에서 효과적으로 구현되지 못하고 있다.

여기에서 보듯이 문제를 거시적 관점에서 보느냐 미시적 관점에서 보느냐에 따라 중국의 발전모형이 동아시아 발전모형의 변종인지, 아니면 독자적인 발전모형인지에 대한 해답은 많이 달라질 수 있다. 하지만 분명한 사실은 미시적인 관점에서 중국의 경제발전 전략과 경제구조를 분석할수록 동아시아 발전모형과 중국의 경제발전모형 간의 차이는 더 분명해진다는 점이다.

역사적으로 볼 때 경제발전과 정치발전(민주화)이 서로 어울리지 못한 경제발전은 어느 시점에서 한계에 봉착한다. 바람직스러운 사회발전을 위해서는 경제발전과 정치발전이 같은 방향으로 움직여야 한다. 1990년대 후반 들어서 우리는 1970~1980년대에 그토록 칭송되던 동아시아 발전모형과 개발독재가 비판의 도마에 오른 사실을 목도하였다. 물론 경제발전에 큰 장애가 생기지 않는 한 개발독재체제의 수명도 생각보다 길다. 하지만 장기적으로 볼 때 중국의 강성 권위주의 체제도 결국은 과도적인 체제에 불과할 것으로 보는 편이 합리적이다. 그렇다고 해서 중국이 머지않아 대안 세력에 의해 민주화와 경제발전이 동시에 중시되는 사회로 탈바꿈하리라고 보기도 어렵다. 왜냐하면, 중국에는 공산당을 대체할 만한 정치 세력도 없고 학생이나 시민사회, 언론을 포함한 어떤 비판적 세력도 취약하며, 앞으로도 상당한 기간 동안 그러하리라고 보기 때문이다. 요컨대, 중국에서는 상당 기간 비민주적이면서도 권위주의적인 정부가 경제발전을 주도하는 형태의 발전이 지속될 가능성이 높다.

Chapter

7

개혁개방 이후 중국 경제의 성과와 문제

제1절 개혁개방의 경제성과

제2절 산업구조 변화와 고도화

제3절 성장방식의 전환

제4절 당면 난제와 장기 과제

제5절 대응과 한계

제6절 삶의 질과 만족도

개혁개방 이후 중국 경제의 성과와 문제

제 *1* 절 개혁개방의 경제성과

고성장, 경제력 팽창, 생활수준 향상

중국 공산당은 1990년대 말에 건국 이후 50년 동안 경이적인 경제성과를 이룩하였다고 자화자찬한 바 있다.[1] 그러나 그들이 말한 성과의 대부분은 사실상 1978년 개혁개방 이후의 성과에 힘입은 것이다. 전후 복구기 일단락된 1952년 당시 중국의 GNP는 679억 위안이었는데, 2000년의 GDP는 8.94조 위안이었다. 중앙계획경제 시기부터 개혁개방 이후 시기까지를 포함하면 연평균 7.7% 성장한 셈이며, 이 성장률 수준은 같은 시기 세계경제 성장률인 3%보다 훨씬 높다. 만약 대상 기간을 개혁개방 시점인 1978년부터 2000년까지 22년으로 하면, 연평균 성장률은 9.8%가 되어 건국 후 2000년까지의 연평균 경제성장률에 비해 약 2% 이상 높아진다. 하지만 〈그림 7-1〉을 통해 성장률이 아닌 GDP 규모

1) 「輝煌的50年」, 人民日報(1999. 8. 31); 「滄桑巨變偉大輝煌恢弘壯濶碩果累累」, 光明日報(1999. 8. 24); 「成就輝煌的中國經濟」, 光明日報(2000. 12. 18).

그림 7-1 중국의 GDP 및 일인당 GDP 추이(1952~2000)

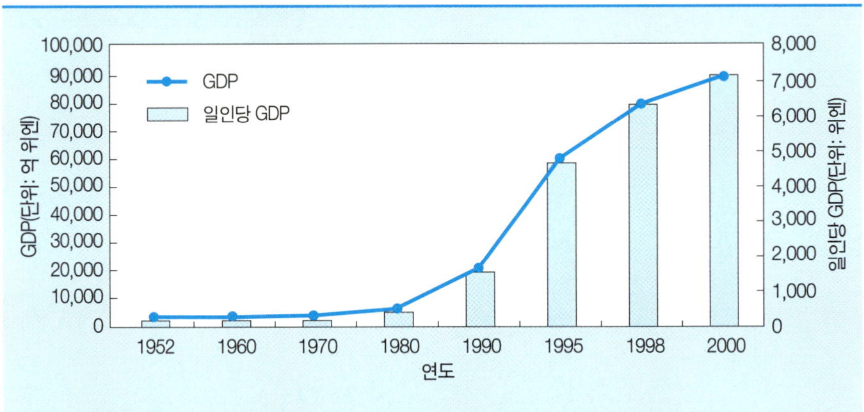

자료: 『中國統計年鑑』, 각년호에서 작성.

의 변화를 보면, 중국의 GDP 규모는 1980년대까지가 아니라 시장화가 상당한 수준으로 자리잡은 1990년 이후 폭발적으로 팽창하였음을 확인할 수 있다. 성장률에서 차이가 크지 않을 수는 있지만 규모면에서 GDP 성과는 거의 개혁개방 이후의 성과라고 보아도 무리가 없다.

중국의 경제성장률 추이를 보자(〈그림 7-2〉참조). 1970년대 말 이후 중국 경제는 1989년 톈안먼 사태 같은 굴곡이 있었고 시기에 따라 약간의 성장률 등락은 있었다. 톈안먼 사태의 후유증은 약 2년 정도 지속되었는데, 중국 경제는 1992년 남순강화를 계기로 후유증을 극복하고 다시 고성장 궤도로 복귀하였다. 중국은 1990년 이후 성장률이 가장 높았던 1993~1994년에는 거의 14%에 육박하는 성장률을 기록하였다. 그리고 이후에도 경기과열을 극복하고 연착륙에 성공했다고 평가받은 1990년대 후반에 8.5%대를 기록하였다. 연착륙 성공을 선언한

그림 7-2 1990년 이후 중국의 경제성장률 추이(1991~2016)

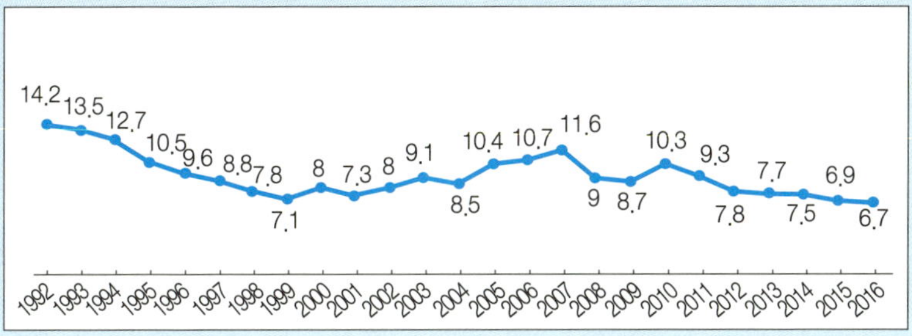

자료: 『中國統計年鑑』, 각년호에서 작성.

뒤 경제성장률은 1997년 말 동아시아 금융위기의 영향을 받아 한때 7.1%를 기록하기도 하였다. 그러나 중국 경제는 곧바로 성장세를 회복하여 2000년대 중반부터 다시 10%대로 올라섰고, 이 수준의 성장률은 2010년까지 지속되었다. 2008년 미국발 금융위기가 엄습하였고, 이 영향으로 대부분의 선신경제가 침체하면서 2010년대 중국의 경제성장률도 둔화되었으나, 여전히 7%대의 성장률을 기록하였다. 글로벌 금융위기 이후의 성장률을 보면 2008년 9%, 2009년 8.7%, 2010년 10.3%, 2011년 9.3%를 기록하는 등 양호한 성과를 보였다. 중국은 중속성장기에 접어들었다고 평가되는 2012년 이후 2015년까지도 각각 7.8%, 7.7%, 7.5%, 6.9%를 연출하였다. 전문 연구기관들은 중국 경제는 앞으로도 7%대 성장은 가능할 것으로 예상하고 있다.

1989년 톈안먼 사태, 1997년 동아시아 금융위기, 2008년 글로벌 금융위기 같은 악재에도 불구하고 중국 경제는 35년간 고성장을 지속하였다. 이러한 경이적인 경제성과에 힘입어 1978년 당시만 해도 세계 GDP 순위에서 찾아보기 힘들던 중국은 1999년에 GDP 9,584억 달러로 세계 7위로 올랐고, 2000년에는 이탈리아와 비슷한 1.77조 달러로 세계 6위에 올랐다. 이러한 경제성장과 경제력 팽창을 통해 중국은 이미 1990년대 초 세계 인구의 22%를 먹여 살리는 데 성공하였다.

〈그림 7-3〉은 개혁개방 이후 최근까지 GDP, 일인당 GDP 추이를 시각적으로 보여 주고 있다. 빠른 성장과 경제력 팽창에 힘입어 중국은 2010년에 제조업 생산액이 2.13조 달러(미국 2.09조 달러)로 미국을 추월하여 제조업 대국이 되었고, 일본을 밀치고 세계 2위 경제대국이 되었다. 중국 정부는 1990년까지 1980년 GDP의 2배로 증대시킨다는 목표를 세운 바 있었는데, 이 목표는 3년을 앞당겨 1987년에 달성하였다. 또한 2000년까지 1990년의 2배로 증대시킨다는 목표를 세웠는데, 이 목표도 5년을 앞당겨 1995년에 실현하였다.

중국의 2015년 GDP는 11.2조 달러를 기록하여 세계의 약 12%를 차지하였는데, 구매력 평가(ppp)로 환산한 경우 16조 달러 정도(미국 18조 달러로 25%)로 세계의 20% 정도 된다는 추산도 있다. 중국이 세계의 공장으로 불리기 시작한 1999년부터 2015년까지 16년 동안 GDP 규모는 무려 12배 팽창하였는데, 이렇게 해서 중국은 세계의 공장을 넘어 세계의 시장이 되었다.

건국 초기부터 개혁개방 초까지의 일인당 GDP를 보면, 1952년에는 119위안, 1970년에는 275위안, 1980년에는 460위안으로서, 30년 동안 4배 정도 증가하였다. 이 수치는 이후 1990년에는 1,634위안, 1998년에는 6,404위안, 2000년에는 7,140위안이 되었는데, 1990년에서 2000년까지 10년 사이에 6배 증가하였다.

그림 7-3 개혁개방 이후 중국의 GDP 및 일인당 GDP 추이(1979~2015)

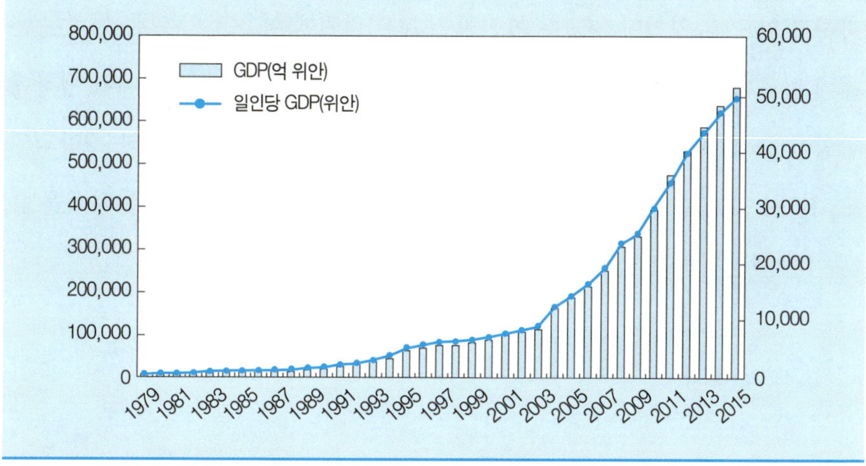

자료: 『中國統計年鑑』, 각년호에서 작성.

2000년 당시 일인당 GDP는 세계 80위였고, 인간개발지수(HDI)로는 그보다 더 낮은 104위였다.

대상 시기를 개혁개방 이후 현재까지로 할 경우, 중국은 1978년부터 2015년까지 37년간 GDP 규모를 180배, 일인당 GDP는 130배 증가시켰다. 〈그림 7-3〉에서 알 수 있듯이 일인당 GDP 향상도 건국 50년의 성과라기보다는 대부분 지난 20년 동안의 성과에 힘입은 것이다. GDP 규모나 일인당 GDP 모두 1990년대에 빠르게 증가하였고, 2000년대 들어 증가세가 가속되었다.

개혁개방 이후 달러로 환산한 일인당 GDP를 살펴보면, 개혁개방 시작점인 1978년 일인당 GDP는 약 100달러였는데, 2006년에 2,000달러, 2010년에 4,000달러, 2013년에 6,500달러를 넘었고, 2015년에는 8,120달러를 기록하여, 중진국의 문에 들어섰다는 평가를 받고 있다. 2015년 현재 중국 GDP는 1위인 미국을 추격하고 있으나, 일인당 GDP는 여전히 세계 80위권에 머물고 있는데, 이 수준은 세계 평균에 약간 못 미치는 수치이다. 지속적인 고성장과 빠른 경제력 팽창에 힘입어 중국은 개혁개방 10년이 지난 시점에 먹는 문제(溫飽)로부터 해방되었고, 현재는 2020년을 중진국(小康社會) 완성의 해로 설정해 놓고 각종 정책을 통해 이를 뒷받침하고 있다.

교역과 투자

개방과 함께 중국의 대외교역도 빠르게 증가해 왔고 2000년대에는 세계시장 편입에도 성공하였다. 개방 이전 중국의 대외무역[2)]은 소련과 동유럽 등 사회주의권과의 교역이 중심이었고 교역량도 보잘것없었다. 개방과 함께 교역이 증가하기 시작하였는데, 특히 WTO 가입을 계기로 교역은 급증하였다. 중국은 2000년 미국, 독일, 일본, 프랑스, 영국, 캐나다에 이어 세계 7위 교역국(세계교역의 약 7%)이었는데, 2012년에 드디어 1위 교역국(세계교역의 약 13%)이 되었고, 현재도 명실상부한 세계교역 대국의 위상을 지키고 있다.

아래에서는 중국의 대외교역 성과를 확인하기 위해, 먼저 건국 이후 2000년까지, 그리고 다음으로 개혁개방 이후 최근까지 대외교역 추이를 구분해서 살펴보고자 한다. 이렇게 시기를 구분하는 이유는 2001년 WTO 가입을 계기로

2) 박번순, 「중국의 수출입 동향」, 『World Report』, 삼성경제연구소 홈페이지(2001. 10. 15); 오승구, 「WTO의 세계교역전망」, 『World Report』, 삼성경제연구소 홈페이지(2001. 11. 12); 「滄桑巨變偉大輝煌恢弘壯濶碩果累累」, 光明日報(1999. 8. 24).

그림 7-4 중국의 대외 교역량 변화(1952~2000)

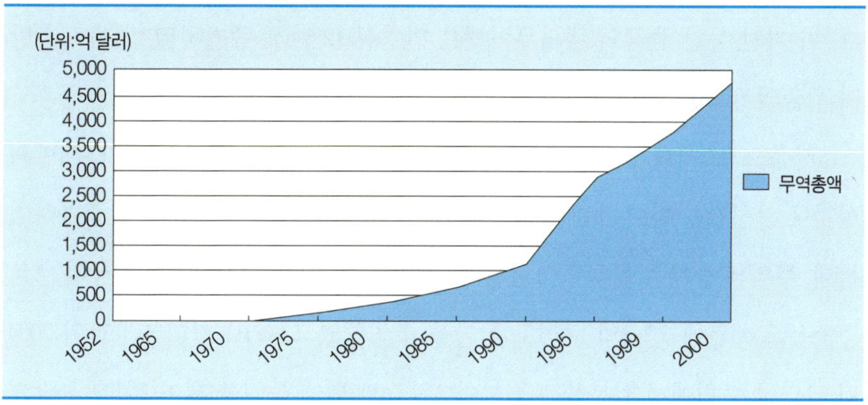

자료: 『中國統計年鑑』(1996), pp. 578, 580에서 작성.

중국의 교역이 새로운 단계로 접어들었다고 보기 때문이다.

우선, 건국 이후 2000년까지 중국의 대외교역을 보자. 중앙계획경제 시기와 개혁개방 개시 이후 약 22년이 포함된 이 시기 동안 중국은 수출입 총액면에서 큰 성장을 하였다(〈그림 7-4〉 참조). 달러 기준 교역총액은 전후 복구가 마무리된 1952년에 19억 달러, 문화혁명 직전인 1965년에 43억 달러였다. 그런데 개혁개방 출발점인 1978년 교역총액은 11.3억 달러로 1952년 수준에도 미달하였다. 건국 해인 1949년 중국은 세계교역의 1% 이하를 차지하였는데, 1978년에는 폐쇄적인 중앙계획경제의 영향으로 이보다 더 낮은 0.7%를 차지한 데서 보듯이 30년 전보다 대외교역이 매우 부진한 경제였다. 그러나 개방과 함께 중국의 대외교역이 증가하였는데, 교역총액 순위는 1980년에 세계 32위(182억 달러)에서 15년 만인 1995년에 11위(점유율 2.5%)에 올랐다. 교역총액은 이후 1998년 3,239억 달러, 2000년에 4,743억 달러로 빠르게 증가하여, 2000년에는 세계 8위로 올라섰다. 이 기간 동안 중국의 대외무역액은 연평균 12.5%씩 증가하였고, 2000년 당시 수출의존도는 약 22%로서 낮았다.

다음으로, 개혁개방 이후 최근까지 중국의 대외교역 성과를 보자. 개방의 성과에 자신감을 얻어 개방이 심화되면서 대외교역과 투자도 빠르게 증가하였는데, 무역의 증가는 특히 2001년 WTO 가입을 계기로 급증하였다. 중국의 교역 총액은 2000년에 4,743억 달러로 한국을 추월하였고, WTO 가입 3년 만인 2004년 교역국 순위에서 일본을 추월하여 3위, 2008년에 독일을 넘어 2위에 올랐으며, 2012년에는 드디어 미국을 밀치고 1위 교역국 자리에 올랐다. 중국의 교역 규모는 2009년 2.56조 달러, 2013년 4.1조 달러로 최고점을 기록한 뒤, 세계경제의 전반적인 침체의 영향으로 2015년 현재 3.74조 달러(수출 2.15조, 수입 1.59조, 세계교역의 13.2%임)로 여전히 1위 교역국 지위를 고수하고 있다. 〈그림 7-5〉를 보면 2000년대 들어 중국의 교역이 급상승하였음을 확인할 수 있는데, 이는 2001년 WTO 가입의 영향이다. 2008년 글로벌 금융위기의 영향을 받아 교역이 한 때 크게 감소하기도 하였으나, 곧바로 교역 증가세를 회복하여 더 빠른 속도로 증가해 왔다.

대외교역의 결과인 수지에서도 중국은 매년 대규모 흑자 행진을 해 왔다. 무역수지는 2007년에 1,500억 달러, 2010년에 1,831억 달러, 2013년에 2,600억 달러 흑자를 기록하였고, 2015년에는 흑자규모가 5,300억 달러에 달하였다. 중국의 1위 교역 대상은 EU이지만 개별 국가 단위로는 미국이 1위 교역 대상이다. 중국의 최대 흑자 대상국은 오랜 동안 미국인데, 2015년 미 · 중 간의 교역은

그림 7-5 중국의 교역 및 수지 추이(1979~2015)

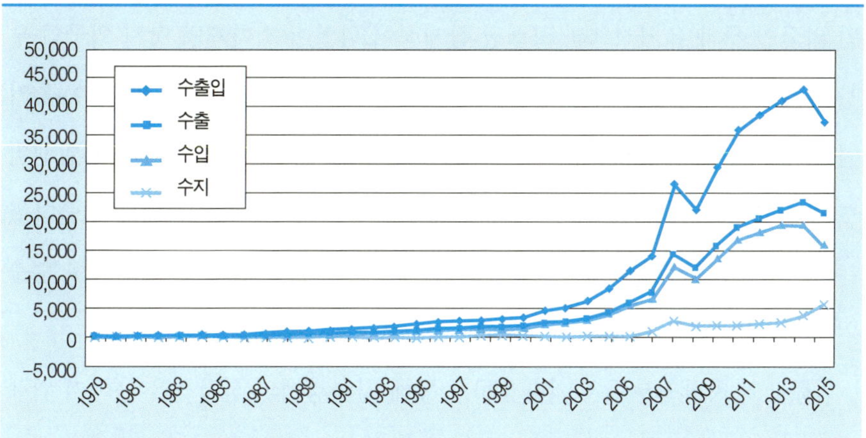

자료: 『中國統計年鑑』, 각년호에서 작성.

3,020억 달러에 달하였고, 흑자규모는 매년 1,000억 달러 이상을 기록하였다. 중국의 무역적자는 주로 한국 및 타이완과의 교역에서 발생하고 있는데, 총적자 중 약 23%가 이 두 나라와의 교역에서 나오고 있을 정도이다.

중국의 수출은 선진시장 의존도가 높은 편인데, 선진시장 의존도는 50% 정도이고 아시아 시장 의존도는 32% 정도이다. 선진시장별 수출 의존도를 보면, 1위 대상 지역은 EU로서 약 20% 정도이고, 2위는 미국으로 18.4%, 3위는 일본으로 17.5%이다. 그러나 중국의 교역 대상은 어느 한두 대륙에 그치지 않으며, 선진국, 개도국, 후진국 모두를 포괄하는 글로벌 차원의 교역을 하고 있다.

대외개방이 심화되고 국내경제의 고성장이 지속되면서 중국 경제에 대한 낙관적 전망이 이어졌다. 이에 따라 외국인 투자도 더 빠르게 증가하였다. 중국 정부도 산업화와 기술학습 및 수출증대를 위해 적어도 2000년대 초반까지는 외국인 투자를 환영하는 정책 기조를 유지해 왔다. 중앙과 지방 정부의 적극적인 외국인 투자 유치정책과 고성장 잠재성에 힘입어 개혁개방 당시 외국인 투자가 제로 상태에서 현재는 연평균 600억 달러씩 유입되고 있다. 세계 500대 기업의 대부분이 중국에 진출해 있고, 많은 유수의 글로벌 기업의 연구개발센터도 중국에 진출하였다. 외자기업은 주로 '가공조립 후 수출' 형태로 진출하였는데, 중국 수출의 70% 정도가 외자기업에 의해 이루어지고 있을 정도로 수출의 외자기업 의존도가 높다.

중국의 지방정부들은 외자유치를 통해 지역경제의 성장률을 높이기 위해 세제혜택뿐 아니라 저가로 토지와 전력 등을 지원하는데, 중앙정부의 규정을 위반하면서까지 외자기업을 지원해 왔다. 개혁개방 이후 긍정적인 투자환경이 조성되면서 외국인 투자가 시작되었으나, 톈안먼 사태의 영향으로 투자가 크게 위축되기도 하였다. 그러나 1992년 「남순강화」가 나오고 보수정책 회귀에 대한 불안감이 해소되면서 외국인 투자가 급증하였다. 1990년 이전 외국인 직접투자 규모는 GDP의 1% 수준에도 미치지 못하였는데, 1994년에는 6%를 넘었다. 외국인 직접투자는 그 자체로 중국 경제 성장의 견인차였고, 무엇보다도 수출의 주력이었다.

과거 중국에 진출한 기업들은 대부분 저임금 노동력 등 낮은 생산비를 활용하기 위해 중국을 생산기지로 이용하는 형태의 투자를 선호하였다. 원자재, 부품과 부분품을 가져다가 중국 내에서 낮은 비용으로 가공하여 세계시장에 수출하는 가공무역에 관심을 가진 외국인 투자기업에 힘입어 중국은 세계의 공장이 되었다. 이러한 제조업 중심의 외국인 투자와 가공수출 형태의 협력은 다른 개도국과 달리 금융위기로부터 안전성을 확보해 줄 뿐 아니라 외환보유고를 안정적으로 유지할 수 있는 긍정적인 역할을 하였다. 2000년대 들어 중국에서 인건비가 빠르게 상승하면서 저임금 매력이 감소하고 있으나 외국인 투자는 감소하지 않고 있다. 2008년 글로벌 금융위기 이후 외국인 직접투자가 잠시 정체되기도 하였으나 2010년부터 다시 회복세로 돌아섰다. 이처럼 유리한 조건이 사라져 가고 있는데도 불구하고 외국인 투자가 계속 증가하고 있는 이유는, 중국 소비시장의 잠재력을 높이 평가하면서 소비시장 지향 투자가 증가하고 있기 때문이다.

그런데 중국 정부는 외국인 투자의 기술이전 효과가 기대만큼 크지 않다는 판단을 하였고, 내적으로 내국기업을 육성할 필요성을 인식하였다. 이에 따라 중국 정부는 2000년대 중반부터 외국인 투자를 환영하던 기조로부터 통제와 관리로 정책을 전환하기 시작하였다. 중국 정부는 진입을 원하는 기업에 대해서 환경오염 여부, 기술이전, 신기술 및 첨단기술 여부 등 외국인 직접투자 진입 심사 조건을 강화하면서, 다른 한편으로 독점금지법을 통해 외국기업의 과도한 시장 지배력에 대해서도 개입하고 있다.

교역을 통한 흑자, 대규모 외국인 투자 유입, 기타 외국 자본 유입에 힘입어 중국의 외환보유고도 빠르게 증가하였다. 중국의 외화보유고는 개혁개방 초기 8.4억 달러에서 2000년에 1,600억 달러로서 세계 2위 외환보유국이 되었고, 2006년에 드디어 일본을 추월해서 1위 자리에 올랐다. 외환보유고 추이를 보면 1996년에 1,000억 달러, 2006년 1조 달러, 2013년 3.2조 달러, 2013년 3.95조 달러를 기록하였다(〈그림 7-6〉 참조). 2015년에 외환보유고는 3.23조 달러를 기록하여

그림 7-6 중국의 외환보유고 추이(1989~2015) (단위: 억 달러)

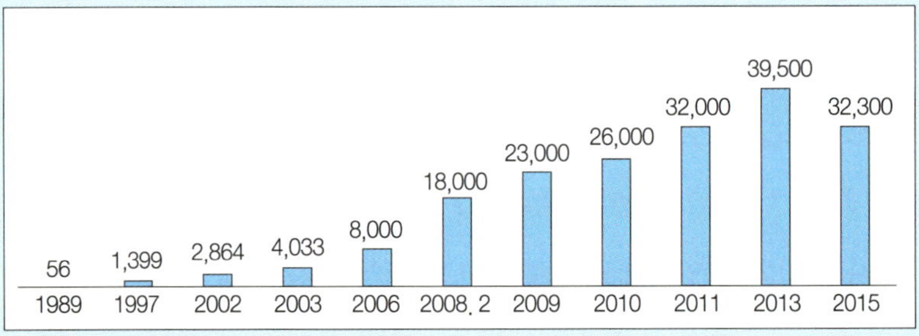

자료: 『中國統計年鑑』, 각년호에서 작성.

2013년보다 약간 감소하였는데, 이는 세계경제의 침체, 중국 제조업의 전반적인 공급과잉 등의 영향으로 이해된다.

중국 정부는 과도한 외환보유가 선진국으로부터 위안화 평가절상 압력의 빌미가 되고 있을 뿐 아니라 국내적으로도 인플레이션 압력으로 작용하는 데 대해 부담을 느껴 왔다. 이에 따라 중국 정부는 외국 국채 매입, 해외 인프라 투자, 해외 금융기관 인수합병, 해외 선진기술 기업 및 자원광산 매입 같은 방법을 통해 보유 외환을 줄이려는 노력도 함께 하고 있다. 중국은 1.2조 달러의 미국 국채를 보유하고 있으며, 미국 이외 국가의 채권 및 부동산 시장에도 적극적으로 진출하고 있다.

중국 자본의 해외 진출은 2000년대 중반부터 본격화되었는데, 이를 이전의 외국 자본을 '끌어들이는'(引進來) 전략과 대비해서 내국 자본의 '걸어나가는'(走出去) 전략으로 부른다. 2015년 현재 중국 자본의 채권을 제외한 해외 투자액은 1,500억 달러에 달한다. 국가 자본이 중심인 중국 자본의 해외 진출은 주로 자원광산 매입, 경영부실 선진기업 및 금융기업 인수, 부동산, 인프라 건설 등에 집중되고 있다.

일반적으로 해외 투자는 선진국의 다국적 기업이 후진국 시장에 진출하는 형태로 이루어져 왔다. 그런데 중국은 개도국이면서도 선진국과 다른 개도국에 투자를 하고 있다. 중국은 1990년대 동아시아 금융위기로부터 비교적 절연되어 있었고, 풍부한 외환으로 주변국이 위기를 극복하는 데 적극적으로 협력하기도 하였다. 중국은 지속적인 무역흑자와 외국 자본 유입으로 충분한 외환을 확보할 수 있었고, 해외시장에서 경쟁력 있는 제품도 생산할 수 있게 되었다. 이에 중국 정부는 풍부한 외환을 바탕으로 외국에 공장이나 연구소를 설립하여 직접 기술을 습득하고, 자국 내의 낙후되거나 과잉인 설비를 다른 개도국으로 이전하고 있다. 또한 중국 정부는 고성장이 지속되면서 자원 부족에 직면하였기 때문에, 안정적인 사원 공급을 위해서도 적극적으로 개도국의 자원과 에너지 개발 기업을 매입할 필요가 있었다. 이처럼 2000년대부터 시작된 중국 자본의 해외 투자는 크게 기술획득을 위한 선진국 투자, 저비용을 이용하기 위해 상대적으로 기술이 열위인 개도국 투자, 그리고 자원개발형 투자라는 세 가지 방향으로 진행되고 있으며, 진출 지역도 선진국과 개도국을 가리지 않을 뿐 아니라 대상 지역도 어느 한두 지역에 머물지 않고 있다.

대외개방이 심화되고 교역이 증대하면서 중국의 대외의존도도 빠르게 상승하였다. 중국의 1990년대 초 무역의존도는 30% 이하로 낮은 편이었데, 2001년 WTO 가입 이후 빠르게 상승하기 시작하여 2004년에 70%를 기록한 뒤 현재까

지도 70% 선을 유지하고 있다. 중국 경제도 이미 세계경제 속에 깊숙이 편입되었기 때문에 경제정책의 자율성도 많이 축소되었다.

제2절 산업구조의 변화와 고도화

체제 개혁 사회인 중국의 산업구조를 보기 위해서는 먼저 개혁 전후 시기 제1, 2, 3차 산업 상황에 대한 대체적인 이해가 필요하다.

중국 경제의 도약은 덩샤오핑을 중심으로 한 실용파의 개혁개방 노선 채택이 계기였고, 개혁은 취약한 1차산업, 즉 농업부문에서 시작되었다. 개혁이 시작되기 전인 문화혁명 말기 절대 다수의 인민이 농업에 종사하였으나 총생산의 절반 정도를 감당하던 농업은 인민의 먹는 문제를 해결하지 못하였다. 인민공사와 집단생산체제로 인해 압살당해 온 농업부문에는 농가경영책임제를 출발점으로 일련의 개혁 조치가 뒤를 이었다. 개혁 조치에 힘입어 1978년 이후 농업 생산액은 연평균 5.9%씩 성장하였는데, 개혁이 시작된 뒤 2~3년 내에 식량 문제는 기본적으로 해결되었다. 그런데 이러한 농업 생산액 증가속도는 매우 드문 사례로 평가된다.

건국 이후 개혁 시점까지 중국 농업은 노동생산성의 희생 하에 토지생산성이 성장을 견인해 왔다. 이러한 농업경영 방식은 토지자원이 부족하고 노동력이 풍부한 조건이 반영된 결과이다. 이에 비해서 개혁개방 이후 중국 농업은 노동생산성과 토지생산성이 동시에 성장을 견인하는 가운데, 점차 노동생산성 증가율이 토지생산성 증가율을 추월하는 형태로 전환되었다. 1980년대 말까지 농업 노동력이 증가함으로써 토지/노동 비율이 감소했으나 1990년대 초반을 기점으로 이 수치가 증가세로 전환되었다. 2000년대 들어 농업 노동력이 빠르게 감소하면서 토지/노동 비율이 상승하기 시작하였고, 이에 따라 노동생산성도 높아진 것이다.

중국의 총생산에서 농업부문이 차지하는 비중은 1952년에 50% 정도였는데, 개혁 시점인 1978년에는 45%로 감소하였다. 농업이 총생산에서 차지하는 비율은 개혁이 시작된 뒤 빠르게 감소하여 2010년 9.5%, 2015년 9%를 기록하였다. 총생산에서 차지하는 농업의 비율이 2000년대 중반부터 빠르게 감소하여 현재 매우 낮은 수준이지만, 농업부문의 고용 비중은 2015년 현재 36.7%로 매우 높아, 고용구조 측면에서는 농업 국가의 성격을 벗어나지 못하고 있다[3](〈그림 7-7〉, 〈그림 7-8〉 참조).

개혁개방과 함께 시작된 농업부문 개혁이 일단락되면서 1980년대 초부터 개혁중심이 도시 개혁으로 전환되었다. 도시 개혁의 주 내용은 도시기업 개혁, 즉 2차산업 개혁이었다. 국유기업으로 대표되던 중국의 2차산업은 효율과 이윤을 추구하는 기업이라기보다는 하나의 사회보장 기관이자 재정을 빨아들이는 블랙홀 같은 존재였다. 이러한 특징 때문에 단기간에 마무리된 농업 개혁과 달리 도시기업 개혁은 진전되기 어려웠고 지지부진하였다. 그러는 사이 거대한 부실덩이인 국유와 발전 초기에 있던 사기업의 중간에서 빠르게 성장 · 발전한 존재가 바로 농촌 지역에 널리 확산된 '향진기업'(鄉鎮企業, township and

3) 전형진, 「산업: 농업」, 『차이나핸드북』(김영사, 2014).

village enterprises)이다. 향진기업은 소유 형태는 집단, 규모는 중소, 입지는 농촌 지역이라는 특징을 지니면서 지방정부의 적극적 지원을 통해 빠르게 발전해서 적어도 1990년대 중반까지 중국 경제의 성장을 견인하는 시대적 사명을 잘 감당하였다. 향진기업은 국유기업이 시장에 적응하지 못하고 사기업이 발전 초기일 때 상대적으로 높은 효율과 경영의 유연성을 바탕으로 급성장할 수 있었다. 하지만 향진기업의 역할도 1990년대 중반 이후 개혁이 심화되고 개방의 폭이 넓어지면서 쇠퇴하였다. 그 이유는 급변하는 국내시장 환경과 글로벌 차원의 무한 경쟁에 노출되면서 자금 부족, 기술 부족, 민간기업에 비해 상대적으로 느린 의사결정 구조 등 여러 한계에 직면하게 되었기 때문이다. 이 시기에 와서는 외자, 합자, 독자, 내국 사기업이 발전함에 따라 국유기업의 비중은 크게 축소되었으며, 비국유부문이 국유부문 비중을 능가하게 되었을 뿐 아니라 내국기업 중, 특히 제조업에서 국내외 시장에 존재감을 과시하는 기업들이 출현하였다.

중국에서 제3차산업이 당과 정부의 적극적인 관심의 대상으로 부상한지는 오래되지 않았다. 사회주의 중앙계획 경제체제 하에서 3차산업은 당과 정부의 정책적 관심의 대상과 거리가 있었다. 개혁개방 이후 농촌 개혁이 일단락되고 나서 산업화에 대한 관심의 초점은 제조업 발전에 맞추어졌다. 시장화, 상품화가 진행되면서 각종 서비스업이 생성 · 발전하였고, 도시 저소득층과 이주민들이 도시 지역의 다양한 서비스업에 진입하였다. 이에 따라 건설, 도소매업, 음식숙박업, 교통운수업, 유통 등 3차산업도 빠르게 발전하였고, 총생산에서 차지하는 비중도 갈수록 확대되었다. 시장화가 심화되면서 점차 금융, 법률, 교역, 연구개발, 소프트웨어, 문화산업 등 고급 서비스업이 발전할 기반도 마련되었다.

중국 정부는 1990년대 후반 동아시아 금융위기의 영향을 받아 수출이 큰 폭으로 감소하면서 부동산 개발, 건설, 중개 등 부동산 관련 산업을 성장률을 지탱하는 중요한 부문으로 인식하게 되었다. 또한 중국 정부는 2000년대 들어 농업인구 감소와 이농, 제조업의 고용 없는 성장 등으로 실업압력에 직면하자, 고용과 고부가가치 양 측면을 노리고 3차산업 발전에도 깊은 관심을 보였다.

이제 거시적 관점에서 산업구조를 보자. 경제가 빠르게 성장하고 공업화를 비롯한 산업화가 진행되면서 산업구조가 고도화되는 등 산업구조에도 변화가 나타났다. 전후 복구 작업이 마무리된 1952년 당시 총생산에서 차지하는 1, 2, 3차 산업 비율은 50.5 : 20.9 : 28.6으로서 1차산업이 50% 이상을 차지하는 1차>3차>2차 순이었다. 이 비중은 1960년에 23.4 : 44.5 : 32.1로 2차>3차>1차로 바뀌었고, 개혁이 시작되기 전인 1970년에는 다시 35.2 : 40.5 : 24.3으로 2차>1차>3차로 전환되었다. 그리고 개혁 초기인 1985년에 28.4 : 43.1 : 28.5로 2차>1차=3차, 1995년에는 27.1 : 41.6 : 31.3으로 2차>3차>1차로 바뀌었다. 1990년대 중반의 산업구조는 18.0 : 49.2 : 32.8로 그대로 유지되었으나, 1952년에 비해 크게 개선되었다. 개혁에 착수한 지 20년이 지난 시점에 1차산업의 비중은 32.5% 포인트 하락하였고 2차산업의 비중은 28.5% 포인트 높아졌으며, 3차산업의 비중은 4.2% 포인트 상승하여, 산업구조가 고도화되고, 제조업 중심의 경제구조가 자리잡았다.

산업구조가 고도화되면서 수출구조도 전통적인 노동집약적 경공업 제품

그림 7-7 산업구조 변화(1952~1998)

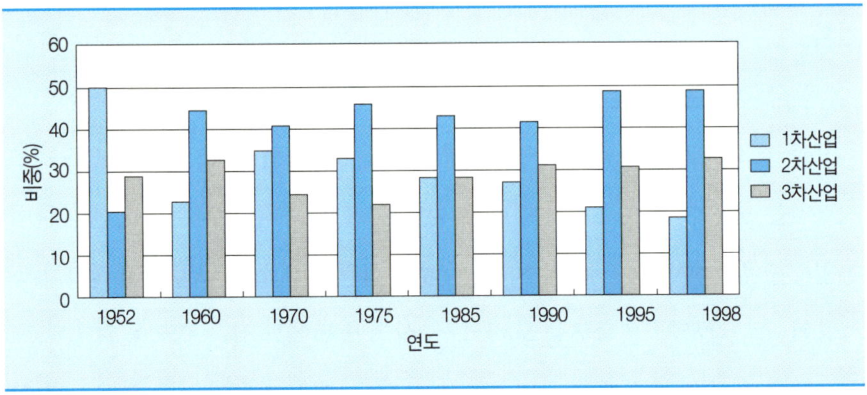

자료: 『中國統計年鑑』(1999), p. 56에서 작성.

수출에서 점차 전기기기, 전자 등 기술이 필요한 산업으로 전환되었다. 개혁이 개시된 지 약 25년이 지난 시점인 2000년 최대 수출상품은 전기기기, 장비 및 부품(총수출의 18.4%)이었고, 그 다음은 원동기, 보일러, 기계 및 부품(총수출의 10.8%)이었다. 전통적인 수출 품목이던 섬유 및 의류의 비중은 2000년에 7%로 낮아졌다. 건국 초기 중국의 전기, 철강, 원유 생산량은 세계 20~30위권이었다. 그런데 50년이 지난 2000년 무렵 철강, 석탄, 시멘트, 화학비료, TV 생산량은 세계 1위, 전기, 면포, 화섬생산량은 세계 2위가 되었다. 특히, 중국의 TV는 세계시장의 36%, 에어컨은 50%, 세탁기는 24%를 차지할 정도로 성장하여, 중국은 제조업 대국이자 세계의 공장으로 변모하였다. 이 시기 공업화 중기에 접어든 중국은 전자, 철강, 조선, 반도체, 자동차 분야에서 신흥공업국들을 위협하면서 빠르게 발전하였고, 정보통신, 지식기반산업, 생명공학 등 첨단산업 발전에서 심혈을 기울이기 시작하였다.

2010년대 중국의 산업구조와 산업구조 변화 상황을 보자.[4] 제13차 계획(2016~2020)은 2013년에 출범한 시진핑 정부가 주도한 첫 경제발전 계획이자 2020년 전면적인 중진사회 진입을 위한 마지막 5개년 계획이다. 제12차 계획과 비교해 볼 때, 13차 계획은 중진사회 건설을 위한 마무리 단계 작업으로 산아제한 철폐(2자녀 출산 허용), 호적제도 완화, 신성장산업 지원육성, 제조업 생산의 스마트화(인터넷 플러스) 및 제조업 구조조정과 공급과잉 해소 등을 새롭게 강조하였다. 제13차 계획은 또한 향후 지속 가능한 성장기반을 마련하기 위한 각 분야의 구조조정과 더불어 성장 동력 확보를 위해 경제, 산업 및 정치, 사회의 모든 영역에 걸친 전략 방향과 정책과제를 제시하였다. 중국 정부는 이미 2000년 무렵부터 3차산업 발전을 통해 고용 문제, 고부가가치화, 새로운 성장 동력 창출이라는 목표를 실현하고자 하였다. 그 성과는 〈그림 7-8〉에서 확인할 수 있다.

GDP에서 서비스업이 차지하는 비중은 지속적으로 상승하여, 2012~2014년에 각각 45.5%, 46.9%, 48.1%로 계속 증가하였고, 2015년에는 50.5%를 기록하여 드디어 가장 큰 비중을 차지하게 되었다. 생산액면에서 볼 때 중국의 산업구조는 3차＞2차＞1차 순이다. 고용면에서 3차산업은 개혁 초인 1980년에 13%에 불과하였는데, 2011년에 35.7%로 상승하였고, 2015년에는 42.4%로 가장 큰 부분을 차지하게 되었다.[5] 2015년 현재 서비스업은 생산의 50.5%, 고용의 42.4%로 생산과 고용 모두 가장 큰 비중을 차지하였다. 서비스업 중에서 도소매업이 가장 큰 비중을 차지하며, 그 다음은 부동산, 금융, 교통운수, 음식숙박업인데, 고부가

4) 최정석, 「13차 5개년 규획을 통해 본 중국의 산업구조 변화」, 『KIEP 중국전문가 포럼』(2016. 4. 19, http://blog.naver.com/kiepinfo?Redirect=Log&logNo=220687975157).
5) 서봉교, 「산업: 서비스업」, 『차이나핸드북』(김영사, 2014), p. 347.

그림 7-8 GDP에서 1, 2, 3차 산업 비중(2011~2015) (단위: %)

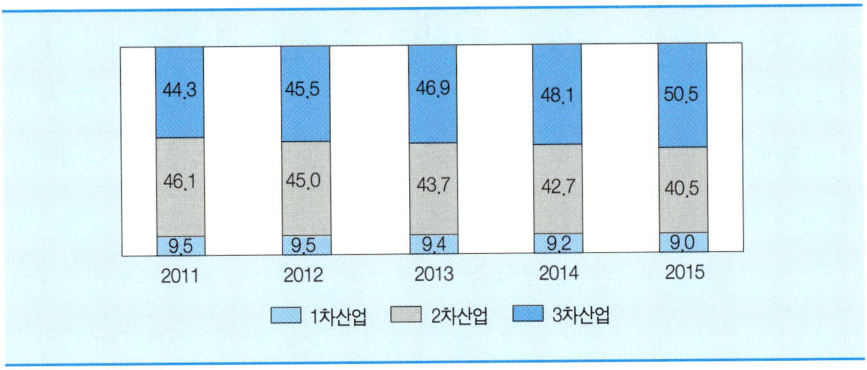

자료: 중국 국가통계국, 2015년 국민경제화 사회발전통계공보.

가치 3차산업은 아직도 취약한 편이다. 2차산업을 보면, 생산 비중은 지속적으로 감소하였는데, 2011년에 46.1%에서 2015년 현재 40.5%로 낮아졌다. 2015년 2차산업의 고용 비중은 20% 정도로 1, 2, 3차 산업 중 가장 작은 비중을 차지하였다. 2차산업은 20%를 고용하면서 40%를 생산하고 있기 때문에 탈노동력 과정과 제조업의 고도화는 상당한 성과가 있었다고 할 수 있다.

2010년대 전체를 보면, 1, 2차 산업의 생산 비중은 점차 감소한 반면, 3차산업의 비중은 지속적으로 상승해 왔다. 즉, 개혁개방 이후 산업구조가 저부가가치 구조로부터 고부가가치 구조로 변화해 왔으며, 제조업 내에서도 저부가가치 제조업에서 고부가가치 제조업으로의 변화가 이루어졌다. 하지만 GDP의 9%를 차지하는 1차산업의 고용 비중이 여전히 36% 이상으로 높아 산업화와 도시화의 부조화라는 기형적인 현상은 별로 개선되지 않고 있다.

이제 최근의 산업 관련 정책과 중국 산업구조의 미래에 대해 살펴보자.

제13차 계획은 산업구조조정의 일환으로 서비스업의 발전과 제조업 업그레이드를 병행 추진하고, 서비스업이 경제성장을 견인하는 구조로 산업구조를 조정하기로 되어 있다. 산업구조 변화의 핵심은 생산효율이 높은 부문이 낮은 부문을 대체하게 하여, 생산효율이 높은 산업으로 하여금 향후 국가발전을 주도하도록 할 예정이다.

향후 중국 산업정책의 목표는 정부의 각 산업부문 간 요소 이동에 대한 간섭을 배제하고, 산업 간 기술융합 및 정책협조를 통해 3차산업과 각 산업 간에 조화로운 발전을 이루도록 할 계획이다. 제13차 계획 시기에 1, 2, 3차 산업 간 융합발전을 기반으로 농업 기반을 탄탄히 하고, 제조업 혁신을 추진하며, 서비스업의 발전을 통해 경제성장 및 지속 가능한 발전을 위한 토대를 구축할 예정이다. 즉, 제13차 계획기 동안 산업구조조정을 통한 3차산업의 역할 재정립이 예상된다. 농업 측면에서 보면, 농업과 제조업 및 서비스업의 융합은 농업 현대화의 핵심 내용이다. 농업의 국민경제적 위상을 안정적으로 유지하기 위해서 재정보조금 등 정책적 지원을 통해 농업의 생산경영비용을 낮추고, 농업 생산방식의 전환을 통해 농업경영 규모를 확대시킬 계획이다. 다음으로, 제조업의 서비스화와 정보화는 제조업 업그레이드의 양대 축이다. 경제성장의 엔진 역할을 하는 제조업의 핵심 능력을 구축하여 고부가가치화를 지향하고, 과거에 경제성장 촉진과 취업기회 확대에 치중하던 데서 탈피해 기술혁신을 통해 지속 가능한 성장능력을 높임으로써, 제조업이 글로벌 경쟁력을 갖출 수 있도록 전환하고자 한다.

중국 경제에서 주요 제조업의 공급과잉 문제는 꽤 오래 전부터 지적되어 왔으며, 지도자가 바뀌어도 별다른 개선이 없었다. 지방 간의 투자경쟁은 주요 제조업의 공급과잉을 만들어 낸 핵심 요인이다. 조선, 철강, 반도체, 석유화학, 자동차, 신에너지, PC, 가전 등 많은 제조업 분야에서 공급과잉 현상이 심각한데, 시진핑 정부의 핵심 경제정책 중의 하나가 바로 구조조정을 통한 설비과잉 해소이다. 연해 지역에서 숙련공을 구하기 어렵고 임금이 지속적으로 상승하고 있다고는 하지만, 연해 지역을 제외한 다른 지역에서는 여전히 값싼 노동력 공급이 가능하다. 이처럼 값싼 노동력이 풍부한 조건 하에서 기업들은 연구개발보다는 값싼 자원을 선호할 수밖에 없으며, 지방정부 입장에서는 자기 지역의 기업은 고용과 관련이 있기 때문에, 문제가 있다고 해도 쉽게 포기하기 어렵다. 중국에서 공급과잉 문제 해소의 난점이 바로 여기에 있다.

중국 정부도 1, 2, 3차 산업 간 융합발전을 이루어야만 서비스업의 외연을 더욱 확대할 수 있고, 더 나아가 제조업의 업그레이드와 농업의 현대화를 확실히 지원할 수 있다는 사실을 잘 인식하고 있다. 서비스업은 독점과 시장 간섭 배제, 투자 심사 개혁, 신용제도 강화 같은 조치를 통해 시장경제 메커니즘을 방해하는 제도를 점진적으로 축소시키고, 서비스업이 경제성장의 핵심이 될 수 있도록 하고자 한다. 구체적으로 제13차 계획기 동안 고부가가치 제조업, 신흥 제조업, 공공서비스업 등으로 전환할 수 있도록 전반적인 구조조정을 단행할 계획이다. 공업화 후기 단계로 접어들고 있는 현재, 중화학공업에 대한 지나친 의존은 현실의 요구에 맞지 않기 때문에, 중국 정부는 지속적으로 제조업의 고부가가치화를 추진할 계획이다. 이 계획은 이미 2015년 「중국제조2025」[6]라

6) 國務院, 「中國制造2025」, 國發28號(2015. 5. 8, http://baike.baidu.com/item/%E4%B8%AD%E5%9B%

는 문건으로 발표되었다. 「중국제조2025」는 제조업을 포함한 산업 전반에 인터넷을 포함한 첨단 정보통신 기술의 결합과 융합을 꾀하려는 계획인데, 2025년까지 구조조정과 동시에 1단계를 완성한다는 목표를 제시하고 있다.

현재 성장률이 감속되고 경기 상황이 좋지 않은 가운데서도 중국 정부의 강도 높은 구조조정 작업이 구체화되고 있다.[7] 2016년 들어서 전 세계 석탄의 1/10을 생산하는 중국은 최대 석탄 생산기지인 서북부 산시(山西)의 석탄산업에 대한 구조조정을 시작하였다. 성 경제의 80%를 석탄 생산에 의존하는 산시는 2015년 성장률이 3.1%에 불과하여 중국 전체 성장률 6.9%의 절반에도 미치지 못하였다. 이에 따라 산시의 광산마다 인력과 설비 감축작업을 진행하고 있다.

시진핑(習近平) 정부는 2012년 말부터 철강, 시멘트, 알루미늄, 판유리, 조선 등 공급과잉 업종의 구조조정을 진행해 왔는데, 2015년에는 양대 공급과잉 업종인 철강과 석탄 산업을 지목해 강도 높은 구조조정을 선언하였다. 조선업에서도 살릴 기업 목록을 작성하고, 현재 1,000여 개에 달하는 중소 조선사를 70~80개 대형 조선사로 조정하고, 해운업도 양대 국영 해운사인 중국원양해운집단(COSCO)과 중국해운집단(CSCL)을 합병하기로 하였다. 시멘트업에서도 양대 국유 시멘트 업체인 중차이(中材)와 젠차이(建材)를 통합하기로 하는 등 2,500개 업체 중 1,000여 개를 폐업시키기로 하였다. 2016년 들어 중국 정부는 성장목표를 6.5~7%로 낮춘 '중속성장시대' 원년을 선언하였고, 공급과잉 제조업과 전통 제조업을 구조조정하면서 성장률이 하락하고 실업이 증가하더라도, 좀비기업을

BD%E5%88%B6%E9%80%A02025?fr=aladdin).

7) 방현철 · 안중현, 「중국의 강력한 산업구조 개혁」, 조선일보(2016. 6. 21).

정리함으로써 제조업의 글로벌 경쟁력을 강화하겠다는 의지를 밝혔다.

제3절 성장방식의 전환

중국 경제는 최근에 이르기까지 기술과 연구개발을 통해 효율적 생산을 추구하는 집약적 성장방식보다는 값싼 노동력을 활용한 대량 투입-대량 산출 형태의 조방적 성장방식에 의존하여 성장해 왔다. 이러한 성장방식은 염가 노동력 공급 조건이 양호한 경제에서는 매우 자연스러운 선택이다. 2000년대 초 중국 정부는 외국인 직접투자의 기술이전 효과가 부족하다는 판단과 함께 이 문제를 해결하기 위해 민간과 정부의 적극적인 노력이 필요하다는 사실을 절감하였다. 그리고 정부가 기술개발을 앞에서 이끌면서 민간기업의 연구개발 투자를 지원하기 시작하였다. 아직까지 중국에서 기술개발은 정부가 주도하고 있는 상황인데, 정부는 신기술, 신에너지, 친환경산업, 첨단산업에 집중적으로 투자하면서, 민간기업의 연구개발 투자를 유인하고 있다. 그 결과 2010년대 들어서 중국 기업의 기술수준이 빠르게 향상되고, 특허 등록 수도 급증하고 있으며, 일부 산업과 기업들은 세계시장에서 기술수준을 인정받고 있다. 이처럼 조방적 성장방식으로부터 집약적 성장방식으로의 전환과 함께 2000년대 중반부터 정부 경제정책 노선의 중요한 부분을 차지한 것이 바로 내수중심 성장으로의 전환이다.

개혁개방과 함께 시작된 경제 의사결정권의 지방 이양은 지방 간의 경제성장 경쟁을 유인하였고, 각 지방은 경쟁적으로 투자에 나섰으며, 이에 힘입어 경제는 빠른 성장을 할 수 있었다. 중국 경제는 개혁개방 초기 억압된 소비의 폭발로 인해 소비가 성장을 이끌었던 시기를 제외하고 적어도 지난 25년 동안 투자가 주도하는 성장을 해 왔는데, 투자의 주체는 민간이 아니라 정부였다.

소비수요와 투자수요는 해외수요(순수출)와 함께 GDP를 구성하는 3대 수요이다. 앞서 지적했듯이 개혁개방 초부터 1990년대까지를 제외하고 중국의 고성장은 주로 투자와 수출이 이끌어 왔다는 평가를 받는다. 그런데 중국 정부는 이제 투자나 수출보다는 소비수요(내수)를 성장의 동력으로 삼고자 한다. 중국은 세계적인 인구대국이고 소비시장의 절대규모는 크지만, 인구규모 대비 소비시장 규모는 크지 않은 저소비 국가이다. 중국 정부는 투자와 수출을 중시하는 성장전략이 고성장을 지지하는 데는 유리하지만, 소득격차 같은 경제적 불균형을 심화시키고, 경제기반을 취약하게 한다는 인식을 하게 된 것이다. 내수의 중요성에 대한 인식, 그리고 내수 진작을 위한 각종 정책에 대한 관심은 사실 2000년대 중반부터 있었고, 내수 진작을 위한 노력을 끊임없이 시도해 왔으나 기대만큼 성과를 거두지는 못하였다. 2013년 시진핑 정부가 출범하면서, 심화되는 소득분배 불균형을 완화하고 침체된 선진국 시장을 대체할 안정적인 내수시장을 확보함으로써 경제를 안정적으로 운영할 수 있다는 판단 하에, 내수 진작을 위한 강력한 정책 조치들을 예고한 바 있다.

중국 정부의 소비수요 진작을 위한 다양한 정책에 힘입어 GDP 성장에서 소비수요의 기여도가 약간씩 향상되고 있다.[8] 그러나 GDP에서 차지하는 소비

8) 중국에서 3대 수요의 역학관계와 소비수요의 의미에 대해서는 임반석, 「중국 경제 성장에서 3대 수요의 공헌과

의 비중은 다른 나라에 비해 여전히 작고, 경제성장에 대한 투자의 기여율은 소비수요와 비슷한 40% 수준이다. 오랜 동안 소비와 투자의 비중 크기는 시기에 따라 복잡하게 바뀌었으나 2000년대부터 대체로 투자의 비중이 소비보다 더 높았다. 개혁개방이 시작되면서 억압되었던 인민들의 소비욕구의 폭발로 소비가 경제성장의 주력군이었고, 1990년대 초반까지 소비의 GDP 성장에 대한 공헌율이 60%를 넘었으며, 1990년대 중후반에도 투자보다 더 높았다. 하지만 2000년대부터는 전반적으로 투자의 비중이 소비보다 높았으며, 이후 소비와 투자의 비중이 40% 전후를 지키고 있다. 신진국에서 소비수요의 비중이 70~80%를 넘는다는 사실을 생각하면, 중국 경제에서 소비수요는 여전히 부족하다. GDP 성장에 대한 수출의 공헌율은 시기별로 등락이 매우 심한 편이며, GDP에서 차지하는 수출 비중은 2000년대 중반부터 대체로 20%대에 머물고 있다. 2001년

그림 7-9 소비, 투자, 수출의 GDP 성장에 대한 공헌율 추이(1978~2010)

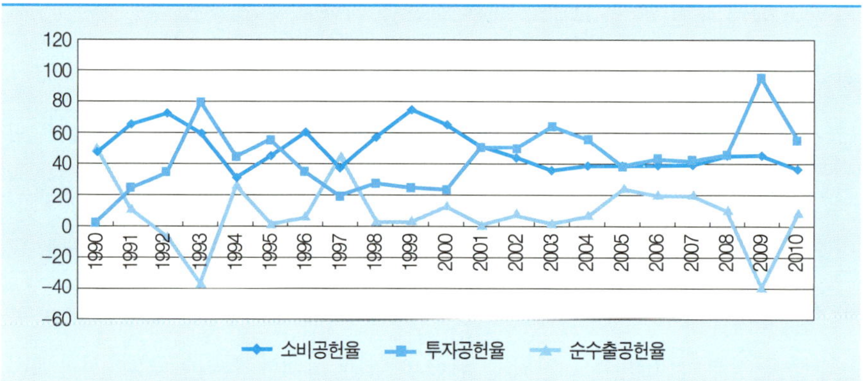

자료: 『중국통계연감』, 필자 작성.

성장모형의 전환」, 『한국동북아논총』, 15(1)(2010) 참조.

그림 7-10 중국 GDP에서 차지하는 3대 수요의 비중 추이

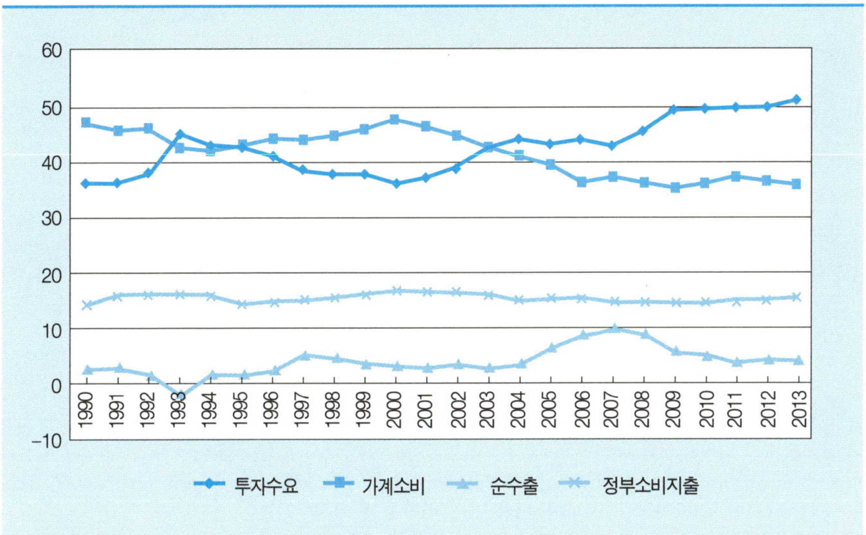

자료: Giovanni Palmioli and Adam Heal, "Structural Economic reform in China: The Role of the Shaighai Free Trade Zone," ESCAP Trade Insight(November 2014), p. 2 〈Figure 1〉.

WTO 가입을 계기로 수출이 큰 폭으로 증가하였으나, 투자의 역할이 상대적으로 더 커지면서 GDP에서 차지하는 수출의 비중은 크지 않은 편이다(〈그림 7-9〉 참조).

중국의 GDP에서 차지하는 소비수요의 비중을 다른 나라와 비교해 보면, 내수시장이 미약함을 할 수 있다. CEIC 자료에 의하면 2004년 내수중심 성장으로의 전환이 선언된 이후 2013년까지 가계 소비수요의 비중은 하락한 반면 투자수요의 비중은 오히려 상승하였다. 정부 소비지출 3~4%를 더한다 해도 소비수요의 비중은 40% 정도가 된다. OECD의 자료인 〈그림 7-11〉을 보면, 2010년 현재 일본의 비중은 60%, 한국의 비중이 53% 정도였는 데 비하여 중국의 비중은

그림 7-11 중국, 일본, 한국의 GDP에서 차지하는 개인소비 비율(1978~2010)

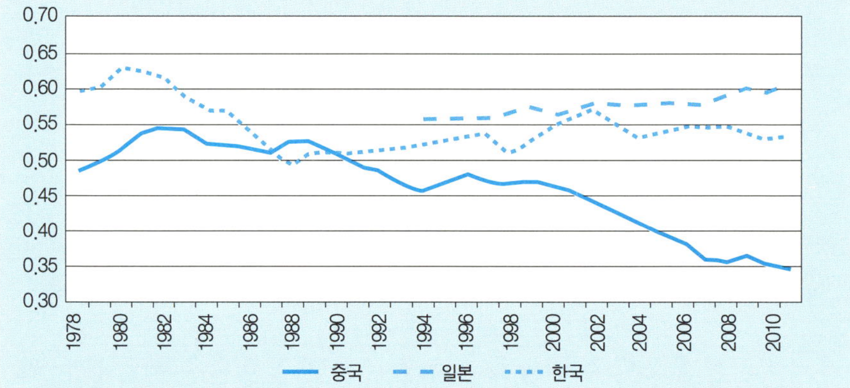

자료: Christian Dreger, Tongsan Wang and Yanqun Zhang, "Understanding Chinese Composition: The Inpact of Kukou," BOFIT Discussion Papers 7(2014), p. 5 〈Figure 1〉.

그림 7-12 소매판매액 증가율 추이(2005~2015)

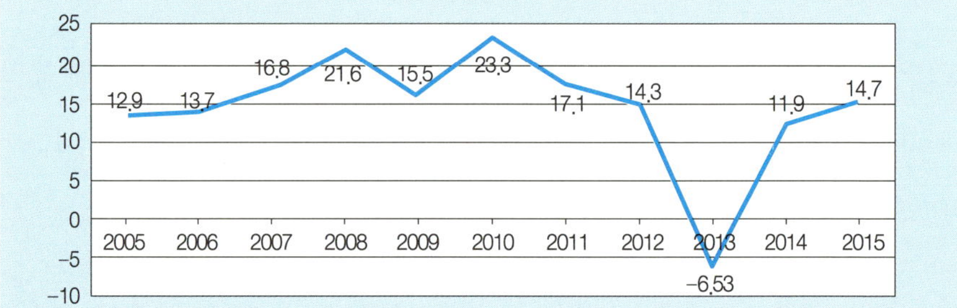

자료: 『중국통계연감』, 각년호에서 작성.

중국이 발표한 자료보다 약 5% 정도 낮은 35% 정도이다. OECD 자료와 CEIC 자료는 같은 내용을 말해 준다. 2000년대 중반 내수에 대한 관심이 커지고 내수 부양을 위한 각종 정책 조치가 나온 이후에도, 일본과 한국의 그 수치가 완만한 상승 추세를 보인 것과 달리, 중국에서는 장기적으로 하락 추세를 보였음을 볼 수 있다. 또한 『중국통계연감』에 근거해 작성한 〈그림 7-12〉를 통해 2005년 이후 소매판매액 증가율 추이를 보더라도, 연도별로 약간 차이는 있지만 다양한 정책 조치에도 불구하고 2015년 현재까지 연평균 약 13~14% 정도의 증가율을 보이고 있어서, 뚜렷한 내수 확대 효과를 말하기는 어렵다.

이렇게 볼 때 중국 경제는 적어도 2000년대 이전까지는 경제성장의 상당한 부분을 소비에 의존하였고, 2000년 이후는 대체로 투자에 의존하였다고 할 수 있다. 중국 정부가 소비수요가 증대하고 있다고 말하고 있기는 하지만, 이는 사실과 거리가 있다. 이러한 이유 때문에 권위 있는 연구기관 중에는 중국 정부가 발표하는 통계 자료의 신뢰도를 의심한다.

이처럼 오랜 기간 조방적 성장방식 선호, 지방 간의 투자경쟁, 정부투자 중심의 성장으로 인한 문제점이 끊임없이 지적되어 왔고, 이에 대한 대응으로 다양한 개선 조치들이 나왔다. 조방적 성장은 대량 투자–대량 산출로 인해 고용과 성장률에는 도움이 되지만 생산효율, 기술개발에는 불리하며, 더욱이 세계 경제를 주도하고자 한다면 조방적 성장방식으로는 목적 달성이 불가능하다. 내수가 지원되지 않는 정부투자 중심의 성장은 천문학적인 자금투자와 투자의 비효율로 자원낭비와 인플레이션 압력을 만들어 내고, 민간의 투자를 위축시키며, 경제의 안정성을 약화시킨다. 수출이 주도하는 성장은 대외변수에 큰 영향을 입기 때문에 국민경제 운영의 자율성을 손상시킬 수 있다. 이에 비해서 소비수요, 즉 내수가 주도하는 성장은 안정적인 경제를 운영할 수 있을 뿐 아니라 내국기업의 성장과 발전을 위한 좋은 내적 기반이 된다는 점에서 많은 국민경제가 바라는 정책목표이다.

중국 정부는 일찍이 1990년대 말부터 집약적 성장방식으로 전환하고자 하였고, 2004년에는 내수가 주도하는 성장으로의 전환을 선언하였다. 그리고 이를 실현하기 위해 다양한 정책 조치들을 내놓았다. 2010년대 들어서 정부와 기업의 연구개발 투자는 활발해졌고, 시장에서 그 성과가 나타나고 있다는 평가를 받고 있다. 이에 비해서 내수 확대를 통한 소비 주도 성장으로의 전환을 선언한 뒤 13년이 지났지만, 앞에서 보았듯이 소비수요는 정부의 의도처럼 빠르게 증가하지 않고 있다. 소비수요가 빠르게 증가하지 않는 상황에서 성장률 하락을 막기 위해 정부는 부득이하게 다시 투자를 감행할 수밖에 없는 악순환을 반복해 온 것이다. 2010년대 들어 소비수요의 성장률에 대한 공헌율이 투자와 비슷해지기는 하였으나 선진국 수준인 70~80% 수준과는 거리가 여전히 멀다.

그러면 끊임없는 노력에도 불구하고 중국에서 내수가 정부의 의도대로 증가하지 않고 있는 이유는 무엇일까?

첫 번째 이유는 낮은 소득수준이다. 개혁개방 이후 고성장 과정에서 투자와 수출의 주역은 기업과 정부였으며, 이들의 투자와 수출에 힘입어 빠른 산업화가 가능했고 기업도 큰 발전을 이루었다. 그러나 이 과정에서 국민소득 중에서 가계부문이 근로소득으로 가져가는 몫인 노동소득 분배율(labor's relative share)[9]은 지속적으로 하락하였다. 중국의 과거 노동소득 분배율을 보면, 개혁

9) 국민소득 중에서 근로자들의 노동소득이 차지하는 비율로서 노동소득이 차지하는 상대적 비중을 측정하는 데 사용된다. 노동소득 분배율은 노동의 가격이 자본의 가격보다 높을수록, 그리고 한 나라의 산업이 노동집약적일수록 커진다. 그리고 국민소득이 증가함에 따라 노동자의 절대적 분배분이 증가한다 해도 상대적 분배분, 즉 노동소득 분배율은 하락할 수 있다. 노동생산성의 상승에 맞추어 실질임금이 상승하지 않으면 노동소득 분배율은 저하한다.

초기인 1983년에 56.5%로서 절반 이상이었다. 그러나 이 수치는 약 20년 뒤인 2010년에 36.7%로 무려 19.8%p나 하락하였다.[10] 이에 따라 노동소득에 의존하는 민간소비가 GDP에서 차지하는 비율도 줄어들 수밖에 없었다. 다시 말해서, 고성장의 과실이 자본소득 분배분으로 기업에 집중되고 가계로의 분배는 감소했으며, 낮은 소득은 바로 저소비로 나타났다.

다음은 부실한 사회안전망(연금, 의료, 실업 등), 높은 주택가격 및 교육비 수준이다. 이는 장래의 불확실성을 키우는 핵심 요소로서, 큰 불확실성은 내수의 확대를 어렵게 한다. 장래에 대한 불확실성이 큰 환경에서 인민들은 소득의 대부분을 소비보다는 저축하게 된다. 중국 인민의 평균저축률은 무려 51%에 육박하는데, 이 수치는 근검절약하는 성향이 아니라 장래에 대한 불안감을 증명해 준다. 중국 정부가 2000년대 중반부터 금리인하, 소비보조금 지급, 기업의 임금인상 유도, 최저임금 인상(연평균 13%), 중소도시화 같은 중단기 처방을 해왔으나 소비를 결정하는 기반인 노동소득 분배율과 소비성향은 높아지지 않았고, 장래에 대한 불확실성 해소도 큰 성과가 없다. 정부의 개입을 통해 임금을 높이는 정책이 단기간에 근로자의 소득을 높일 수는 있지만, 비용 상승으로 인해 기업의 경제활동을 약화시켜 기업의 해외 탈출, 인원감축 경영 같은 욕구를 자극하는 역효과도 있다.

이 밖에도 이전 정부부터 현 정부까지 연금, 의료, 실업, 교육, 주거, 임금인상 등 관련 분야에 대한 개입을 통해 문제를 해결하기 위해 노력하고 있으나, 소비성향을 높이는 과제는 여러 요인이 복합적으로 얽혀 있기 때문에 단기간

10) 지만수, 「거시경제: 소비와 투자」, 『차이나핸드북』(김영사, 2014), p. 321.

에 해결될 성격의 문제는 아니다.

제 4 절 당면 난제와 장기 과제

앞에서 우리는 개혁개방 이후 중국 경제의 경이적인 성과와 함께 경제정책의 방향이 어떻게 변해 왔는지, 그리고 정책의 한계는 무엇인지에 대해 살펴보았다. 여기에서는 중국 경제의 화려한 성적표 이면에 자리잡고 있는 어두운 측면에 대해 정리하려 한다. 중국 사회는 지난 35년간의 지속적 고성장을 하는 과정에서 많은 문제들이 누적되어 왔고, 이 문제들 중에는 정책 여하에 따라 쉽게 완화될 수 있는 문제도 있지만, 여차하면 당과 체제의 안정을 위협할 만큼 폭발성을 가진 문제들도 있다. 먼저 좀 큰 범위에서 거시적인 문제를 정리하고, 이어서 구체적인 문제들을 살펴보자.

중진국함정과 체제전환국의 함정

고속 성장을 지속해 오면서 중국은 빠른 양적 팽창을 통해 먹는 문제를 해결하였고, 현재 2020년 중진국 완성이라는 목표점을 향해 가고 있다. 그런데 중국 경제는 돌파하기 쉽지 않은 두 가지 함정에 직면해 있다는 평가를 받고 있다. 중국 경제가 당면한 두 가지 함정은 '중진국함정'(middle-income trap, 中等收入陷穽)과 '체제이행의 함정'(system transition trap, 體制改革陷穽)이다.

중진국함정이란 개념은 세계은행이 발표한 『동아시아의 르네상스』(2007)라는 보고서에서[11] 처음 제기되었다. 이에 따르면 일인당 소득수준이 일정 수준(대체로 5,000달러 수준)에 도달한 국가가 발전단계에 맞는 발전전략과 성장방식으로의 전환에 실패하고 신성장 동력을 확보하지 못함으로써 정체에 빠지는 현상을 가리킨다. 중국은 2013년에 이미 일인당 소득 5,432달러를 달성하였고, 2015년에는 8,120달러를 기록하였다. 이 시점에 도달한 경제의 공통적인 특징으로는 잉여 노동력 감소, 빈부격차 확대, 환경악화, 부정부패 만연 등이 지적된다.

중국은 2010년부터 노동가능 인구가 감소하고, 계층 간 · 지역 간 소득 불균형이 더 확대되었으며, 주요 전통산업의 공급과잉이 심각해졌을 뿐 아니라 부정부패가 심각한 사회 문제로 대두되었다. 물론 이러한 문제들이 꼭 2010년부터 발생된 문제는 아니며, 이전부터 제기되어 왔지만, 특히 2010년대 들어서 문제의 심각성이 더해졌다. 이에 따라 여러 연구자들은 경제발전이 왜곡되고, 체제 개혁이 정체되며, 사회적 유동성이 갈수록 악화됨으로써 사회구조가 고착되고 있다고 지적하였다. 하지만 공산당과 정부는 사회불안 요소가 증폭되는 것을 막고 체제안정을 꾀하기 위해 더 많은 사회통제 및 안정화 비용을 지불해 왔다. 중국이 과감한 구조 개혁과 체질개선, 체제 개혁 같은 노력을 통해 중진국함정에서 탈출하지 못하면, 전후 많은 나라들에서 보듯이, 중진국 문턱에서 좌절할 수도 있다는 지적도 많다.

11) Indermit Gill and Homi Kharas et al., *An East Asian Renaissance: Ideas for Economic Growth*(Washington, DC: World Bank, 2007).

문제의 심각성과 시대적 요구에 부응하여 2013년부터 시작된 중국의 신지도부(시진핑-리커창)에게는 중진국함정으로부터의 탈출이 중요한 과제가 되었다. 이를 위해서 신지도부는 경제구조를 개편하고, 분배구조를 개선하며, 신성장 동력을 창출하고, 사회안전망을 구축하는 데 심혈을 기울이고 있다. 이 과정에서 장애물은 감속 중인 경제성장률인데, 성장률 하락은 바로 실업으로 이어지고, 실업 증가는 정치적으로 부담이 된다. 이전에는 대규모 정부투자를 통해 성장률을 지탱해 왔다. 그러나 현재 산업구조조정이 절박하고 내수 진작이 정책의 중요한 과제로 등장한 이상, 정부의 개입을 통해 성장률을 지지하기에는 현실적으로 많은 어려움이 있다. 따라서 중국 정부는 6%대의 중성장을 유지하는 가운데, 중진국함정에서 탈출하기 위한 정책을 구사해야 하기 때문에, 정치적 부담은 더 크다. 세계은행은 중국이 중진국함정을 벗어나기 위해서는 향후 20년간 시장경제 기반 확충, 기술혁신 역량 강화, 청정발전, 기회균등과 사회보장 제공, 지속 가능한 재정 시스템 구축, 세계와 공영하는 관계 구축 같은 과제를 해결해야 한다고 제안하였다.

다음은 체제이행의 함정이다. 체제이행의 함정이란 칭화(清華)대 연구팀이 제기한 개념으로서, 계획경제에서 시장경제로 이행하는 과정에서 국유기업을 포함한 기존 이익집단이 변화에 저항하면서 혼합형 체제를 고집함으로써 경제발전이 왜곡되고 격차가 확대되며 환경파괴가 심화되는 현상을 말한다. 개혁개방을 기점으로 중앙계획 경제체제로부터 시장화의 길을 걸어온 중국은, 시기별로 약간의 굴곡이 있기는 하였으나 경이적인 경제성과를 성취하였고, 경제성과는 바로 공산당 집권의 정당성을 제공하였다. 그런데 구체제와 신체제가 공존하는 가운데 진행된 개혁과 개방의 과정에는 구체제와 관련된 수많은 문제들이 잠재해 있거나 현재화된 상태로 있었다. 그러나 구체제 요소에 의존하는 기득권층의 반대와 저항, 즉 구체제의 관성 또는 제도의 경로의존성(path dependency)은 개혁개방이 더 높은 단계로 진화하는 데 반작용이 되고 있다. 체제이행의 함정은 바로 구체제의 요소들이 체제 개혁 완성에 큰 비용으로 작용하며, 이 함정에서 탈출해야만 선진경제를 지향할 수 있다는 의미를 던져 준다.

칭화대 연구팀은 중국이 체제이행의 함정에서 벗어나려면, 시장경제, 민주정치, 법치를 보편적 가치로 인정하고, 정치체제 개혁을 가속하며, 정부의 투명성을 강화하고, 기득권 집단을 통제하는 시스템 구축을 해야 할 뿐 아니라 중앙정부가 개혁에 관한 의사결정을 설계하고 집행해야 한다고 충고하였다. 중국 내에서 나온 칭화대 연구팀의 제안에는 민주정치, 법치, 정치체제 개혁, 기득권 집단 통제 시스템 구축 같은 정치적으로 매우 민감한 내용이 포함되어 있다는 점이 주목할 만한데, 체제이행의 함정에서 탈출하기 위해서는 그만큼 정치 개혁이 중요함을 말해 준다.

중국이 과연 이 두 함정을 잘 뛰어 넘을 수 있을 것인지에 대한 의견은 분분하다. 하지만 중국 정부도 중진국함정, 체제이행의 함정을 잘 인식하고 있을 뿐만 아니라 국무원 산하 기구에 '중진국함정 문제 연구팀'을 설치하고 문제해결을 위한 대책을 수립하는 작업을 하고 있다. 그리고 체제이행의 함정에서 탈출하기 위해서는 정치체제 개혁이 필요하다. 중국 정부는 장기적인 안목에서 청사진을 짜는 데 강하고, 위기에 대한 준비를 게을리하지 않으며, 정치안정과 정책의 일관성이 확보되고, 검증된 인재를 적재적소에 잘 배치한다는 평가를

받는다. 따라서 이 두 함정으로부터 탈출에 성공할 잠재력은 있다고 할 수 있다.[12)]

중대한 사회경제적 난제들

중국 경제는 미시적 관점에서 볼 때 인플레이션과 디플레이션 압력의 공존, 기업의 전반적인 비효율, 에너지 낭비와 부족, 취약한 금융, 악화되는 환경, 확대되는 경제적 격차와 지하경제, 부실한 사회안전망 등 여러 난제들을 안고 있다.

첫째, 인플레이션과 디플레이션 잠재성의 공존이라는 특이한 문제이다. 디플레이션 요인은 제조업의 설비과잉, 과잉 생산이 국내외 가격 하락 압력으로 작용하고 있는 상황을 말한다. 중국 주요 제조업의 투자과잉 문제는 이미 1990년대 말부터 지적되어 왔으나 지역 간 성장 경쟁으로 인해 이 문제가 정리되지 못하였다. 2008년 글로벌 금융위기 이후 선진국 경제 전반이 침체에서 회복하지 못하고 있으며, 중국 경제도 글로벌 경기침체의 영향에서 자유롭지 못하다. 글로벌 경기침체에 소비가 부족한 중국 경제가 중성장 단계로 진입하면서 공급과잉의 문제가 더 분명해지고 있다. 물론 중국 정부는 적극적으로 대체시장을 찾아 나섰고, 그 결과 아프리카, 중앙아시아, 중남미 수출이 증가하였다고는 하지만, 글로벌 경기침체와 국내 공급과잉으로부터 완전히 자유로울 수는 없는 상황이다. 따라서 가전, 컴퓨터, 반도체, 자동차, 조선, 철강과 알루미늄

12) 이희옥, 「시진핑 리커창 체제 두 개의 덫」, 경향신문(2013. 4. 7).

등 주요 제조업의 설비과잉은 중국 경제는 말할 것도 없고 국제시장의 디플레이션을 견인할 잠재성이 있다.

다음으로 잠재적인 인플레이션 압력이다. 내수가 부족하고 선진시장이 전반적으로 침체 중인 속에서 저축과잉을 활용한 정부의 적극적인 투자가 고성장을 지탱하는 중요한 역할을 하였다. 그런데 투자과잉은 바로 통화팽창 요인이다. 여기에 더해서 매년 대규모 무역흑자와 밀려드는 외국인 투자로 인해 보유 외환도 적정 수준을 넘어선 지 오래다. 과도하게 풀린 화폐는 부동산 개발, 건설시장을 자극하고, 활발한 부동산 투자와 투기는 물가상승 요인으로 작용한다. 이처럼 중국 경제에는 디플레이션 압력과 인플레이션 압력이 공존하고 있는데, 정부는 2000년대부터 두 압력이 돌출하는 것을 막기 위해 지방과 민간의 투자를 관리하고 부동산시장에 개입하면서, 성장률 하락과 실업증가를 막기 위해 투자에 나서는 이중 정책을 구사해 왔다.

둘째, 기업의 전반적인 비효율이다. 기업의 비효율은 중소기업, 대기업, 국유기업을 막론하고 기업계 전반에 공통적인 현상이다. 우선 중소기업 생태계는 내국기업의 활발한 창업과 치열한 경쟁의 장이다. 따라서 중소기업 세계에서는 과도한 경쟁으로 도산이 속출하고 있는데, 과당경쟁은 이윤율 하락 문제를 야기시키고 있다. 대기업 생태계에는 오래 전부터 기술 부족과 브랜드 가치 부족의 문제가 제기되어 왔다. 전통 산업인 석유화학, 장비제조, 방직, 조선, 전자, 철강 등 분야에서 이윤율이 하락하고 있다. 개혁개방 이후 오랜 기간 동안 중국 기업들은 값싼 노동력 활용과 기술 모방을 통해 성장해 왔다. 그런데 이러한 모방경제가 이제 한계에 도달한 것이다.

중국에서는 임금수준이 빠르게 상승하고 있고 노동운동도 활발해지고 있으며, 환경관리도 갈수록 강화되고 있다. 저임금 노동력 의존과 기술 도입형 경영환경에서는 기술혁신 유인의 부족 문제가 상존한다. GDP의 30% 이상을 차지하며 대부분의 기간 산업을 포괄하고 있는 국유기업은 오랜 개혁 실험에도 불구하고 여전히 경영효율이 크게 개선되지 않고 있다. 중국의 제조업은 세계 상품량의 약 30%를 생산하고 있는데, 가치총액 측면에서 15%, 부가가치 측면에서 평균치의 30% 수준을 유지하는 데 그치고 있다. 기술 혁신 유인이 부족한 대기업의 경영은 부가가치가 높지 않을 뿐 아니라 브랜드 가치도 낮다. 대다수 제조업은 글로벌 가치 사슬에서 최하위에 위치한다는 평가를 받고 있다. 글로벌 가치 사슬 가운데 중국의 부가가치 생산수준을 단적으로 보여 주는 사례가 바로 애플 제품 생산의 부가가치 배분이다. 애플 제품 생산에서 미국은 부가가치의 48%, 일본은 34%, 한국은 13%를 차지하는 데 비해서 중국은 5%를 차지하는 데 불과하다. 중국의 GDP에서 차지하는 연구개발 투자 비중이 약 1.3%이고, 정부가 주도하고 있다는 한계가 있는데, 미국은 2.7%, 일본 3.9%, 한국 2.9% 정도이며, 민간이 주도한다. 중국의 발명특허권 수가 2000년대 후반부터 빠르게 증가하고 있다고는 하지만, 아직은 미국과 일본의 1/30에 불과하다.

셋째, 자원 및 에너지 낭비와 부족 문제이다. 중국의 제조업은 에너지 과다 소모형으로서 에너지 낭비와 환경오염의 주범으로 지목되어 왔다. 더구나 1990년대 후반 빠른 중화학 중심 구조로의 전환은 원자재 부족, 에너지 낭비, 환경오염 문제를 심화시켰다. 중국은 현재 세계 GDP의 약 12%(PPP로는 20%)를 생산하고 있는데, 석유는 10%, 원탄은 31%를 소비하고 있다. 단위 GDP당 에너지 소비량을 보면, 중국의 소비량은 미국의 4배, 독일의 7배, 일본의 8배에 달한다. 환경오염도 심각해서 세계 20대 오염 도시 중 중국 도시가 무려 16개를 차지할 정도이다. 1993년부터 석유 자급국에서 수입국으로 전환된 중국은 현재 석유 2위 소비국이며 석유의 수입의존도는 57% 정도로서, 안정적인 자원조달이 정부 정책의 중요한 부분이다. 중국은 철광석을 연간 3억 톤 수입하는데, 이 규모는 세계 철광석 수입시장의 40%(주요 공급자는 호주, 브라질)에 해당한다. 중국은 세계 구리시장의 20%, 알루미늄 21%, 석탄 30%, 시멘트 45%를 수입하는 큰 손으로서 시장질서를 흐리고 있다는 평가를 받는다.

중국 정부는 에너지를 포함한 각종 자원을 확보하기 위해 러시아, 동남아, 호주, 중앙아시아, 아프리카, 중남미 국가와의 에너지 외교에 열중하고 있다. 국제 에너지시장에서 중국은 공포의 대상으로서 중국의 고성장은 에너지, 자원 조달 공포를 조성하고 있다. 2010년에는 에너지와 자원 확보의 중요성을 반영하여 국가에너지위원회를 신설하고 대표를 총리급으로 한 뒤 에너지와 자원을 안정적으로 공급받기 위해 노력하고 있다.

넷째, 갈수록 심화되는 환경 문제이다. 내륙 지역의 심각한 자연훼손(초원, 숲 등)은 이미 오래 전부터 시작된 일이다. 성장에 주력하는 동안 환경에 대한 인식이 부족하였고, 빠른 성장을 위해 오염물질 배출 기업에 대해서 강한 통제를 하지 않은 탓에 환경파괴와 환경오염은 심각한 수준에 달해 있다. 중국에서 에너지 생산의 석탄 의존도는 약 70% 정도인데, 석탄에 대한 과도한 의존은 대기오염의 주요 원인이다. 중국은 세계 1위 석탄 생산국으로서 석탄 이용이 경제적이기 때문에 앞으로도 상당한 기간 동안 석탄에 대한 의존도를 현저히 줄이기는 쉽지 않다. 중국의 주요 하천과 호수 대부분이 심각한 오염 상태에 처해 있는데, 유엔의 지원을 받아 오염 정화를 하고 있을 정도이다. 중국은 환경개선을 위해 성장을 멈출 수도 없고, 이미 소득수준 향상과 자동차 값 하락으로 마이카시대로 접어 든 시점에서 자동차 소비를 강제로 막을 수도 없다. 열악한 수질 및 대기와 심각한 환경오염에 대한 시민들의 불만 표출이 빈발하고 있고, 시민사회 중에서 환경 관련 시민단체 활동이 비교적 활발하다. 당과 정부 차원에서 매년 환경개선을 위해 천문학적인 비용을 쓰고 있다고는 하지만, 환경개선은 중단기에 해결하기 어려운 문제이다.

다섯째, 취약한 금융체계의 문제이다. 중국 금융체계의 문제는 주로 중앙은행 재정운용의 재정화, 국유중심 은행금융의 문제, 그리고 그림자금융의 문제가 있다. 먼저, 중국의 중앙은행인 중국인민은행의 자금운용의 재정화, 즉 당과 정부의 금고화 문제가 있다. 개혁개방 이후 현재까지도 인민은행이 독립된 중앙은행으로서 기능하기보다는 당과 정부의 재정출납 기능이 더 강조되고 있기 때문에 중앙은행의 부실대출액은 2조 위안(360조 원)이 넘는 것으로 알려지고 있다. 4대 국유은행도 독립된 금융기업이 아니라 당과 정부의 정책적 필요와 목적에 따라 자금을 운용한다는 점에서 큰 차이가 없다. 이러한 이유 때문에 수신과 여신의 65% 이상을 담당하는 국유은행의 부실대출도 천문학적인 규모로 알려져 있다. 지방정부의 국유은행 지점을 통한 대출의 상당 부분이 부실 상태인데, 지방정부의 부채는 최소 1조 위안(180조 원) 정도로 추정되고 있다. 또한 그림자금융이라고도 불리는 비은행 금융기관(사금융기관 포함)의 고이자율과 부실운영의 문제는 이미 10년 전부터 사회 문제가 되고 있는데, 일부 기관은 파산하거나 강제 폐쇄되기도 하였다. 뿐만 아니라 금융기관의 부동산 관련 금융의 리스크도 크다. 부동산시장은 시기별로 약간의 차이가 있기는 하지만, 2008년 베이징 올림픽, 2010년 상하이 엑스포를 전후해서 최근까지 지속적으로 호황기를 누렸다. 그런데 부동산 개발자금의 55%가 은행과 2금융권의 대출에 의존하고 있다. 개발업자뿐 아니라 부동산 소비자들의 대출의존도가 커서 경기침체의 영향으로 부동산시장이 침체될 경우, 이는 바로 부동산 관련 금융 리스크로 이어질 수 있다.

여섯째, 날로 확대되는 경제격차와 거대한 지하경제의 문제이다. 중국에서 고성장이 지속되면서 인민들의 소득수준은 전반적으로 상승해 왔다. 문제는 상대적 격차인데, 격차는 지역 간, 도농 간, 계층 간, 남녀 간, 업종 간 격차 등 여러 측면에서 관찰된다. 이처럼 분배 불평등은 심화되고 있고, 여기에 더해서 거대한 지하경제는 여전히 정리되지 않은 채로 있어서 인민대중의 불만 대상이다.

가장 보편적으로 이용되는 불평등도를 판단하는 지표는 지니계수(Gini's coefficient)[13]이다. 지니계수는 완전히 평등한 경우 0, 완전히 불평등할 경우 1의 값을 갖기 때문에 값이 클수록 불평등도가 높다. 중국 정부기관과 기타 연구기관의 지니계수 값에 상당한 차이가 있다. 국제연구기관은 중국 지니계수가 2000년 0.458, 2004년 0.447, 2009년 0.5로 계속 높아져 왔다고 말한다. 중국의 지

13) 이탈리아의 통계학자인 코라도 지니(Corrado Gini)가 1912년 처음 제기한 개념이다. 지니계수는 소득분배의 불평등뿐 아니라 부의 편중이나 에너지 소비에 있어서의 불평등도 측정에도 응용된다. 지니계수는 인구분포와 소득분포의 관계를 나타내는 수치로 '0'은 완전 평등, '1'은 완전 불평등으로 보았을 때, 수치가 클수록 불평등이 심화되었음을 의미한다.

그림 7-13 UNDP의 중국 지니계수 추이

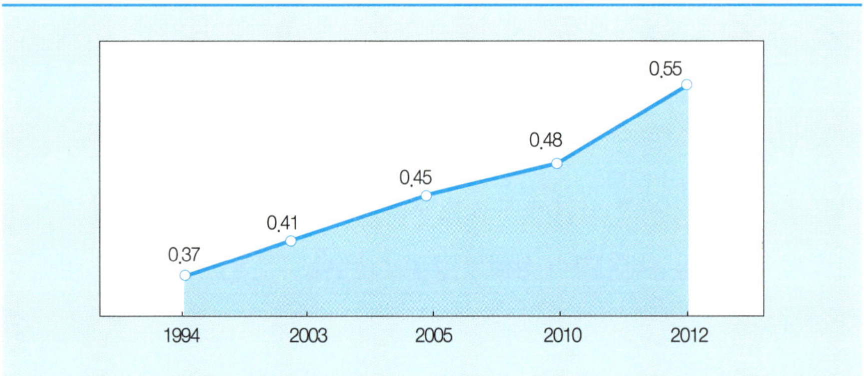

자료: UNDP 자료.

그림 7-14 중국 국가통계국의 지니계수 추이

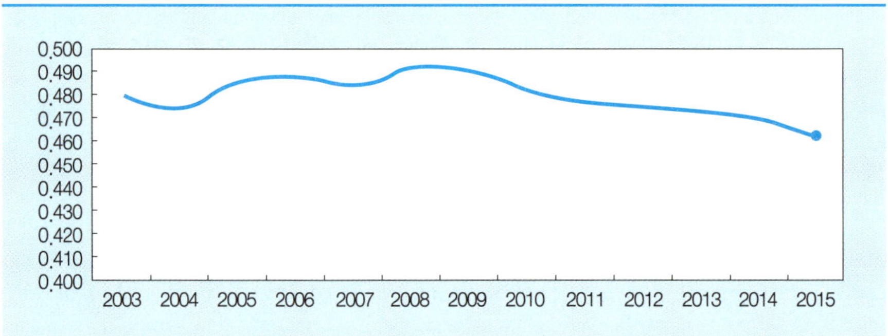

자료: 국가통계국 자료.

니계수는 2013년에 0.53(중국 국가통계국은 0.47)을 기록하였는데, 이는 국제 공인 경계선인 0.4를 초과한 수치이다. 2013년 주요국의 지니계수를 보면, 미국 0.408, 영국 0.360, 스웨덴 0.25, 독일 0.283, 한국 0.316으로서, 중국은 시장화된 사회 중에서 브라질 다음으로 불평등도가 심각한 수준에 도달해 있다는 평가를

그림 7-15 **중국의 일인당 연간 가처분 소득 추이**

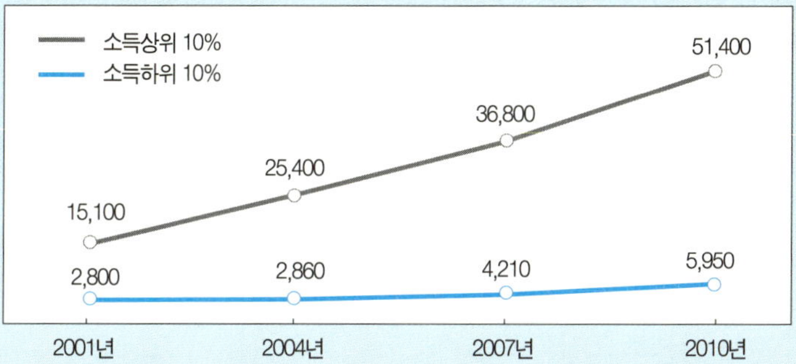

자료: 「벤츠 타는 부자 vs 날품파는 農民工……中 빈부격차 골머리」, 매일경제(2012. 1. 6).

받았다. 중국의 지니계수는 2013년 이후에도 개선되지 않은 채 계속 상승하여 2015년에는 중국 내외 연구기관에 따라 상당한 차이가 있지만, 대체로 0.6~0.7(중국 국가통계국은 0.462)에 육박한다는 분석이 있었다. 중국 정부가 발표하는 수치와 국제 연구기관의 분석에 상당한 차이가 있는데, 중국 정부에서는 지니계수가 개선되고 있다고 주장하고 있으나 신뢰도는 매우 낮다.

중국의 분배 불평등을 보여 주는 또 다른 지표가 있다. 〈그림 7-15〉는 2001년부터 2010년까지 상위와 하위 10%의 연간 가처분 소득의 추이를 보여 준다. 먼저, 하위 10%의 가처분 소득은 10년간 약 2배 증가한 반면, 상위 10%의 그것은 4.5배나 증가하여, 증가속도면에서도 상위 10%의 증가속도가 2배 이상 빨랐다. 또한 대상 시기 동안 양자의 소득수준을 보면, 2001년에 15,100위안 : 2,800위안으로 상위 10%가 하위보다 5배 높았는데, 6년이 지난 2007년에는 9배, 2010년에도 역시 약 9배 차이로 벌어졌다. 여기에서 주목할 점은 시간이 갈수록 격차가 계속 벌어지고 있다는 사실이다.

베이징대 중국사회과학 조사센터가 2014년 7월에 발표한 『2014 중국 민생 발전보고서』는, "상위 1% 가구가 국내 재산의 3분의 1 이상을 보유하고 있는 반면 하위 25% 가구의 자산은 1%에 불과하다"고 말하고 있다.[14] 이러한 분배 격차 확대 현상은 지역 간 도시주민과 농민, 고소득층과 저소득층, 정규직과 비정규직 간, 남녀 간 격차 모든 측면에서 마찬가지인데, 어느 것도 개선되기는커녕 악화되고 있는 것으로 조사되고 있다.

불평등 정도를 설명해 주는 또 다른 설명방식이 있다. 노벨 경제학상 수상자인 앵거스 디턴(Angus Deaton)은 불평등을 설명해 주는 흥미로운 방법을 제안하였다.[15] 그에 의하면 만약 부나 소득이 모두 동등한 기회를 갖고 시작된 것이 아니라면 불평등한 결과가 아니라 불평등한 기회를 걱정해야 한다. 이러한 인식에 기초해서 디턴은 한 사회의 기회 불평등 문제를 측정할 때 부모의 소득과 자녀 소득 간의 상관관계를 살펴보는 방법을 고안하였다. 기회가 완벽히 동등한 완전히 유동적인 사회에서는 자녀의 소득은 부모의 소득과 상관성이 없다. 반대로 한 세대에서 다음 세대로 직업이 대물림되는 세습적인 계급사회에서는 양자의 상관관계가 1이 된다. 미국에서 부모의 소득과 자녀의 소득 간의 상관관계는 0.5로서 OECD 국가 중에서 상관관계가 가장 높다. 디턴의 연구에 따르면, 비OECD 국가를 포함할 경우 미국보다 상관관계가 높은 나라는 중국과 라

14) 北京大學中國社會科學調査中心, 『中國民生發展報告2014』(2014. 7. 27, http://wenku.baidu.com/link?url=ajC-jPUV0CkolTk6VSi6HenbsyYfWqXY6lQIDktnKKlJtfEWXB83l9E3lNqEtcfl26Lpn0WPoVPZY9CZxQT5Ueyz8b3FnHYlv6Ey9sCia4a).

15) Angus Deaton/이현정 · 최윤희 옮김, 『위대한 탈출』(*The Great Escape*)(서울: 한국경제신문, 2015), pp. 274~275.

틴아메리카 몇 국가뿐이다. 그는 중국 사회에서 기회는 매우 불평등하며, 기회 불평등은 바로 소득 불평등을 불러오는 요인이라고 지적한다.

여러 측면에서 관찰되는 분배 불평등 문제와 함께 인민대중의 당과 정부에 대한 강한 불만을 갖게 하는 또 하나의 요인은 바로 거대한 지하경제의 존재이다. 정상적인 시장 밖에서 이루어지는 거래를 지하경제라고 볼 때, 중국의 지하경제 규모는 약 4.5조 위안(약 700조 원)으로 GDP의 21.2%와 맞먹을 정도로 알려져 있다. 중국에서 공직자의 연간 출장 접대비 규모가 1조 위안(180조 원)에 달한다는 분석도 있다. 지하경제는 주로 부동산, 금융, 부정부패를 주요 통로로 해서 활동하는데, 거대한 지하경제의 존재는 사회갈등의 요인이자 당과 정부에 대한 불신을 높이는 요소일 뿐 아니라 정부의 세원 부족 문제의 요인이다.

일곱째, 부실한 사회안전망의 문제이다. 개혁개방과 함께 시장화, 상품화가 빠르게 진전되면서 중국에서 사회주의 국가복지체제는 붕괴하였고 사회보장의 사회화가 진행되었다. 이와 함께 다수의 인민들은 사회안전망(의료, 양로, 실업, 공상, 공공주택 등)의 외곽으로 내몰리게 되었는데, 그 충격은 특히 도시 지역의 저소득층과 농민층에게 더 클 수밖에 없었다. 경제력이 팽창하는 가운데 부실한 사회안전망이 사회안정뿐 아니라 공산당의 정통성을 위협한다는 인식이 퍼졌다. 이에 따라 2000년대로 접어들어 새로운 시대에 맞게 사회보장제도를 확충하기 위해 재정과 정책적 노력을 기울이고 있다. 중국 정부는 2009년부터 농촌 지역의 사회보장망 확충에 우선 순위를 두고 많은 재원을 투입하고 있다. 하지만 이미 붕괴된 사회안전망을 재건하는 작업의 진도는 매우 느리다. 여기에 더해서 중국 사회는 개도국으로서는 보기 드물게 노령화가 빠르게 진행되는 특수한 사회로서 재정적 압력도 크다. 일반적으로 노령인구가 7~14%이면 노령화 사회, 15% 이상이면 노령사회로 판단한다. 중국에서 65세 이상 노령인구는 2004년에 8.85%(1.1억 명)로서 노령화 단계에 진입하였고, 2015년에는 15%로 노령사회에 도달하였는데, 2025년에는 노령인구가 약 20%에 육박할 것으로 예상되고 있다. 이처럼 절대적인 인구규모는 크지만 생산 가능 인구는 감소하고 노령인구가 빠르게 증가하는 조건에서 사회보장 재원을 마련하는 데 어려움이 따를 수밖에 없다.

제5절 대응과 한계

경제성장과 생활수준 향상은 피할 수 없는 인민 다수의 열망이자 당과 정부가 자신의 생존과 중국의 미래 비전을 위해 결코 포기할 수 없는 길이다. 이념적 · 윤리적 정당성이 거의 고갈된 공산당은 개혁개방 이후 경제성장으로 정당성을 보장받아 왔다고 해도 과언이 아니다. 하지만 오랜 고속 성장을 위한 정신없는 질주 뒤에는 수많은 폭발성 있는 문제들이 쌓여 있다. 정치적 자유는 크게 통제되고 있지만 인민들의 권리의식은 높아지고 있고, 각종 문제들은 정부의 노력에도 불구하고 날로 심화되고 있으며, 도시 저소득층과 농민층의 의사표현도 활발해지고 있다. 따라서 고성장 가도 뒤에 남은 문제들을 도외시한 채 공산당과 정부가 성장의 길로 매진하기도 어렵다. 성장은 불가피한데 고성장이 지속될수록 문제들은 더 심화되고, 그렇다고 경제성장보다 모순 해결에 전념한다는 것은 더욱더 어려운 선택지이다. 공산당과 정부가 처한 이러한 입장을 잘 설명해 주는 표현이 바로 '호랑이 등타기'(騎虎難下, tiger riding)이다.

경제적 격차 확대 문제, 분배 불평등 문제가 중앙 차원에서 중요한 의제로 등장한 것은 후진타오 집권 이전부터이다. 하지만 덩샤오핑의 통치철학과 개혁개방 정신을 충실히 계승한 장쩌민은 1993년 집권 이후 분배 문제에 집중하기 어려웠으며, 분배 문제와 비교적 관련성이 큰 정책은 임기 말에 내놓은 내륙지역 개발을 주 내용으로 하는 '서부대개발'(西部大開發) 정도였다. 정치적 성향이 좌파라고 평가받은 후진타오는 전임자와 달리 2002년 집권 이후 예상대로 분배 문제에 각별한 관심을 표명하였고, 경제운영을 포함한 통치에 그의 의지를 반영하고자 노력하였다. 후진타오는 과학적 발전관(科學發展觀), 사회주의 화합사회(社會主義和諧社會) 같은 새로운 개념을 통해 분배 문제에 중점을 두고자 하였다. 과학적 발전관은 성장과 삶의 질, 지속 가능 성장을 중시하는 사고방식으로서 2003년 4월 광둥성 방문 때 처음 제시하고 2004년 9월 16기 4중전회에서 공식화되었다. 조화로운 사회라는 개념은 분배를 통한 사회화합을 이루자는 개념으로서 역시 2004년 9월 16기 4중전회에서 제기되고 2005년 3월 전인대에서 승인되었다. 2008년 공산당 대회와 전인대는 환경과 분배 문제가 핵심의제로 채택하기도 하였다. 지역개발 전략에서도 후진타오는 중부굴기(中部崛起), 동북진흥(東北振興) 등 서부대개발과 함께 낙후 지역 개발에 대한 특별한 관심도 보였다. 또한 그는 노동자 권익증진을 위해 노력하고, 외국기업을 통제하여 내국기업을 보호하며, 환경 요구를 강화하고, 적극적으로 삼농 문제(三農問題: 농촌, 농업, 농민)에 개입하는 등 집권기 10년 동안 분배와 화합의 중요성을 역설하면서 각종 정책을 내놓았다. 그럼에도 불구하고 후진타오 시기 10년 동안 경제성장률은 이전보다 더 높았고, 분배 상황은 더 악화되었다. 그러는 사이 분배 문제 해결, 격차 해소를 포함한 많은 문제의 해결이라는 지난한 과제는 시진핑에게 넘겨졌다.

2013년에 최고지도자 자리에 오른 시진핑이 맞고 있는 시대는 이전과 많이 다르다. 만약 격차 문제를 해소하기 위해 분배에 집중한다 해도 이제는 낙후 지역의 불만뿐 아니라 상대적으로 잘 사는 지역의 반발도 무시할 수 없다. 또한 재원, 재정과 관련해서 중앙과 지방 간의 긴장관계가 상존하고 있을 뿐 아니라 각급 인민대표가 주민의 이익을 대변해야 하는 상황이기 때문에, 지도자나 중앙정부가 정책을 일방적으로 구현하기도 쉽지 않다. 장쩌민의 세 가지 대표론[16)]을 기점으로 공산당원 중에는 이미 기업가들이 상당한 비중을 차지하고 있고, 증가하는 도시 중산층의 이해관계도 고려해야 한다. 여기에 더해서 시진핑이 제기한 '중국의 꿈'(中國夢) 실현, 즉 세계적 강국이 되기 위해 여러 면에서 미국과 경쟁해야 하는데, 이를 위해 막대한 노력과 비용을 지불해야 한다. 세계적 강국을 꿈꾸는 중국으로서는 지속적 고성장이 반드시 필요하다. 내적으로도 사회안전망 확충, 사회통제, 인프라 확충 등에 막대한 재정이 필요하다. 이러한 상황에서 과연 경제적 불평등 문제에 정책을 집중할 수 있을지, 그럴 만한 경제적 자원을 지속적으로 확보할 수 있을지는 의문이다.

16) 2000년 봄 장쩌민 총서기가 제기한 개념으로, 중국 공산당이 선진 생산력의 발전 요구를 대표하고, 선진문화의 전진 방향을 대표하며, 폭넓은 인민대중의 이익을 대표한다는 내용이다. 여기에서 주목되는 부분은 세 번째이다. 이전까지 중국 공산당은 노동자와 농민 같은 무산자계급의 이익을 대표한다고 되어 있었는데, 장쩌민의 세 가지 대표이론을 계기로 당이 다양한 인민대중의 이익을 대변할 수 있게 되었고, 이어서 기업가들도 입당이 허용되었다.

사실 공산당은 그동안 인민들의 억제된 본능(이익 추구 욕구, 생활수준 향상 욕구)을 해방시킴으로써 경이적인 경제성과를 거두었다. 어떤 의미에서는 인민들의 억제되었던 본능을 해방시켜 놀라운 경제성과를 성취한 일은 공산당에게 해결하기 쉬운 과제였다. 지속적 고성장에 자신감을 갖게 된 중국 공산당과 정부는 2020년은 중진국 완성의 해, 2049년은 선진국 진입의 해라는 목표를 향해 뛰고 있다. 경제성과를 올리는 문제와 달리 현재 중국 공산당과 정부, 구체적으로 시진핑 정부가 직면한 문제들은 어느 한 가지 정책 수단을 통해 단기간에 해결하기 쉽지 않은 문제들임은 분명하다.

제 6 절 삶의 질과 만족도

삶의 질에 대한 평가는 주관적인 측면이 강해서 경제성장률, 경제규모, 소득수준, 가처분소득 같은 객관적 수치로만 평가하기는 어렵다. 중국은 빈곤국에서 13억 인구의 먹는 문제를 해결하였고, 현재 중진국 완성을 향해 전진하고 있으며, 2049년은 선진국 진입의 목표 시기이다. 중국의 경제력은 세계 2위이며, 2015년 중국의 일인당 소득은 세계 80위권이다. 세계은행이 내놓는 인간개발지수(HDI)로 약 70위권인데, 이 지수에는 구매력 평가로 환산한 소득수준, 교육, 문화, 평균수명 등 다양한 요소들이 고려된다. 중국의 지역 간, 도농 간, 계층 간 소득격차는 매우 큰데, 톈진, 광저우, 상하이, 베이징, 선전, 쑤저우, 우시, 다롄, 웨이하이, 칭다오 등 일부 대도시 지역은 선진사회 소득수준에 도달하였

그림 7-16 주요국의 소득수준과 만족도 비교

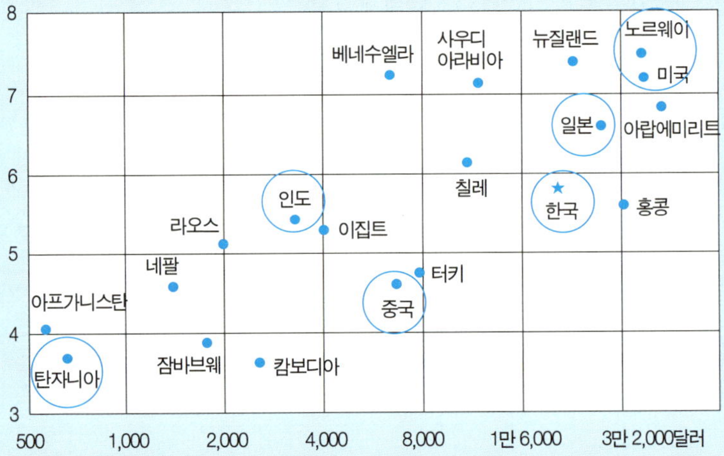

자료: *The Economist*(2011) 자료.

다는 평가를 받고 있다.

삶의 질과 관련해서 흥미로운 조사 결과가 있다. 이 자료는 소득수준을 가로축, 주관적 만족도(10점 척도)를 세로축에 그린 것으로, 가로축은 오른쪽으로 갈수록 높은 소득수준을 의미하고, 세로축은 위로 갈수록 삶의 질에 대한 만족도가 높음을 의미한다. 〈그림 7-16〉에 의하면, 중국인들의 삶의 질에 대한 주관적 평가는 소득수준에 비해 비교적 낮은 편이나.

이코노미스트가 2010년대 초에 발표한 자료에 따르면, 중국은 소득수준이 더 낮은 네팔보다 만족도가 낮고 같은 4점 영역 내에서 아프가니스탄보다 약간 높으며, 4점 범위 내에서 소득수준이 중국보다 약간 높은 터키보다 만족도가

표 7-1 주요국의 삶의 질 순위

순위	나라		순위	나라	
1	스위스	8.22	40	쿠바	6.39
2	호주	8.18	42	콜롬비아	6.27
3	노르웨이	8.09	43	페루	6.24
4	스웨덴	8.02	44	에스토니아	6.07
5	덴마크	8.01	44	베네수엘라	6.07
6	싱가포르	8.00	46	크로아티아	6.06
7	뉴질랜드	7.95	46	헝가리	6.06
8	네덜란드	7.94	48	라트비아	6.01
9	캐나다	7.81	49	중국	5.99
10	홍콩	7.80	50	태국	5.96
11	핀란드	7.76	51	터키	5.95
12	아일랜드	7.74	52	도미니카공화국	5.93
13	오스트리아	7.73	53	남아프리카공화국	5.89
14	이탈리아	7.67	54	알제리아	5.86
15	벨기에	7.51	54	세르비아	5.86
16	독일	7.38	56	루마니아	5.85
16	미국	7.38	57	리투아니아	5.82
18	아랍에미레이트	7.33	58	이란	5.78
19	한국	7.25	59	튀니지	5.77
20	이스라엘	7.23	60	이집트	5.76
21	타이완	7.21	61	불가리아	5.73
22	쿠웨이트	7.18	62	엘살바도르	5.72
23	칠레	7.10	63	필리핀	5.71
24	사이프러스	7.10	63	스리랑카	5.71
25	일본	7.08	65	에콰도르	5.70
26	프랑스	7.04	66	인도	5.67
27	영국	7.01	66	모로코	5.67
28	체코	6.96	68	베트남	5.64
29	스페인	6.96	69	요르단	5.63
30	코스타리카	6.92	70	아제르바이잔	5.60
30	포르투갈	6.92	71	인도네시아	5.54
32	슬로베니아	6.77	72	러시아	5.31
33	폴란드	6.66	73	시리아	5.29
34	그리스	6.65	74	카자흐스탄	5.20
35	슬로바키아	6.64	75	파키스탄	5.17
36	말레이시아	6.62	76	앙골라	5.09
37	브라질	6.52	77	방글라데시	5.07
38	사우디아라비아	6.49	78	우크라이나	4.98
39	멕시코	6.41	79	케냐	4.91
40	아르헨티나	6.39	80	나이지리아	4.74

자료: *The Economist*(2013).

낮다. 중국보다 소득수준이 낮은 이집트, 인도, 라오스가 5점 영역에 있는데 비해 중국의 만족도는 한 단계 낮다(〈그림 7-16〉 참조).

2013년 이코노미스트가 위생, 교육, 안전, 자유 등을 고려해서 측정한 삶의 질 지수(quality of life index) 평가에서도 중국은 비교적 낮은 평가를 받았다. 이 조사도 삶의 질에 대해 가장 좋은 평가를 10점으로 설계하고, 여러 나라의 삶의 질에 대한 평가를 10점 척도 범위로 삼아 각국을 비교하고 있다(〈표 7-1〉 참조). 이 자료에 따르면 중국은 49위로 대상국 중 중간 정도를 기록하였는데, 중국 바로 앞에는 라트비아와 헝가리, 바로 뒤에는 태국과 터키가 자리하였다. 이 조사에서 최상위에는 스위스, 노르웨이, 스웨덴, 덴마크가 자리잡고 있고, 미국은 16위, 한국 19위, 대만 21위, 인도 66위였다. 같은 순위에 있는 나라가 복수인 경우도 있기 때문에 순위 자체보다는 중국의 순위가 80여 개국 중 중간 정도라는 사실에 의미를 두는 편이 더 좋다.

이처럼 중국인들의 삶의 질에 대한 평가가 낮은 이유는 여러 측면에서 생각해 볼 수 있는데, 정치적 자유 부재, 심각한 경제격차, 환경오염, 열악한 보건위생 환경 등이 중요한 불만족 요인으로 작용했으리라 추측된다. 또한 2010년대 초 이코노미스트가 조사한 주민들의 생활과 직접 관련이 있는 생활비 수준을 보면, 뉴욕을 100으로 할 때 최고는 오슬로로 132위, 도쿄 124위, 서울 115위인데, 상하이가 50위로 중간 정도였다.

Chapter

8

중국은 대단한가

제1절 중급수준의 왕국, 중급수준의 힘

제2절 중국은 경제적으로 대단한가

제3절 중국은 군사적으로 대단한가

제4절 중국은 정치적으로 대단한가

제5절 중국이 보잘것없다는 사실이 중요한가

보론 중국의 정치경제적 위상

Gerald Segal, "Does China Matter," *Foreign Affairs*, September/October 1999, pp. 24~26

중국은 대단한가

제 1 절 중급수준의 왕국, 중급수준의 힘

중국은 대단한가? 이 의문은 바보스러운 질문이 아니다. 이 의문은 단지 생각보다 자주 제기되지 않는 의문일 뿐이다. 이상하게 들리겠지만 세계인구의 25%가 살고 있는 중국은 시장, 힘 그리고 아이디어의 근원이라는 측면에서 모두 과대평가되어 있다. 중국은 외교무대의 기술을 익힌 2류의 중급수준 힘을 가진 국가에 불과하지만, 적어도 외교무대에서 중국의 활동은 중국의 힘에 대한 우리의 회의적 시각을 보류하게 한다. 사실 중국은 스스로 과거 150년의 슬픈 역사로부터 자신을 구해 내겠다고 약속하였으나 번번이 실패를 되풀이한 이론상의 힘에 불과한 존재라는 사실을 더 잘 알고 있다. 마오쩌둥(毛澤東)의 혁명이 성공한 지 50년, 그리고 개혁 20년이 지난 지금 우리는 이제 냉철한 눈으로 중국을 있는 그대로 보아야 할 시기가 되었다. 중국이 얼마나 보잘것없는 존재인지를 바로 이해할 때만 우리는 중국에 대한 현명한 정책을 세울 수 있다.

제 2 절 중국은 경제적으로 대단한가

러시아나 구소련과 달리 중국은 이제 경제발전소(economic power-house)라는 이유 때문에 대단하다고 여겨진다. 그 이유는 어디에 있을까? 중국이 바야흐로 경제발전소가 되어 가고 있기 때문인가, 아니면 우리가 중국인들이 장래에 다가올 이익을 향유하도록 돕는 엔진실에 있기 때문인가? 어느 쪽이든 여러분은 이러한 말을 알고 있다. "중국은 거대한 시장이며 (인도에 대해 같은 말을 하는 사람은 적지만) 그것을 놓쳐서는 안 된다." 이 이야기의 코닥판(Kodak version)은 "평균 반 통의 필름을 사는 중국인들이 한 통을 사기만 하면, 서양은 부자가 될 것이다"이다. 물론 19세기 영국 맨체스터 공장소유자들이 그런 식으로 말했고, 1980년대 초 일본의 다국적기업들도 그들이 생산하는 TV에 대해 비슷한 말을 했다. 그런데 코닥판 주장은 매우 공허한 것이다. 사실 중국은 세계, 특히 아시아를 떠나서는 상대적으로 덜 중요한 작은 시장에 불과하다.

만약 이러한 평가가 지나치다고 생각되면, 중국 경제의 규모와 성장에 관한 대략적인 사실로부터 이야기를 시작해 보자. 1800년대 중국은 세계 공업 생산의 33%를 차지하였다. 당시에 유럽은 28%, 미국은 0.8%를 생산하였다. 1900년까지 중국은 세계 공업 생산에서 6.2%로 그 비중이 감소한 반면 유럽은 62%, 미국은 25.6%로 상승하였다. 1997년에는 중국이 세계 총생산의 3.5%를 생산하였고, 미국은 25.6%를 생산하였다. 1997년 GNP 측면에서 중국은 세계 7위를 차지하였는데, 그 앞에는 이탈리아, 뒤에는 브라질이 위치하였다. 같은 해 중국의 1인당 GDP는 세계 81위로 나타났는데, 그 앞에는 조지아, 뒤에는 파푸아 뉴기니가 위치하였다. 구매력 평가 기준으로 계산했을 때 중국은 1997년 세계 GNP의 11.8%를 생산하였고, 1인당 소득은 라트비아의 뒤를 이은 자메이카와 같은 65위를 차지하였다. 유엔이 고안한 인간개발지수(human development index: HDI)로 볼 때 중국은 알바니아, 나미비아와 함께 세계 107위를 차지하였는데, 이 순위는 매우 보잘것없는 것이다.

어떤 사람들은 "그렇다. 하지만 중국은 과거 200년 동안 매우 어려운 시대를 살아왔고 지금은 빠르게 일어서고 있다"라고 할지 모른다. 중국은 지난 세대에 분명히 그 이전 세대보다 놀랄 정도로 잘해 왔다. 하지만 좀더 장기적인 시각에서 중국의 성장률을 보자. 중국 정부는 1951~1980년에 연평균 12.5% 성장해 왔다고 주장한다. 같은 시기 일본의 연평균 성장률은 11.5%였다. 우리는 어느 쪽 통계수치가 더 정확한지 판단할 수 있을 것이다.

중국의 경제통계를 믿는 경제학자는 흔하지 않다. 중국의 주룽지[1] 총리조차도 통계수치를 믿지 않는다. 아시아개발은행(ADB)은 항상 중국의 공식 GDP 성장률 통계로부터 2% 정도를 낮추어 받아들이고 있으며, 최근의 8%라는 성장률에 대해서도 마찬가지 입장을 취하고 있다. 부풀려진 부분을 감한 뒤 나온 6% 중에서도 2~3% 정도는 생산되자마자 창고로 들어가는 쓸모 없는 물건에 해당한다. 1998년 중국의 성장률 7.8%에서 1% 정도는 정부의 대규모 사회간접자본 투자에 힘입은 것이다. 그리고 GDP의 3% 정도는 농민이 농촌을 떠나 생산성이 더 높은 도시로 이동한 데서 발생하는 일시적인 결과에 불과하다. 이러한

1) 역자 주: 제4대 총리인 리펑의 뒤를 이어 5대 총리(1998. 3~2003. 3)를 역임했다. 6대 총리는 원자바오, 현재는 7대 총리 리커창이 재임중이다.

여러 요인을 고려하면, 중국 경제는 사실상 후퇴하고 있으며 주룽지 총리도 심각한 상황이라고 말한 바 있다.

중국이 경제를 회복할 능력은 많은 문제들로 인해 제한받고 있으며, 현재의 지도자들은 이 사실을 잘 알고 있다. 하지만 적어도 동아시아 경제가 침체에 허덕이는 동안 중국의 지도자들은 정면승부를 겁내고 있다. 보수적인 추산에 의하면 중국의 은행여신 중 적어도 1/4은 이미 부실 상태인데, 이 비율은 동남아 국가들이 금융위기를 맞기 전의 수준이다. 국유기업 중 45% 정도는 손실경영 상태에 있는데도 은행대출은 1998년에 25% 증가하였다. 대출 중 일부는 파산 상태나 마찬가지인 기업들을 지원하기 위한 것이었다. 중국은 GDP의 40%에 달하는 높은 저축률을 자랑하고 있다.[2] 하지만 중국 인민들은 그들의 돈이 낭비되고 있다는 사실을 알면 놀랄 것이다.

일부 관찰자들은 중국의 경제적 분권화에 희망을 걸고 있다. 하지만 분권화는 이미 너무 진행되었기 때문에 중앙정부는 지방의 점증하는 낭비와 부패행위를 개혁할 수 없는 상황이다. 중국 총투자의 20%에 달하는 중앙정부의 투자는 감소하고 있다. 지방의 무역총액에서 차지하는 지역 간 무역(interprovincial trade)의 비중도 감소하고 있으며, 1985~1992년의 약 18% 수준을 맴돌고 있다. 지난 20년 동안의 일부 긍정적인 변화에도 불구하고 중국 경제는 분명히 심각한 구조적 장애 상태에 빠져 있다. 그동안 두 자릿수 경제성장을 자랑하여 왔다고는 하나 이러한 상황이 장래에 계속되기는 어려울 것으로 보인다.

국제무역과 투자 측면에서 보더라도 상황은 마찬가지이다. 베이징은 지나

2) 역자 주: 최근 중국의 총저축률은 50% 수준이다.

치게 과대평가되어 있다. 1997년에 중국은 세계 총무역의 약 3%를 차지하였는데, 이 수준은 한국과 같고 네덜란드보다 못하다. 아시아의 무역총액에서 중국은 겨우 11%를 차지할 뿐이다. 중국 시장의 중요성에 대한 과대선전에도 불구하고 중국에 대한 수출은 보잘것없다. 미국 수출 중에서 중국으로 향하는 부분은 1.8%에 불과한데(여기에 홍콩을 통한 재수출을 더하면 2.4% 정도 될 것이다), 이는 미국의 오스트레일리아 및 벨기에에 대한 수출과 비슷한 규모이며, 대타이완 수출의 1/3에도 못 미친다. 이 상황은 유럽의 주요 무역상대국의 경우에도 유사하다. 영국의 총수출 중에서 대중국 수출은 0.5%로서 대스리랑카 수출과 비슷한 수준이며, 대말레이시아 수출보다 적다. 또한 중국은 독일 및 프랑스의 총수출 중 1.1%를 받아들이고 있다. 이 규모는 프랑스와 독일의 대아시아 무역에서 일본을 제외하고 가장 크지만 대포르투갈 수출과 비슷한 수준에 불과하다.

다른 아시아 국가들에게서 중국의 중요성은 약간 커진다. 싱가포르의 대외수출 중에서 3.2%가 중국으로 향하고 있는데, 이는 타이완으로 향하는 규모보다 작고 대한국 수출규모와 유사하다. 오스트레일리아의 대중국 수출은 총수출의 4.6%로서 싱가포르와 유사하다. 일본의 대중국 수출은 총수출의 5.1%에 불과한데, 이 규모는 대타이완 수출의 1/4에도 미치지 못한다. 한국의 대중국 수출은 비교적 인상적인 규모로 총수출의 약 9.9%로서 대일본 수출보다 약간 많다.[3)]

외국인 직접투자(FDI)는 무역보다 측정하기 더 어렵지만 장기적 수치는 비교적 좋다. 특히, 지난 10년 동안의 활발한 외국인 직접투자는, 중국이 양호한

3) 역자 주: 2010년대 중국 수출은 한국 총수출의 25% 수준이다.

경제성과를 거두고 있으며 세계경제에서 중요한 존재가 될 것이라는 주장을 위한 근거로 이용되었다. 하지만 실상은 그렇지 않다. 외국인 직접투자가 최고조에 달했다고 평가된 1997년조차도 외국인 직접투자 유입액 450억 달러 중에서 80% 정도는 주로 동아시아 화교의 투자였다. 어떤 추산에 따르면 1997년에 중국에서 360억 달러의 외화유출이 있었다고 한다. 동아시아로부터 유입되는 투자의 상당 부분은 세제혜택을 노리고 홍콩 같은 다른 지역을 경유해서 중국으로 재유입된 뒤 외국인 직접투자 행세를 하는 자본이다.

더 신빙성 있는 외국인 직접투자에 대한 공식 수치는 중국이 그렇게 대단하지 않음을 보여 준다. 중국으로 유입되는 외국인 직접투자의 규모는 세계 외국인 직접투자의 약 10%, 개발도상국으로 향하는 외국인 직접투자의 60%에 해당한다. 비화교의 대중국 직접투자는 직접투자의 20% 정도이다. 중국의 비화교 직접투자 중에서, 특히 미국이나 유럽연합의 대중국 투자는 브라질 등의 남아메리카 주요국에 대한 직접투자 수준보다 낮다. 미국의 대외직접투자 중에서 대중국 직접투자는 10%를 넘은 적이 없었다. 최근에 중국은 주요 유럽연합 국가들의 외국인 직접투자 중 5% 정도를 유치하였는데, 이로 인해 중국의 외국인 직접투자가 크게 증가하는 현상이 나타났다. 중국 경제는 분명히 위축되고 있으며, 그에 따라 외국인 직접투자도 함께 감소하고 있다. 1998년에 유엔은 대중국 외국인 직접투자가 반감한 것으로 보고하였는데, 1998~1999년의 수치는 이 예상이 크게 잘못되지 않았음을 보여 준다. 일본의 대중국 직접투자는 최근 최고치를 기록한 1995년 수준에서 반감하였다. 다국적 통신회사인 에릭슨(Ericsson)의 대중국 판매는 총판매의 13%에 달하지만 이윤을 내지 못하고 있다고 말한다. 10년 전 일본 기술회사의 중국 경험은 최근 나타나고 있는 빠른 투자감소를 불러온 한 요인이 되었다. 어떤 사람들은 외국인 직접투자의 흐름은 중국이 얼마나 중요하며, 세계경제에서 얼마나 중요할지를 보여 준다고 할 수도 있지만, 실상은 꼭 그렇지만도 않다고 말한다. 중국은 경험이 아닌 고전적인 희망의 경우로 남아 있을 뿐이다. 프랑스 전대통령 드골(de Gaulle)의 브라질에 대한 논평이 생각난다. "브라질은 큰 잠재력을 가지고 있으며, 언제나 잠재력 그 자체로 남아 있을 것이다."

중국의 실체를 보기 위해 특별한 통계가 필요하지는 않다. 중국은 기껏해야 세계경제의 아주 작은 부분에 불과하다. 중국의 이미지는 실제와 달리 마치 훨씬 더 대단한 것처럼 투영·유지될 뿐이다. 중국의 이러한 가공된 이미지는 최근의 아시아 경제위기를 계기로 더욱 증폭되었다. 중국은 1995년의 경우와 달리 동아시아 경제위기를 맞아 자국통화를 평가절하하지 않았다는 이유로 서방국가, 특히 미국으로부터 찬사를 받았다. 이와 반대로 일본은 위기에 대한 책임의 일부를 져야 했다. 물론 1990년 이후 도쿄의 개혁실패는 동아시아 위기와 관련이 있다. 하지만 이 사실은 일본이 얼마나 중요하며, 중국이 얼마나 덜 중요한지를 보여 주는 증거이기도 하다. 위험에 처해 있는 자국 내 국민경제에 대한 중국의 금융지원 규모는 일본의 10%도 되지 않는다.

동아시아 경제위기와 아시아가 대서양세계의 경제를 그들의 무릎 아래 두게 될지도 모른다는 과장된 두려움은 중국의 중요성이 얼마나 부풀려진 것인지를 설명하는 데 도움을 준다. 사실 동아시아 경제위기는 바로 (일본을 제외하고) 세계경제에 대한 아시아 경제의 영향력이 보잘것없음을 보여 준 사건이다.

중국은 세계경제에서 널리 인식하고 있는 것보다 훨씬 덜 중요한 매우 작은 부분으로서, 선진세계가 무서워할 정도로 대단하지는 않다. 중국 부풀리기는 아시아 부풀리기의 한 부분이다. 동아시아 경제위기를 계기로 서방세계는 아시아 지역 전반에 관한 교훈을 얻었으나 중국에 관해서는 아직 제대로 배우지 못하고 있다.

제3절 중국은 군사적으로 대단한가

중국은 1류가 아니라 2류 수준의 군사력을 가진 국가이다. 중국의 국방력은 다른 아시아 국가들처럼 3류는 아니지만 미국과 비교하기에는 턱없이 약하다. 중국의 국방지출은 세계 국방지출의 4.5%, 동아시아 및 오스트레일리아 지역 국방지출의 25.8% 정도이다. 중국은 필리핀 등의 나라에 대해서는 무서울 정도로 위협적인 자세를 취하고 있고, 남중국해에 있는 미스치프(Mischief) 섬 등의 지역을 마음대로 취할 수 있다. 그러나 중국은 필리핀에게 크루즈 미사일을 판매하고 있으며 말 많은 중국 위협론은 곧 사라질 것이다. 중국은 일본으로부터 분쟁중인 센카쿠(Senkaku) 섬 –이 섬은 잘 무장되어 있다–을 얻기 위해 군사적인 행동을 하지 않고 있다. 중국은 분명히 타이완에게 중대한 위협이 된다. 하지만 타이완의 방위전략가들은 중국이 침략에 성공하리라고 믿지 않는다. 세르비아에 대한 나토군의 훨씬 현대화된 미사일을 이용한 대규모 공격의 결과가 생각보다 대단하지 않았다는 사실을 고려하면, 중국의 미사일이 타이완에 위협이 된다는 말은 지나치게 과장되었음을 알 수 있다. 만약 타이완인들이 세르비아인들 만한 저항의지를 가지고 있다면 중국은 쉽게 타이완을 협박할 수 없을 것이다.

따라서 중국의 군사력이 고정된 것이 아니기 때문에 어느 정도는 군사적으로 중요하다고 할 수 있지만 통제 불가능할 정도로 대단하지는 않다. 중국이 미국의 안전보장에 도전 세력이 될 것이라는 주장에 대해서도 유사한 설명이 가능하다. 중국이 미국을 핵무기 표적으로 삼고 있는 나라 중의 하나라는 사실은 중요하다. 또 하나 중요한 사실은 『콕스보고서』(*Cox Report*)에서 중국이 미국의 미사일 유도기술과 현대식 핵탄두 기밀을 훔쳤다고 폭로했던 점이다. 중국의 군사훈련이 가상적인 공격 대상으로 주한 미군과 주일 미군을 겨냥하고 있다는 점도 중요하다. 그러나 어떤 나라가 미국에게 직접적으로 위협이 될 수 있다는 주장은 미국이 자신의 이익을 지킬 만큼 튼튼하다는 사실을 고려하지 않고 나온 주장이다. 중국이 마치 미국의 전략직 파드니라도 되는 것처럼 말하는 것도 이성에 근거한 주장이 아니다.

미국의 TMD[4] 체계 전개와 NMD[5] 체계 수립에 대한 논란에서 중국은 군사적으로 중요하다. 이론적으로 미국의 적은 북한이다. 사실 미 국방부는 한국, 일본 그리고 타이완을 방어할 능력은 장기적으로 미국의 국토와 해외 주둔 미군을 중국의 미사일로부터 방어하는 능력에 달려 있다는 점을 두려워한다. 방위전략가들은 NMD 비용 100억 달러와 아직 비용을 알 수 없는 TMD 계획 범위

4) 역자 주: 전역 미사일 방어(theater missle defense)로 어느 지역의 중단거리 미사일 공격을 막는 복합 방어 체계이다.
5) 역자 주: 국가 미사일 방어체계(national missle defense)로 미국 본토를 방어하는 국가 미사일 방어를 주 내용으로 한다.

내에서라면 중국이 중요하다고 생각한다.

그러나 전략적 과대망상증에 사로잡히기 전에 서방은 중국의 도전이 구소련과 전혀 다르다는 사실을 알아야 한다. 중국은 1950년대 소련보다는 1990년대 이라크처럼 세계적인 측면에서 서양의 이익에 대한 지역적인 위협 세력이다. 이라크와 마찬가지로 중국은 미국이 비우호적인 세력을 다루는 정상적인 전략을 보류할 필요가 있을 만큼 중요하지는 않다. 중국의 위협은 막을 수 있고, 유일한 초강대국으로 군사적 도발행위를 제지할 수 있다.

중국이 군사적으로 대단하지 않다는 평가는 중국이 무기시장에서 차지하는 지위에서도 동일하게 적용될 수 있다. 중국은 1997년 무기시장에서 독일과 이스라엘의 중간인 2.2%를 차지하였는데, 이 시장에서 미국은 45%, 영국은 18%를 차지하고 있다. 중국이 일부 무기시장에서는 실질적인 영향력을 행사하고 있는지 몰라도 중국의 무기수출액 10억 달러 정도는 무기시장에 큰 영향을 미치지 못한다. 중국 무기의 주 고객은 파키스탄이며, 중국은 무기판매를 통해 파키스탄과 인도의 핵무기 경쟁을 촉발하고 있다. 수단, 스리랑카 및 미얀마와의 무기거래는 전략적으로 이보다 훨씬 작은 영향을 미친다. 반면에 이란에 대한 무기수출은 줄곧 걱정거리였으며, 파키스탄에서처럼 이란에 대한 미국의 제재조치를 통한 위협은 중국에게 오히려 좋은 기회를 제공하였다. 그러므로 중국이 해악을 끼칠 능력은 중국의 영향력이 기본적으로 서방의 이익을 방해할 수 있는 능력에 기초하고 있다는 점에서 중요하다. 프랑스와 영국은 중국보다 훨씬 많은 무기를 수출한다. 하지만 그들은 서방세계에 전략상의 문제를 일으키지는 않는다.

이러한 의미에서 서방, 특히 미국의 인사들이 늘 그렇듯이 중국이 서양의 전략적 파트너로서 중요하다는 주장은 터무니없다. '전략적 파트너 관계'라는 말의 진정한 의미는 중국이 매우 성가신 존재가 될 수 있는 상대라는 것이다. 클린턴 행정부의 많은 인사들은 여전히 있는 그대로 말하려 하지 않을 뿐 아니라 중국이 전략적 적이라는 사실을 인정하고 싶어하지 않는다. 그들은 아마 파트너십의 가능성을 강조하다 보면 디즈니식으로 꿈이 실현되리라 생각하는 모양이다.

어떤 중대한 전략적 문제에 관해서도 중국과 서방은 같은 쪽에 서 있지 않다. 코소보의 경우를 포함해서 대부분의 경우 중국의 반대는 별로 중요하지 않다. 사실 유엔 안전보장이사회는 세르비아에 대항해 강력한 연합을 만들지 못하였다. 하지만 대개 그렇듯이 실제적인 장애는 중국이 아니라 러시아였다. 베이징은 안전보장이사회에서 서방의 이익을 방해하는 데 늘 모스크바나 파리의 뒤에 섰다(이 규칙의 예외는 타이완과 관계를 개선한 아이티나 마케도니아 같은 나라의 경우이다). 결국 러시아 총리는 그가 나토의 세르비아 공격이 임박했다는 정보를 입수하였을 무렵 미국으로 비행기 기수를 돌렸는데, 중국 총리는 스케줄에 따라 두 주일 뒤에야 워싱턴에 나타났다.

나토의 주유고 중국 대사관에 대한 오폭은 중국인들의 대규모 시위를 야기시켰다. 베이징은 유엔에서의 어떤 평화노력도 막겠다고 위협하였다. 하지만 중국이 원했던 것은 서방을 부끄럽게 함으로써 중국의 WTO 가입, 인권 문제 또는 무기제한 문제에 대한 양보를 얻어 내려는 데 있었다. 중국은 당당하게도 안전보장이사회가 결의한 나토에게 무한의 위임권을 부여한다는 내용의 결의문을 다시 써야 한다고 위협하였으나 결국은 유순하게 물러서고 말았다. 안전보장이사회의 항구적인 구성원 중의 하나인 중국은 지구적인 시각을 견지하지 않을 수 없었다. 베이징의 온순한 분노는 다른 거부권을 가진 안전보장이사회 구성원들과 달리 중국이 유럽에서 힘없는 존재에 불과하다는 사실을 드러냈을 뿐이다.

무기제한 영역에서도 사정은 마찬가지이다. 중국은 주요 무기제한협정을 방해하지 않고 있다. 하지만 중국은 무기제한협정에 가장 늦게 서명하는 나라 중의 하나이며, 또 이러한 전술을 통해 외교적 이익을 짜내려 애쓴다. 예를 들면, 핵무기확산금지조약(NPT)에 서명하기를 꺼리던 중국의 태도는 포괄적 핵실험금지조약(Comprehensive Test Ban Treaty) 가입교섭에 나섬으로써 무색해졌다. 중국의 아세안지역포럼 참가는 중국이 주권의 일부를 국제규약에 양보한 처신이라기보다는 안전보장 목표를 추구하는 힘을 제한할 그 어떤 세력도 없음을 확인하는 방법이다. 중국은 주로 무기제한 분야에서 협약을 효과적으로 방해함으로써 국제적 평가에 흠이 가지 않게 할 수 있기 때문에 중요하다.

한반도 문제에 관해서만은 중국이 미국의 정책에 중대한 영향을 미칠 수 있다. 우리는 종종 중국은 북한을 다루는 데 큰 도움이 되는 세력이기 때문에 중요하다는 말을 듣는다. 이러한 주장은 전혀 사실과 다르다. 최근 10년 동안 중국은 1994년 북한 위기의 초기 국면에서 단 한 차례 북한에게 NPT 규약을 받아들이도록 미국과 함께 북한을 압박했을 뿐이다. 기타 경우에 중국은 미국을 돕는 데 아무런 역할도 하지 못하거나 미국의 압력에 저항하도록 적극적으로 북한을 도왔다. 가장 악명높은 예는 1994년 후반의 일로서 미국이 북한에 대한 금수조치와 다른 압박행동을 위한 지지를 필요로 하였을 때 중국은 북한에게 미국의 정책에 저항하도록 부추겼다. 즉, 한반도 문제에서도 중국은 중요하지도 않고 미국의 전략적 파트너일 수도 없다. 중국은 다른 중간수준의 힘을 가진 나라들과 비슷한 정도의 중요성을 가지고 있으며, 이 사실은 올바르게 인식되어야 한다. 중국은 서방의 '잠재적인' 전략적 파트너에 불과하기 때문에 별로 중요하지 않다. 이러한 의미에서 중국은 러시아에 가깝다.

제 4 절 중국은 정치적으로 대단한가

통계 자료는 불충분하지만 가장 평가하기 쉬운 영역은 바로 중국이 국제정치무대에서 얼마나 중요한가 하는 의문이다. 최근 강하게 일고 있는 "우리는 누구이고 어디쯤 서 있는가"에 대한 답을 찾으려는 노력은 지난 150년에 걸친 정신찾기 과정의 최신판에 해당한다. 서구 세력이 중국의 고대문명이 근대성에 대한 도전이 될 수 없음을 보여 주었을 당시에도 중국은 더 넓어진 세계 속에서 그들의 위상을 찾으려고 애썼다. 특히, 지난 20세기는 중국이 국제적 상호의존이라는 기본적인 논리에 대해 강하게 저항한 시기였다. 이 시기는 북청사변,[6] 국민당 또는 중국 공산당을 보면 알 수 있듯이, 서방이 지배하는 국제체제에 저항할 충분한 힘을 창출하려는 노력이 계속 실패한 시기였다. 공산당 혁명

6) 역자 주: 북청사변(北淸事變)은 1899년 3월에 발생한 기독교를 포함한 외세배척운동을 말한다. 열강의 침략은 중국을 분할하고, 값싼 상품유입은 농민을 포함한 인민의 경제생활을 파괴하였다. 여기에 특권을 지닌 기독교 포교는 중국인의 반감을 크게 샀고, 급기야 폭력적 행동으로 폭발하였다. 이 사건은 의화단사건이라고도 부른다.

이 성공한 뒤 50년이 지난 지금 중국 인민들에게 대약진(3,000만 명이 기아로 죽음)과 문화혁명(100만 명 정도가 목숨을 잃고 한 세대가 파괴됨)이라는 큰 시련을 안겨 준 중국 공산당은 이제 이데올로기적 힘이나 권위가 없다. 이처럼 당이 정치적으로 어떤 이념적 권위도 없는 상황에서 파룬궁 같은 종교 및 종파운동은 계속 번성할 것이다.

최근 20년 동안 중국은 다른 동아시아 국가들이 세계 속에서 그들의 지위를 향상시킨 데 자극받아 자신의 힘을 강화하기 위해 경제 개혁을 진행해 왔다. 하지만 서열을 중시하는 '아시아적 가치' 또는 유교적 기반 등에 대한 찬사를 이끌어 냈던 번영담론은 아시아 경제위기라는 엄연한 현실의 불길에 의해 불타 버렸다. 중국은 충격과 회의에 빠졌고, 경제 개혁은 정체되었다.

이러한 환경을 고려하면 중국이 국제 정치권력 지도 가운데서 중요한 위치에 있다고 할 수 없다. 구식 마오주의(Maoism)가 이상한 것이기는 하였으나 적어도 많은 개도국에게 하나의 횃불 같은 존재였다. 하지만 이제 중국은 어느 나라에게도 횃불이 아닐 뿐만 아니라 어떤 나라의 협력자도 아니다. 어떤 강대국도 중국의 친구를 빼앗지 않았다. 이는 한때 원조공여국이었던 중국이 국제 최대의 원조수혜국으로 바뀌었기 때문이 아니라 국제적 상호 의존이라는 원리를 거부하였기 때문이다. 어떤 나라도 서양이 주도하는 세계체제에 주권과 힘을 기꺼이 복종시키려 하지는 않는다. 중국은 그들이 외부세계로부터 꼭 배워야 할 것만을 배울 만큼 크고 또 그들은 스스로의 운명을 지배할 수 있다는 신념에 집착하고 있다. 그래서 중국의 이웃들은 중국과 함께 살아가야 할 필요가 있다는 사실을 알고 있지만 중국도 같은 생각이리라는 환상을 가지고 있지는 않다.

세계문화의 측면에서조차도 중국은 중요하지 않다. 인도가 세계의 인도 민족에게 끼치는 문화적 역할을 중국의 그것과 비교하면, 우리는 중국이 얼마나 닫혀 있는지 알게 된다. 물론 인도와 대서양세계의 문화적 관계는 언제나 중국보다 더 컸고, 인도의 매우 이질적인 사회적 특성은 항상 서양에 접근하기가 더 쉬웠다. 영화, 문학 또는 예술 전반에 관해 타이완, 홍콩 그리고 싱가포르가 미치는 영향력은 레닌식 지배정당의 권위주의적 통치 하에 있는 중국보다 더 중요하다. 중국의 도시들은 다음 차례의 아시아 디즈니랜드를 누가 유치하게 될지를 두고 싸우고 있고, 중국의 문화계 대표들은 중국의 영화시장에 얼마만큼의 미국 영화를 상영할 수 있는지를 두고 다투고 있다. 또한 공산당 지도자들은 인터넷 접속에 대한 정책을 수립하는 데 우왕좌왕하고 있다. 이 모든 예는 중국이 서구문화를 통제하기 위해 얼마나 분투하는지를 보여 주는 증거이다.

사실 인권 문제는 중국이 정치적으로 얼마나 부랑자 수준인지를 가장 잘 보여 준다. 중국 당국은 평균적인 시민의 삶이 훨씬 자유로워졌다고 말한다. 하지만 주룽지 총리가 미국 방문에서 인정한 바와 같이 중국 정부의 반대자에 대한 대우는 비인도적이고 가혹하다.

중국이 일부 경우에 자제하는 모습을 보인 점은 신뢰할 만하다. 1998~1999년에 있었던 인도네시아 소요 당시 인도네시아에 거주하는 화교들을 돕기 위해 개입할 권리를 요구하지 않은 점은 성숙된 태도라는 찬사를 받았다. 그러나 이때 역시 중국의 국제적 지도력이 얼마나 보잘것없는지를 보여 주었다. 인도네시아를 악덕의 전형처럼 보이게 만든 이 사건은 중국이 도덕적 우위를 차지하기 어렵다는 사실을 보여 주었다.

세계무대에서 어느 한 나라의 정치력을 측정하기는 어렵다. 하지만 서방과 비교하거나 경제위기 이전 일본과 비교한다 해도 중국의 영향력과 권위는 보잘것없다. 중국이 취약하다는 이유는 여러 가지가 있는데, 그중에는 중국이 근대성과 상호 의존의 효과를 어떻게 인식하고 있는지에 대해 계속 애매한 입장을 취하고 있다는 점이다. 중국의 화려한 과거, 그리고 그에 따른 자만심은 많은 문제를 만들어 낸다. 사실은 그렇지 않은데도 세계가 당연히 자신을 강대국으로 인정할 의무가 있다고 믿는 중국은 위대함을 영위할 준비가 전혀 되어 있지 않다.

제 5 절 중국이 보잘것없다는 사실이 중요한가

중급수준의 왕국인 중국은 중간수준의 힘을 가진 존재에 불과하다. 이 말은 중국이 전혀 중요하지 않다는 의미가 아니라 겉으로 보이는 것, 그리고 서방이 생각하는 것보다 훨씬 덜 중요하다는 뜻이다. 세계경제에서 중국의 중요성은 브라질 정도이다. 중국은 중위권 수준의 군사국가이며, 어떤 정치적 견인력도 발휘하지 못한다. 중국은 서방의 친구들을 협박하거나 반서방 세력을 지원하여 서방으로부터 소원하게 만듦으로써 서방을 귀찮게 할 수 있다는 점에서 매우 중요하다. 이러한 점이 문제가 되기는 하지만 서방이 중국의 중요성에 대해 바로 이해한다면 중국을 다루기는 더 쉬울 것이다. 만약 우리가 중국이 세계경제의 주요 행위자이며 미국에 필적할 만한 경쟁자라고 믿는다면, 우리는 중국의 바람직하지 않은 행위에 대한 통제를 망설이게 될 것이다. 어쩌면 우리는 판다 콤플렉스(panda complex)에 빠져 있는지도 모른다. 판다 콤플렉스란 중국인들이 정의한 중국인의 감정을 자극하는 행위를 피하려고 무진 애를 쓰는 경향을 말한다. 하지만 만약 우리가 중국이 어떤 중위권 국가와도 크게 다르지 않다는 사실을 믿는다면 중국을 더 정상적으로 다룰 수 있다.

중국을 정상적으로, 즉 중위권 세력으로 대한다는 생각은 중국과 연합할 것이냐, 아니면 견제할 것이냐와 같은 가치 없는 논쟁을 피할 수 있게 한다. 물론 중위권 세력인 중국과 협력해야 한다. 하지만 중국의 비이성적인 행위를 통제하는 데 주저해서는 안 된다. '견제' 전략은 중국에 대한 서방의 새롭고도 다른 길을 보여 줄 것이다. 우리는 타이완에 대한 중국의 위협을 확실히 억제하기를 바라지만 TMD에 대한 중국의 우려를 불식시키려는 노력을 게을리해서는 안 된다고 생각한다. 우리는 중국의 WTO 가입 문제에 대해 꾸준한 협상태도를 취하기를 바라지만, 중국이 국세적 투명성 기준년에서 약간의 신선을 보이거나 주유고 중국 대사관 피폭사건에 대해 죄의식을 느끼게 했다는 이유만으로 서방이 양보해서는 안 된다고 생각한다. 우리는 서방의 지도자들이 중국 지도자들에게 권위주의가 중국을 잘못된 길로 내몰고 있다고 충고하기를 바라지만, 서방이 유엔에서 중국의 인권침해에 대한 감시노력이나 중국 시장에서 손해를 보고 있는 데 대한 대응을 그만두기를 바라지는 않는다.

어떤 의미에서 우리는 중국의 영향력을 과장하는 데 정신을 팔고 있는지도 모른다. 중국이 비록 제2차 세계대전 이전의 힘 때문에 안전보장이사회 상임이사국 지위를 유지하고 있는 영국 및 프랑스와 비슷한 중요성을 가지고 있고, 유엔 안전보장이사회의 항구적인 상임이사국이지만, 런던이나 파리와는 달리 베이징은 국제 평화유지 활동이나 국제기구에 대한 출연 측면에서 국제 사회에 별로 기여하는 바가 없다. 중국은 과거 150년 동안 그래 왔고 또 지난 20년간의 경제성장 이후 더 그렇듯이, 여전히 그들이 세계의 CEO라는 착각 속에 있다. 지난 20년 동안 서양의 회사들은 중국에 미혹되어 오래 머물다 보면 결국은 돈을 벌 수 있으리라 믿었다. 미국 국방부의 비관적인 전략가들은 중 · 미 간의 군사적 격차, 특히 첨단무기 분야에서의 격차가 날로 확대되고 있는데도, 중국이 결국 미국에 필적할 경쟁자가 되리라 믿고 있는 것 같다.

중국에 대한 인식의 거품이 빠지고 중국을 브라질이나 인도 같은 수준으로 다루지 않는다면, 서방이 중국에 대해 일관성 있고 장기적인 정책을 유지할 기회를 얻기 어려울 것이다. 우리가 중국의 부풀려진 힘을 깨닫지 못한다면, 우리는 계속해서 이익추구를 주저할 것이며, 또한 중국의 좋지 못한 행실을 통제하는 데도 실패할 것이다. 그리고 이점은 더 중요하다. 즉, 우리가 중국을 중위권 수준의 국가로 대우하지 않는다면, 우리는 중국인들에게 부족함과 한계를 깨닫고 장차 필요한 중요한 개혁을 이루어 내기 더 어렵게 할 것이다.

보론 중국의 정치경제적 위상

임반석

중국의 경제적 위상

중국은 세계 2위의 경제대국이다. 중국의 GDP는 2010년에 일본을 밀치고 세계 2위에 올라 현재까지 2위 자리를 지키고 있으며, 1위인 미국을 추격 중이다. 2015년 중국의 GDP는 11.2조 달러를 기록하여 세계의 약 12%를 차지하였는데, 구매력 평가(ppp)로 환산하면 16조 달러 정도로 세계의 20% 가량 된다는 추산도 있다. 2015년 중국의 일인당 GDP는 8,120달러로서 중진국의 문턱에 서 있으며, 세계 순위로는 70~80위권에 해당한다.

제조업 생산에서 중국은 2010년에 2.13조 달러를 기록함으로써 미국을 추월하여 세계의 공장이 되었다. 2010년 미국의 제조업 생산은 2.09조 달러였다. 중국은 세계의 공장을 넘어 점차 세계의 시장이 되어 가고 있는데, 현재는 미국에 이어 세계 2위 소비시장이다.

중국은 지속적 고성장과 빠른 경제력 팽창에 힘입어 개혁개방 10년이 지난 1980년대 후반에 이미 먹는 문제(溫飽)로부터 해방되었고, 현재 2020년 중진국(小康社會) 완성의 해를 향해 전진하고 있다. 날로 팽창하는 경제력은 여러 측면에서 중국의 세계적 위상을 높여 주는 자원이며, 군사적 증강의 기반이기도 하다.

중국은 2012년에 1위 교역대국이 되었는데, 세계교역에서 매우 중요한 위치를 차지한다. 중국의 교역총액은 2000년에 4,743억 달러로 한국을 추월하였고, WTO 가입 3년 만인 2004년에 일본을 추월하여 3위, 2008년에 독일을 넘어 2위에 올랐으며, 2012년에는 미국을 추월해 1위 교역국 자리에 올랐다. 중국의 교역규모는 2013년 4.1조 달러로 최고점을 기록한 뒤, 세계경제의 전반적인 침체의 영향으로 이후 약간 감소하였다. 2015년 말 현재 중국의 교역총액은 3.74조 달러(수출 2.15조, 수입 1.59조)였는데, 이는 세계교역의 약 13.2%에 해당한다. 교역대국인 중국은 세계 대다수의 나라들에게 핵심 교역 파트너이다. 중국이 1위 교역국인 나라가 120여 개국에 달할 만큼 글로벌 교역에서 중국의 존재감은 크다. 대외교역의 결과인 수지에서도 중국은 매년 대규모 흑자 행진을 해 왔다. 무역수지는 2007년에 1,500억 달러, 2010년에 1,831억 달러, 2013년에 2,600억 달러 흑자를 기록하였고, 2015년에는 흑자규모가 5,300억 달러에 달하였다. 쌓이는 외환은 중국의 경제적 힘이기도 하지만, 다른 한편으로 인플레이션의 요인이자 서방세계로부터 무역역조 개선 압력의 빌미가 되고 있다.

중국은 2000년부터 1위 외환보유국 지위를 지키고 있다. 중국의 외환보유고는 2006년에 당시까지 1위이던 일본을 추월해서 세계 1위 자리에 올랐다. 외환보유고 추이를 보면 1996년에 1,000억 달러, 2006년 1조 달러, 2013년 3.2조 달러, 2013년 3.95조 달러로 매우 빠르게 증가하였다. 쌓이는 흑자, 밀려드는 외국인 투자에 힘입어 날로 팽창하는 외환보유고를 활용하여 중국은 선진국과 개도국을 가리지 않고 투자에 나서고 있다. 보유외환 중 1조 달러 정도는 미국 국채에 투자하였다. 선진국에는 선진기업 인수합병, 개도국에는 자원광산 매입,

인프라 투자, 낙후된 제조업 생산기지 이전 형태로 진출하고 있다. 자금이 넉넉한 중국은 지구촌 곳곳에 거대한 인프라 투자를 진행 중이거나 계획 중이다. '일대일로'(一帶一路, One Belt One Road) 계획을 통해 유라시아 대륙을 인프라 개발이라는 기치 아래 하나로 묶고자 함은 물론 동남아를 관통하는 고속철도, 말레이반도를 관통하는 운하, 파나마 운하와 경쟁관계인 제2중미 운하, 남미를 횡단하는 고속철도, 아프리카 주요국 수도를 연결하는 고속철도 건설계획 등을 제안해 놓고 관련국과 협의 중이다. 세계교역에서 차지하는 중국의 위상과 넉넉한 경제자원을 활용한 중국 자본의 적극적인 해외 진출은 커가는 중국의 경제적인 위상과 힘을 보여 준다.

팽창하는 경제규모, 교역과 투자에서 차지하는 위상으로 인해 중국 경제의 영향력은 빠르게 향상되어 왔다. 중국의 경제적 영향력은 지역을 넘어 글로벌 차원으로 확대되고 있다. 특히, 동아시아 지역에서 중국의 경제적 영향력이 강화된 결정적인 계기는 1997년의 동아시아 금융위기이다. 당시 금융위기로부터 비교적 절연되어 있던 중국은 위기가 더 악화되지 않도록 적극적으로 협력한 결과 지역 내에서 경제적 영향력을 키울 수 있었다. 또한 풍부한 경제자원을 활용하여 미국의 영향력이 취약한 중앙아시아, 동남아시아, 아프리카, 중남미 국가들에 진출하면서, 이 지역에서도 상당한 경제적 영향력을 확보해 가고 있다. 하지만 중국이 비록 경제대국이고 세계 여러 지역으로 경제적 영향력을 확대하고 있다고는 하지만, 첨단 과학기술 분야, 소프트웨어 분야, 금융, 법률 및 경영 컨설팅 등에서는 개도국일 뿐이다. 세계시장에서 큰 점유율을 자랑하는 제조업도 글로벌 가치사슬(global value chain)에서 대체로 하위에 위치해 있어서 점유율에 비해 부가가치는 매우 낮다. 중국 기업의 기술력이 빠르게 향상되고 특허도 증가하고 있기는 하지만, 선진경제 수준을 따라잡기에는 갈 길이 멀다. 따라서 중국의 경제적 영향력이 미국이나 다른 선진국을 위협할 정도라는 평가는 양적 평가일 경우에만 사실에 부합한다.

중국의 군사적 역량

중국의 군사력이 어느 정도이고 세계 최강인 미국에 견줄 만한가? 이 의문에 접근하기 위해서 우리는 먼저 중국의 군사전략의 변화를 살펴본 뒤, 그에 따라 중국의 국방예산 규모와 증가율, GDP에서 차지하는 국방비 비중, 주요 무기의 수준이 어떻게 변해 왔는지를 살펴보아야 한다.

중국의 군사전략은 시기마다 약간씩 바뀌었다. 마오쩌둥 시기에는 '인민전쟁 전략'을 중시했는데, 이는 인민들을 총동원하여 총력전을 펼치는 것을 의미한다. 마오쩌둥은 미국이 중국 본토를 공격하더라도 인민을 동원하여 총공세를 폄으로써 반격할 수 있다고 믿었다. 정신을 강조하는 방어적 성격의 이 전략은 사실상 6.25전쟁과 베트남전에서 한계를 확인하였다. 덩샤오핑 시대로 접어들면서 이러한 군사전략이 변화하였다. 중국은 이라크전쟁을 겪으며 군대의 현대화와 정보화의 중요성을 절감하였고, 정보전 하에서 국지전을 대비하는 형태로 전략을 바꿀 수밖에 없었다. 이에 따라 인민해방군을 5개의 전구로 나누고 각 전구 안에서 육 · 해 · 공군을 함께 운영하도록 개편하였다. 이 과정에서 230만 명이던 인민해방군을 200만 명으로 감축하는 대신 무기를 현대화하고 정보전 시대에 맞도록 체질을 개선하고 있다. 이렇게 해서 중국 군대는 현대화를 향해 매진하면서, 인민전쟁 전략에서 탈피하여 실질적으로 영토와 영해 밖에서도 전쟁을 수행할 수 있는 능력을 갖추기 위해 노력하고 있다.

2016년 1월 GFP(Global Fire Power)의 보고는 중국의 군사력이 미국, 러시아에 이어 세계 3위이고, 군사비 지출은 세계 2위이며, 지금의 성장속도라면 2040년 무렵에는 미국을 추월하여 세계 1위가 될 것으로 전망하였다.[7] 순위로는 인도와 프랑스가 중국의 뒤를 잇고 있고, 한국은 11위로 조사되었다. 중국은 1964년에 핵무기를 보유하였고, 1971년에는 대륙간탄도미사일(ICBM)을 개발하였으며, 핵추진 잠수함도 보유하고 있다. 중국은 2012년에 우크라이나로부터 러시아산 항공모함을 매입하여 개조하였을 뿐 아니라 자체 기술로 항공모함을 건조하고 있다. 중국의 군대는 육군, 해군, 공군, 로켓군(포병), 전략지원부대(사이버, 전자전), 인민경찰로 이루어져 있는데, 계속해서 개편 중이다.

하지만 중국의 국방비, 군사력과 관련해서 주의해서 보아야 할 부분이 있다. 중국의 국방비 지출이 세계 2위이고 수십 년간 빠른 증가율을 보이고 있는 것이 사실이다. 그러나 그렇다고 중국의 예산에서 국방비가 매우 큰 비중을 차지하지는 않는다. 최근 중국의 국방비가 연간 두 자릿수 증가를 보이고 있고, 중국의 GDP 규모가 큰 만큼 국방비의 절대적 규모도 크다. 하지만 GDP 증가율과 비교하자면 군사비 증가율은 그다지 높지 않은 편이며, 국가 총지출 증가율

7) GFP는 매년 세계 126개국을 대상으로 군사력을 비교한 보고서를 내놓고 있다. 각국 군사비 운용의 특성상 공개된 자료만을 토대로 삼기 때문에 신뢰도는 높지 않지만, 대략적인 상황을 엿볼 수 있다. 특히, 중국은 공개되는 국방비 이외에도 여러 부처 예산에 분산되어 있어서 그 규모를 파악하기 어렵다는 평가를 받고 있다. 관련 자료는 http://www.globalfirepower.com/countries-listing.asp; https://creativecommons.org/licenses/by-nc-sa/2.0/kr/ 등 참조.

은 군사비 증가율보다 높다. 중국의 국방예산은 GDP의 약 1~1.5% 정도 수준을 유지하고 있다. 미국 국방비는 GDP의 4~6%이며, 일본은 GDP의 0.9~1% 정도이다. 그러나 이와 다른 평가도 있다. 서방의 군사연구기관들은 중국의 국방비는 국가예산 이외에 여러 형태로 위장되어 있어서 국방비 규모가 공식 통계보다 훨씬 크다는 데 동의하고 있다.

글로벌 차원에서 군사적 영향력을 행사하기 위해서는 대양을 장악해야 하며, 바다를 장악하려면 항공모함의 역할이 가장 크다. 항공모함의 필요성을 느껴 온 중국은 러시아산 퇴역 항공모함을 개조해 2012년 9월 랴오닝(遼寧) 함을 취역하였으나 현대전에서 활용하기에는 많은 한계가 있는 것으로 알려졌다. 중국은 대양 작전이 가능한 항공모함을 건조하기 시작하였고, 근래 남중국해에서 갈등이 심화되자 2016년 초 자체 설계와 기술로 만든 최초의 국산 항공모함을 공개한 바 있다.[8] 중국 해군은 2020년 항공모함 4척을 포함해서 351척의 순양함 · 구축함 · 잠수함 등을 보유할 계획이며, 2011년부터 대형 함정을 매년 15척 이상 건조하고 있다.

그러나 군사 전문가들은 중국이 미국과 대등한 전력을 보유하려면 가야 할 길이 멀다고 보고 있다. 최근에 공개한 중국의 첫 국산 항공모함이 대표적 사례이다. 이 항공모함은 선수(船首)가 스키 점프대처럼 솟은 형태로 되어 있는데, 이는 캐터펄트라는 사출기 개발에 실패하였기 때문이다. 함재기가 최대 추력으로 달려 갑판 끝의 곡선면에 도착하면 앞으로 나가는 추력과 함께 위로 나는 추력이 생기도록 설계한 것이다. 그런데 이러한 방식을 이용하려면 짧은 거

8) 이하 중국의 군사력에 대한 평가는 「'대국굴기' 중국 군사력의 허와 실」, 중앙일보(2016. 9. 1) 참조.

리를 자체 추력으로 이륙하기 때문에 함재기의 무장과 연료를 줄여야 한다. 또 중국형 항공모함은 조기경보기와 같은 대형 함재기를 운용할 수 없다. 조기경보기는 함대의 눈 역할을 하는데, 조기경보기를 운용할 수 없기 때문에 조기경보용 레이더를 단 헬리콥터를 대신 쓸 수밖에 없다. 그런데 조기경보기와 조기경보 헬기의 성능 차이는 매우 크다. 그리고 항공모함 함재 전투기 젠-15에도 많은 문제가 있는 것으로 알려졌다. 젠-15는 사실상 러시아의 Su-33을 모방한 전투기인데, 2016년 4월 착륙훈련 중 추락하는 사고가 발생하였다. 중국은 당초 Su-33의 라이선스 생산을 추진하였지만 러시아가 Su-27을 불법 복제해 젠-11을 만든 전력을 문제 삼아 이를 거부하였다. 그래서 중국은 우크라이나의 도움을 받아 Su-33을 분해한 뒤 역설계해서 젠-15를 만들었다. 하지만 전투기의 심장인 엔진과 신경에 해당하는 항공기용 전자장비에 문제가 있는 것으로 알려졌다.

반면 미국 항공모함은 모두 캐터펄트를 갖추고 있다. 캐터펄트는 함재기를 이륙속도까지 빠르게 가속해 주는 장치이다. 미국 항공모힘의 캐터펄트는 증기로 움직인다. 1992년에 실전 배치한 조지 워싱턴 함은 4개의 사출기가 장착되어 있어서 20초마다 함재기 한 대씩 이륙할 수 있다. 2013년에 진수한 제럴드 포드 함부터는 전자기 추진 캐터펄트로 업그레이드되었다. 반면 중국은 아직까지 캐터펄트 기술이 없으며, 이 기술은 미국이 독보적이다. 프랑스도 자국의 항공모함인 샤를 드골 함을 만들 때 미국에서 캐터펄트를 수입하였다.

스웨덴 스톡홀름 국제평화연구소는, 2015년 중국의 군사비가 2,148억 달러(약 244조 원)였는데, 이 규모는 아시아 전체의 거의 절반에 해당한다고 밝혔다. 또 중국은 미국을 비롯한 서방 국가들의 기술을 해킹을 통해 빼가고 있는 것으로 의심받는다. 그런데도 아직까지 중국의 무기가 서방 국가 수준을 따라가지 못한다는 평가를 받는다. 그 이유에 대해 미국 샌디에이고 대학의 장티아밍(張太銘) 교수는 중국 방위산업의 독점적 구조, 관료주의, 구시대적 관리수단, 불투명한 가격결정 시스템, 부패 등을 지적하였다. 물론 중국은 대국굴기(강대국으로 부상)로 나아가면서 이런 문제점들을 개선해 나가겠지만, 중국 정부가 군사력을 과시하기 위해 의도적으로 과장하는 측면도 있다.

중국의 국방비 규모가 크고 지출도 매년 증가하고 있으며, 무기를 현대화하기 위해 많은 노력을 기울이고 있기는 하지만, 아직 미국의 군사력과 비교할 수준은 아니다. 각종 무기를 양이 아니라 질로 볼 때 그 격차는 더 커진다. 더욱이 남중국해를 벗어나 대양에서 중국의 군사안보적 영향력은 보잘것없다.[9] 다만 글로벌 차원보다는 아시아 지역, 동아시아 지역에서 중국의 정치안보적 영향력이 갈수록 커 가고 있음은 분명하다. 중국 경제는 고성장 시대가 끝나고 중성장 시대로 접어들었지만 중국의 국방비 지출은 2010년대 들어 두 자릿수 성장률을 유지하였는데, 국방예산은 2011년 12.7%, 2012년 11.2%, 2013년 10.7%, 2014년 12.2%, 2015년 10.1% 증가하였다.[10]

중국의 군사적 진출과 영향력은 남중국해에서 특히 뚜렷하다. 하지만 사실 이 지역에서 미국의 군사안보적 영향력 약화는 1992년 필리핀 수빅만(Subic Bay)에서 미군이 철수하면서 시작되었다. 동아시아 지역에서 미국의 영향력이

9) 중국은 2010년대 들어서 자원개발과 시장개척, 상선보호를 명분으로 아프리카에만 10여 곳을 포함해 세계 20여 곳에 해군거점을 건설하고 있으며, 이중에는 서아시아도 포함된다. 하지만 아직 미국의 대양 해군력에 비할 바가 되지 못한다. 「19세기 열강처럼……아프리카 앞바다 넘보는 중국」, 조선일보(2014. 11. 27).

10) 「중, 브레이크 없는 군사굴기……국방예산 전례 없이 뛸 듯」, 조선일보(2016. 2. 29).

감소한 것과 달리 지속적 고성장을 이룬 중국은 팽창하는 경제력을 기반으로 이 지역에 대한 경제적 영향력뿐 아니라 군사안보적 영향력을 확대해 왔다. 중국은 남중국해에서 영유권 확보와 영향력 확대를 위해 암초를 매립하여 인공섬을 만들고 비행장과 군함 접안시설을 구축하는 데 집중하고 있는데, 이 문제는 동남아 국가와 미국의 강력한 반발을 사고 있다.[11] 남중국해에서 미국의 영향력을 약화시키고 해당 동남아 국가들을 압도하기 위해 중국 남해 함대 구축함 부대가 실전 훈련을 하거나, 러시아와 합동훈련을 한다. 하지만 아시아 지역에서도 미국과 동맹관계이면서 막강한 군사기술을 보유한 일본과 점차 미국과의 안보협력을 강화해 가고 있는 인도의 견제와 대응이 만만치 않다. 뿐만 아니라 중국은 베트남, 필리핀, 인도네시아 등 여러 동남아시아 국가들과 영토 문제로 심한 갈등관계에 있다. 이러한 상황을 고려해 볼 때, 여러 측면에서 중국의 영향력이 커져 가는 아시아 지역에서 중국의 군사안보적 힘의 확대에도 분명히 한계가 있을 수밖에 없다.

중국의 국제정치적 영향력

중국은 넉넉한 경제자원을 활용해 많은 개도국들과 협력을 강화하면서 국

11) 2016년 7월 남중국해 분쟁에 대한 국제상설중재재판소(PCA)는 중국이 주장하는 구단선(nine-dashed line)이 법적 근거가 없다고 판결했다. 남중국해를 끼고 있는 여러 국가들(중국, 대만, 베트남, 필리핀, 인도네시아 등)이 각자 서로 다른 해안 국경선을 그리면서 영유권 분쟁이 지속되고 있다. 그 이유는 남중국해에 자원이 많을 뿐 아니라 수많은 선박들이 이 지역을 지나는 요충지이기 때문이다. 이 섬 중 일부에서 중국이 인공섬을 만들고 군사시설을 구축하고 적극적으로 영유권을 행사하면서 주변국의 활동에 피해를 입혔고, 이에 대항해서 필리핀이 중국을 PCA에 제소하였는데, 필리핀이 승소하였다. 관련 동남아 국가들은 결정에 고무되었지만 중국은 당연히 이 결과를 받아들이지 않고 있다. PCA의 판결 자체가 집행능력을 갖고 있지는 않기 때문에 중국이 실효 지배하는 섬들을 반환하도록 강제할 수는 없다.

제무대에서 중국을 지지하도록 만들기 위해 노력하고 있다. 하지만 중국의 입장을 지지하는 나라 중 대다수가 비정상적인 국가이며, 중국의 지원 내용 중 많은 부분이 국가나 국민이 아니라 독재자와 독재정권에 대한 지원이라는 비난을 받고 있다. 또한 중국 정부는 매력(soft power)의 중요성을 인식하고 세계 각국에 중국에 대한 좋은 이미지를 심으려 노력하고 있다. 구체적으로 중국은 많은 개도국에 거액을 원조하고, 공자학원을 세우며, 연구비를 지원하고, 공자를 인류의 사표로 추켜세우려는 시도를 하고 있다. 아프리카 지역에서는 지원을 미끼로 자원을 독점하여 자원공급선을 구축하거나, 언론에 진출하여 중국의 선전매체로 활용하고 있다. 이러한 노력을 통해 국제정치에서 중국의 영향력은 아프리카, 중앙아시아, 중남미, 동남아 일부에까지 확대되고 있다. 하지만 중국이 아프리카나 동남아, 중앙아시아, 중남미의 여러 인권탄압이 심한 독재정권을 지원·비호하는 데서 보듯이 국제사회에서 도덕적으로 비난의 대상이다. 또한 국내에서도 자유, 인권, 민주 같은 보편적 가치 측면에서 저개발국 또는 개도국 수준이다. 정치구조는 공산당의 일당지배이고, 언론, 출판, 집회, 결사, 종교의 자유는 철저히 통제되며, 곳곳에서 인권유린이 자행되고 있다. 중국의 편에 서는 많은 개도국들은 중국의 경제적 지원을 기대할 뿐이지, 중국이 닮고 싶은 매력 있는 나라이기 때문에 협력하고 지지하는 것은 아니다.

최근 중국은 미국의 영향력이 취약한 중앙아시아, 중동, 서아시아, 아프리카, 동남아, 중남미 국가들을 대상으로 인프라 투자, 경제개발 형태의 경제협력 내지 통합을 추진하고 있는데, 그 뒤에는 정치안보적 계산이 숨어 있다. 그러나 이 시도는 끊임없이 경제자원이 지원될 때만 가능하다. 중국은 구소련 해체 이후 러시아와 밀월관계를 구가하고 있는데, 중국의 국제정치적 영향력 확대에 러시아가 지원군이 되고 있다. 하지만 중국과 러시아의 관계는, 과거 역사에서 보듯이, 생각처럼 견고하지 못하다. 러시아는 자신의 힘으로 과거의 위상을 되찾기에는 역부족이기 때문에 중국과의 협력을 통해 존재감을 높이려 한다. 중국 역시 스스로의 힘으로 미국에 대항하기에 역부족이라는 사실을 잘 알기 때문에, 적극적으로 러시아와 협력하고 있다. 양국의 밀월관계는 전략적 협력의 결과로써 한시적이다. 따라서 글로벌 차원에서 러시아를 제외한 중국만의 국제정치적 영향력이나 위상은 미국에 비할 바가 되지 못한다.

중국의 '꿈' 실현의 길

경제대국인 중국은 세계적 강대국이 되기 위한 시동을 걸었다. 아직 개도국인 중국은 국내적으로 일당독재의 문제, 경제격차, 부정부패 등 수많은 문제들이 있음에도 불구하고 이러한 움직임은, 특히 시진핑 정부 들어서 본격화되고 있다. 경제력은 세계 2위이고 머지않아 미국의 경제규모를 앞지를 것으로 예상되고 있다. 하지만 경기침체는 장기화 조짐을 보이고 있고, 인민들의 공산당에 대한 신뢰는 갈수록 추락하고 있다. 시진핑 정부는 혁명 영웅으로서의 카리스마도 없고, 지속적 경제성장이라는 카드로 인민들에게 정통성을 인정받기 어렵다. 시진핑이 이용할 수 있는 카드는 감성에 대한 호소의 길이며, 그것은 바로 민족주의 자극이다. 시진핑은 집권 초기부터 '중국의 꿈,' '군사강국 건설' 등을 제창하면서 축적된 힘을 대외로 투사하여 자존감을 높이고자 한다.

중국의 경제력이 빠르게 팽창하고 있고, 이에 힘입어 글로벌 차원에서 경제적 영향력이 갈수록 강화되고 있음은 부인할 수 없다. 그러나 중국은 세계의 지도국, 미국에 필적하는 강대국이 되기에는 아직 역부족이다. 경제적으로도 중국 경제가 선진경제로 진화하기 위해서는 수많은 산을 넘어야 하며, 글로벌 강대국의 길은 더 멀고 험난하다. 중국이 뛰어넘고자 하는 세력은 미국이다. 하지만 그렇게 되기 위해서는 경제력과 군사력만으로는 불가능하며, 매력과 도덕적 설득력 등 다양한 측면에서 세계를 이끌 수 있어야 한다.

과거에 군사적으로는 소련, 경제적으로는 일본이 미국의 지위를 넘본 적이 있었다. 그러나 소련은 힘없이 무너졌고 일본의 추격은 1980년대 중반 플라자 합의를 계기로 점차 주저앉았으며, 2006년 소니, 2009년 도요타도 미국 기업과 정부의 공동 개입으로 큰 타격을 입었다. 소련의 정치적 · 군사적 기반을 계승한 러시아는 군사적으로 여전히 상당한 수준을 자랑하지만 중국과의 협력 없이 독자적으로 영향력을 행사하기 쉽지 않은 상황이고, 경제적으로는 정상적인 경제를 운영하지 못한다. 중국이 소련의 군사안보적 영향력을 대신하고자 하지만 적어도 군사안보적으로 미국의 상대가 되기에는 역부족이며, 21세기 내에 그렇게 될 수 있을지 의문이다.

중국은 국내적으로 해결해야 할 수많은 문제를 안고 있는데, 이중에서 굵직한 문제는 경제 격차 문제와 부정부패 문제 등이며, 당장 시급한 경제 문제는 심각한 제조업 과잉 설비 해소이다. 장기적인 과제는 선진경제 실현, 강대국 건설, 자유 확대인데, 장기적인 과제나 중단기 과제 어느 하나도 간단하지 않다. 당면 과제와 장기적 과제를 해결하는 데는 정치적 노력뿐 아니라 지속적인 경제 자원의 지원도 필요하다. 경제격차 문제 해결에 집중한다 해도 해결이 그리 간단하지 않다. 계층 간 경제격차로 인한 사회불안 요인을 해소하려면 탄탄한 사회보장망을 구축해야 하는데, 근래 중국 정부는 이 과제 해결에 재정의 많은 부분을 투여하고 있으나 큰 성과를 내지 못하고 있다. 4.5억 명에 달하는 농촌 인구와 도시 중하층 주민들을 위한 사회보장망을 구축하는 작업은 천문학적인 재원이 필요하다. 소요되는 재원은 결국 기업이나 소득수준이 높은 인민들로부터 마련해야 하는데, 이를 위해서는 권리의식이 높아져 가는 도시 중산층 이상의 동의가 필요하다. 지역 경제격차를 해결하려면 상대적으로 잘 사는 지역으로부터 재원을 마련해야 하는데, 낙후된 지역의 불만 못지않게 부유한 지역의 반발도 무마해야 한다. 중국은 더 이상 당과 정부가 일방적으로 정책을 세우고 강요할 수 있는 사회가 아니다. 재정과 관련해서는 중앙과 지방 간의 긴장관계가 상존하고 있을 뿐 아니라 각급 인민대표가 자기 지역 주민의 이익을 대변하려는 유인이 갈수록 강해지고 있다. 따라서 지도자나 중앙정부가 정책을 일방적으로 구현하기 쉽지 않다.

당과 정부에 만연한 부정부패는 인민들의 당과 정부에 대한 불만의 근원으로서, 사회신뢰를 떨어뜨려 사회불안을 키운다. 중국은 경제적으로 상당한 수준의 자유가 보장된 사회이지만, 당의 정치독점을 유지하기 위해서 매년 당과 정부는 100조 원이 넘는 막대한 사회통제비용을 지불하고 있다. 여기에 더해서 시진핑은 이미 인민들에게 '중국의 꿈'(中國夢) 실현, 군사강국 건설을 약속하였다. 세계경영을 노리는 중국이 세계적 강국이 되기 위해서는 군사, 외교, 경제 협력 등 여러 면에서 미국과 경쟁해야 하는데, 여기에는 정치외교적 노력만이 아니라 자금을 포함한 막대한 자원이 동원되어야 한다. 아무리 중국이 경제대국이고 1위의 외환보유국이라고 해도 막대한 재원이 필요한 여러 과제를 함께 해결해 내기는 쉽지 않다. 국내외적 과제를 해결하기 위한 자원을 조달하려면 지속적 고성장, 경제발전, 사회안정이라는 조건이 충족되어야만 하며, 그렇지 못할 경우 누구도 과제 해결의 내일을 보장할 수 없다.

이 사실을 잘 아는 중국 정부는 기존 세력에 대한 직접적인 도전보다는, 경제력을 앞세워 미국의 영향력이 취약한 지역과 국가들로 파고드는 전략을 택하고 있다. 중국이 최근 영향력을 넓히고 있는 지역은 중앙아시아, 아프리카, 동남아, 중남미 지역이다. 또한 글로벌 차원에서 기존의 미국과 서방이 주도하는 경제협력 조직이나 안보협력 조직에 변경을 시도하는 대신, 미국의 장악력이 취약한 지역과 국가들을 대상으로 자신이 주도하는 경제협력 조직과 안보협력 조직을 만드는 데 심혈을 기울이고 있다. 하지만 그 장래는 아직 낙관적이지 못하다. 상하이협력 조직(Shanghai Cooperation Organization: SCO), 아시아 교류와 신뢰 구축회의(Conference on Interaction and Confidence Building Measures in Asia: CICA), 중국-아프리카 협력포럼(The Forum on China-Africa Cooperation: FCAC), 중국-아랍연맹 협력포럼(China-Arab States Cooperation Forum: CASCF) 등이 중국이 주도하는 정치안보 협력 조직이고, 일대일로, 아시아인프라투자은행(Asia Infrastructure Investment Bank: AIIB), 신개발은행(New Development Bank: NDB), SCO은행 등이 중국이 주도하는 경제협력 계획 또는 조직이다. 하지만 이러한 노력에도 불구하고 중국의 세계적 차원의 정치경제적 영향력은 초보 단계이며, 미국-서방 중심의 영향력에 어떤 가시적인 변경을 가하기에는 역량이 크게 부족하다.

중국의 정치안보적 영향력은 동아시아 지역에서는 빠르게 증대하고 있지만, 여기에도 미국–일본–인도의 대응, 아세안 국가의 반발로 인해 쉽지 않은 상황이다. 이렇게 볼 때 중국은 글로벌 경제대국이지만 아직 군사안보적으로뿐만 아니라 경제적으로도 현상 변경자 또는 규칙 설정자 위상을 차지하고 있지는 못하다. 중국은 세계적 차원의 떠오르는 경제적 세력이고 동아시아 지역의 핵심적인 경제적 · 군사적 세력일 뿐이다.

시진핑은 이미 인민들에게 '중국의 꿈'을 실현하겠다는 약속을 하였다. 그런데 세계적 강대국이라는 꿈은 중국이 꿈꾼다고 해서 실현되지는 않는다. 강대국을 향한 꿈이 만약 주변국과 함께 하는 합창이 아니라 자기만의 독창이라면, 주변국이 찬성하고 지지하고 협력할 이유가 없기 때문이다. 이러한 인식이 확산된다면, 중국의 꿈을 향한 길은 순탄하지 않을 것이며, 중국의 꿈은 주변국에게 과거를 떠올리게 하는 악몽이 될 수도 있다. 중국은 전통적으로 혼자만의 꿈을 주변국에게 강요하는 데 익숙할 뿐 함께 꾸는 꿈에는 인색하다. 이런 점에서 중국이 인식을 바꾸지 않는 한, 그 꿈은 주변국에게 악몽으로 다가올 잠재성이 다분하다.[12)]

중국을 보는 눈

중국에 대한 과소평가도 위험하지만 과대평가도 역시 도움이 되지 않을 뿐 아니라 위험하다. 앞의 제럴드 시걸의 글이 이점을 강조하고 있다. 국내에는

12) 조영남, 「중국의 꿈, 주변국과 함께 평화롭게 잘사는 길몽이어야 한다」, 『Chindia Plus』(2013. 11) 참조.

조선시대의 많은 지식인들처럼 사대(事大)의식 틀 속에서 벗어나지 못한 사람들도 있고, 공화증(恐華症)이라고 불러도 될 만큼 지레 겁먹은 사람들이 많다.[13] 이들은 크게 변한 세상을 따라잡지 못하는 지진아이거나 이유 없는 두려움의 노예이다. 서양에도 과장이 심하기로 유명한 13세기 후반 마르코 폴로의 『동방견문록』[14]의 영향을 강하게 받았거나 나폴레옹의 말[15]에 경도된 관찰자들이 적지 않다. 이들은 중국의 것은 무엇이든 대단하고 무엇이든 엄청나다는 선입견을 갖고 있다.[16] 선입견이나 사대의식은 객관적인 판단력을 마비시킨다. 그런가 하면 여전히 중국 시장에 대한 코닥판 기대[17]를 가지고 있는 사람들도 있다. 바로 중국 시장에 대한 허황된 기대이다. 또한 인류의 보편적 가치에 지나치게 집중하거나 자국중심 사고에 젖은 나머지 중국의 현재와 미래를 과소

13) 최근 국내의 일부 국회의원들이 국내 안보 문제인 사드 배치에 대해 중국 전문가들의 자문을 받는다는 명목으로 중국을 방문한 사례가 있다. 국회 내에서 치열하게 논의해야 할 문제를 언론이 철저히 통제되고 연구의 자유도 제한되는 중국에서 관변 학자들의 의견을 청취한다는 발상은 어이없는 일이다. 이러한 행태는 공화증의 발로이거나 사대주의적 발상의 전형이다.

14) 베네치아 출신인 마르코 폴로가 쓴 『동방견문록』은 출판된 뒤 유럽 전역에서 선풍적인 인기를 끌었다고 하는데, 이 책은 많은 유럽인들에게 동방, 중국에 대한 관심을 유발하는 데 기여하였다. 그러나 그는 사람들이 그를 '백만선생'이라고 부를 만큼 중국의 상황을 묘사할 때 많은 부분에서 백만이라는 단어를 즐겨 쓰고 곳곳에 금은보화가 넘치는 듯한 서술을 함으로써 과장이 심하다는 평을 들었다.

15) 18세기 말부터 19세기 초까지의 인물인 나폴레옹 보나파르트는 "중국이 잠들어 있게 하라. 왜냐하면, 중국이 깨어날 때 세계는 곧 후회하게 될 테니까?" 라고 말하였고, 많은 유럽세계에 그의 말이 널리 회자되었다고 한다. 당시 유럽에서 중국 열풍이 불었고, 중국학이 활발히 연구되던 시기이며, 나폴레옹은 책과 문화를 애호했다고 전해진다. 하지만 그가 청나라 후기 중국에 대해서 얼마나 이해하고 있었는지는 의심스럽다. 융이(永誼)는 당시 서양에 알려진 바와 달리 중국의 경제와 사회가 얼마나 형편없었는지를 잘 알려 주고 있다. 융이/류방승 옮김, 『백은비사』(서울: RHK, 2013) 6장 참조.

16) 중국이 자랑하는 문화유산 중에 만리장성이 있다. 북방민족의 진입을 막기 위해 수많은 인명을 희생시키며 축조한 거대한 구조물은 사실 외침을 거의 막지 못하였다. 거대하다는 것, 대단하다는 것과 현실을 오해해서는 안 된다. 또한 중국의 풍부한 고전들에 매료된 사람들은, 역사 이야기가 사실이라고 믿고, 중국인과 중국 사회가 윤리도덕 고전 내용처럼 생각하고 행동할 것으로 착각하는 경우가 많다. 개인의 취향과 감정을 비난할 수는 없지만, 그것과 현재 중국 사회와 중국인을 하나로 보려는 시각은 문제가 있다. 이러한 사고방식은 공화증과 유사한 형태의 착시일 수 있다. 철저하게 객관적인 눈을 갖기는 어렵겠지만, 있는 그대로 보고 이해하려는 노력은 꼭 필요하다.

17) 앞의 시결의 논문에서 보았듯이 코닥필름을 12억 중국인들에게 하나씩만 팔면 엄청난 돈을 벌 수 있다는 식의 순진한 사고방식을 가리킨다. 중국에 진출한 외국기업들 중에 이러한 식의 소망에 사로잡히는 경우가 많았다. 그런데 흥미롭게도 이 예상의 주체인 유명한 필름 회사인 코닥은 시대에 적응하지 못하고 거의 사라졌다.

평가하는 경우도 많다. 이들은 중국이 사회적 모순, 사회불안으로 인해 곧 뒤집히리라는 자기중심적 소망을 피력한다.

이제는 이러한 선입견과 편견, 이유 없는 두려움, 근거 없는 소망에서 벗어나야 한다. 그래야만 있는 그대로의 중국을 볼 수 있는 길이 열리기 때문이다. 완전히 객관적인 눈을 갖기는 불가능하다. 우리는 중국에게 주변국을 존중하고 평등한 시각으로 대하도록 설득하고, 중국의 꿈을 실현하려면 협력과 양보하는 자세가 필요하다는 점을 반복해서 일깨워 주어야 한다. 우리에게는 중국을 최대한 객관적으로 보려는 노력이 필요하며, 그럴 때만 중국에 대한 합리적인 대책과 정책을 수립할 수 있고, 좋은 친구가 될 수도 있다.

Chapter

9

중국의 정치 개혁과 민주화

제1절 중국 민주화에 대한 의문

제2절 정치 개혁과 점잖은 정치

제3절 당의 권력 유지

제4절 대의기관인 전인대의 권한 강화

제5절 법률체계 개혁: 제도화와 법치

제6절 사회계약의 수정

제7절 중국에서 경제발전과 민주화

제8절 정치 개혁과 민주화의 내일

이 글은 Pei Minxin, "Is China Democratizing?" *Foreign Affairs*(January/February 1998) pp. 68~82를 바탕으로 내용의 기조를 유지하면서 수정 · 보완하였다.

중국의 정치 개혁과 민주화

제 1 절 중국 민주화에 대한 의문

중국의 정치체제 변화, 정치 개혁 또는 민주화는 세계의 정치경제를 주도하는 미국 내 여론은 말할 것도 없고, 세계 각국의 여론과 중국에 대한 정책에 영향을 미치는 요소이다. 세계 속에서 중국의 중요성은 날로 커지고 있다. 글로벌 차원에서 중국이 아직 미국에 필적할 만한 역량을 갖추었다고 보기는 어렵지만, 적어도 동아시아 지역에서 중국의 정치 · 경제 · 군사적 영향력은 확고해 보이며, 중국의 정치경제적 급부상을 위협으로 느끼는 주변국들도 적지 않다. 지구적 차원에서도 중국의 경제적 영향력은 매우 크며, 정치적 영향력도 점차 확대 중이다.

중국의 GDP는 2010년에 세계 2위에 올랐고, 2015년 GDP는 11.2조 달러로 세계 GDP의 12%를 차지하였다. 중국은 교역규모에서 2012년에 1위에 올랐으며, 2015년 교역총액은 3.74조 달러로 세계교역의 13.2%로 1위를 차지하고 있다. 지구상에서 중국이 1위 교역국인 나라는 무려 128개국에 달할 만큼 세계 각국의 경제는 중국 경제와 밀접하게 얽혀 있다. 2000년대 후반부터 중국 자본의 대외 진출이 두드러지기 시작하였는데, 중국 자본의 진출은 지역과 국가를 가리지 않고 있으며, 적어도 아프리카, 중앙아시아, 동남아시아, 중남미 지역에서는 강한 영향력을 행사하고 있다. 또한 고성장을 지속하고 소득수준이 향상되면서 도시민과 중산층은 확대되고 있으며, 이에 힘입어 중국은 세계의 공장으로서뿐 아니라 세계의 소비시장으로서도 중요한 위상을 차지하고 있다. 이러한 중국과 중국 경제의 위상 때문에, 중국의 경제 상황과 정책 방향, 중국 사회의 변화, 중국 정치의 변화는 세계 대부분의 나라의 정책 방향을 결정할 때 고려해야 할 핵심적인 변수일 수밖에 없다.

중국에 대해 비판적인 사람들은, 중국의 정치체제는 35년 동안의 시장화 개혁에도 불구하고 억압적이고 반인권적이며 비민주적일 뿐만 아니라 세계 민주화에도 위협이 된다고 말한다. 그리고 그들은 중국의 정치적 탄압, 종교적 박해, 인권유린, 언론과 사회통제, 핵무기 기술 확산 혐의 및 불공정한 무역 행위 등을 이유로 강경정책을 주문한다. 또한 어떤 이들은 중국 경제는 철저하게 정부 투자가 주도하는 조방적인 방식으로 성장해 왔으며, 머지않아 만만치 않은 문제들이 표출되면서 곧 한계에 도달할 것이라고 평가하기도 한다. 중국의 정치는 외부인의 눈으로 볼 때 민주주의와 상당한 거리가 있고, 인권보장 수준은 매우 낮으며, 정치적 자유는 철저하게 통제되고 있다. 소득수준 향상에 따라 중국에서 중산층의 발언권이 강해지고 있고, 도시와 농촌을 막론하고 전국적으로 시위를 통한 의사표현 사례가 증가하고 있을 뿐 아니라 가끔씩 폭력적인 사태가 발생하기도 하지만, 경제적 자유를 제외한 어떤 자유도 크게 제약 받고 있다. 중국 국내의 이러한 비민주적이고 반인권적인 분위기는 해외에 진출하는 중국 자본의 활동에도 그대로 반영되고 있다. 해외로 진출하는 중국 자본의 대부분은 국가 자본이라는 특징이 있으며, 중국 자본이 활동하는 아프리카, 중남미 지역에서는 중국과 중국 자본의 비상식적이고 반인권적인 행태에 대한 반대 운동도 빈발하고 있다. 이러한 정보들은 중국의 정치와 경제의 미래에 대한 회색빛 전망을 만들어 내는 근거가 된다.

중국 공산당과 정부는 서방의 인권 문제에 대한 지적과 개선 요구에 대해서 대체로 반박하거나 무시하며, 중국 경제에 대한 매우 비관적인 평가에 대해서도 일정한 조정기가 지나면 지금보다 더 건전하고 업그레이드 된 경제로 탈바꿈할 것이라고 말한다. 미국의 대통령들은, 정권에 따라 약간씩 정도 차이는 있지만, 끊임없이 중국의 정치적 탄압과 인권유린, 불공정한 무역 행위, 외국자본에 대한 재산권 경시 행위를 시정하도록 요구해 왔고, 이를 통해 세계 지도국으로서의 위신을 세움과 동시에 대통령의 정치적 업적으로 삼으려 한다. 미국 정부와 정권의 이러한 노력에도 불구하고 가시적인 성과를 거두었다는 증거는 찾기 어렵고, 중국의 정치체제가 더 개방된 방향으로 진화하고 있다는 설득력 있는 근거도 제시하지 못했다. 적어도 중국의 비민주적 정치제도, 만연된 인권유린, 불공정 무역 등에 대한 미국 대중매체의 비판적인 기사와 주장들은 중국에 대한 강경책을 주문하도록 여론을 유도하며, 중국의 정치체제, 정치 개혁, 인권, 그리고 민주화의 내일에 대한 어두운 이미지를 형성하게 한다. 서방 국가들은 국익을 위해 중국과 경제적으로 긴밀히 협력하면서도 비민주적인 정치체제, 정치제도와 그로 인한 반인권적인 현실을 비판하는 목소리는 대체로 일치한다. 하지만 중국 공산당과 정치는 나름대로의 방식과 속도로 변화하고 있을 뿐 서방의 요구에 흔들리거나 우왕좌왕하지는 않는 것처럼 보인다.

경제 측면에서 중국과 장기간 밀월관계를 유지해 온 미국은 안보와 국제 정치 측면에서는 자주 갈등구도를 연출하는데, 이 갈등은 특히 아시아 지역에서 두드러진다. 지역 차원의 영향력을 둘러싼 미국과 중국 간의 경쟁에서는 흔히 정치체제의 후진성에 대한 비난이 함께 이루어진다. 하지만 미국의 대중정책에 대한 논쟁의 주 요인은 개혁개방 이후 중국에서 있었던 정치적 변화에 대한 이해 부족 때문이라고 보는 견해도 있다.[1] 중국의 정치 개혁을 긍정적으로 보려는 이들은, 지난 30년 동안 빠른 경제성장과 함께 주목할 만한 정치적 변화가 있었다고 본다. 중국 정치의 실체에 대한 무지는 중국의 장래에 관한 그릇된 전망을 만들어 내고, 이는 비현실적인 대중정책을 형성시킨다. 따라서 중국에 대한 정책의 방향이 포섭이든 봉쇄든 견제든 개입이든, 합리적인 대중정책을 수립하기 위해서는, 중국의 정치체제를 재검토하고 정치발전 잠재력에 대한 좀 더 현실성 있는 평가가 필요하다.

미국의 정치담론에서 정치 개혁이나 정치발전은 '민주화'라는 좁은 의미로 이해되는 경우가 많다. 미국의 정치가들과 대중매체들은 다른 나라의 정치 개혁의 진전을 '자유-공개선거'라는 하나의 잣대로 저울질한다. 다시 말해서, 정치적 자유와 공개선거가 정착된 경우에만 민주화가 되었다고 평가한다. 그러나 민주화는 정치 개혁의 여러 측면 중 한 부분일 뿐이다. 서구의 정치를 말할 때는 습관적으로 민주주의의 형성 과정과 역사를 무시한 채 현재를 말하면

1) 대표적인 경우가 이 글의 뼈대를 이루는 Pei Minxin, "Is China Democratizing?" *Foreign Affairs*(January/February 1998)이다.

서, 후발국의 정치를 말할 때는 변화, 변화 과정이라는 관점보다는 횡단면적으로 비교하면서 후진성을 말하는 경우가 흔하다. 그러나 가장 기초적인 통치제도조차 부족한 나라에서 정치 개혁은 시간이 필요하며 민주화뿐 아니라 더 다양한 내용을 포괄할 수밖에 없는데, 이점은 흔히 간과된다. 한 나라의 정치 개혁을 평가할 때 이 사실을 고려한다면 "민주화되고 있는가?"라는 의문에 대한 답은 달라질 수 있고, 중국의 경우도 마찬가지이다.

서구 사회와 개발도상국의 역사를 보면 정치 개혁은 기본적인 세 요소로 구성되어 있다.[2] 첫째는 엘리트 정치를 통제하는 규범의 수립이고, 둘째는 정부기관 간의 권력배분 같은 국가 기관 간의 관계를 통제하는 제도의 재구성이며, 셋째는 정치 참여제도의 강화이다. 이 세 요소가 동시에 해소되는 사례는 찾아보기 힘들며, 높은 민주화 수준을 자랑하는 서구 사회도 오랜 정치발전 과정을 통해 현재의 정치발전을 이루었음은 부인할 수 없는 사실이다. 그리고 이 세 가지 측면 중에서 하나가 성공적으로 수행되면 대체로 그 다음 측면의 실행 가능성이 높아진다. 따라서 이 순서에 따르는 나라들은 개혁 작업을 더 공고화할 수 있을 뿐 아니라 안정도 확보할 수 있다.

1978년 덩샤오핑이 물려받은 중국의 정치체제는 홉스적 세계와 유사했으며, 엘리트 정치를 통제할 어떤 규범도 없었다. 국가의 핵심적 통치제도, 특히 법률체계와 관료제는 1958년의 대약진과 1966~1976년의 문화혁명 같은 정치적 혼란으로 인해 심각하게 손상된 상태였다. 엘리트 정치에 대한 제동장치는 소실되었고, 정치 참여를 위한 제도는 마비되었으며, 마오쩌둥 치하에서는 대규

2) Pei Minxin(1998).

모 정치 선전과 대중폭력이 정치 참여의 주요 형태였다. 이러한 시대 상황에서 최고 지도자가 된 덩샤오핑은 파괴된 정치 시스템을 재건하고 낙후된 경제를 개혁하는 두 과제를 한꺼번에 떠안았다. 개혁개방의 설계사인 덩샤오핑은 오늘의 경제발전을 이루는 데 일등 공신이지만, 그는 일찍이 정치 개혁의 필요성에 대해서도 언급한 바 있고, 마오쩌둥에 의해 철저하게 왜곡된 정치 시스템을 재건하기 위한 조치들도 취하였다. 쉽게 확인할 수 있듯이 덩샤오핑은 두 가지 시대적인 과제 중에서 경제발전이라는 과제는 매우 빠르게 해결한 반면, 정치 개혁 과제의 해결은 외부인의 눈에 확연히 드러날 만큼 크고 빠르지는 않았다.

중국이 공산당의 일원지배를 고수하고 있으며, 정치발전의 속도가 매우 느릴 뿐 아니라 제도화는 더 더딘 것이 사실이다. 그럼에도 불구하고 당내 경쟁과 민주화는 정착되었고, 소득수준이 향상되고 중산층이 증가하면서 시민들의 의사표현이 활발해지고 있으며, 도시와 농촌을 막론하고 시위가 빈발하고 있다. 디지털시대의 도래와 정보통신 혁명에 힘입은 빠른 정보의 확산으로 과거와 같은 방식의 통제는 갈수록 어려워지고 있다. 중국 정치에서 풀뿌리 수준의 정치 참여에 대한 개방폭도 점차 넓어지고 있다. 당과 정부는 지난 10년 동안 법치와 제도화를 강조해 왔다. 시대 상황에 맞추어 당이 어떤 폭과 속도로 민주화를 진전시킬 것인지를 고민하고 있고, 이점은 우리 모두의 관심사이다. 이 글에서는, 먼저 개혁개방 이후 중국에서 정치 개혁, 민주화는 있었는지, 그리고 중국 정치 개혁과 민주화의 장래는 어떤지에 대해 생각해 보려 한다.

제2절 정치 개혁과 점잖은 정치

덩샤오핑이 개혁을 시작한 지 35년이 지난 현재 많은 관찰자들은 이 시대를 민주화가 없는 빠른 경제 개혁과 성장의 시대로 평가하는 경향이 강하다. 덩샤오핑과 그를 따르는 실용파가 주도한 개혁개방은 덩샤오핑이 직접 영향력을 발휘하며 경제적 개혁개방과 정치 개혁을 주도하던 1990년대 후반까지와 그 이후 후계자들에 의해 추진된 현재까지의 두 시기로 구분할 수 있다. 두 시기 모두 서구적 개념의 민주화라는 기준으로는 미흡하겠지만, 시대의 요구와 당의 필요에 따라 정치 개혁이 시도되어 왔다. 덩샤오핑이 직접 통치하던 시기의 개혁개방에 대해서는 주로 경제 개혁과 대외 개방이라는 관점에서 이해되지만, 이 시기에도 몇 가지 중요한 정치 개혁이 있었다. 덩샤오핑의 리더십은 민주화의 부재라는 상황 하에서도 엘리트 정치를 통제할 규범을 수립하고, 각종 국가 제도를 재조직하기 위한 실험적인 노력도 경주하였다.

중국 공산당, 특히 공산당 엘리트들은 마오쩌둥의 독재정치와 추종자들에 의해 강요된 개인숭배로 심각한 타격을 입었다. 덩샤오핑이 그의 권력기반을 확고히 하고 난 뒤 당면 과제 중의 하나는 당의 질서 복원이었다. 권력투쟁에서 세 번이나 희생된 경험이 있는 덩샤오핑은 지배 엘리트의 인신적 불안 문제의 심각성을 뼈저리게 느끼고 있었다. 스탈린 치하 소련 및 마오쩌둥 치하의 중국에서 최고위급 수준의 엘리트들도 권력투쟁에서 패배하면 무한에 가까운 대가를 치러야 했고, 반대파에 대한 배제와 숙청은 그치지 않았다. 엘리트 정치는 음모와 잔학성으로 특징지어지는데, 이러한 상황에서 경쟁자들은 목숨을 건투쟁을 할 수밖에 없고, 패배하면 정치적 입지는 말할 것도 없고 생명까지 위협받았다.

덩샤오핑은 경험을 통해 열린 경쟁에 의한 권력 승계 절차가 없이는 어떤 개혁도 치열한 내부 권력투쟁으로부터 지배 정당을 보호해 줄 수 없다는 점을 잘 이해하고 있었다. 따라서 그는 지배 엘리트가 권력 경쟁에서 패배하더라도 최소한 신체적 안전은 확보할 수 있게 하는 작업에 착수하였다. 당내 정치를 규제하는 원칙은 1980년 2월 11기 5중전회를 통과한 「당내 정치생활에 관한 몇 가지 원칙」[3]이라는 획기적인 규정인데, 모두 12개 조항으로 이루어진 이 규정은 공산당 구성원에게 권력 경쟁으로부터 신체적 안전을 보장할 몇 가지 권리를 부여하고 있다. 명문화되어 있는 권리들이 현실에서 실제로 보장되었는지는 말하기 어렵지만, 덩샤오핑 시대에 엘리트 정치가 분명히 이전보다 훨씬 유연하고 점잖아진 것은 사실이다.

덩샤오핑의 후계자인 자오쯔양과 후야오방은 권력투쟁에서 실패하였으나 패배가 신체적 위협이 되지 않았는데, 적어도 그들의 개인적인 안전과 물질적 특권은 보호받았다. 이들 외에도 거의 모든 패배자들이 그들의 직위에서 밀려나기는 하였으나 신변 안전이 보장되었고, 정권의 안정에 대한 영향은 최소화되었다. 다시 말해서, 어떤 권력투쟁도 마오쩌둥 시대처럼 대량 숙청을 동반하지는 않았으며, 타협을 통해 승리자도 패배자의 추종세력을 등용하는 관례는 지금도 이어지고 있다.

3) 中國共產黨十一屆五中全會通過「關于黨內政治生活的若干准則」(1980. 2. 29, http://baike.baidu.com/link?url=0arVa1jZGiR1MbCVOg54JBD0X6mF51lrtNg4L3ApzI8wbt495jdt9a9LzQZ_jPe9XlewtkWzX9-miOhhW5rqxa).

덩샤오핑 시대에 있었던 또 하나 중요한 정치 개혁은 당과 정부 관료의 강제적 은퇴제도의 도입이다. 이 제도는 사실 외부세계에는 별로 관심을 끌기 못하였지만, 어떤 개혁조치보다도 지배 엘리트의 구성 및 전망에 큰 영향을 미친 조치였다. 건국 이후 중국 정치에서 정치 엘리트는 사실상 종신제였다.

덩샤오핑에 의해 도입된 정년제도는 1982년 초 부장(장관), 지방 당서기, 그리고 성장의 퇴임연령은 65세, 부부장, 부서기, 부성장의 퇴임연령은 60세, 정치국 위원 이상은 70세로 제한하였다. 5년마다 열리는 당 대표회의에서 최고지도부를 결정하면, 나머지 기구의 핵심 직위는 서열에 따라 연쇄적으로 결정되는데, 대체로 5년 임기에 1회 연임이 가능하도록 하고 있다. 엄격한 퇴임연령 제한 및 연임보장은 개인권력의 영구화를 막고 차세대 지도자의 등장을 가능하게 하였다. 이 제도가 도입되면서 교육수준이 낮은 노회한 혁명세대 지배 엘리트는 대부분 중년의 기술 관료(technocrats)로 교체되었다. 덩샤오핑의 강제적 은퇴연령 제한은 젊고 야심 있는 지도자들이 승진을 위해 정치음모에 기담히려는 유인을 감소시켰을 뿐 아니라 지위상승에 대한 기대를 더 높여 주었다.

정년제의 효과를 좀 더 구체적으로 보면, 1982년까지 국무원의 부장과 부부장의 평균연령은 64세였고, 그들 중 37%만이 대학교육을 받은 사람들이었다. 그러나 강제적 퇴직제도가 도입되면서 부장과 부부장의 평균연령은 57세로 낮아지고, 대졸자들의 비중은 52%로 높아졌다. 당 중앙위원회 구성원 역시 이 제도의 영향을 받았다(〈표 9-1〉 참조). 1982년부터 1997년까지 15년 동안 당 중앙위원의 평균연령이 59세에서 56세로 낮아지고, 대졸자 비중도 55%에서 92%로 높아아졌다. 지방정부 지배 엘리트들에게도 유사한 상황이 벌어졌다(〈표 9-2〉 참조).

표 9-1 중앙위원의 신상

연도	1982	1987	1992	1997
평균연령	59.1	55.2	56.3	55.9
대졸 비중(%)	55.4	73.3	83.7	92.4

표 9-2 지방 지도자의 신상

연도	1982	1983	1988	1996
평균연령	62	55	53	55
대졸 비중(%)	20	43	62	79

자료: Liao Gailong(ed.), *Handbook of Major Political Events in China*, The New Lord of the People's Republic of China. Pei Minxin(1998)에서 인용.

1982년에 지방 당서기와 성장의 평균연령은 62세였는데, 이는 1983년에 55세로 낮아졌고 이후 55세 이하를 유지해 오고 있다. 같은 기간 지방 지도자 중 대졸자 비율은 20%에서 79%로 빠르게 상승하였다.

〈표 9-1〉과 〈표 9-2〉의 수치는 강제 퇴직제도가 잘 기능하고 있다는 증거로 이해할 수 있다. 이 제도는 지배 엘리트의 경직화와 제후화(諸侯化)를 막아 줄 것으로 기대되었다. 덩샤오핑 시대 엘리트층의 대폭적 교체는 브레즈네프 시대 소련의 경우와 뚜렷한 대조를 이룬다. 당시 브레즈네프는 간부층의 안정을 위한 정책을 폈는데, 이 정책은 1970년대와 1980년대 초 정치적 · 경제적 침체를 야기했다는 평가를 받는다. 〈표 9-3〉은 덩샤오핑 시대 중국 공산당 중앙위원과 브레즈네프 시대 소련 공산당 중앙위원의 재선(再選) 비율을 비교하고 있다. 사실 소련에는 1988년에 고르바초프가 덩샤오핑이 도입한 제도와 유사한 제도를 도입하여 정년을 70세로 제한한 조치가 나오기 전까지 강제적인 퇴임제도

표 9-3 중국과 소련의 당 중앙위원 재선 비율 비교

연도	1961	1966	1971	1976	1981	1986
소련	49	80	80	89	97	59
연도	1977	1982	1987	1992	1997	
중국	51	38	41	54	43	

자료: Pei Minxin, Thane Gustafon and Dawn Mann, "Gorbachev's First Year," Problem of Communism (May/June 1986), p. 4.

는 없었다. 반면에 중국에서 정년제가 도입된 이후 공산당 중앙위원 중 절반 정도만이 당대회에서 재선을 기대할 수 있었다.

덩샤오핑이 도입한 지도자 정년제도는 권력 내부의 갈등을 줄이는 절묘한 기제이기도 하다. 1980년대 초에 덩샤오핑이 지적한 바대로 1950년대 당이 범한 큰 실수 중의 하나는 강제적 은퇴제도 수립의 실패이다. 당과 정부는 권력을 놓지 않으려는 50대 후반의 혁명 1세대로 꽉 막혀 있었고, 이 상황은 정치적 야심이 있는 젊은 정치 지도자들을 좌절시켰다. 문화혁명의 희생자인 덩샤오핑은 마오쩌둥이 자기의 권력 강화를 위해 젊은 엘리트들의 좌절을 이용하고 있음을 목도하였다.

그리고 강제적 은퇴제도는 엘리트층을 젊어지게 만들었을(年輕化) 뿐 아니라 동질화하였다. 지도자 정년제가 도입되면서 주요 지도자층의 연령은 낮아졌으며, 원로들이 막후에서 강력한 영향을 미치는 노인치국(老人治國) 현상은 빠르게 축소되었다. 지도자급에 대한 연령제한 조치와 정규 학교 교육과 대학 수준의 교육을 이수한 젊은 지도자층의 등장이 조합되면서 지배 엘리트 집단은 유사한 사회적 경험과 정치적 견해를 공유할 수 있게 되었다. 이렇게 해서 정치에서 원로의 영향력이 약화되고, 마오쩌둥 시대의 특징이었던 세대 갈등은 거의 사라졌으며, 1980년대 초까지도 만연했던 치열한 이념투쟁, 권력투쟁도 사라졌다. 덩샤오핑의 정치 개혁 조치에 힘입어 점잖아진 정치는 정치를 안정시키고 정책의 일관성을 보장하는 데 크게 기여하였다.

덩샤오핑은 권력투쟁을 다루기 위한 또 다른 조치를 취했을 뿐 아니라 기층 조직에 직접선거도 도입하였다. 그는 좌우파로부터 교조주의자들의 등장을 막기 위해 당직 선출에서 '차액(差額)선거'라고 부르는 제한적이기는 하지만 경쟁적인 선출제도를 도입하였다. 필요한 인원을 입후보시켜 찬반을 묻는 등액(等額)선거와 대비되는 차액선거는, 필요한 인원보다 많은 수의 후보자를 대상으로 투표한 뒤 필요한 인원 순위까지 다득표 후보를 당선시키는 선거방식을 말한다. 이 제도가 도입된 이후 1987년에 다시 민주주의를 확대한다는 명분으로 취한 조치는 공산당 대표 선출시 정원의 20%가 넘는 수가 입후보할 수 있도록 하고 있었다. 마찬가지로 중앙위원 입후보자와 중앙위원회 후보위원 입후보자도 정원보다 각각 5%, 12%를 넘는 수가 지원하도록 하였다.

주요 당직 선출에서 차액선거제도의 도입 같은 정치 개혁 조치들은 덩샤오핑의 세대로부터 장쩌민, 장쩌민에서 후진타오, 후진타오에서 시진핑으로 비교적 순조로운 권력 이양에도 기여하였다. 덩샤오핑 이후 지배 엘리트들은 핵심 정책과 개인적인 문제에 관해서 서로 타협하고 있을 뿐 아니라 예견되었던 권력투쟁도 현재화하지 않고 있다. 덩샤오핑에 의해 디자인되고 주도된 이러한 정치 개혁 조치들이 인민들의 정치 참여라는 의미의 민주화에는 큰 영향을 미쳤다고 하기 어렵다. 그렇지만 이 제도는 당내에서 급진적 자유주의자 및 보수주의자의 출현을 막고 인민대중의 의견이 정책에 반영될 수 있는 통로를 마련하는 데 기여하였다. 선거에서 선출되지 못하거나 재선에 실패한 5~20%의 입후보자들은 대개 문제되는 인물들인 경우가 많았던 것으로 알려졌다. 이 조치의 기대하지 않은 또 다른 성과는 '태자당'이라고 불리는 혁명 1세대 지도자의 자녀들이 당 대표회의 및 중앙위원회 선거에서 당선되거나 피선거 자격 획득에 실패한 일이다. 한때 부모의 권력을 승계할 것이 확실시되기도 했던 태자당은 1990년대 중반에 정치권력에서 많이 사라졌다. 덩샤오핑의 정치 개혁은 엘리트 정치의 안정화, 지도부의 인선과 권력 승계의 제도화를 통해 지도부 교체의 안정성과 정책의 일관성을 확보할 수 있게 해 주었다는 점에서 큰 공헌을 하였다고 평가할 수 있다.

중국에서는 성급 및 국가수준의 인민대표는 여전히 간접선거로 선출하지만, 1990년에 전국적으로 현과 향 수준의 인민대표를 직접선거를 통해 선출하도록 허용하였다. 개혁시대를 맞아 정치 공간도 변화가 시작되었고, 무엇보다 경제 개혁을 진전시킬수록 사회계층은 다원화되었다. 이에 따라 복잡한 이해관계를 조정할 필요가 생겼으나 정치 공간은 이에 상응한 변화를 보여 주지 못한 것이 사실이다. 그러나 적어도 경제 개혁을 추진하는 데 부적절한 정치 공간은 개혁의 대상으로 지목되었으며, 인민들의 변화 요구도 강하였다. 기층 사회의 차액선거제도를 통한 복수입후보제도와 직접선거제도 도입이 바로 이에 대응하기 위한 당과 정부의 조치였다. 찬반투표가 아닌 차액선거를 통해 불가피하게 낙선자가 발생하고, 당선자 중에 당원이 아닌 사람도 나오게 되었다. 기층 조직 선거에서 경력이나 정치적 입장, 능력이 당선의 중요한 요소로 작용할 계기가 마련되었으며, 이는 바로 후보자들로 하여금 인민대중의 이익을 대변하는 데 관심을 쏟게 하는 압력이 된 것이다.

제3절 당의 권력 유지

마오쩌둥 통치 하 권력 경쟁 소용돌이 속에서 개인적인 비극을 맛본 공산당 지도자들은 또 다른 독재자의 출현을 막기 위해 당헌 개정이 필요하다는 데 공감하였다. 하지만 문제는 공산당의 권력을 축소시키지 않으면서도 어떻게 국가를 재구성할 수 있을 것인지에 대해서는 의견의 일치를 보지 못하였다. 이러한 조건에서 정치 개혁은 기술적으로 복잡할 수밖에 없었으며 정치 엘리트층과 정부 내의 기득권자들과 갈등이 발생하였다. 그럼에도 불구하고 그러한 개혁들은 덜 집중된 정치체제로, 그리고 명령(계획)경제로부터 시장경제로의 이행을 위해 절실하게 요구되었다. 그런데 정치체제와 경제체제의 변화는 국가 각 부문의 권력관계를 다시 정의할 필요성을 제기하였다. 왜냐하면, 국가부문 간의 역할 재정립이 없는 정치적 분권화는 부문들 간의 마찰을 증폭시킬 뿐 아니라 시장화 개혁이 구정치체제가 만들어 내는 제도적 병목 현상과 충돌할 가능성이 있었기 때문이다.

마오쩌둥 이후 중국의 지도자들이 직면했던 정치 개혁이라는 도전은 서양의 산업민주주의 과정과는 다르다. 서양에서 시장경제의 발전에 필요한 헌법적 틀과 정치제도는 경제 이륙(take-off) 이전에 수립되었다. 즉, 시장경제 발전에 필요한 법제도적 틀과 정치제도의 재조정이 시장경제에 선행하였다. 국가부문 간의 명확한 권력 배분은 재산권의 안전성과 계약의 구속성을 높여 주었다. 게다가 서양의 경제성장은 서서히 진행되었기 때문에 정치체제가 제도적 조절을 할 수 있는 여유가 있었다. 하지만 중국의 상황은 달랐다. 1970년대 말 중국의 정치체제에는 법치와 국가부문 간의 명확한 권력 배분 같은 시장경제에 필요한 제도가 부족하였다. 서양과 달리 중국은 정치적 제도화 및 경제의 근대화라는 도전에 함께 대응하여야 했다.

중국에서 급속한 경제발전은 중앙과 지방 및 국가와 사회 간의 마찰을 심화시켰다. 중국의 사회경제적 변화의 규모와 속도에 관한 지표들을 보면, 미국이 일인당 소득을 배증시키는데 47년이 필요했는 데 비해서 중국은 겨우 9년밖에 소요되지 않았음을 보여 준다. 사실 중국은 개혁이 시작된 뒤 1990년대 말까지 약 18년 동안 일인당 소득을 4배나 증대시켰다. 미국에서 농업 노동력 비중이 70%에서 50%로 감소하는데 50년이 걸렸는 데 반하여, 중국에서는 이 변화가 17년 만에 실현되었다. 그러나 이러한 성공 뒤에는 가치와 신념의 변화뿐 아니라 기존 정치체제가 해결하기 벅찬 새로운 문제들이 있었다.

이처럼 경제 개혁을 통해 고성장을 이루면서 정치질서를 유지해야 하는 딜레마에 대해서 중국의 지도자들은 상황 변화에 맞추어 임시적으로 대응해 왔다. 중국 정부는 공산당의 절대적 권위를 견지하면서 매우 제한된 제도 개혁만을 허용해 왔다. 그런데 만약 심화되는 시장화 사회에 부응할 정치 개혁 조치들이 확실하게 뿌리내리게 된다면 그것은 권력구도에 심대한 영향을 미칠 내용들이다. 이중에서 우리가 주목할 만한 두 가지로는 대의기관이자 입법기구인 전국인민대표회의(전인대)의 점차적인 권한 강화와 법률체계에 대한 폭넓은 개혁을 들 수 있다.

제4절 대의기관인 전인대의 권한 강화

덩샤오핑 시대에 가장 중요한 정치발전 중의 하나는 전인대의 위상 변화로서, 전인대는 힘없는 거수기에서 권력 독점에 대한 견제자이자 잠재적인 도전자로 변모해 왔다. 전인대가 핵심적인 법률안에 대해 직접 대립을 하지는 않고 있지만 인민대표들은 법안을 입안하고 상정된 법안에 대해 활발하게 의견을 개진하거나 수정을 요구하고 있으며, 중요한 법안을 유보 또는 거부하는 일도 흔해지고 있다. 당이 지명한 지도급 간부에 대한 비준 및 거부권을 가지고 있는 전인대가 상당수의 지명자에게 반대표를 던짐으로써 당을 당황하게 하는 경우도 있다. 1995년 3월의 전인대 기간 동안 인민대표 중 1/3이 부총리의 정치국원 지명을 공개적으로 반대하였다. 또한 1997년 3월 전인대에서는 점증하는 범죄와 부패에 대한 불만 표시로 32%가 최고인민법원의 연례보고서에 대해 반대하였고, 최고인민검찰원의 연례보고에 대해서도 40%가 반대표를 던지기도 하였다.

지방에서는 인사 문제를 둘러싼 인민대표회의와 공산당 간에 갈등이 더 자주 발생하고 있는 것으로 알려지고 있다. 1988년부터 지방에 제한적인 경선제도가 도입되었는데, 이 제도는 인민대표회의가 지명한 후보를 당이 지명한 후보와 경쟁할 수 있도록 하고 있다. 지방의회가 당이 지명한 성장이나 부성장급 후보자를 추인해 주는 역할을 하고 있기는 하지만, 때때로 지방 지도급 간부 지명자에 대해 반대하거나 또는 대신 기명투표 후보자(write-in candidates)[4] 방식을 선택하기도 한다. 20개 지방에 대한 조사에 의하면 기명투표 후보자 15%가 지방 지도급 직위에 선출되었다.

전인대의 발언권이 커지고 독립성이 강화되면서 대의제도에 대한 신뢰도도 높아지고 있다. 1994년에 『파 이스턴 이코노믹 리뷰』(*Far Eastern Economic Review*)가 실시한 설문조사에 따르면, 전인대를 불만 개진의 통로로 여기는 시민들이 갈수록 증가하고 있다. "불만을 토로하고자 할 때 누구를 찾느냐?"는 질문에 대해 1988년에는 13%가 인민대표를 찾는다고 대답했는 데 비하여, 1994년에는 이 수치가 22%로 증가한 것으로 조사되었다. 이는 시민들의 전인대에 대한 신뢰도가 높아지고 있음을 의미한다.

이러한 전인대의 위상 강화는 1970년대 후반부터 시작된 정치적 신화라는 큰 추세에 힘입은 것이라고 평가할 수 있다. 정권 내부의 권력기관 간의 권력분산 움직임은 전인대로 하여금 입법기관으로서의 합법성을 주장할 수 있게 하였다. 특히, 전인대 상임위원회 위원장의 주요 인사들에 대한 지명권은 전인대의 교섭력을 강화시켜 주었다. 인민대표회의의 위상 강화는 지방에서도 마찬가지인데, 이전과 달리 지방의 당 서기와 성장을 역임한 인사들이 지방 인민대표회의의 위원장직을 맡는 경우가 많아지고 있다. 1996년 30개 지방정부의 인민대표회의 위원장 중에서 9명이 전임 공산당 제1서기, 3명이 전임 성장, 그

4) 투표용지나 후보자 리스트에 이름이 없는 후보자를 의미한다.

리고 11명이 공산당 대표서기였다. 전인대의 종신 전문위원은 1978년에 20명에 불과하였으나 1990년에는 2,000명 이상으로 대폭 증가하였는데, 이 사실은 전인대의 기술적인 법률 입안 잠재력이 향상되었음을 의미한다.

1978년 이후 전인대 대표들의 신상에도 변화가 있었다. 1978년부터 1993년까지 비당원 대표의 수가 약간 증가하였다. 1993년에 선출된 대표들의 평균연령은 53세로서 비교적 젊고 대졸 학력자가 68%였다. 공산당의 기본적인 지지세력인 군인, 농민 및 노동자 대표의 비중은 1978년의 62% 이상에서 1993년에는 30% 이하로 크게 감소하였다. 이에 비하여 같은 기간 지식층, 공무원의 비율은 28%에서 50%로 높아졌다. 이러한 변화는 덩샤오핑 시대가 되면서 '홍'(紅: 이념, 당성)보다 '전'(專: 전문지식)이 존중받는 시대로의 전환, 즉 전문가와 기술 관료(테크노크라트)들의 지위 향상이 이루어졌음을 의미한다.

제5절 법률체계 개혁: 제도화와 법치

또 다른 중요한 발전은 문화혁명 같은 대혼란의 반복을 막고 시장경제가 잘 정착하기 위한 법률적 기초를 다지는 법률체계에 대한 개혁이다. 전인대는 1978년부터 1994년까지 175개의 법률을 통과시켰고 지방의 인민대표회의는 3,000개의 조례를 제정하였다. 형식상 중국의 법률은 서양 법률의 정신, 개념, 절차 및 용어를 빌리고 있다. 상업적 분규에 대한 판결 중 절반만이 강제집행되고 있는 데서도 알 수 있듯이, 중국에서는 법의 강제력이 매우 취약함에도 불구하고, 갈수록 많은 시민과 사업가들이 재산권과 권리를 보호하기 위해 법률 체계에 의존하고 있다.

중국의 법정에는 계약분쟁과 관련된 소송, 정부를 대상으로 한 행정소송, 그리고 민사소송 같은 세 가지 형태의 소송이 급증하고 있다. 1986년부터 1996년까지 상업 관련 소송은 387% 증가하였고 행정소송은 12,483%, 민사소송은 212% 증가하였다. 1990년대 중반에 행해진 여론조사에 따르면, 인민들은 특히 재산권과 관련된 법률의 개혁을 원하고 있다. 1993년의 여론조사에서는 6개 성의 5,455명이 응답하였는데, 78%가 "재산권은 신성한 것이며 침해되어서는 안 된다"는 데에 찬성하였고, 77%가 "개인이 관련된 소송과 단체가 관련된 소송에서 판결은 후자가 우선한다"는 주장에 반대한 것으로 나타났다. "유죄를 입증할 수 없을 때라도 경찰이 사회안전을 이유로 개인을 구금할 수 있는가"라는 질문에 대해서는 47%가 반대, 28%가 지지 의사를 표하였다.

새로운 법률체계는 앞으로 공산당에게 제도적 대항 세력이 될 가능성이 있다. 현재의 추세를 보면 제한된 범위에서나마 법률 개혁은 가속될 것으로 보인다. 광범한 법률의 수립은 법률의 제도적 틀을 만들어 줄 뿐 아니라 중요한 사회 집단에게 유리한 환경을 제공해 왔다. 이 집단은 개인 기업가, 외국 투자가 및 증가하고 있는 중산층을 가리키는데, 이들은 법률체계 구축과 법률 개혁의 가속화라는 대 추세를 거스르는 어떤 움직임에 대해서도 저항할 것이다.

다른 바람직한 내용은 법률전문가 집단의 빠른 성장이다. 중국에서 변호사 수는 1988년의 3만 1,000명에서 1995년에는 9만 명으로 3배 가까이 증가하였다. 1995년 사설법률회사의 수는 1,624개였는데 이는 전체 법률회사의 22%에 불과하였다. 하지만 사설법률회사는 1994년과 1995년에 연평균 500개씩 매우 큰 폭으로 증가하였다. 이 현상은 점차적인 법조계 독립의 신호이다. 뿐만 아니라 법률전문회사의 이윤추구 본성은 그들로 하여금 적극적으로 고객의 권리를 옹호하게 할 것이다. 이러한 법률전문가 사회의 빠른 성장과 법률회사의 증가는 시민의 권리 향상에 기여할 것이며, 이는 당과 정부로부터 개인의 권익을 보호하는 데 기여할 것이다.

법률체계 개혁은 공개 경쟁 선거제도가 도입되기 이전 당의 권위에 대한 간접적인 도전이자 당의 권위를 제한하는 중요한 힘이 될 수 있다. 공산당의 지배를 직접적으로 위협할 경선제도나 다당제와 달리 점진적인 법률체계 개혁은 당의 권력에 즉각적인 위험요소로 보이지 않으면서, 당의 단기적인 이익에 봉사할 수도 있다. 그러나 법제도가 발전함에 따라 정부의 제한된 법률 개혁 프로그램은 점차 법률체계 개혁을 통한 '법체계 구축'으로부터 '법치'(rule of law)로의 진화를 예고한다.

인민들의 정치 참여 허용과 관련해서 주목할 만한 법제도 개정이 있었다. 중국 공산당과 정부는 경제성장과 생활수준 향상에 힘입은 인민들의 권리 요구와 정치 참여 욕구에 부응하여 2010년에 선거법을 개정하였다.[5] 당과 정부가, 아직은 참여의 깊이와 폭이 제한적이기는 하지만, 정치적 참여를 제도화하고자 노력했다는 점은 높이 평가할 만하다. 개정 선거법의 핵심 내용은 다음과

5) 2010년 중국의 선거법 개정 내용에 대해서는 中華人民共和國第二十七號主席令「全國人民代表大會關于修改〈中華人民共和國全國人民代表大會和地方各級人民代表大會選擧法〉的決定」(2010. 3. 14); 개정 선거법에 대한 연구는 유현정 · 민태은, 「중국의 민주화: 2010년 선거법개정안을 중심으로」, 『국제문제연구』, 제14권 제1호 통권53호(국가안보전략연구소, 2014년 봄), pp. 1~28 참조.

같이 정리할 수 있다.

첫째, 도시와 농촌 유권자의 표를 1:1의 가치, 즉 농민과 도시 주민이 동등한 한 표의 가치를 갖도록 하였다. 이는 도시화라는 중국 사회의 변화를 반영한 것이기도 하지만 그 과정에서 사회경제적으로 불평등한 위치에 있던 농민들과 소수민족을 법 앞에 평등한 유권자로 인정했다는 의미이다. 나아가 농민과 소수민족이 전인대로 진출할 수 있는 가능성을 높여 다양한 사회계층의 의견이 선거 결과와 정책에 반영될 수 있는 계기를 마련하였다. 둘째, 선거관리위원회의 직무와 권한을 보다 구체적으로 규정함으로써 절차상 민주주의의 필수 조건인 공정 선거를 제도화하였다. 이는 형식적 선거를 넘어 선거 과정의 공정성이 중요함을 인정하였다는 의미이다. 끝으로, 유권자의 알 권리를 보다 적극적으로 보장하고 있다. 이는 유권자들의 커져 가는 알 권리와 정치 과정 참여 요구를 수용함과 동시에 능동적인 시민 참여 정치를 유도하려는 의지의 반영으로 볼 수 있다.

2010년 개정 선거법은 중국의 민주적 정치문화와 시민 참여에 의미 있는 변화의 실마리가 될 수 있을 것으로 기대된다. 이 개정 선거법은, 절차상 민주주의의 핵심인 '자유롭고 공정한 선거의 실시'라는 원칙을 기준으로 볼 때, 공정하고 자유로운 선거를 보장하려는 시도로 이해할 수 있다.

이 밖에도 2012년 18기 당대회 「결정」이나 제12차 계획(2011~2015년)에 이어 제13차 계획(2016~2020년)도 제도화, 시스템에 의한 통치, 법치라는 말을 강조하였다. 시장화 35년을 지나온 중국 사회는 더 이상 당의 이념이나 인물이 통치하기에는 너무 다양성이 커지고 이해관계 방정식도 복잡해졌다. 시장화와 개방의 심화에 따른 더 높은 수준의 제도화와 법치에 대한 인민들의 요구를 피할 수도 없다. 법률체계가 정비되고 개선되면 시민들은 법률을 통해 권익을 보호받고자 하며, 법률체계가 완비되고 법의 권위가 높아지면 당과 정부를 제외한 사회구성원은 법치의 보호 아래 있게 될 가능성이 더 커진다. 이처럼 중국 사회는 점차 법치를 향해 가는 과정 중에 있는 것은 사실이다. 그러나 당과 정부도 법의 아래 위치하는 진정한 '법치'는 아직 시기상조이다. 그럼에도 불구하고 법치수준의 향상은 장기적으로 당의 권위에 대한 대항 세력이 될 잠재성을 안고 있다.

제6절 사회계약의 수정

마오쩌둥 이후 중국 정치 개혁 과제에서 가장 도전적인 내용은 국가-사회 관계의 재정립과 민주적 참여제도의 수립 문제였다. 소규모 향촌사회와 도시 기층 조직의 반(半)공개 선거를 제외하고는 중국에서 민주적 참여를 주 내용으로 하는 민주적 개혁의 진전은 매우 더디다. 하지만 정부-인민 관계에는 극적인 변화가 있었다. 새로운 사회계약이 등장한 것처럼 보이는데, 새로운 사회계약의 핵심은 국가권력과 시민의 자유 영역에 대한 재정의를 말한다. 아직 명백하게 언급되지는 않았지만 새로운 사회계약에서 일반 시민들이 공산당의 권위를 암묵적으로 인정하는 대가로 정부는 이미 개인적 자유와 경제적 자유에 대한 통제를 많이 포기하였다. "공산당의 권위를 인정받기 위한 개인의 자유 허용"

이라는 공식은, 반복되는 반대자들의 도전이 있었고 1989년 봄에는 전국적인 민주화 운동에 의해 거의 파기될 위기에 직면한 적도 있었음에도 불구하고, 1990년대와 2000년대를 거쳐 지금까지 비교적 잘 지켜지고 있다.

중국 사회 가운데 새로운 사회계약이 수립되고 있다는 증거는 바로 정치적 탄압에 관한 자료들이다. 덩샤오핑 시대에도 당의 권위에 도전하는 반대자에 대한 정치적 억압이 계속되었다. 또한 현재까지도 정치적 도전자와 반대자에 대한 억압은 지속되고 있지만, 도전 세력에 대한 정부의 억압은 크게 줄어든 것이 사실이다. 공산당의 전략이 대규모 탄압으로부터 선택적인 탄압으로 전환됨으로써 탄압의 일반적인 수준이 대폭 감소한 것이다. 하지만 공산당의 탄압 대상이 주로 웨이징성(魏京生)처럼 서방 언론매체나 정치가들에게 잘 알려진 반대파들이었기 때문에, 새로운 전략이 국제사회로부터 신뢰를 얻는 데는 성공하지 못하였다. 〈표 9-4〉는 중국의 전반적인 정치탄압 추세를 보여 준다. 이 표에서 수감자 중 정치범의 비율이 높을수록 정치탄압은 더 심하다는 것을 의미한다.

〈표 9-4〉는 중국의 사회학자들이 서북 지역에 위치한 산시(陝西) 지방을 조사한 결과로써, 이 표는 마오쩌둥 시대 중국의 감옥제도가 스탈린 시대의 강제노동 수용소인 굴락(gulags)과 유사하다는 사실을 보여 준다. 표에 따르면 1953년부터 1975년까지 수감자의 26~39%가 반혁명분자였다. 그러나 수감자 중 반혁명분자의 비율은 1980년에 13%, 1989년에는 0.5%로 감소하였다. '반혁명죄'는 1997년에 법률적으로 폐지되었다. 1997년 초의 공식 보고에 따르면 '사회안전을 위협한 죄'로 수감된 사람의 수는 2,026명으로 전체 수용자의 0.46% 정도로

표 9-4 산시 지역 수감자 중 반혁명분자의 비율

연도	비율
1953	39.1
1957	34.5
1961	34.8
1965	31.7
1968	34.3
1975	26.1
1979	11.5
1981	5.2
1985	1.9

자료: Lu Xueyi and Li Peilin(eds.), China's Social Development Report. Pei Minxin(1998)에서 인용.

조사되었다. 이처럼 통계상으로는 정치탄압이 많이 완화되었음을 확인할 수 있다.

개혁개방이 시작된 뒤 중국 사회에서 중요한 정부–인민 관계의 변화는, 인민들에게 정치적 자유를 제외한 개인적 자유와 경제적 자유를 부여했고, 이에 힘입어 중국 경제는 빠른 성장이 가능하였다. 35년이 넘는 시장화 개혁과 폭넓은 대외개방 시대를 살고 있는 인민들은 정치적으로는 여전히 철저히 통제받고 있다. 그리고 중국 공산당과 정부는 당의 일원지배를 보장받기 위해 막대한 사회통제비용을 지불하고 있다. 조사에 따르면 중국 정부는 휴대폰 10억 대 보급과 네티즌 5억 명이 만들어 내는 정보 확산을 통제하기 위한 비용으로 연간 106조 원이라는 천문학적인 비용을 지불하고 있다.

제 7절 중국에서 경제발전과 민주화

경제의 성장 및 발전과 민주화의 관계에 대한 의견은 분분하다. 경제적 자유는 정치적 자유를 유인한다는 견해가 있다. 이들은 포용적인 경제제도가 경제적 자유를 보장하면 경제성장이 가능해지고, 경제성장을 통해 소득이 일정한 수준에 도달하면 자연스럽게 정치적 자유와 참여에 대한 욕구가 커지기 때문에, 경제발전이 정치발전과 민주화를 이끈다고 믿는다. 경제성장과 정치적 자유, 즉 민주화를 이룬 한국과 타이완의 사례가 이 견해를 위한 좋은 근거가 된다. 정치적 자유는 대체로 경제적 자유를 포함하기 때문에 경제성장과 민주화는 서로 상승작용을 하는 관계라는 견해도 있다. 이에 따르면 정치적 자유와 경제적 자유는 사실상 전자가 후자를 포함하는 관계이기 때문에, 정치적 자유와 경제적 자유가 함께 진행되는 것이 바람직하며, 민주화 없는 경제성장은 곧 한계에 직면하게 된다. 하지만 이러한 사례는 초기 서구 자본주의 국가를 제외하고는 찾아보기 어려우며, 좀 특수한 사례이기는 하지만, 체제전환 후 발틱 3국(에스토니나, 라트비아, 리투아니아) 정도가 여기에 속한다.

그런가 하면 독재체제나 강력한 권위주의 체제에서도 경제성장이 가능하다는 주장도 있다. 정치적인 자유가 억압된 상태에서도 고속 성장이 가능하다는 의미이다. 나치 치하의 고성장, 사회주의 국가의 초기 경제성장, 개혁개방 개시 후 중국과 도이머이 선언 후 베트남의 경제성장 같은 경우가 이 의견을 지지한다. 또한 제2차 세계대전 후 일부 독립국에서 정치적 자유가 억압되는 가운데 강력한 권위주의 정권 하에서 경제성장을 이룬 사례들이 이 견해를 위한 좋은 근거가 된다. 흔히 동아시아 신흥공업국 발전모형의 대표로 불리는 한국과 타이완의 사례가 그 전형이다. 중국과 베트남의 사례가 동아시아 신흥공업국 모형과 다른 점은 체제 개혁 사회로서 공산당에 의한 일원(一元)지배가 지속되는 가운데 시장화 개혁을 해 왔다는 사실이다.

현실 속에서 발견되는 여러 형태의 정치체제와 경제성장의 조합이 경제발전모형에 대한 논란을 만들어 냈고, 이 논란은 지금도 계속되고 있다. 이러한 논쟁에 따라 영미식 발전모형, 선발 자본주의국 발전모형, 후발 자본주의국 발전모형, 동아시아 신흥공업국 발전모형, 사회주의 체제개혁국의 발전모형, 중국 모형 등 다양한 모형들이 제시되면서 토론이 이어져 왔다.

1978년 개혁개방이 선언된 이후 중국의 고속성장을 두고 '중국의 경제발전모형'을 말하는 경우도 있다. 중국 공산당과 정부는 중국식 사회주의, 사회주의 시장경제, 중국식 발전모형이라는 용어를 선호하는데, 이는 공산당의 지도하에 사회주의 체제와 시장의 결합을 통해 경제성과를 이룬 독특한 모형이라는 의미를 담고 있다. 공산당이 일원지배를 지속하면서 장기간 고성장을 성취한 사실로 인해, 중국의 체제가 사회주의냐 아니면 자본주의냐를 따지는 체제 성격 논란의 실익은 거의 사라졌다. 중국의 발전모형에 의미를 부여하고자 하는 사람들은, 중국의 사례는 사회주의 중앙계획경제로부터 시장화의 길을 걸어온 특수한 사회로서, 선발 자본주의 국가나 후발 자본주의 국가 또는 동아시아 신흥공업국 경제발전모형과도 다르다고 본다. 그렇지만 중국과 베트남의 경제발전 사례를 권위주의 발전모형의 변종으로 보아야 한다는 주장도 있다. 두 사례는 강력한 권위주의적 정권에 의해 독점적이고 배타적인 정치제도가 견지되면서 상당한 경제적 자유를 보장한다는 점에서 동아시아 신흥공업국 발전모형과 유사하다. 하지만 양국의 사례는 사회주의 중앙계획체제로부터 체제변화의 길을 걸어왔을 뿐 아니라, 공산당이 정치를 독점하며 경쟁적인 정치세력을 허용하지 않다는 점에서 동아시아 신흥공업국 발전모형과 분명히 다르다.

앞서 언급했듯이 여러 나라의 경제성장 사례는 정치제도가 포용적이지 않은 일원지배, 전체주의, 강력한 권위주의 체제 하에서도 경제성장이 가능함을 보여 준다. 에스모글루와 로빈슨(Acemoglu and Robison)은 그 이유에 대해 비교적 설득력 있는 설명을 제시하고 있는데,[6] 이들의 설명은 중국 경제의 성장과 발전을 이해하는 데도 도움이 된다. 포용적 · 개방적 정치경제제도가 경제성과를 가능하게 한다고 믿는 에스모글루와 로빈슨은 배타적 정치제도 하에서 경제성장이 가능한 두 가지 특수한 경우를 들었다.

첫 번째 유형은 정치경제제도가 배타적 · 독점적이라고 해도 엘리트층에 대한 통제가 가능하고 자원을 효율적인 활동에 배분하는 경우이다. 대표적인 사례가 카리브해 지역의 일부 식민지에서 대다수 인구를 수탈하면서도 다량의 설탕을 세계시장에 수출함으로써 상당한 부를 축적한 예이다. 그러나 이 체제는 새로운 경제활동으로 전환이 필요한 시점에 전환에 실패한 채 정체되었다. 왜냐하면, 새로운 체제가 기득권자들의 부와 권력을 위협하였기 때문이다. 또 다른 사례는 소련이 제1차 5개년 계획에 착수한 1928년부터 1970년대까지의 성

6) Daron Acemoglu and James A. Robison/최완규 옮김, 『국가는 왜 실패하는가』(*Why Nations Fail*, 2012)(서울: 시공사, 2012), 특히 15장 「북미 번영, 남미 쇠락 무엇이 운명 갈랐나」, 조선일보(2014. 6. 7~8일).

장 사례이다. 당시 소련은 강력한 국가권력을 이용해서 효율이 낮은 농업에서 공업으로 자원을 강제 배분함으로써 경제성장을 달성하였으나 곧 한계에 도달하였다.

두 번째 유형은 독점적 정치제도 하에서 완전하지는 않더라도 경제제도에 어느 정도의 포용성을 허용하는 경우이다. 이 상황은 엘리트층의 입지가 확고해서 자신들의 정치독점이 위협받지 않으리라는 확신이 있거나 역사적 상황이 독점 세력으로 하여금 어느 정도의 포용적 제도를 부득이 허용하게 만드는 경우에 일어난다. 여러 사례가 있지만, 대표적으로 박정희 시대 한국의 빠른 산업화 사례가 여기에 속한다. 박정희는 1961년 군사 쿠데타로 집권하였으나 당시 한국 사회는 미국의 전폭적인 지원을 받고 있었고 경제도 무질서하였지만 본질적으로 포용적이었다. 군사정권이 권위주의적이었다 해도 경제성장을 추진할 만한 권력기반에 대한 확신이 있었고, 정권의 정통성을 확보하기 위해서도 산업화와 경제성장이 불가피하였다. 박정희는 그가 물려받은 포용적 경제제도를 차단할 필요가 없었으며, 정권을 유지하기 위해서라도 경제성장이 절실하였다. 그러나 한국도 1980년대 말에 접어들면서 점차 포용적 정치제도를 채택하지 않을 수 없게 되었다. 에스모글루와 로빈슨은 독점적 정치제도 하에서 경제성장이 가능한 앞의 두 사례 모두 중앙집권화가 필수적이라는 사실을 강조하였다.

에스모글루와 로빈슨은 중국의 경제성장도 한국이나 소련의 경험과 통하는 면이 많다고 말한다. 그들에 따르면 중국의 경제성장은, 여전히 독점적 · 배타적 정치제도 하에서 포용적 정치제도로 전환할 기미가 보이지 않는 가운데,

정부의 통제 하에 경제제도에 포용성을 점차 확대해 왔고, 그에 힘입어 양호한 경제성과를 거두어 왔다. 중국 정치에서는 당내 민주화, 즉 엘리트의 인선과 승계의 제도화를 통해 엘리트 정치가 안정되었다. 그러나 중국 정치에는 여전히 정치 엘리트에 대한 외적 통제제도는 없다. 그리고 동일한 시각에서 그들은 중국이나 베트남처럼 개혁개방의 성과가 양호한 사회주의 체제 개혁 사회에서 장차 경제성과와 경제발전이 공산당의 기반과 상충하게 되면, 거대한 사회적 마찰이 발생할 것으로 내다보았다. 이러한 설명이 자칫 무정부주의를 옹호한다는 비판에 취약할 수 있음을 의식해서 그들은 일정한 수준 이상의 중앙집권화가 이루어진 정치제도의 필요성을 강조한다. 개혁개방 이후 중국의 경제성장 사례는 바로 이 경우에 해당한다고 볼 수 있다.

에스모글루와 로빈슨은 특수한 사례는 분명히 일정한 시점에서 '분기점'에 도달한다는 점을 지적한다. 왜냐하면, 일원지배, 전체주의, 권위주의는 자유시장과 어느 시점에서 갈등을 빚게 되기 때문이다. 전후 산업화의 대열에 동참한 여러 나라들이 중진국함정에 직면한 사실은 바로 이점을 말해 준다. 무엇보다도 경제적 자유 다음 단계의 정치적 자유에 대한 갈망은 삶의 질과 관련이 있으며, 소득수준이 향상되면서 자연스럽게 민주화, 민주주의를 요구하게 된다. 그리고 민주주의는 자유시장과 친근성을 갖고 있다.

중국의 경제발전 사례를 '중국의 발전모형'이라고 불러야 할지, 아니면 동아시아 신흥공업국 발전모형의 특수 형태로 보아야 할지, 그것도 아니면 자본주의 발전모형의 하나로 간주해야 할지를 판단하는 논의는 생각보다 복잡하다. 더욱이 정치적 자유가 없는 가운데 이룩한 경제성과와 생활수준 향상이 정치적 자유와 민주화를 유인할 것인지에 대한 해답은 더 난해하다. 싱가포르의 사례는 정치체제가 민주적이지 않더라도, 즉 독점적 정치제도 하에서도 법치가 잘 구현되면 선진경제에 도달할 가능성을 보여 주고 있다. 그러나 이는 극히 예외적인 경우일 수 있다는 점이 지적되어야 한다. 포용적인 정치경제제도 환경에서 경제성장과 발전을 위해서는 중앙집권이 필요하다는 에스모글루와 로빈슨의 주장은 싱가포르를 포함한 동아시아 신흥공업국의 경우에서 확인된다.

그럼에도 불구하고 1970년대 말 개혁개방이 선언된 뒤 중국에서는 공산당이 정치를 독점하며 정치적 자유를 철저히 통제하는 가운데, 경제적 자유를 확대함으로써 35년 동안 고성장을 지속해 왔다. 그리고 앞에서 보았듯이 개혁개방 초기부터 점진적으로 정치 개혁이 추진되어 왔고, 개혁개방이 심화되면서 아직은 초보적이지만 풀뿌리 수준에서 선거제도가 실행되고 있다. 2010년의 개정 선거법에서 보듯이 정치적 참여에 대한 제도화 작업도 이루어지고 있다. 중국의 일인당 GDP는 이미 8,000달러를 넘었고 널리 알려진 바와 같이 중산층과 시민의 권리 요구가 활발해지고 있을 뿐 아니라 현실적으로 도시와 농촌을 막론하고 물리적 의사표현이 빈발하고 있다. 물론 현실 속에서 공산당에 대한 공개적인 반대는 허용되지 않고 정치적 자유는 철저히 통제되고 있으며 민주화 인사들은 감금, 추방, 투옥당하고 있다. 중국 정치에서는 공산당을 제외한 경쟁적인 정당이 부재할 뿐 아니라 환경운동을 제외한 이렇다 할 시민사회의 모습이 보이지 않으며 비판적인 언론도 허용되지 않는다. 중국 공산당과 정부는 정부가 허가한 단체를 제외한 시민사회의 싹이 될 만한 자율적 조직을 통제 · 억압하고 있다. 한때 홍콩과 타이완이 중국 민주화를 위한 좋은 견인차가 될 것이라는 기대도 있었지만, 홍콩 반환 20년이 지나는 동안 수차례의 민주화 시위가 발생하고, 타이완에서 여러 차례 민주적 선거가 있었음에도 불구하고, 중국은 중동의 민주화 운동뿐 아니라 중화권 민주화 열풍의 진입을 효과적으로 차단해 왔다. 따라서 외부인들의 희망처럼 중국 사회가 곧 경제성장에 의해 유인된 민주화 시대로 진입할 것인지 여부에 대한 의문은, 중국의 경제성장과 발전을 이해하는 수준 이상의 장기적인 관찰과 토론이 필요하다.

제8절 정치 개혁과 민주화의 내일

정치 엘리트에 대한 규범 구축, 법제도의 수립, 풀뿌리 수준의 선거 및 새로운 사회계약 등 많은 발전에도 불구하고 중국의 공산당과 지도자들은 민주적 개혁에 대해서는 강하게 저항해 왔다. 그들은 중국의 장래와 그들 자신의 지위 유지에 대한 두려움, 그리고 당이 취약해져 가는 데 대한 염려 때문에 민주적 개혁에 저항한다. 어쩌면 두려움 중에 가장 큰 것은 공산당의 정치 독점과 자신들의 지위 상실에 대한 두려움일지도 모른다.

중국의 지도자들은 현재의 체제가 매우 취약하다는 사실을 잘 안다. 국가 부문 간의 권력과 역할관계는 잘 정리되어 있지 않고, 갈등 해결을 위한 정치제도들은 여전히 부적절하거나 부재 상태이다. 이러한 상황에서 대중들의 민주적인 참여를 위한 정치 과정의 개방만이 인민들의 불만을 완화하고 혼란을 해결하기 위한 처방으로 보인다. 이 방향이 바로 앞서 서술한 사회계약의 수정과 관련된다.

구소련의 경험에 비추어 볼 때 중국 공산당의 염려가 전적으로 부당하다고 생각되지는 않는다. 많은 사람들은 고르바초프의 치명적인 실수는 경제 개혁보다 정치 개혁을 먼저 단행하였다는 데 있다고 믿는다. 그러나 소련의 붕괴에 대한 이런 식의 해석은 중요한 사실을 놓치고 있다. 고르바초프의 정치 개혁 전략 자체에 문제가 있었다. 그의 정치 개혁 전략은 민주적 참여를 이끌 '제도'를 수립하기 위한 헌법 개혁을 확실히 하기는커녕 착수하기도 전에 민주적 참여를 개방하였다. 고르바초프의 고삐풀린 민주화 개혁을 유지하고 정착시키기 위한 정치력은 헌법의 틀 내에서 어떤 근거도 찾지 못하였다. 다시 말해서, 고르바초프는 민주화 개혁을 보장할 제도적 준비 없이 기존 시스템을 내던졌던 것이다. 중국의 지도자들은 바로 현행 헌법제도를 재활성화하기 전에 민주화 개혁을 단행한다면 소련의 전철을 밟으리라는 점을 두려워한다.

또한 중국의 지도자들은 공산당의 조직적 쇠퇴를 인정한다. 중국 공산당은 개혁이 시작되고 20년이 지난 1997년 당시 5,800만 명의 당원과 340만 풀뿌리 당세포를 가진 세계 최대의 정당이었다. 중국 사회는 2015년 현재도 8,500만 명의 공산당원과 400만 개에 달하는 당조직에 의해 정치적으로 엄격하게 관리되고 통제된다. 공산당과 정부의 경제관리 능력도 양호하다는 평가를 받고 있다. 개혁개방을 기점으로 중국의 정치체제는 사회주의식 전체주의 체제에서 특수한 권위주의 체제로 전환되었다.[7] 중국은 여전히 당이 국가와 동일시되는 당치

7) 이러한 중국의 특수한 체제를 '분절된 권위주의 체제'라고 부르기도 한다. 양갑용, 「정치개관: 당-국가 체제」, 『차이나핸드북』(경기: 김영사, 2014), p. 115.

국가임은 분명하다. 하지만 중국 공산당은 견실한 조직이 전혀 아니다. 정치적으로는 1989년 톈안먼(天安門) 사태의 후유증이 아직 치유되지 않고 있는데, 만약 치유하려 한다면 그 노력은 공산당의 내부 결속력을 약화시킬 뿐 아니라 덩샤오핑의 정통성에 대한 재평가를 요구하게 될 수도 있는 민감한 사안이다. 중국 공산당은 문화혁명 말기와는 크게 다른 성격의 사회를 통치하고 있다. 현재의 중국 사회는 국가와 당에 훨씬 덜 의존적이고, 새로운 가치에 대해 더 열려 있으며, 전통적 이데올로기의 호소에 대해 덜 민감한 사회이다. 공산당의 이념적 · 사상적 영도력은 이미 상실된 상태이고, 사회조직에 대한 장악 및 관리 능력도 크게 흔들리고 있으며, 경제관리 능력을 통해 인민들의 인정을 받고 있을 뿐이다.

더 중요한 점은 시장화와 개방의 심화가 많은 경제부문에서 공산당의 조직력을 침식하고 있다는 사실이다. 도시 기업의 경우를 보면, 1994년 한 고위 당관료는 국유기업의 작업장 중 35%에는 당원이 한 명도 없음을 인정한 바 있다. 향촌(鄕村) 지역에서 당조직에 대한 영향력은 미약하고 신뢰도도 매우 낮은 상태이다. 또한 갈수록 확대되고 있는 사영부문에는 당조직이 끼어들기 어렵다. 1994년에 있었던 34개 경제발전 지역의 3,092개 합자기업과 외자기업을 대상으로 한 조사 결과, 단지 704개 기업에만 당조직이 설치되어 있는 것으로 나타났다. 1995년의 경우 278만 개 반사유(半私有) 농촌기업 중 당조직이 있는 곳은 겨우 8.6%에 불과하였다. 내국인 사유기업에 대한 당의 침투는 이보다 더 부진하다. 1995년 저장(浙江) 지역의 2,500개 기업을 대상으로 한 조사에 따르면, 당조직이 있는 기업은 1%에도 미치지 못하였고, 7,000개 농촌 주식합작제 기업 중단 한 명의 당원도 없는 기업이 77%에 달하는 것으로 조사된 바 있다. 개혁개방이 심화되면서 급증한 사영, 외자, 합자 등 다양한 형태의 비국유 기업에서 당 조직의 힘은 미약하며, 도시 지역의 하층 노동자를 포함한 소외계층의 당과 정부에 대한 불만은 매우 높다.

도시 노동자를 포함한 저소득층 중에는 주택을 철거당하거나 실직하여 빈민이나 유랑민으로 밀려난 사람들, 열악한 작업 환경과 저임금에 시달리는 하층 노동자들의 군체성 사건(群體性事件: 집단행동)도 늘고 있는데, 특히 1990년대부터 급증하고 있다. 1994년 8,000건에 불과하던 집단행동은 2010년에 18만 5,000건으로 집계되어, 16년간 무려 23배 증가한 것으로 보고되었다. 이 수치는 각급 지방정부들의 공식 보고를 수합한 것이기 때문에 축소되었을 가능성이 크며, 실상은 이보다 더 많을 것으로 추정할 수 있다. 집단행동의 급증은 대중들의 높은 불만 수위를 증명해 주며, 이는 공산당의 지배에 위협이 될 수 있는 요소이다. 그러나 중국의 수많은 대중 시위는 정치적 자유화나 민주화 운동으로 이어지지 못하고 있기 때문에, 권위주의 정치체제의 존망에 직접적인 영향을 주지 못한다. 그 이유로는 다음 몇 가지가 지적되고 있다. 첫째는 주요 요구사항이 지방정부가 어느 정도 수용하면서 불만을 줄여 나갈 수 있는 내용들일 가능성이다. 그리고 더 중요한 점은 공산당 체제의 물리적 통제능력이 강력하기 때문에 시위가 타 지역, 국가 전체로 확산되는 것을 막고 있다는 사실이다.[8)]

공산당이 직면하고 있는 심각한 위기는 도시 지역 못지않게 농촌 당조직과 농촌, 농민에게서 발생한다. 농촌 지역에서 당의 조직력과 권력은 이미 크게

8) 백우열, 「군체성 사건」, 『차이나핸드북』(경기: 김영사, 2014), p. 304.

쇠퇴한 상태이다. 1980년부터 1982년까지 있었던 인민공사 해체운동은 농촌 공산당 조직에도 심각한 타격이었다. 수치상으로 공산당은 90만 개 농촌 당조직에 2,600만 명의 당원을 두고 있다. 그러나 공식 자료에 의하면 촌락 당조직 중에서 붕괴되거나 기능을 하지 못하는 경우가 8%, 그저 그런 조직이 60%에 달하고 있다. 농촌 지역은 여전히 4억 5,000만 명의 인구가 거주하고 있는데, 농촌에 대한 당의 조직력은 매우 취약하다는 의미이다.

이처럼 당조직의 쇠퇴를 가속화한 핵심 요인은 노동력 유동과 새로운 노동시장의 형성이었다. 시장화와 상품화는 노동자들로 하여금 기존 일자리를 떠나거나 다른 지방으로 유동하는 데 대한 제약을 풀어 주었고, 경제적 자유화는 농촌 주민들에게 전대미문의 기회를 제공해 주었다. 공산당이 직면한 예산 제약 상황은 더 많은 자원을 농촌 기층 조직에 배분하기 어렵게 할 뿐 아니라 농촌에서 당내 활동 경력의 매력을 감소시켰다. 향촌의 당 책임자는 연간 약간의 보수를 받는데(1990년대 중반 1,000위안), 대부분의 젊고 유능한 당원들은 도시에서 일자리를 찾기 위해 마을을 떠났다. 농촌에 남은 당원들은 늙거나 교육수준이 낮거나 시장경제에 대한 인식이 부족한 사람들이 대부분이다. 1995년의 공식 통계에 따르면 향촌의 당대표 중 12%만이 35세 이하이고, 당원의 절반은 글을 읽지 못하거나 초등학교 교육을 받은 것으로 나타났다. 공산당 조직부가 1995년에 허베이(河北), 산시(陜西), 칭하이(青海) 지역을 대상으로 한 조사에 의하면, 향촌 당대표의 대부분은 촌민들을 시장경제로 이끌 능력이 없는 농민들이었다.

공산당의 쇠퇴는 농촌 지역에서 발생하는 긴장의 주 요인이다. 이 현상이 지속된다면 당이 농민의 지지를 얻을 가능성이 줄어들 뿐 아니라 당의 통치능력을 감소시킬 수밖에 없다. 농민들의 당과 정부에 대한 불만은 다양한 방향에서 나오고 있을 뿐 아니라 강하다. 중국 사회주의 혁명의 가장 적극적인 공로자였던 농민들은 장기간 도시 지역 주민을 위한 식량 공급자 역할을 강요받아 왔는데, 개혁개방 초기 농산물 가격이 상승하던 시기를 제외하고는, 지속적 고성장의 혜택에서도 제외되어 왔다. 농민들은 또한 중국식 도농 이원화 호적제도인 호구(戶口)제도가 폐지되지 않는 데 대해 불만을 품어 왔고, 농지가 불법 점유 또는 수용되는 데 대한 분규도 빈발하고 있다. 만연된 부패, 탈법 및 농민과 당의 분규는 이미 오래된 이야기이다. 1995년에 비교적 낙후된 지역인 구이저우(貴州)와 쓰촨(四川) 지역을 대상으로 한 공식 조사에 따르면, 대중과 지역 공무원의 관계가 "긴장 또는 상대적으로 긴장"관계에 있는 현이나 지역이 60~70%에 달하는 것으로 나타났다. 분노한 농민들이 지역 공무원을 살해하거나 그들의 주택을 불태운 예도 많았다.

농촌 지역에서 각종 분규가 빈발하고 있고 때로는 매우 심각한 상황이 연출되기도 하는데, 가장 민감한 경우가 토지를 둘러싼 갈등이다. 대표적인 사례가 광동 우칸촌(烏坎村) 사태이다. 2012년 9월부터 12월까지 지속된 우칸촌 시위는 무분별한 부동산 개발이 핵심 요인이었다. 농촌 토지는 집단 소유인데 우칸촌 촌민위원회 간부들이 농지를 주민들과 상의 없이 부동산 개발업자에게 넘겼다. 해당 주민들은 어떤 보상도 받지 못하였고, 뒤에 이 사실을 알게 된 주민들은 촌민위원회의 해명과 회계 투명성을 요구하며 시위를 시작하였다. 시위 진압을 위해 경찰이 투입되었고, 연행된 사람 중 한 명이 심장마비로 사망하면서 시위는 격화되었다. 촌민위원회 간부들은 두려운 나머지 도주하였고, 주민들은 경찰들이 진입하지 못하도록 바리케이드를 설치하며 대치하였다. 상황이 급박해지자 광둥 당서기이던 왕양(汪洋)이 나서서 주민들의 의견을 듣고 시신을 돌려준 뒤 불법적인 토지거래와 촌민위원회 간부의 부패 문제 해결을 지시하고 나서야 사태가 일단락되었다.

이처럼 향촌사회에서 공산당의 쇠퇴는 당의 통치를 더욱더 어렵게 하고 있다. 권위주의 정권의 지배 정당은 반(半)경쟁 선거에서 보수 농민층의 지지기반을 확고히 할 때, 이들로 하여금 도시 지역의 민주 세력을 억누를 우군을 확보할 수 있다. 농촌 지역과 농민의 적극적인 지지는 당에게 상당한 안정기반이 될 뿐 아니라 반대 세력에 대한 억압수단 사용의 필요성을 약화시킨다. 결국 공산당에 대한 농촌 지역의 지지기반 부족은 당의 민주화 개혁을 어렵게 할 가능성이 크다.

이러한 이유 때문에 중국의 정치 리더십은 계속해서 민주주의에 저항할 것이다. 그들의 우선적 과제는 당을 강화하고 조심스럽게 소폭의 정치 개혁을 지속하는 일이다. 이렇게 해야만 당이 빠른 경제발전으로 인해 생겨나는 도전들을 다룰 힘을 향상시킬 수 있다. 중국 정부는 법제도와 대의제도를 발전시키는 방향으로 정치 개혁을 추진해 나갈 것이다. 장쩌민의 "법에 따른 통치"라는 표현은 바로 법제 개혁에 대한 언질이었다. 1994년에 있었던 '분세제'(分稅制) 개혁[9]이라고 불리는 조세체계 개혁은 중앙정부와 지방정부 관계의 전환점이

9) 개혁개방 이후 1993년까지 거의 대부분의 기간 동안 재정수입 비중에서 지방이 중앙을 앞서는 현상이 지속되었다. 재정수입의 더 많은 비중을 지방이 차지하면서 국민경제를 거시적 차원에서 관리해야 할 중앙정부의 경제자원이 부족하였는데, 경제자원 부족은 중앙의 리더십 약화를 의미한다. 이러한 문제점을 해결하기 위해 당시 총리

었다. 국내시장의 단일화, 중소 국유기업의 사유화, 보건, 연금 및 복지제도에 대한 개혁 같은 추가적인 개혁 조치는 중앙과 지방의 관계를 재정립하는 데 기여할 것으로 기대된다.

그러나 정치 개혁의 가속화가 민주적 참여제도의 빠른 확산을 가져오리라는 기대는 성급하다. 중국의 지도자들은 정치체제의 견고성에 대한 확신을 갖기 전까지 대중의 참여를 허용하지는 않을 가능성이 높다. 하지만 중국의 지도자들은 농촌과 도시의 기층 조직, 소도시의 반공개 선거 확산 같은 풀뿌리 수준의 소규모 민주적 참여 실험은 지속해 나갈 것이다. 하지만 정부의 노력에도 불구하고 경제 불평등은 갈수록 심화되고 있고, 대중들의 권익 보호를 위한 참여 요구도 강해지고 있다. 당초 공산당의 가장 분명한 지지자였던 농민과 도시 하층민 모두에서 집단행동이 빈발하고 있다. 이러한 집단행동이 어떤 식으로 진화해 갈 것인지, 당과 정부가 이에 대해 어떻게 대응할 것인지가 중국의 사회안정과 공산당의 생존에 영향을 미칠 중요한 요소이다.

중국의 민주화를 향한 작은 발걸음은 미국을 포함한 외부의 비판 세력을 감동시키기는 어려울 것이다. 그렇기 때문에 설사 미국과 서방의 개입 또는 간섭정책이 중국의 정치 개혁에 가장 중요한 외부 요소라 할지라도, 일반 대중에게 그들의 요구와 압박이 정치발전에 바람직한 결과를 만들어 내고 있다는 사실을 설득시키는 데 어려움을 느낄 수밖에 없다.

이던 주룽지의 주도로, 지방의 반대에도 불구하고 세목(稅目)의 귀속을 다시 분류함으로써 중앙의 재정수입 비중을 높일 계기를 마련하였다.

Chapter

10

탈개혁개방 시대 당, 지도자, 그리고 정치경제의 내일

제1절 중국 정치경제와 당, 지도자

제2절 팽창하는 경제, 위축되는 이데올로기

제3절 급변하는 내외 환경, 산적한 정치경제적 과제

제4절 당, 지도자, 그리고 정치경제의 내일

탈개혁개방 시대 당, 지도자, 그리고 정치경제의 내일

제 1 절 중국 정치경제와 당, 지도자

1949년 중화인민공화국 건국 이후 1970년대 후반까지 중국의 정치는 경제에 거의 절대적인 영향력을 미쳤다. 따라서 이 시기의 정치경제는 '정치'라는 한 측면에서 조망해 보는 것만으로도 대부분을 설명해 낼 수 있을 정도이다. 여기서는 현대 중국 정치를 시기별로 구분해[1] 분석함으로써 세대별 지도자 집단의 성격, 통치이념, 리더십과 정치경제 지도방식, 그리고 그 귀결을 함께 살펴보려 한다.

1949년부터 1958년까지는 흔히 집단지도 시기라고 불리는데, 중심 통치 이념은 마오쩌둥(毛澤東)이 제기한 '신민주주의'였다. 건국 직후 아직 구심점을 형성하지 못하고 있던 공산당 세력이 직면한 현실은 사회주의식 개조보다는 외침과 내전으로 인해 만신창이가 된 경제를 복구하는 일이었다. 경제적으로 다양한 형태, 즉 민족자본가와 개인 상공업자까지를 인정한 신민주주의 이념

1) 건국 후 시기별 리더십 중심의 통치 형태 구분은 주로 이케다 마코토 외/김태승 옮김, 『중국공업화의 역사』(서울: 신서원, 1996) 제3~5장을 참조하였다.

은 소련의 지원 하에 경제를 회생시키는 역할을 하였다. 이 시기 발전전략은 기본적으로 스탈린식 중앙집권 노선이었는데, 중앙계획은 소수 대형 프로젝트에 한정되었고 기타 경제는 중앙의 통제 밖에 있었다. 이러한 의미에서 이 시기 경제체제는 중앙계획체제라기보다는 혼합체제에 가까웠다.[2)] 하지만 중국은 6.25 전쟁에 참전하면서 국제적인 고립을 자초하였고, 트루먼 독트린(Truman Doctrine)[3)]으로 인해 타이완 해방을 포기하는 대가를 치러야 했다. 그리고 경제 복구가 일단락되었다고 평가된 1953년부터 공산당 지도부는 사회주의식 개조 작업에 착수하였다. 사회주의식 개조 작업은 마오쩌둥의 의욕처럼 빠르게 진척되지 못하였고 경제 상황에 따라 정치투쟁과 노선투쟁이 끊이지 않았는데, 마오쩌둥은 점차 외부 환경을 권력 장악과 일인지배 확립에 이용하였다.

그 다음 시기인 1959~1976년은 정치적으로 마오쩌둥 개인의 독재(개인숭배 포함)와 계급투쟁, 경제적으로는 마오쩌둥식 개발체제, 즉 대외적 폐쇄, 동원형 분권화 및 평등주의를 근간으로 한 자립경제 수립이 주 내용을 이루었다. '정치'와 '계급'이 모든 것을 압도한 이 시기는 전기와 후기로 구분할 수 있다. 전기는 1960~1965년까지로서 마오쩌둥의 지속적인 계급투쟁의 필요성 강조와 개인체제(마오주의) 구축을 위한 다방면의 노력이 이어진 시기였다. 1956년 다른

2) 이근 외, 『중국의 기업과 경제』(서울: 박영사, 2002), pp. 4~5.

3) 1947년 3월 미국 대통령 트루먼이 의회에서 선언한 미국 외교정책 원칙이다. 공산주의 세력의 확대를 저지하기 위하여 자유와 독립의 유지에 노력하며, 소수자의 정부지배를 막을 의사를 가진 여러 나라에 군사적 · 경제적 원조를 제공한다는 내용을 담고 있었다. 영국이 터키 · 그리스 등의 지중해 국가들에게 더 이상 원조를 제공할 여력이 없다고 발표하자, 미국이 이 원칙에 입각하여 당시 공산 세력으로부터 직접적인 위협을 받던 그리스와 터키의 반공 정부에 경제적 · 군사적 원조를 제공하였다. 이 원칙은 그 후 냉전이 끝날 때까지 미국 외교정책의 기조였다. 미국 의회는 트루먼 대통령의 요청에 따라 이들 국가를 원조하기 위한 기금으로 4억 달러를 책정하였다. 트루먼 독트린에 뒤이어 등장한 것이 마셜 계획(Marshall Plan)인데, 이는 유럽 경제 부흥 계획이다. 트루먼은 한 국가가 공산주의로 전락하면 주변 여러 국가들에 도미노 효과를 갖게 된다고 판단하였다.

지도자들이 계급투쟁이 종결되었기 때문에 생산력 향상에 주력하자고 주장하자, 마오쩌둥은 여전히 계급이 존재하기 때문에 계급투쟁은 계속되어야 한다고 역설하였다. 1956년 소련에서는 후르시초프의 스탈린 비판이 있었고 동유럽에서는 스탈린 체제에 대한 반발이 일었다. 마오쩌둥은 이러한 환경을 반대자 숙청 및 개인권력 강화의 계기로 삼아 일인지배체제를 구축해 나갔다.

경제발전 전략을 목적과 경제정책의 결합물이라고 할 때, 이 시기 마오쩌둥의 경제개발모형은 평등주의 이념과 대약진(大躍進) 및 인민공사(人民公社) 운동으로 요약할 수 있다. 그는 15년 내에 선진국 영국을 추월한다는 허황된 목표를 내걸고 대규모 대중동원을 통한 경제비약을 시도하였다. 합리성을 무시한 즉흥적이고 이상주의적인 발전전략인 대약진은 자연재해까지 겹치면서 1959~1961년 동안 3,000만 명이 아사하는 세기적 비극으로 결론났다. 이에 따라 1960년대 중반 류사오치(劉少奇)와 덩샤오핑(鄧小平)을 중심으로 한 실무파가 등장하여 경제회복 작업을 진행하였는데, 경제는 빠르게 회복되었다. 그런데 경제가 회복되자 마오쩌둥은 이를 곧바로 자본주의의 씨앗이라고 비판하면서 실무파를 대상으로 한 격렬한 정치투쟁을 전개하였다. 이 투쟁은 결국 '10년 재앙'으로 불리는 문화혁명으로 이어졌으며, 그 결과 간신히 회복기미를 보이던 경제는 다시 혼돈으로 빠져들었다.

후기 마오쩌둥 시기(1966~1976년)는 전시체제와도 같은 계급투쟁으로 얼룩진 문화대혁명 시기이다. 마오쩌둥은 전국적인 계급투쟁을 조종함과 동시에 제3차 세계대전을 상정하며 전쟁준비에 심혈을 기울였다. 이를 위해 마오쩌둥은 대대적인 계급투쟁과 대중동원을 통한 내적 정화운동이 필요하다고 주장하였다. 정치와 계급투쟁 외에 어떤 생각도 끼어들 수 없는 비정상적인 상황 하에서 극단적인 평등주의와 계급투쟁만이 강요되었다. 인간 정신에 대한 지나친 신뢰와 계급투쟁 지상주의 노선은 건국 후 어렵게 재건된 경제기반, 농촌 경제, 도시 공업을 크게 파괴하였고 인민의 정신분열과 정치혐오는 극에 달하였다. 10년 재앙으로 불리는 문화혁명 기간 동안 200만 명 이상이 각종 폭력으로 사망하는 참사가 벌어졌다.

이어지는 시기는 덩샤오핑에 의해 지휘된 1978년부터 1997년까지의 경제우선 시기이다. 덩샤오핑은 마오쩌둥의 '정치 및 계급투쟁 우선'을 대신하여 '경제 우선' 으로 주선율을 전환하였다. 그리고 그는 폐쇄 대신 '개방'을, 평등주의 대신 '선부론'(先富論)으로 불리는 불균형 발전전략을 선호하였다. 중국은 덩샤오핑과 그 지지자들에 의해 이른바 개혁개방 시대를 맞았고, 정치와 이념으로부터 해방된 경제는 무서운 속도로 성장하였다.

중화인민공화국 건국 후 1970년대까지를 제1차 산업혁명이라고 할 때, 이 시기에는 소련의 발전모형을 모방하고 중공업 기술을 정치적 · 군사적 목적에 따라 배치한 단순모방 시기였다. 물론 순수한 스탈린 모형과 달리 마오쩌둥 모형에서는 농민과 농업이 중시되었고, 시기에 따라 약간의 차이는 있지만, 대체로 행정적 분권화가 함께 했다. 정치가 지배한 중국의 제1차 산업혁명은 참담한 실패였는데, 인민들은 권력욕과 터무니없는 이상을 위한 실험 대상이었다. 이에 비하여 개혁개방과 함께 시작된 제2차 산업혁명은 서방의 기술과 자본을 도입하여 생산력과 기술수준을 높였다는 데 중요한 차이가 있다. 제1차 산업혁명기는 중공업을 중시하였는데, 제2차 산업혁명은 기존의 중공업을 대폭 개량하고 낙후된 경공업을 포함한 전통산업도 함께 발전하는 계기였다.

덩샤오핑과 개혁파들에 의해 설계되고 집행된 개혁개방은 1992년을 전후하여 두 시기로 구분할 수 있다. 1992년 이전은 개혁개방 실험기, 1992년 이후는 개혁개방 가속기라고 할 수 있다. 1970년대 말에 개혁개방이 선언되었으나, 엄밀하게 말해서 본격적인 덩샤오핑의 등장은 1980년대 중순부터이다. 그 이전 시기는 보수파 및 혁명원로들과의 갈등으로 덩샤오핑의 사상과 전략이 현실 정책에 잘 반영될 수 없었다. 1980년 중순부터 개혁개방이 본 궤도에 올랐는데, 시장화가 적극적으로 추진되면서 정치체제와 시장 간의 불협화음이 끊이지 않았다. 이 시기를 통해 개혁 주도 세력은 진정한 시장화와 경제발전을 위해서는 정치 개혁이 필요함을 절감하였으나, 여러 한계로 인해 가시적인 정치 개혁은 이루어지지 못하였다. 이 분위기는 1986~1989년의 정치 개혁을 위한 토론으로 이어졌으며, 당정(黨政)분리 문제가 거론되었다. 결국 1989년 톈안먼 사태가 발생하였고 경제는 심각한 침체기를 맞았다. 시위에 나선 자국민에 대한 탄압을 계기로 중국은 국제적으로 고립되었고 비약적으로 성장해 온 경제는 급강하하였다. 1989년 이후 서방에 의해 외면당하던 중국은 동유럽의 해체, 소련의 붕괴라는 충격적인 사건을 경험하였다. 일련의 대사건은 중국으로 하여금 일시에 전통적인 사회주의 우방을 잃게 만들었다. 내외적 난관을 타개하기 위해 덩샤오핑은 1992년 남쪽 지방을 순방하면서 계속적인 개혁개방과 경제 건설을 역설하였다. 덩샤오핑의 행동과 '남방담화'를 기폭제로 하여 침체 중이던 중국 경제는 더욱더 대담한 개혁개방을 향해 매진할 수 있었다. 이 무렵은 권력의 정점이 덩샤오핑으로부터 제3세대 지도자인 장쩌민 쪽으로 기운 상황이었다.

통치의 노선을 살펴볼 때, 마오쩌둥과 덩샤오핑이 혁명 1세대 영웅으로서의 강렬한 카리스마에 의한 통치를 하였는데, 마오쩌둥은 정치에 무게를 둔 반면 덩샤오핑은 경제에 무게를 두었다. 마오쩌둥은 수천 년 동안 인습, 전통관념, 아집, 자민족 중심주의, 전통적 사회구조, 신분제 등에 의해 형성된 암덩어리를 수입된 사상(사회주의 사상)을 이용하여 과격한 방법으로 제거하고 새로운 중국을 건설하고자 했다. 그는 사회주의 사상을 수입하되 이를 중국 실정에 맞는 중국식 사회주의 혁명 사상과 운동으로 변형시켜 중국 사회를 뒤바꾸는 데 성공하였다. 그는 카리스마를 이용하여 인민들에게 이전에 상상할 수 없었던 차별 없고 모두가 잘 사는 무산계급의 세상을 약속하였으며, 다수 인민대중은 그의 약속을 믿고 지지하였다. 그러나 유감스럽게도 그는 모두가 빈곤과 낙후에 허덕이는 세계를 창조하는 데 그쳤고, 그 대가는 고스란히 그를 지지하였던 인민들에게 돌아왔다. 마오쩌둥의 무모하고 집요한 실험에도 불구하고 약속했던 환상세계는 자기만의 환상적인 절대권력 누리기[4]에 불과하였고, 그 이면에는 경제적 낙후, 굶주림, 정신분열, 그리고 정치혐오로 거의 탈진된 절대 다수의 인민이 자리하고 있었다.

덩샤오핑은 이상적이고 환상적인 사회 건설이 아니라 절박하면서도 현실적인 빵을 늘리는 일에 주력하였다. 덩샤오핑이 정계에 재등장하였을 당시 인민들은 이미 계급투쟁과 개인숭배에 지쳐 있었고 이데올로기만으로는 배부를 수 없음을 절감하고 있었다. 덩샤오핑은 모든 지역과 인민을 한꺼번에 이상세

4) 마오쩌둥의 황제수준의 권력 누리기 욕구와 행태를 세상에 폭로한 사람은 그의 주치의였던 리즈수이였다. 리즈수이/손풍삼 옮김, 『모택동의 사생활(1, 2, 3)』(서울: 고려원, 1995).

계로 이끄는 허황된 방법 대신 경쟁력이 있는 지역과 인민들이 먼저 앞서 나가는 방법을 택하였다. 덩샤오핑이 등장한 이후에도 노선투쟁, 정치투쟁은 있었으나 덩샤오핑의 생각과 이론은 절대 다수 인민의 지지 하에 주류를 형성할 수 있었다. 덩샤오핑은 빈곤은 사회주의가 아니라고 말하면서 함께 풍요롭게 잘 사는 사회주의를 실현하기 위해서는 나눠 먹을 빵을 늘리는 일이 중요함을 알고 있었다. "검은 고양이든 흰 고양이든 쥐를 잘 잡는 고양이가 좋은 고양이"라는 말에서 엿볼 수 있듯이 덩샤오핑은 실사구시 정신에 입각하여 절박하고 현실적인 문제 해결에 힘을 쏟았다. 그는 생산력 발전과 사상해방을 통해 중국을 경제적 낙후와 빈곤으로부터 탈출시키고자 하였다. 인민대중의 요구와 혁명영웅으로서의 카리스마 때문에 덩샤오핑은 이렇다 할 직책 없이도 거의 20년 가까이 절대지도자로서 군림할 수 있었다. 경제성장 우선주의로 설명할 수 있는 덩샤오핑의 개혁개방 구도는 당시 다수 인민의 열망을 대변하는 것이었으며, 그렇기 때문에 그가 그린 개혁개방 설계도는 많은 문제에도 불구하고 성공할 수 있었다.

덩샤오핑의 뒤를 이은 장쩌민은 개혁 세력과 보수 세력 간의 정치투쟁과 덩샤오핑의 정치적인 고려에 힘입어 비교적 수월하게 최고 권력자 지위에 올랐다. 그런만큼 그는 덩샤오핑의 설계도를 충실하게 구현하는 역할을 부여 받았다. 하지만 그는 권력기반이 공고해지면서 1997년을 출발점으로 자기만의 색깔을 보여 주고자 했다. 장쩌민은 혁명 1세대의 카리스마도 없고 덩샤오핑이 사용한 '경제발전'이라는 카드도 더 이상 쓸 수 없었다. 이에 따라 그는 남은 대과제 중의 하나인 '통일' 문제에 깊은 관심을 보임과 동시에 사회주의라는 이름에 걸맞게 '함께 잘 사는 사회'(共同富裕) 건설을 내걸었다. 사실 통일 문제는 덩샤오핑도 강조하였으나 일정이 정해진 홍콩과 마카오 반환 이후 큰 진전이 없었다. 장쩌민은 권력기반이 확고해지면서 통일에 관심을 보였으나 대만이 평화적인 정권교체 작업에 성공하고 그 영향이 대륙에까지 밀려올 것으로 예상됨에 따라 난관에 봉착하였다. 또한 '함께 잘 사는 사회 건설' 작업 역시 1997년부터 동아시아 금융위기의 영향으로 인한 경기 하강과 날로 취약해져 가는 중앙의 재정능력으로 인하여 벽에 직면하였다. 이에 다급해진 장쩌민은 당의 성격을 바꾸는 문제를 적극적으로 추진하기 시작하였다. 장쩌민은 당이 개인 기업가를 받아들일 뿐만 아니라 당으로 하여금 무산계급이 아니라 광범위한 인민대중의 이익을 대변하게 해야 한다는 의견을 제기하였다. 장쩌민 이론의 핵심은 '세 가지 대표론'(三箇 또는 代表論)[5]으로 요약된다. 세 가지 대표론을 중심으로 한 장쩌민의 사상과 이론은 이후 덩샤오핑 사상과 함께 공산당의 당헌(黨章)의 지도이념 반열에 올랐다.

건국 초기 집단주의 체제에서 마오쩌둥에 의한 전체주의적 독재로 전환된 지도체제는 덩샤오핑의 등장을 계기로 권위주의적 개발체제로 전환되었다. 마오쩌둥이 대외적 폐쇄, 대중동원 및 중앙계획을 중심으로 한 경제개발을 추진하였다고 한다면, 덩샤오핑은 대외개방, 외자도입 및 시장화를 중심으로 한 경제개발을 강조하였다. 덩샤오핑과 장쩌민이 이끈 체제는 엄밀한 의미에서 동아시아 신흥공업국 개발 독재 수준의 신권위주의 개발체제 또는 개발 독재[6]라

5) 세 가지 대표란 공산당과 간부들이 선진적인 문명의 발전방향, 선진 생산력의 발전, 폭넓은 인민대중의 근본적인 이익을 대표하여야 한다는 내용이다.

고 할 수 있으며, 아직까지는 덩샤오핑의 설계도의 범위를 크게 벗어나지 않고 있다.

덩샤오핑 이후 최고 지도자는 장쩌민-후진타오-시진핑으로 세 차례 교체되었고, 시간적으로도 20년이 흘렀다. 그 사이 내적으로 놀라운 경제성과가 이어졌고, 외부 환경도 크게 변하였으며, 최고 지도자의 얼굴뿐 아니라 성격도 변하였다. 덩샤오핑의 개혁개방 철학을 충실히 구현하였다는 평가를 받은 장쩌민은 임기 말 공산당의 성격과 체질을 변화시키는 대담한 변신을 시도하였다. 장쩌민의 뒤를 이은 후진타오는 취임 초부터 이전의 두 지도자와 달리 분배를 중시하는 발언을 하였고, 실제로 다양한 분배 관련 개념과 조치를 내놓았다. 후진타오는 조화로운 사회, 과학적 발전관, 인본주의 등 여러 개념을 통해 고성장과 함께 날로 확대되는 빈부 및 소득격차 문제를 완화하려는 의지를 보였다. 그럼에도 불구하고 후진타오가 통치하던 10년 동안 평균 경제성장률은 가장 높았고 심화되는 상대적 격차 문제도 개선되지 않았다. 후진타오의 통치이념도 장쩌민의 아이디어처럼 당헌에 올랐다. 2013년 시진핑이 공식적으로 최고 지도자 자리에 오른 지 4년이 지났으나 아직 뚜렷한 통치이념을 보여 주지 못하고 있다는 평가를 받고 있다. 후진타오뿐 아니라 시진핑도 더 이상 혁명 영웅이라는 후광에 기대서 중국을 이끌만한 경력을 가진 지도자가 아니며, 국가관리

6) 이 용어법은 전 총리 리펑(李鵬)을 중심으로 한 지도자들을 신보수주의, 장쩌민을 중심으로 한 지도자군을 신권위주의로 규정한 무디의 용어법을 빌린 것이다. 그는 변신을 통해 공산당을 강화하려는 생각을 가진 지도자들을 신보수주의로 지칭하고 있고, 경제발전을 위해 당과 정치를 변신시키려는 생각을 가진 지도자들을 신권위주의라고 부른다. Peter R. Moody Jr., "China's Emerging Neoconservatism" *Chinaonline*(16 August 2001). 하지만 이러한 용어법도 일부를 설명해 줄 뿐이다. 중국의 현 개발체제는 동아시아 일부 국가와 달리 불평등 심화와 정치적 안정이 공존할 뿐 아니라 집권 세력의 장래 민주화에 대한 인식도 거의 없이 현체제가 최고의 정치형태라고 간주하고 있다. 이에 대해서는 나카가네 카츠지/이일영 외 옮김, 『중국경제발전론』(서울: 나남, 2001), p. 405.

능력, 지속적 경제발전 실현, 시대적 과제 해결능력을 통해 정통성을 확보해야 한다.

제2절 팽창하는 경제, 위축되는 이데올로기

1999년 중화인민공화국은 건국 50주년을 맞았다. 1999년 8월 17일 국가 통계국은 건국 50년의 성과를 분석하면서 50년 동안 "중국 공산당의 지도 하에 각 민족이 일치단결하여 많은 장애를 극복하고 화려한 경제 및 사회발전 성과를 거두었다"고 자평하였다.

국가 통계국의 발표에 따르면 중국의 GDP는 1952년에 679억 위안이었는데, 1998년에는 7조 9,553억 위안으로 증대하였다. 물가요인을 감안하더라도 연평균 7.7% 정도 성장해 온 셈이다. 이 성장률은 같은 시기 세계경제 평균성장률인 3%보다 훨씬 높다. 개혁개방 개시 시점인 1978년에 GDP는 3,624억 위안에 불과하였으나, 1997년에는 미국, 일본, 독일, 프랑스, 영국, 이탈리아에 이어 세계 7위였고, 4년 뒤인 2001년 GDP는 1.7조 달러로서 세계 6위, 2010년에는 세계 2위에 올랐다. 2015년 중국의 GDP는 11.2조 달러(67.7조 위안)로 세계의 12%를 차지하였다. 중국의 일인당 GDP는 1952년에 119위안(20달러)이던 것이 2015년에 4만 9,215위안(8,200달러)으로 건국 초기에 비해 410배 증가하였다. 일인당 GDP를 달러 기준으로 보면, 1978년 100달러에서 2006년에 2,000달러로 약 20배, 2010년에 4,000달러로 40배, 그리고 2015년에는 8,120달러로 개혁개방 개시 때부터 최근까지 약 80배 정도 증가하였다.

1999년은 중국이 개혁개방의 길로 들어선 지 20년이 된 해였다. 1978년 12월 13일 덩샤오핑(鄧小平)은 12기 3중전회에서 새로운 발전전략(불균형 발전 또는 단계적 발전)을 제시하였다. 그의 실용주의에 입각한 '선부론'은 개혁개방 이후 중국 경제발전의 기본 사상이 되었으며, 실용적 사고전환에 힘입어 인민의 생활수준과 중국 경제는 이전과는 전혀 다른 모습으로 탈바꿈하였다.

개혁개방 이후 최근까지의 경제성과를 뒤돌아볼 때 중국 경제는 몇 차례 단기적 침체기를 지나오면서도 연평균 9%에 가까운 고성장을 이루어 왔다. 중국 경제의 기적은 산적한 문제에도 불구하고 세계인들로 하여금 중국 경제의 미래를 낙관적으로 보게 하는 근거였다. 중국의 일인당 국민소득은 아직도 낮다. 하지만 개혁개방 35년 역사를 통해 경제력은 이미 세계 2위 자리에 올랐으며, 일부 연구기관에서는 중국의 GDP가 2025~2030년 무렵에는 미국을 밀치고 세계 1위로 올라설 것으로 예상하고 있다.

하지만 세계인들을 놀라게 한 중국 경제의 기적 뒤에는 어두운 요소들이 폭넓게 자리 잡고 있다. 국내의 지역 간 · 계층 간 · 도농 간 · 민족 간 소득격차는 심각할 뿐 아니라 날로 커지고 있다. 또한 각 대도시 지역에는 수백만의 유랑인구가 존재하고 있는데, 이들과 4.5억 명에 달하는 농촌인구의 생활수준은 낮다. 지역 간 경제격차는 1992년 덩사오핑의 남방담화를 계기로 더 확대되었으며, 상대적 격차가 개선되기는커녕 더 벌어지고 있어서 사회불안 요인이 되고 있다.

1999년에 중국은 톈안먼(天安門) 사태 10주년을 맞았다. 개혁개방과 함께 시작된 시장화 바람은 인민 생활에 예상할 수 없었던 놀라운 변화를 불러왔다. 하지만 그에 따른 부작용도 만만치 않았다. 덩샤오핑은 개방에 따른 부작용을 창문을 열었을 때 날아드는 파리 정도로 생각했지만, 부작용들은 점차 사회안정을 위협하는 요인이 되어 가고 있다. 1989년 6월 4일에 발생한 톈안먼 사태는 그러한 부작용이 불러온 대표적인 사태였다. 톈안먼 사태나 2000년에 중국 내외의 관찰자들을 놀라게 한 파룬궁(法輪功)[7] 사태는 개혁개방이 만들어 낸 모순의 일면에 불과하다. 하지만 무엇보다도 근본적이고 심각한 문제는 시장화와 함께 물질 우선 풍조가 만연하고, 오랜 동안 정신적 의지처였던 이데올로기가 흔들리는 데서 오는 심리적 · 정신적 혼란이다. 개방이 진전되고 생활수준이 향상되면서 점차 시민사회의 초기적 모습도 점차 수면 위로 떠오르고 있다.

개방이 시작된 뒤 인민들의 의견표출은 여러 형태로 이루어져 왔는데 대부분이 권리침해, 경제 문제 및 부정부패와 관련되어 있다. 하지만 파룬궁 사태는 경제 문제가 아닌 사상 및 이념 문제와 관련을 맺고 있다는 점에서 이전의 의사표출과는 성격이 다르다. 파룬궁 사태는 중국 사회에서 형성되고 있는 시민사회의 초기적 형태로서, 이 집단은 이미 최고 권위 주체인 공산당을 두려워

7) 파룬궁(法輪大法)은 진선인(眞(진실) · 善(선량) · 忍(인내))을 핵심 사상으로 삼는 중국의 심신수련법이다. 파룬궁은 불가(佛家)와 도가(道家)를 기반으로 한 기공(氣功)수련법으로 인격 수양과 신체 단련을 결합한 것이 특징으로 알려져 있다. 파룬궁 수련자들은 도덕적으로 엄격한 생활과 더불어 수련을 통해 번뇌를 제거하고 깨달음을 얻으려 한다. 파룬궁은 1992년 중국 동북부 지역에서 리훙쯔(李洪志)가 처음 전파하였다. 당시 중국에서는 운동, 무술, 명상, 호흡 수련법 등이 급속하게 확산되는 '기공 열풍'이 불었고, 이 열풍이 끝날 때쯤 파룬궁이 등장하였다. 파룬궁은 공식적으로 회비나 등록비가 없고, 종교처럼 예배도 없을 뿐만 아니라 도덕성을 무엇보다 강조하는 법리를 내세운다. 하지만 신비로운 측면을 말하고 있고, 교주가 있으며, 신도가 있을 뿐 아니라 조직적 행동도 한다는 점에서 보면 신흥종교의 성격이 강하다. 파룬궁은 중국, 홍콩, 대만을 포함한 세계 여러 나라에 추종자를 거느리고 있다. 1990년대 중반부터 후반까지 파룬궁은 중국 정부로부터 지원을 받았지만, 규모가 커지고 국가 단체에서 독립한 뒤 공산당 정부와 정보기관에 요주의 대상이 되었다. 중국 정부와 파룬궁 사이의 갈등은 1999년 4월 25일에 정점에 달하였다. 1만 명이 넘는 파룬궁 수련자들이 합법적인 수련 환경과 수련의 자유를 요구하며 베이징 민원국에 평화 청원을 하고 중국 정치의 심장부인 중난하이를 둘러싸고 침묵시위를 하기도 했다.

하지 않는 집단이 되었다.

신흥종교의 형태를 띤 파룬궁 이외에 중국에서는 고등종교 운동도 활발하다. 중국 정부는 1982년 헌법 개정에서 종교의 자유를 보장하였다. 하지만 그 자유는 우리가 말하는 정부 간섭으로부터 자유나 신앙의 자유와는 다르며, 공산당의 지도 하에서만 허용되는 개인 신앙의 자유이다. 열악한 조건 하에서도 정식 교인과 비밀 교인을 포함하여 기독교인이 1억 명에 달하며, 천주교는 아직 교황청과는 별도로 공산당의 관리 하에서 활동하고 있다.

마오쩌둥은 자기가 생각한 중국식 사회주의 이데올로기가 모든 정치경제 문제를 포함한 문제를 일거에 해결해 줄 것으로 믿었다. 이러한 순진하고 무모한 사상은 당연한 결과로 인민대중을 이데올로기의 짙은 그늘 아래 두었고 인민은 빈곤과 기아를 대가로 지불해야 했다. 반면에 덩샤오핑은 교조적인 사회주의 이데올로기가 배부르게 해주지는 않는다는 평범한 진리에 충실하였다. 개혁파에 의해 주도된 사고의 일대 전환과 함께 중국은 이데올로기의 시대에서 성장신화의 시대로 접어들었고, 자신들도 놀랄 만한 성과를 거두었다. 하지만 시장화와 개방이 진행되고 성장이 지속됨에 따라 개혁개방 사회의 문제들이 표면화되고 있다.

개혁개방 35년을 지나오면서 공산당과 현 지도부도 사회주의 이데올로기로는 더 이상 인민의 마음을 끌어모을 수 없음을 감지하였다. 그렇기 때문에 그들은 애국주의라는 이름의 '민족주의' 카드를 내밀고 있다. 공산당은 이 카드와 정기적인 부패척결운동을 통해 갈수록 약해져 가는 당의 권위를 세우고 조직력을 재건하려 애쓰고 있으며, 때로는 전통사상의 힘에 의지하려 하고 있다.

1980년대 이후 중국 정부가 자주 공자(孔子)를 거론하고 또 공자묘를 새롭게 단장하는 등 사회주의 이념 대신 민족주의와 맥이 닿는 공자주의를 강조하고 있다. 왜냐하면, 공자주의는 전통사상의 대표로서 인민의 사상적 · 이념적 공허함을 달랠 수 있고, 나아가서는 과거에도 그랬듯이 공산당의 권위를 지지해 줄 수 있으리라는 기대 때문이다. 하지만 일부 공산당 지도자와 관변학자, 그리고 외국의 공자주의 신봉자들의 생각과는 달리, 중국 인민들이 혁명을 통해 타도하려 하였던 구습인 공자주의가 인민의 마음 속을 파고들 수 있을지는 의문이다.[8] 더구나 폐쇄적이고 민족주의적인 색깔이 강한 전통사상이 주변국들에게 얼마나 설득력이 있을지는 매우 의문이다. 중국 정부의 이러한 안쓰러운 노력은 어쩌면 짝사랑이거나 관광상품 개발이라는 의미 정도밖에는 없어 보인다. 애국주의 교육, 공자주의 부활운동, 사회주의 정신문명 교육, 청렴교육, 기획된 부패인사 처벌 등은 위기 모면을 위한 술수로 보일 뿐이다.

지금 중국에서 가장 절실한 사회경제적 문제는 폭발의 잠재력을 지닌 지역 간 · 계층 간의 경제격차와 부정부패이다. 일부 연해 지역은 지리적 비교우위, 양호한 경제 기초 및 앞선 개혁개방, 다양한 우대정책을 충분히 누림으로써 매우 빠른 발전을 성취하여 왔다. 내륙에 위치한 낙후된 지역 또는 소수민족 지역은 사회간접자본의 미발달, 취약한 경제 기초, 부족한 자가발전 능력, 그리고 늦은 개혁개방 등으로 인하여 발전이 지체되었으며, 이에 따라 다른 지역과의

8) 싱가포르의 경제발전이 유교문화에 뿌리를 둔 청렴하고 강한 리더십을 지닌 지도자와 권위주의적 통치에 힘입고 있다고 설명하는 사람들이 적지 않다. 뿐만 아니라 싱가포르의 국부로 불리는 리콴유(李光耀)도 그렇게 주장하고 있고, 독재 권력을 옹호하는 대부분의 사람들은 그렇게 선전하고 있다. 하지만 엄격하게 말해서 싱가포르의 국가통치의 핵심은 철저한 법치에 있다고 보는 편이 더 정확하다.

격차는 끊임없이 벌어졌다. 장쩌민의 서부개발, 후진타오의 동북진흥과 중부굴기 같은 전략에 힘입어 인프라가 개선되고 경제규모가 커졌음에도 불구하고 상대적 지역격차는 성장과 함께 갈수록 확대되고 있다. 계층 간의 경제격차도 정부의 노력에도 불구하고 개혁개방 이후 꾸준히 확대되어 왔다. 불평등도를 나타내는 지니계수는 이미 국제기구가 권고하는 임계점(0.4)을 지나 0.5도 넘었다. 당간부와 공직자의 부정부패는 반부패 캠페인에도 불구하고 해소되지 않고 있다. 지속적 고성장으로 인해 중국의 경제력은 빠르게 팽창하고 있으나, 인민들의 마음을 다잡을 당의 이데올로기적 설득력은 거의 고갈되었다.

제3절 급변하는 내외 환경, 산적한 정치경제적 과제

공산당에 대한 도전-종교, 시민사회, 부정부패, 디지털 혁명……

중국 사회는 경제가 발전하고 사회가 분화되고 다양화되면서 많은 갈등과 모순들이 표출되고 있다. 이미 사회주의 이념의 유효성이 사라진 가운데 초조해진 당과 정부는 한계에 달한 사회주의 이데올로기 대신 다른 방법에 호소하려 하고 있다. 당과 정부에 의해 교육되는 애국주의, 사회주의 정신문명, 공자주의 같은 사상운동에는 이데올로기적 우위를 상실한 공산당의 불안감과 어떻게든 인민을 하나로 묶어 보려는 소망이 함께 내포되어 있다. 그렇다고 해서 인민들 사이에 사회주의라는 종교나 마오쩌둥 숭배 분위기가 완전히 사라졌다는 의미는 아니다. 혁명운동의 주역이었던 농민은 오랜 산업화에도 불구하고 4.5억 명 이상에 달한다. 극히 일부이기는 하지만 빈곤 지역 인민들과 도시 하층민들 중에는 항일전쟁과 혁명운동의 영웅인 마오쩌둥이 복을 가져다 준다고 믿고 사진이나 흉상을 놓고 숭배하는 사람도 있다. 아무리 그렇다고 하더라도 중국에서 사회주의 이데올로기가 자신들을 구원해 주리라고 믿는 사람은 거의 없으며 사회주의는 이미 중국 사회에서 이데올로기적인 주선율에서 퇴출되었다. 청년들에게 공산당은 출세를 위한 연줄의 하나로 인식될 뿐이다. 개혁개방 이후 중국 사회는 공산당의 의도와는 달리 획일적이고 단순한 사회에서 빠르게 다양화의 길을 걸어왔다. 또한 사상적으로 해방되면서 많은 인민들은 스스로 생각하고 말할 수 있게 되었으며, 이제는 행동할 줄도 안다. 이렇게 급변하는 사회 가운데서 공산당은 경제성장을 이룩하였고 대안 세력이 없다는 이유 외에는 존재이유가 거의 없게 되었다. 1949년 인민들의 환호 속에 등장한 구원투수 공산당은 이제 경제성장 외에는 어디에도 기댈 곳이 없다.

혁명전쟁에서 개혁개방 이전까지 중국 사회에서 사회주의 이데올로기의 영향력은 절대적이었다. 그런만큼 그것이 사라진 데 따른 인민들의 공허감은 클 수밖에 없다. 이 현상은 순수하게 사회주의 이념을 따랐던 평범한 인민들뿐 아니라 지식인들도 마찬가지이다. 대다수 중국 인민들은 허탈감을 위로받기 위해 정신적 · 심리적 안식처를 희구하고 있으며, 각종 고등종교, 신흥종교, 유사종교들이 그 자리를 대신하고 있다.[9] 그렇지만 중국에서 가장 보편적인 종교라면 '물신주의'(物神主義, 拜物主義, fetishism) 또는 배금주의일 것이다. 사회주의

9) 개혁 초기만 해도 관제 승려들과 외국 관광객들만 찾던 사찰은 지금 복을 비는 사람들로 넘쳐나고 있다.

혁명이 성공한 지 70년을 바라보는 지금 사회주의 이데올로기는 거의 식물 상태이며, 그 빈 공간을 채우고 있는 것은 그들이 그토록 혐오했던 '돈벌이'와 '물신주의', 그리고 각종 형태의 종교인 셈이다.[10)]

고등종교들은 사실 마오쩌둥 시대 전체주의적 사회 분위기 속에서 지하수처럼 사회의 저변을 흐르며 숨죽이고 있었고, 개혁개방 이후 기지개를 켜며 이전의 영향력을 회복하기 위해 애쓰고 있다. 문화혁명 때 수난을 당한 바 있는 불교와 도교 사원은 개혁개방과 함께 복과 안녕을 비는 사람들로 넘치고 있다. 위그르족과 후이족(回族)의 종교인 이슬람교는 사회주의 하에서도 어느 정도 용인되었으나 지금은 공개적으로 활동을 하고 있다. 소수민족 중에서 가장 많은 인구가 신봉하고 있는 이슬람교, 그리고 티베트인의 라마교는 일찍부터 중국 공산당과 정부의 신경을 건드리는 존재였으며, 위그르족은 종교를 중심으로 뭉쳐 정부와 물리적인 충돌도 마다하지 않는다. 외래 종교인 기독교와 천주교는 사회주의 하에서 지하조직처럼 움직여 왔는데, 지금은 적극적으로 활동하면서 과거의 신도들을 되찾는 한편 젊은이들 속을 파고들면서 영역을 확대해 가고 있다. 물론 현재 중국에서 종교적 자유는 개인의 신앙만 보장되어 있고 공개적인 종교행위나 전도활동은 통제된다. 천주교는 바티칸이 아니라 공산당의 관리 하에서이기는 하지만 활발하게 활동하고 있다. 기독교계 종교들은 얼마 전까지는 주로 대도시와 일부 연해 지역에서 성행하였으나 최근에는 매우 빠른 속도로 농촌 지역을 파고들고 있다. 기독교 측이 발행하는 잡지인 『톈펑』

10) 농촌 지역에서 성행하는 부녀자와 유아 인신 매매, 산업혁명 초기와 유사한 각종 형태의 노예노동은 이미 해외 언론에 의해 폭로된 바 있다. 중국 사회의 각종 노예노동에 대해서는 Bruce Gilley, "Toil and Trouble," *Far Eastern Economic Review*(August 16, 2001) 참조.

(天風)에 따르면 중국에는 하루 30개 이상의 교회가 세워지고 있으며, 기독교 인구는 약 1억 명 이상에 달한다.

시대를 반영하여 신흥종교의 발흥도 매우 활발하다. 신령하다고 알려진 곳에는 많은 신흥종교들이 자리잡고 있으며, 그중 일부는 구세주를 자칭하며 교세를 불리고 있다. 뿐만 아니라 개혁개방 전후에 출생한 신세대 젊은이들은 도도하게 밀려드는 서양의 유행과 사조에 쉽게 휩쓸리고 있으며, 이들 중 일부는 종교에 관심을 보인다.

중국 정부의 신경을 예민하게 하는 파룬궁도 역시 이러한 맥락에서 탄생하여 인민들 속을 파고들었다. 파룬궁을 따르는 사람들의 다수는 중년층, 실업자, 교육수준이 낮은 하층민이라고 알려져 있다. 하지만 신도 중에는 공직자와 간부도 있고, 해외에도 널리 퍼져 있다. 파룬궁 사태가 공산당 지도자들뿐 아니라 국내외 많은 사람들을 놀라게 한 이유는 사회통제가 심한 중국에서 어떻게 많은 신도를 거느릴 수 있었고, 또 강한 결속력으로 기습적인 대규모 시위를 할 수 있었을까 하는 점이다. 파룬궁의 대규모 시위는 건국 50주년을 기념하는 대대적인 퍼레이드가 준비되던 시점이자 톈안먼 사태 11주년 무렵인 2000년, 당국이 노동쟁의나 각종 시위에 대해 특별히 경계하던 시기에 베이징의 중심부에서 성공하였다는 점에서 국내외를 놀라게 하였다. 중국 당국이 종교활동에 대해 특별한 감시를 해 왔다는 점, 그리고 파룬궁 추종자 중에 당간부들도 적지 않다는 점 등을 고려하면 파룬궁은 생각보다 위협적인 조직임을 짐작할 수 있다.

공산당은 변신을 통해 개혁개방의 길로 나왔고 또 세계 속에 중국 경제의 위상을 드높였으며 인민들의 생활수준을 크게 향상시키는 데 성공하였다. 하지만 자신이 연 문을 통해 들어오는 새로운 바람을 타고 강렬하게 일고 있는 종교운동은 도리어 경제성장과 생활수준 향상을 가능하게 한 공산당을 위협하는 형국이다. 그렇기 때문에 공산당은 각종 종교운동에 대해 매우 민감하다. 국내에 지도자가 없는데도 1만 명이 넘는 추종자들이 중국 정치의 심장부인 중난하이(中南海) 근처에서 벌인 대규모 침묵시위는 다양화해 가는 가치관의 일면을 보여 준 사건임과 동시에, 자칫하면 사회주의 체제의 근간을 흔들 수 있는 움직임의 서막이라고 할 만하다. 그래서 공산당은 이러한 종류의 움직임에 대해 지나칠 정도의 반응을 보였다. 사실 중국 정부가 파룬궁 집단에 대해 취하는 조치들은 미신타파라는 수준을 넘는 매우 고전적이면서도 신경질적인 대응이다. 이는 다른 측면에서 보면 공산당이 이념적으로 취약하다는 사실을 보여 주는 증거이다. 중국 정부가 파룬궁 사태를 민감하게 보고 있는 이유는, 개방 이후 공산당의 취약한 부분을 파고들었다는 점과 앞으로의 파급효과 때문이다. 중국에서는 당국의 탄압에도 불구하고 앞으로도 파룬궁을 포함한 유사한 형태의 움직임이 더 출현할 가능성이 크며, 이 현상은 중국 공산당을 망령처럼 따라다니며 괴롭힐 문제이다. 다양한 모습의 종교운동이 갖는 가공할 힘은 이미 파룬궁 사태에서 분명하게 보여 주었고, 종교활동의 자유를 찾으려는 운동은 자칫하면 소수민족의 동질성 회복과 독립운동과 연계시키는 도화선이 될 수도 있다.

고등종교의 확산, 신흥종교 집단의 발흥과 관련해서 한 가지 주의 깊게 보아야 할 점은 그러한 운동들이 시민사회의 싹일 수도 있다는 사실이다. 시민사회의 특징으로는 자유로운 개인의 권리 주장, 높은 참정의식, 여론의 다양화로 요약할 수 있는데, 시민사회로의 이행은 생활수준이 향상되고 통신수단이 발달함에 따라 더 빨라진다. 전통사회가 하늘로부터 권력을 위임받은 황제의 시대였다면 신해혁명 이후 중국 사회는 엘리트 사회였다고 할 수 있다. 건국 이후 마오쩌둥 시대와 덩샤오핑의 시대 역시 이데올로기 전문가로부터 실무 전문가로의 전환이라는 점을 빼고는 역시 엘리트 중심 사회였다. 이에 비하여 제3세대, 제4세대 지도자의 시대를 거치면서 생활수준이 더욱 향상되고, 새로운 사상과 사조가 밀려들면서 시민사회의 싹도 성장하였다. 파룬궁을 포함한 종교운동은 바로 시민사회의 초기적 형태일 수도 있다. 그럼에도 불구하고 공산당은 사회주의식 개조 시기나 문화혁명 당시 같은 탄압, 사상교육, 정치교육 같은 고답적인 수단으로 대응하고 있다. 더욱이 당국의 사상통제, 언론통제, 통신통제가 SNS 같은 첨단 통신수단까지 효과적으로 통제하기는 쉽지 않은 일이다.

따라서 새로운 시대를 담당한 지도자 집단은 아직은 미미하지만 시민사회가 다가오고 있음을 인정하고 그 싹을 합리적인 방식으로 흡수할 필요가 있다. 중국 내에서 일고 있는 도시와 농촌의 각종 시위는 구체적으로 부정부패에 대한 불만 표출, 농민의 권익 침해에 대한 반발, 실업자들의 반항 등의 형태로도 나타나고 있는데, 사회적으로 취약한 계층이 새로운 사상 및 종교운동에 가담하는 사례가 많다는 점을 주목할 필요가 있다. 인민들의 삶의 질과 직접 관련이 있는 환경보호운동을 출발점으로 한 시민사회의 움직임도 점차 모습을 보이고 있다.

시민사회의 싹과 함께 중국 공산당을 위기로 몰고 있는 것은 바로 만연해 있는 당간부와 공직자들의 부정부패[11] 및 대규모 지하경제이다. 당간부와 공직자의 직권을 이용한 지대추구(rent seeking) 행위와 만연해 있는 불법과 탈법을 수단으로 삼는 지하경제, 그리고 국유재산의 유실은 심각한 사회 문제이자 공산당의 내일을 벼랑으로 내모는 요소이다. 그 주 요인은 당의 정치독점과 당간부 및 공직자의 윤리의식 부족, 그리고 체제전환 과정이라는 체제적 특성, 법제도의 미비 및 엄정하지 못한 집행 등이다. 체제전환 과정에서 정치를 제외한 모든 부문이 시장화되고 있는 데 비하여 제도적 · 법률적 인프라는 잘 갖추어져 있지 않은 상태이다. 뿐만 아니라 부정부패와 지하경제에 대한 감시 · 감독 체계도 부실하기 때문에 지하경제는 줄어들지 않고 있다.

2000년 무렵 공식 조사[12]에 의하면 중국에서 이루어지는 계약 중 약 절반 정도가 사기이다. 생산품 중 모조품이나 수준 이하 상품이 중국 공업 생산품의 40%로서, 규모로는 약 2,000억 달러 정도라는 추산도 있다. 부패는 중국 GDP의 13~17%를 삼키고 있으며, 탈세로 인한 재정 손실은 연간 1,000억 위안(약 12억 달러) 정도이다. 비교적 추정이 용이한 관세수입만 보더라도 1994년에 GDP의 약 7.1%가 소실된 것으로 추정되었는데, 이 규모는 2000년에 2배나 증가하였다. 또한 당정 간부의 독점적 지위를 이용한 지대취득 규모는 GDP의 1.7~2.7% 정도로 추산되고 있다.[13] 지대추구는 주로 각종 우대조치, 높은 수입관세, 경제적 특권이나 독점력 등을 통로로 하여 발생하고 있다. 대형 국유기업 중 2/3가 가짜 장

11) 중국 사회의 부정부패에 대해서는 Hu Angang, "Fighting Corruption to Save Economy," Chinaonline, 홈페이지(June 29, 2001); Bruce Gilley, "People's Republic of Cheats," *Far Eastern Economic Review*(인터넷판, June 14, 2001); "Something Rotten in the State of China," *The Economist*(February 2, 2002); 黃葦町, 『中國的陰型經濟』(北京: 中國商業出版社,1996); 史仲文 等, 『透視中國的第三只眼』(北京: 中華工商聯合出版社,1996) 등 참조.
12) 아래 수치들은 주로 길리의 글에 의존하고 있다. Bruce Gilley(2001), pp. 2~3 참조.
13) Hu Angang(2001), p. 2.

부를 이용하여 국유재산을 좀먹고 있으며 SOC 건설 투자분의 약 15~25%는 관련 공직자에 대한 뇌물로 증발하고 있다. 지하경제는 중국 GDP의 최소 25% 수준에 달할 것으로 추정되고 있다. 이러한 지하경제와 부정부패는 당과 지도자의 구호와 쇼에도 불구하고 개선되지 않고 있다.

공직자의 부정부패와 지하경제의 만연은 바로 사회 공해(social pollution)로서 사회불안과 당과 정부에 대한 불신을 낳고, 사회적 신뢰와 경쟁력 약화를 불러온다. 이에 대한 대책으로는 정부 사업의 투명성 확보, 대의기관의 역할 강화 및 사법권의 독립, 분명한 공직자의 책임소재, 자유로운 언론활동 등이 지적되고 있으나, 가장 중요한 문제는 어떻게 당의 정치독점과 정부의 경제에 대한 간섭을 줄이고 법에 의한 통치문화를 확립하느냐 하는 데 있다.

심각한 사회 공해에도 불구하고 공산당은 적절한 대응보다는 부패척결이라는 정치적 쇼와 생명연장에 급급한 편이다. 부패가 당정 간부의 지위 고하를 가리지 않고 광범하게 행해지고 있는데도 중국에서는 부패 관련 통계를 국가기밀로 취급하고 있다. 고위 공직자와 정치인들의 부정부패 문제는 정도의 차이만 있을 뿐 어느 사회에서나 심심치 않게 이슈가 되곤 한다. 하지만 그 문제가 곧바로 사법당국에 의해 철저하게 조사되고 또 응분의 대가를 치르게 하는 사회라면 장래는 낙관적이다. 독점 상황 하에서 부정부패 및 지하경제 발생의 가능성은 커지는데 중국에서는 당과 정부가 철저한 정치독점과 경제 반(半)독점을 포기하지 않고 있다. 중앙은 부패에 대한 적발과 처벌 외에 사회주의 정신문명이나 애국심, 그리고 공자주의를 대대적으로 선전 교육하는 고답적인 방법을 사용하고 있으나 얼마나 효과가 있는지 의문이다.

여기에서 한 가지 주의해야 할 점은 도시 중산층의 확대와 초기적 시민사회 모습의 등장을 확대 해석해서 중국 사회에 금방 어떤 일이 벌어질 것으로 속단해서는 안 된다는 사실이다. 중국의 새로운 계층인 도시 중산층은 다른 사회와 달리 주류 이데올로기나 현실에 대한 강력한 비판의식을 겸비한 중산층이라고 보기 어렵다. 개혁개방이 시작된 지 35년이 지났으나 아직 중산층의 존재감은 분명하지 않다. 그리고 많은 유능한 젊은이들이 공산당을 껍질만 남은 존재인줄 알면서도 앞다투어 입당하려고 한다. 그 이유는 당의 사상이나 이념을 동경해서가 아니라 당원이 되어 기존체제에 적응함으로써 비용을 줄이고 효과적으로 이익을 추구할 수 있기 때문이다. 이들은 비판의식이나 정치의식이 없는 중산층처럼 현실 비판보다는 현실 적응 또는 현실 이용을 선호한다.

당과 정부는 인민들의 자발적 조직을 철저히 통제하고 있고, 그나마 활동하는 조직은 당과 정부의 관리 하에 있다. 따라서 중국에서 머지않아 시민계급이 일어나 사회에 대해 심각한 비판을 하거나 변혁을 요구하게 될 가능성은 크지 않다.[14] 복잡하고 다원화되어 가는 수많은 집단들의 이해를 어떻게 효과적으로 만족시키면서도 당의 권위를 유지할 수 있느냐가 바로 탈개혁개방 시대 공산당과 지도자 집단이 풀어야 할 대과제이다.

공산당과 정부에게 위협으로 다가오는 또 다른 요소는 디지털 혁명이다. 당과 정부는 개혁개방 이후 다양화되어 가는 사회를 정치독점과 철저한 사회통제를 통해 통치해 왔다. 그러나 디지털 시대에도 당의 고전적인 사회통제가

14) 이러한 도시 시민계급의 성향과 달리 현실에 대한 강력한 반감을 가지고 있고 또 의견을 표출하는 집단은 각종 가렴주구에 시달리는 농민층이다. 농촌 지역에서는 당정 하급조직의 부정부패가 심할 뿐 아니라 개선의 기미도 보이지 않고 있다. 인구의 다수를 차지하는 이들과 도시 실업자가 사회불안의 잠재적 힘일 수 있다.

잘 먹힐지는 의문이다. 디지털 시대의 정보통신 혁명에 힘입어 정보는 넘쳐나고 또 광속으로 전파된다. 중국의 산업을 포함한 경제 전반뿐만 아니라 공산당의 미래도 디지털 정보통신 혁명, 디지털 혁명의 영향에서 절연되어 있을 수는 없으며, 당이 외면하기도 어렵다. 디지털 혁명은 매력적일 뿐만 아니라 영향이 매우 강력하다.

디지털 혁명 시대의 특징은 여러 측면에서 설명되지만, 단순화한다면 이렇게 정리할 수 있다. 첫째, 반복 사용해도 정보가 줄어들거나 질이 떨어지지 않는 무한 반복성이다. 정보의 유실 없이 무한 복제가 가능하며 가공해도 품질이 떨어지지 않는다. 둘째, 디지털 정보는 전송 또는 저장 과정에서 다른 정보의 삽입이 용이하기 때문에 정보의 가공과 변형이 쉽다. 셋째, 단선적인 관계 시대였던 아날로그 시대에는 불가능하던 쌍방향성 및 다방향성을 지향한다. 디지털 정보는 다채널화가 가능하기 때문에 하나의 선로를 이용하여 다수의 정보를 전송하고 받을 수 있기 때문에 다방향의 정보전달이 가능하다. 넷째, 유동하는 정보가 양적으로나 질적으로 무한에 가까울 정도로 변화할 수 있으며, 이동속도는 광속으로 이루어진다.

이상에서 설명한 디지털 시대는 네트워크의 시대이고, 소비자 주권의 시대, 전자민주주의의 시대, 디지털 경제의 시대, 감성의 시대라고 불리기도 한다. 디지털 혁명은 단순히 기술적인 진보에 그치지 않고, 사람들의 생활양식과 사회적 행동양식, 문화적 환경, 정치와 경제 환경 등 사회 전반에 걸쳐 직접적인 영향을 미칠 잠재성을 가지고 있다. 구체적으로 보면, 사이버 공간의 활동 증가로 시장의 개념이 크게 변화하고, 시장 자체가 현실 공간이 아니라 가상 공간으로 이동하고 있다. 디지털 시대에는 소비자 간 활발한 정보의 교류로 인해 공급자가 보유한 정보를 대부분 파악할 수 있고, 이러한 정보의 균형은 소비자로 하여금 적극적으로 주권을 보호하는 데 기여한다. 따라서 디지털 혁명은 정치 서비스의 소비자인 일반 대중의 주권신장에도 도움이 될 수 있다. 나아가서 정보통신 기술의 발전은 보다 많은 사람들이, 보다 양질의 정보를 단시간 내에 공유하기 때문에 직접민주주의의 실현에 기여할 수 있다. 인터넷이 보편화된 사회에서 정치 및 사회와 관련된 훨씬 많은 정보를 공유할 수 있다.

디지털 혁명은 산업과 과학 기술의 융복합을 통해 상상할 수 없는 수준으로 부가가치를 높이고, 산업을 새로운 내용과 수준으로 변화시킬 수 있다. 따라서 디지털 혁명은 다방면에 걸쳐 상상을 초월하는 영향력을 미칠 것이기 때문에 외면할 수 없는 매력이 있다. 다수의 선진국과 개도국들이 다가오는 새로운 시대를 선도하거나 낙오되지 않기 위해 애쓰고 있다. 중국 사회도 빠르게 디지털 혁명 시대로 접어들고 있고, 정부가 이 방향을 향해 정책을 구사하고 있다. 지금까지는 공산당이 정치독점을 바탕으로 비교적 효과적으로 사회를 통제해 왔다. 하지만 디지털 혁명은 산업, 경제 전반, 당의 통치방식, 인민의 생활 패턴 전반에 영향을 미칠 수밖에 없다.

중국 공산당과 정부에 대한 거센 도전은 외부에도 있다. 내적으로 성장률이 날로 하락하고 대부분의 제조업이 설비과잉인 상태에서 시진핑은 이미 취임 초 글로벌 강대국 건설을 의미하는 '중국의 꿈' 실현을 선언하였다. 시진핑-리커창 체제는 한편으로 산업 구조조정을 하면서 다른 한편으로는 강대국으로 발돋움하기 위한 노력도 함께 기울이고 있다. 선진경제를 제외한 대부분의 국가에게 중국의 경제적 영향력은 무시할 수 없게 되었으며, 당과 정부는 정치안보적 영향력을 확대하기 위해 노력하고 있다. 이러한 노력의 결과 적어도 동아시아 지역에서 중국의 정치경제적 영향력은 상당한 수준이며, 중국 정부는 영향력 범위를 중앙아시아를 포함한 유라시아 지역으로 확대하려 하고 있다. 하지만 시진핑 정부의 강대국을 향한 욕구는 기존 강대국인 미국 중심의 구도 및 영향력권에 대한 도전이 된다. 이러한 이유 때문에 중국의 영향력을 확대하려는 시도는 중앙아시아, 아프리카, 동남아시아, 중남미 등지에서 기존 세력과 갈등 중이다. 특히, 중국의 정치안보적 영향력 확대에 대해서 미국은 민감하게 대응하고 있으며, 장애물에 직면한 중국 정부는 군비 확장과 주변국 설득을 위해 더 많은 지출을 하고 있다. 그러나 중국이 경제대국이고 세계 1위의 외환보유국이라고 해도 보유한 경제자원은 유한하다. 중국 정부는 앞으로 경제와 산업의 업그레이드와 지속적 발전의 기반을 닦기 위해 천문학적인 경제자원을 투여해야 하며, 세계적 강대국이 되기 위해서도 군사비 지출을 늘려야 한다. 중국의 꿈을 실현하는 길목에는 강력한 장애물이 있을 뿐 아니라 지불해야 될 비용도 매우 크다. 유한한 자원으로 국내외적으로 직면한 난관을 극복하는 일이 쉽지만은 않아 보인다.

이처럼 사회가 개혁개방의 완성 단계, 다양화와 다각화, 공개와 개방을 행하여 빠르게 변해 가고 있음에도 불구하고, 일각에서는 역주행 움직임도 포착되는데, 우상화 시도가 그것이다. 일당이 지배하는 사회로서, 혁명 영웅의 카리스마나 영웅의 후광이 먹혀들지 않는 상황에서, 개인을 절대화하려는 움직임이 나타날 잠재성은 남아 있다. 최근에 그러한 구체적인 조짐이 있었다.[15)]

2016년은 현대사의 비극인 문화혁명 50주년이 되는 해인데, 중국 공산당과 정부는 그동안 반성이나 재평가 작업보다는 침묵으로 일관하였다. 지난 수십 년간 중국의 지식인들에게 문화혁명에 대한 언급은 금기였다. 중국 공산당의 문화혁명에 대한 공식적 언급은 1981년 덩샤오핑이 행한 언급이 처음이자 마지막이었다. 그는 문화혁명은 엄중한 재난을 초래한 동란이며 마오쩌둥은 문화혁명을 초래한 과오는 있으나 전체적으로 공이 7, 과가 3이라고 평가하였다. 그리고 이후 어떤 최고 지도자도 이를 넘어서거나 진일보한 평가나 언급을 삼가했다. 마오쩌둥을 폄하하는 것은 당과 정부를 폄하하는 것이라는 덩샤오핑의 언급 때문이다.

시진핑을 포함한 현 지도부 7명의 상무위원들도 문화혁명을 겪었고, 이들 중 5명은 직접적인 피해자이다. 그런데도 중국 중심부에서 시진핑에 대한 개인숭배 분위기가 나타났다. 2016년 2월 베이징 인민대회당에서 열린 중국 걸그룹의 혁명노래 콘서트에서 시진핑을 찬양하는 노래가 등장하였고, 무대 배경에 마오쩌둥과 시진핑의 모습이 비치는 일이 있었다. 시진핑 추종자들이 연출한 것이었겠지만, 시대의 변화에 역행하는 시도였음은 분명하며, 이러한 역주행 욕구가 완전히 사라지지는 않았음을 보여 주는 하나의 예이다. 여기에 더해서 시진핑 추종자들이 그의 장기 집권을 위한 작업을 하고 있다는 보도도 나오고 있다. 경제적으로 많이 자유화되었다고는 하지만, 철저한 정치독점 사회에서 이러한 역주행 움직임의 잠재성은 상존한다.

15) 「문혁 50주년 …… 중국에 개인숭배 그림자」, 조선일보(2016. 5. 16).

당의 변신과 제도에 의한 통치의 길

중국 사회가 탈개혁개방 시대로 진입하면서 '사회주의'라는 이념은 자연스럽게 인민의 사고방식과 생활을 지배하는 이념의 지위에서 퇴출될 운명에 처하였다. 더욱이 덩샤오핑 사망 이후 카리스마적 지도자의 시대는 가고, 실용적 성향의 지도자들의 시대를 맞았다. 덩샤오핑 이후 지도자들의 정통성은 혁명 영웅으로서의 카리스마나 당의 사상적 지도력이 아니라 경제발전과 생활수준 향상, 세계적 위상 제고 능력에 의존하지 않을 수 없게 되었다. 혁명 영웅의 시대를 마감하고 최고 지도자가 된 장쩌민부터 후진타오, 시진핑에 이르기까지 '애국주의'와 '사회주의 정신문명' 교육에 관심을 기울여 왔다. 경제발전을 제외한 정치 측면에서는 이처럼 구태의연한 방법이 답습되었는데, 그럼에도 불구하고 공산당은 지속되는 경제성장을 이룬 공로로 생명을 유지할 수 있었다. 이처럼 공산당이 어렵게 생명을 연장시킬 수 있었으나, 시대의 요구에 맞게 당의 성격이 변할 것을 요구받았다. 그리고 장쩌민은 만족스럽지는 않지만, 대담하게 당의 변신을 통해 시대적 요구에 부응하고자 했다.

장쩌민은 '세 가지 대표론'(三個代表論)을 주창하였다.[16] 세 가지 대표란 각급 당조직과 당원 간부의 정신교육을 위해 주창되었는데, 그 내용은 이렇다. 첫째, 선진 사회생산력 발전의 요구를 대표한다. 둘째, 선진문화의 전진방향을 대표한다. 셋째, 광범한 인민대중의 근본 이익을 대표한다. '세 가지 대표'는 당과

16) 기업가의 입당 허용 방침은 장쩌민이 2002년 공산당 총서기 직을 후진타오에게 물려줄 당시 당헌을 수정함으로써 관철되었다. 이후 2005년에만 1,512명의 기업가들이 공산당에 입당하였다. "Caught between Right and Left, Town and Country," *The Economist*(Mar. 8th 2007).

당원이 흔들림 없이 사회생산력 발전, 문화발전 및 광범위한 인민의 이익을 위해 앞장서야 한다는 점을 강조하고 있다. '세 가지 대표론'에는 당의 변신과 관련된 매우 중요한 내용이 담겨 있다. 이전까지 중국 공산당은 무산계급의 대표이고 그들의 이익을 대표하는 정당이었다. 그런데 당의 '세 가지 대표'론에서는 당이 무산계급이 아니라 광범한 인민대중의 이익을 대변하도록 요구하고 있다. 장쩌민은 중국 공산당으로 하여금 폭넓은 인민대중의 이익을 대표하도록 함으로써 당의 성격을 진화시키고자 한 것이다. 뿐만 아니라 그는 2001년 중국 공산당 창설 기념일에 행한 '7.1담화'(七一講話)에서 공산당이 개인 기업가들을 당원으로 받아들여야 한다는 주장을 내놓았고, 이를 계기로 공산당이 타도의 대상으로 간주하던 기업가들을 포용할 수 있게 되었다.

장쩌민은 인민과 당간부에 대한 정치교육도 강조했다. 중앙에 의해 강조되고 교육된 새로운 이념인 애국주의와 사회주의 정신문명 교육은 장쩌민의 '세 가지 교육'(三講教育)[17]의 강화로 요약되었다. 세 가지 교육이란 학습, 정치, 정직 및 청렴 교육을 가리킨다. 학습은 새로운 시대에 맞게 배우고 또 배우자는 의미이고, 정치는 철저한 정신교육이 필요하다는 의미이며, 정직 및 청념 교육은 반부패 운동의 일환으로 이해할 수 있다.

장쩌민 사상의 핵심인 '세 가지 대표'나 '세 가지 교육'은 당과 정권의 초조함을 정신운동으로 해결해 보려는 노력이라 할 수 있는데, 그는 한편으로는 사상 및 정신 교육을 강화하면서 다른 한편으로는 당 자체의 변화를 추구하였다. 당 스스로가 변화하는 시대에 맞게 변신하지 않고 고집을 부린다면 곧 대안 세

17) 세 가지 교육이란 배우자(講學習), 정치를 중시하자(講政治), 청렴하자(講正氣)를 가리킨다.

력의 등장을 자초하게 되고, 공산당의 수명은 초읽기에 들어갈 수밖에 없다. 물론 공산당이 시대의 변화를 좇아 끊임없이 변신한다 해도, 사회는 빠르게 다양해지고 복잡해져 가고 있기 때문에, 당의 철저한 정치독점을 완화하지 않는 한 언제든 한계에 봉착할 수밖에 없다. 그럼에도 불구하고 부정부패의 원흉으로 질시 받는 상황에서 당의 변신은 불가피하며, 다만 그 속도와 깊이가 문제일 뿐이다.

시대의 변화속도와 중국 사회의 다양화 폭에 비한다면 공산당의 자기혁신 노력은 지지부진하다. 하지만 그러한 가운데서도 점진적인 제도적 기반 구축 시도가 없었던 것은 아니다. 개혁개방 이전 중국 사회는 당이 법 위에 군림하였을 뿐 아니라 각종 법제도도 잘 갖추어지지 않았다. 하지만 개혁개방 35년을 지나오면서 헌법 개정을 포함한 각종 하위 법률이 제정 또는 개정되었는데, 그중에서 가장 변화가 빠른 분야는 역시 경제 관련 법률이다. 헌법과 법률이 현실에서 얼마나 잘 지켜지는지는 별개의 문제이지만, 제도적 기반 구축이라는 면에서는 적지 않은 발전이 있었다. 그 가운데 가장 앞에 있는 내용이 바로 헌법의 개정과 수정이며, 그 다음은 하위 법률의 제정과 개정이다. 정부 주요 문건에서도 갈수록 법치, 제도라는 용어를 강조하는 사례가 많아지고 있다.

중국 헌법은 공산당이 혁명을 완수하고 나서부터 지금까지 네 번 개정[18]되

18) 여기에 설명되고 있는 중화인민공화국의 네 차례에 걸쳐 단행된 헌법 개정 내용에 대해서는 信春鷹, 「依憲治國 繼往開來」, 光明日報(1999. 4. 9); 1984년의 현행 헌법까지의 개헌사에 대해서는 吳祖謨 主編, 『法學概論』(武漢: 武漢大學出版社, 1993), pp. 112~120; 헌법 조문에 대해서는 *Constitution of the People's Republic of China*(Beijing: Foreign Languages Press, 1999); 임반석, 「중국에서 사유재산권 보호의 이상과 현실–헌법규정의 변천과 사유권 보장」, 『중소연구』102(2014. 8); 임반석, 「개혁개방 이후 사유재산권의 위상변화–헌법규정을 중심으로」, 『중국경제의 개혁과 발전』(서울: 해남, 2005); 임반석, 「중국의 재산권 보호를 위한 법제도의 진화와 한계」, 『비교경제연구』16(1)(2009. 3) 등 참조.

었다. 헌법은 한 사회의 규범 중 가장 상위 규범이다. 하지만 사회주의 국가나 철저한 일당독재 국가에서는 사실상 당이나 개인이 헌법 위에 군림한다. 개방 이전 중국에서 당은 가장 권위 있는 권력체로서 이념과 정책 모두를 좌우하였다. 헌법이 없었던 것은 아니지만 헌법 위에 당과 최고 지도자가 군림하고 있었기 때문에 당은 초헌법적 기구나 마찬가지였다. 중국에서 헌법이 철저하게 무시된 대표적인 예가 바로 문화혁명기인 1975년에 개정된 제2차 헌법이다.

건국 직후부터 헌법이 수립되기 전까지는 「중국 인민정치협상회의 공동강령」이라는 문건이 전후 복구와 사회주의 개조를 위한 기반이었고, 1954년에 제1차 헌법이 제정되었다. 이 헌법은 이후 개혁개방 이전까지 중국 헌법의 기초가 되었다. 중국 사회는 수차례의 정치 투쟁과 갈등을 거치면서 결국 문화혁명이라는 10년 대란 속으로 빠져들었고, 이 시기에 제정된 1975년의 헌법은 법률과 국가권력, 인민의 자유와 기본권을 대폭 약화시키고 그 위에 개인숭배와 주관주의로 채색된 당을 올려놓았다. 1978년에 제정된 제3차 헌법은 문화혁명의 충격과 혼란의 후유증이 잦아지기까지 2년 동안의 공백기 뒤에 만들어졌다. 이 헌법은 문화혁명을 정리하고, 개인의 기본권을 강화하며, 국가권력구조를 재편하였다. 또한 이 헌법은 대의기관인 전인대의 위상을 강화하면서 사회주의 현대화라는 목표를 내걸었다. 하지만 이 헌법은 여전히 문화혁명과 계급투쟁에 대해 애매한 입장을 취함으로써 구시대의 흔적을 강하게 남기고 있었다. 제3차 헌법은 시장화라는 관점에서 볼 때 분명한 한계가 있기는 하지만 사회주의 계획경제 시대와 새롭게 다가올 시장화 시대를 동시에 반영하는 과도기적 헌법이었다.

1982년에 개정된 제4차 헌법[19]은 사회주의 현대화에 역점을 두고 수준 높은 문명과 민주화라는 목표를 내걸었다. 이 헌법은 무엇보다도 날로 증가하고 있던 도시와 농촌의 '개체경제'(個體經濟)에 대해 합법적 권리와 이익을 보장한다는 내용을 담고 있었다. 이 헌법은 현대화의 대상이 정치, 사회, 관념 모두를 포괄한다고 밝힘으로써 장래에 있을 개혁의 범위를 제시하였다. 또한 이 헌법은 농촌 인민공사 폐지, 지도자 종신제 폐지, 지방정부의 권한 강화, 민주와 법치 등을 강조하였다. 그러나 이 헌법 역시 당이 헌법의 위에 위치하는 구도에 큰 변화는 없었으나, 분명히 과거 30년을 청산하고 형식적으로나마 헌법지상주의를 천명하였다는 점에서 진일보한 헌법이었다.

건국 후 네 차례에 걸친 헌법 개정은 1988년부터 개정이 아닌 일부 필요한 부분만을 수정하는 방식으로 전환되었다. 1988년 4월에 있었던 헌법 수정에서는 사영경제와 외자경제의 법적 지위를 보호한다는 내용이 추가되었다. 1988년 수정 내용에는 사영(私營)경제라는 용어를 사용하였을 뿐 아니라 시장화의 진전에 발맞추어 토지사용권의 전매도 허용하였다. 이 내용은 헌법의 규정과는 달리 현실적으로 실천되지는 못하였다. 1980년대 후반이 되면 농촌 개혁에서 시작된 체제 개혁의 불길이 이미 도시 개혁으로 전이된 지 상당한 시간이 흐른 뒤였기 때문에 그 정도의 헌법으로 급변하는 사회를 따라갈 수 없었다. 그래서 1993년에 또 한 차례의 손질[20]이 있었다. 1993년에 수정된 헌법은 개혁개방에 대한 자신감을 반영하여 계획경제라는 단어 대신 '사회주의 시장경제'라는

19) 『中華人民共和國憲法』(北京: 外文出版社, 1999), pp. 80~112 참조.
20) 『中華人民共和國憲法』(1999), pp. 1129~1132.

용어를 사용하였고, 현대화 작업에 모든 역량을 집중하자고 강조하였을 뿐 아니라 기업의 자주권을 확대한다고 명시하였다. 또한 이 수정헌법은 '국영'(國營)이라는 용어 대신 '국유'(國有)라는 용어를 사용함으로써 국가가 소유와 경영을 분리할 수 있음을 천명하였다. 이처럼 개혁개방이 시작된 뒤 두 차례에 걸친 헌법 수정도 여전히 빠른 시장화가 만들어 내는 복잡한 문제들을 담아 내는 데는 분명한 한계가 있었다.

이 헌법은 1999년 3월에 세 번째 수정되었다. 수정헌법은 헌법의 최고 권위를 명시하고, 지도사상 가운데 덩샤오핑 사상을 추가함은 물론, '법에 의한 통치'를 특별히 강조하였다. 하지만 이 수정헌법의 핵심 내용은 여기에 있었다. 이 수정헌법은 '사영경제'가 중국 사회주의 경제를 구성하는 중요한 부분이라고 선언함으로써 팽창하는 비국공유 경제를 사후적으로 인정해 주었다는 데 큰 의미를 지닌다. 이 수정헌법 역시 진정한 시장화의 기반인 사유부문의 권익과 재산권에 대한 확실한 보장이 아닌 사영경제에 대한 사후적 인정수준에 머물렀다는 한계를 지니고 있다.

2004년의 현행 헌법에 대한 제4차 수정에서는 권력의 상당 부분이 제4세대 지도자인 후진타오에게 이양된 뒤 이루어졌고, 이때 장쩌민의 '세 가지 대표론'이 헌법 서문의 지도사상에 추가되었다. 제4차 수정헌법은 국가가 공공이익에 필요할 경우 법률규정에 근거하여 토지를 수용 또는 징용할 뿐 아니라 보상을 할 수 있다고 규정함으로써 재산권을 존중하는 입장을 표명하였다. 또한 국가와 각종 경제요소의 관계에 관한 규정에서도 큰 진전이 있었다. 이 부분에서는 이전의 개체경제 및 사영경제와 함께 '비공유경제'라는 용어가 추가되고,

국가가 비공유경제를 법에 근거해 관리한다고 규정하였다. 이 헌법에 의해 국가가 개체경제, 사영경제 등 비공유경제의 합법적인 권익을 보호하고, 관리·감독할 분명한 근거가 마련된 것이다. 이렇게 됨으로써 비공유경제에 포함되는 외자경제, 합자경제 등도 재산권을 보호받을 수 있는 제도적 기반이 닦였다. 하지만 제4차 수정헌법에서 가장 특기할 사실은 공민의 합법적인 재산권은 침해될 수 없음을 천명한 점이다. 뿐만 아니라 국가가 법률규정에 의해 공민의 재산권 및 계승권(상속, 증여 등)을 보호한다는 점을 분명히 하였다. 2004년 수정헌법은 이미 1999년 수정헌법에서 이룬 재산권 보장과 보호를 향한 진화 과정에서 한 발 더 나아가, 날로 점증하는 공민의 재산권 보장 요구와 갈수록 비중이 확대되고 있는 사영, 외자, 합자 등 비공유경제의 재산권 보장 요구에 한 발짝 다가서는 모습을 보여 주었다.

1978년 개혁개방이 선언되고 시장화를 향한 행진이 시작되면서 법, 제도, 관습은 시대의 요구에 부응하여 변하지 않을 수 없었다. 개혁이 시작된 뒤 중국 공산당과 정부는 여러 측면에서 재산권 관련 법률을 구축해 온 것이 사실이다. 예를 들어, 시장화의 진전과 발맞추어 민법총칙, 보증 관련 법률, 토지관리 법률, 초지(草地) 관련 법률, 지하자원 관련 법률, 특허 관련 법률, 상표권 관련 법률 및 복제권 관련 법률 등 많은 법률들을 제정하였다. 하지만 가장 상위에 있는 법률인 헌법에서 아직 비국공유 부문에 대한 확실한 보장을 유보하고 있었을 뿐 아니라 현실에서도 여러 요인으로 인하여 사유경제의 위상과 재산권은 보장받지 못하였다. 그런데 이와 관련된 우려와 불안감은 2004년 수정헌법에서 초보적으로 해소되었다. 그리고 헌법이 수정된 뒤 3년간의 논란 끝에 2007년

하위 법률 중 인민 생활과 밀접한 관련이 있는 「물권법」(物權法)[21]이 제정되고, 이어서 「노동계약법」(勞動合同法)도 개정되었다. 「물권법」은 국공유지를 임대한 농촌 및 도시 인민들의 사용권 유효기간 만료 후 재산권의 향방에 대한 불안감을 어느 정도는 잠재워 주었고, 「노동계약법」은 사용자에 대항하여 노동자의 권익을 유래 없는 수준으로 강화함으로써 노동자의 권익을 크게 향상시킬 근거를 마련해 주었다.

위에서 본 바와 같이 아직은 미흡하고 소극적이지만 중국 정부는 헌법 개정과 수정, 그리고 하위 법률의 제정과 개정을 통해 현실의 요구를 담아 내려 노력해 왔는데, 갈등과 불안의 초점은 재산권 문제이다. 시장화의 심화, 개방 확대, 인민의 권리의식 고양이라는 시대적 변화에 맞춰 헌법과 법률이 이에 부응하고자 했다. 가장 상위 법률인 헌법에 대한 손질은 당의 충분한 논의를 거친 뒤 이루어지며, 필요에 따라 당헌도 일부 손질하는 방향으로 진행되었고, 이어서 관련 하위 법률도 제정 또는 개정되어 왔다.

문제는 탈개혁개방 시대를 맞아 헌법에 의해 재산권이 확고하게 보장되고 당의 성격도 변한다면, 중국 공산당의 현재 모습을 그대로 유지하기 곤란해진다는 점이다. 획일화 사회로부터 다원화 사회로 변모해 온 시대적 흐름에 대처하면서 당의 지속적 지배를 보장받기 위해서는 당도 끊임없이 변신하지 않을 수 없는데, 당은 지금까지 미흡하지만 그렇게 해 왔다. 비국공유경제는 현재 중

21) 2007년 3월 16일 전인대를 통과한 「중화인민공화국 물권법」은 중화인민공화국 주석령(主席令) 제62호로 공포되었으며, 약 7개월 간의 홍보 교육 과정을 거쳐 2007년 10월 1일부터 시행되었다. 물권법은 총 5편, 19장으로 구성되어 있으며, 순서는 총칙, 용익물권, 소유권, 담보물권, 점유권, 부칙으로 구성되어 있다. 물권법 원문에 대해서는 「中華人民共和國物權法」(人民網 제공 자료, http://npc.people.com.cn/GB/28320/5488218.html)(이하 물권법); 물권법에 대한 해설은 姚紅, 『中華人民共和國物權法精解』(北京: 人民出版社, 2007); 의미와 한계는 임반석(2009), 4절 참조.

국 국내총생산의 2/3 이상으로 팽창했기 때문에 사회주의 체제인지 의심스러울 정도이다. 당은 개인의 재산권을 보장해 주어야 할 뿐 아니라 점차 모습을 드러내고 있는 시민사회에 대응하여 다양한 사회계층, 이익집단의 요구도 외면할 수만은 없다. 또한 헌법과 법률에 의한 재산권의 보장 없이는 인민들의 권익에 대한 불안감을 잠재우기 어렵고, 외국 투자가의 중국 정부와 중국 사회에 대한 신뢰를 얻기 어렵다. 이미 진입한 탈개혁개방 시대에 발맞추기 위해서 개인적인 카리스마나 이데올로기에 의한 통치가 아니라 제도를 통한 통치, 시스템에 의한 통치, 법치, 법제도를 통한 권익의 보호 · 보장이 이루어져야 한다고 볼 때, 제도화의 길이 중국 공산당이 선택할 길이다.

제 4 절 당, 지도자, 그리고 정치경제의 내일

덩샤오핑에서 장쩌민으로 권력이 승계되기까지 몇 차례 불안정한 과정을 거쳤다. 최종적으로 권력을 이양 받은 장쩌민을 정점으로 한 지도자 집단은 1990년대 초부터 지속적인 개혁개방 추진, 경제격차로 인한 사회갈등 완화, 다양화해 가는 사회에 대한 대응, 중화대통일, 부정부패 척결, 그리고 WTO 시대를 위한 준비 같은 과제를 맡았다. 장쩌민-주룽지 체제는 덩샤오핑의 후광, 최고 지도자의 빠른 국정 장악에 힘입어 경제와 정치를 안정적으로 이끌었다는 평가를 받았다.

2002년 가을 장쩌민에서 후진타오로의 권력 이양은 비교적 순조롭게 이루어졌다.[22] 4세대 지도자 집단으로 불린 후진타오-원자바오를 정점으로 한 지도자 집단은 1997년부터 동아시아 금융위기의 영향으로 경기가 하강하는 상황에서 성장률이 8%대 이하로 하락하지 않도록 지탱(保八)하면서도 산적한 개혁작업을 완수해야 하는 과제에 직면하였다. 후진타오는 그가 짊어진 과제 중에서 경제격차 해소가 중요하다고 판단하고, 취임 초부터 여러 표현을 통해 분배의 중요성을 강조하였고, 구체적인 정책 조치도 내놓았다. 후진타오는 조화로운 사회, 포용적 성장, 과학적 발전관 같은 분배를 중시하는 여러 개념을 제시하였고, 동북진흥, 중부굴기 등 낙후된 지역개발에 각별한 관심도 보였다. 후진타오 시대 10년 동안 주로 대규모 정부투자에 힘입어 성장률 하락을 막고 고성장을 지속할 수 있었으며, 이에 힘입어 중국의 경제력은 세계 2위에 올랐다. 하지만 지속되는 고성장에도 불구하고 고용 없는 성장으로 인해 실업 문제는 악화되었고, 끊임없는 분배에 대한 관심에도 불구하고 경제격차는 더 커졌다. 덩샤오핑 이후 처음으로 분배를 강조한 지도자였던 후진타오 집권기 10년 동안 아이러니하게도 가장 높은 성장률을 기록하였고, 격차 문제 개선효과는 없었다. 후진타오-원자바오 체제는 2008년 미국발 금융위기라는 악재에도 불구하고 성장률의 급락을 막았고, 역대 최고수준의 평균성장률을 기록하였다는 점에서 높이 평가받을 만하다. 뿐만 아니라 팽창하는 경제력, 천문학적인 외환보유고를 무기로 미국을 포함한 선진경제가 대체로 침체인 상황을 기회로 삼아 아프리카, 중앙아시아, 동남아시아, 중남미에 적극적으로 진출하였다. 그 결과

22) 장쩌민에서 후진타오, 후진타오에서 시진핑으로의 권력승계는 비교적 안정적으로 이루어졌으나, 그 이전까지는 최고 권력자가 지명한 후계자가 권력을 순탄하게 승계한 예가 거의 없었다는 점은 흥미롭다.

후진타오 시기 중국은 새로운 수출시장, 자원공급처, 투자처를 개척함은 물론 미국의 영향력이 취약한 지역을 파고들어 정치경제적 영향력을 확대할 수 있었다.

4세대 지도자 집단의 경제발전 전략은 사회경제의 상황이 변화함에 따라 이전 시대와 달라지지 않을 수 없었다. 중국은 개혁개방과 함께 부족한 자본을 적극적인 외자도입으로 보충하고, 이를 비교우위가 있는 연해 지역에 집중 투여함으로써 경제성장을 꾀하였다. 주로 연해 지역에서 외자기업이 생산한 제품을 외국으로 수출하였다. 이러한 가운데 중국은 동아시아 주요국을 모방하여 기업을 대형화·그룹화하는 작업도 함께 해 왔다. 이것만으로 볼 때 과거 중국의 발전모형은 동아시아 주요 국가의 경제발전 방식과 매우 유사한 측면이 많다. 하지만 1997년 동남아시아에서 출발한 금융위기가 북상하고 한국, 타이완 및 홍콩의 경제까지 영향을 받게 되자, 중국 내에서는 발전전략을 재고하게 되었으며, 그 결과 해외시장 의존으로부터 점차 내수시장 확대로 방향을 틀었다. 다시 말해서, 경제성장 전략이 '외자의존-수출지향'으로부터 '내수시장 지향'으로 방향을 틀게 된 것이다. 반면 기업의 대형화 및 그룹화 과제는 포기되지 않았다. 그러나 내수시장 확대라는 목표는 정부의 의지와 달리 분명한 성과를 보지 못하였다.

후진타오로부터 5세대 지도자 집단으로의 정권 이양 과정에는 내부적으로 적지 않은 갈등이 있었고 시기도 약간 늦어졌지만, 결과적으로 시진핑-리커창 체제로의 이양은 실현되었다. 하지만 권력이 무리 없이 이양되었다고 해도 그것이 시진핑을 포함한 새로운 지도자 집단의 순항을 보장해 주지 않는다.[23] 5세대 지도자 집단은 이전 지도자들이 해결하지 못한 과제에 더하여 새로운 시대가 요구하는 또 다른 과제에 맞서야 한다. 급속도로 분화되고 다양해져 가는 사회에 대응하기 위해서는 경제운영 방식뿐 아니라 정치적 리더십도 달라져야 하는데, 지금까지 공산당은 정치부문에 관해서는 유독 소극적인 움직임을 보여 왔다. 5세대 지도자 집단은 정치 개혁과 정치적 리더십 측면에서 이전과는 다른 행태를 보여 주지 않을 수 없으며, 그렇지 못할 경우 바로 스스로의 목을 조이는 행위가 될 수도 있다. 5세대 지도자 집단과 중국 공산당은 개혁개방 시대에 맞추어 적절히 변화해야 한다. 더구나 경제력과 군사력이 팽창하고 글로벌 경제적 영향력이 확대되면서 다양한 측면에서 기존 세력인 미국의 견제를 받고 있는데, 새 정부는 이러한 외적 과제에 대해서도 적절히 대응해야 한다.

5세대 지도자 집단들이 안고 있는 과제는 이전 시기와는 양적으로나 질적으로 매우 다르다. 이들의 권위는 혁명 영웅의 카리스마나 후광, 그리고 단순히 경제성장의 지속만으로 보장될 수 있는 상황이 아니다. 현 지도자 집단은 내적으로는 불균형 발전에 따른 지역 간 · 계층 간 · 도농 간 · 민족 간 경제격차 심화뿐 아니라 꿈틀거리는 시민사회의 요구에 대한 해법도 찾아내야 한다. 새 지도부는 말할 것도 없이 내부를 좀먹는 고질적인 부정부패와의 사투도 벌여야 한다. 경제가 발전하고 생활수준이 향상됨에 따라 사회는 빠르게 변화하고 있으며 인민의 의식 변화도 가속되고 있다. 현 지도자들은 고도의 개방시대, 디지털 혁명시대, 제4차 산업혁명에 적극적으로 대처함으로써 인민에 대한 설득력

23) 2016년 초 외신들은 시진핑 주석과 리커창 총리 간의 갈등이 남아 있고, 제2기에 총리가 교체될 가능성도 있다는 보도, 그리고 시진핑이 일인지배체제 구축을 위한 기반을 닦고 있다는 기사를 내놓기도 했는데, 이는 당내 권력배분을 둘러싼 논란이 완전히 마무리되지 않았음을 시사한다.

과 국가 경쟁력을 높여야 한다. 디지털 혁명으로 인해 공산당의 재래식 사회통제도 어려워져 가고 있다. 공산당이 개혁개방 이후 지금까지 많은 국내외의 불안요인에도 불구하고, 자신의 방식으로 정치와 경제를 운영해 올 수 있었던 이유는 개방도가 낮았던 이유도 크다.

시진핑-리커창 체제가 2012년 국내외에 얼굴을 선보였고, 이미 전반기 임기 5년 중 절반이 지났으며, 이들의 뒤를 이을 6세대 지도자 후보까지 공개되었다. 새 지도자 집단의 성향으로는 이전 세대와 달리 좌파적 성향보다는 민족주의적 성향이 강하다는 평가를 받고 있다. 새 정부가 들어선 지 2016년 말 현재까지 4년 가까운 시간이 흘렀는데도 아직 뚜렷하게 차별화된 통치이념을 내놓지 않고 있다. 시진핑-리커창 체제는 경제적으로 갈수록 하락되는 성장세를 더 악화되지 않도록 지탱하면서 심각한 제조업의 설비과잉 및 공급과잉 상황을 정리하고 기술 중심의 효율적인 경제구조로 개편해야 한다. 현재 중국 경제 성장률은 7% 유지(保七)도 쉽지 않고, 산업의 설비과잉 문제는 특단의 대책이 필요할 정도로 심각하다. 새 정부는 세계적 강대국 건설을 의미하는 '중국의 꿈'(中國夢), '군사강국 건설' 같은 개념을 제시하였고, 대외적으로는 할 일을 적극적으로 하겠다는 '주동작위'(主動作爲) 입장을 표명하였으며, 유라시아 대륙과 아프리카 일부를 개발 대상으로 삼은 거대한 개발 아이디어인 '일대일로'(一帶一路)[24]를 추진하자 한다. 시진핑은 과잉 생산설비 조정과 글로벌 강대국 건설

24) 일대일로는 중국 내륙에서 중앙아시아를 거쳐 유럽에 이르는 육상 실크로드와 중국 남방 지역에서 동남아시아, 인도양, 아프리카와 중동을 거쳐 유럽에 이르는 해상 실크로드를 의미한다. 중국은 유라시아 지역의 관련 국가들을 대상으로 인프라 중심의 공동개발을 제안한 뒤 협의 중이다. 하지만, 언급 이후 3년이 지나고 있음에도 불구하고 관련국의 비협조로 인해 진척이 별로 없는 상황이다.

에 관심을 쏟고 있는데, 지속적 경제발전과 선진경제로의 진화를 위해서는 모방경제에서 탈출해야 한다. 그런데 이 과제들은 어느 것 하나도 간단한 과제가 아니며, 앞날은 불투명하다.

오랜 과제인 타이완과의 대통일은 시진핑에게도 중요한 과제이다. 중국이 가까운 시일 내에 타이완을 흡수하거나 어떤 식으로든 대통일을 이룰 가능성이 커보이지는 않는다. 아직은 양안 간 경제격차가 크고, 타이완은 미국에게 포기할 수 없는 전략적 중요성을 지니고 있다. 하지만 중화대통일 문제는 지도자들의 노력의 결실이라기보다는 국제경제적 요인에 의해 경제 측면에서는 이미 통일에 가까운 수준으로 통합되어 가고 있다. 타이완 경제의 중국 의존은 타이완 정부의 미온적인 태도에도 불구하고 빠른 속도로 진행되어 왔다. 이 추세는 동아시아 금융 위기 이후 타이완의 경제 상황이 악화되고 중국이 인기 있는 투자처로 각광받으면서 가속되었다. 이 과정에서 타이완의 제조업은 절반에 가까운 생산기반을 중국으로 옮겼고, 타이완 경제는 중국 없이 독자생존이 쉽지 않은 상황에 이르렀다. 이제 남은 것은 정치적 통합인데, 이는 '일국양제' 원칙에서 그 내일을 예고하고 있다. 따라서 현 지도자들도 정치적 제스처의 일환으로 통일 문제를 언급하기는 하겠지만 '통일'은 더 이상 현재 또는 차기 지도자들의 정치 슬로건이 되기 어렵다.

공산당과 지도자 집단은, 고위 공직자나 정치인은 말할 것도 없고, 당정 말단 조직까지 독버섯처럼 번져 있으면서도 해결의 실마리가 보이지 않는 부정부패 문제를 버려두고 전진하기 어렵다. 오랜 산업화에도 불구하고 비도시 인구는 4.5억 명에 달한다. 비도시 지역에는 말단 당정 조직의 주구행위가 심각하고, 인민대중의 저항도 빈발하고 있다. 농민과 도시 노동자의 절대적인 지지 하에 성립된 사회주의 정권이 본래 지지 세력으로부터 외면당하고 있다. 일부 비도시 지역과 남방 지역에서는 당과 정부의 직·간접적인 손을 거부하고 자신들이 원하는 지도자를 선출하는 경우가 늘고 있다. 지도자 집단들이 내부의 암적 요소에 어떻게 대응해 나가느냐가 공산당의 앞날에 중대한 영향을 미치게 될 것이다.

중국 공산당과 지도부가 지향하는 바는 당의 지속적 집권 하의 경제발전, 즉 정치독점과 경제적 반독점 하의 경제발전으로 요약할 수 있다. 인민들의 요구는 경제적 자유를 포함한 생활수준 향상, 각종 격차해소 및 정치적 자유화이다. 생활수준 향상이라는 요구는 경제성장으로 어느 정도 해소될 수 있지만, 각종 격차해소는 경제성장만으로 해결하기 어렵다. 이 문제는 사회갈등 요인이자 당을 위협하는 요소로서 지도자 집단이 이를 외면한 채 전진할 수는 없다. 당의 지속적 집권 욕구와 인민의 정치적 자유 요구는 쉽게 타협될 수 있는 내용이 아니다. 개방도가 높아가고 소득수준이 향상됨에 따라 외부의 영향은 더 커지고 있으며, 인민들의 경제적·정치적 자유 요구는 갈수록 강해질 수밖에 없다. 점증하는 지역 간·계층 간·도농 간·민족 간 갈등에도 불구하고, 장기간의 경제성장으로 인해 형성된 중산층은 날로 두터워지고 있으며, 이들의 권익보호 의식이 높아지고 있을 뿐 아니라, 이들은 도시 지역의 소비를 주도한다. 날로 증가하는 중산층을 생각한다면 당과 지도부의 지금까지와 같은 통치방식은 지속되기 어렵다.

중국은 일당이 지배하는 사회이지만 사회경제가 발전함에 따라 당과 정부의 일사불란한 의사결정이 어려워지고 있을 뿐 아니라 일방통행식 정책 집행도 쉽지 않다. 지방에서는 당이 내정한 인물이 선거에서 탈락하는 경우가 빈발하고 있고 중앙의 산업정책이 지방의 비협조로 실패하는 경우도 흔하다. 최근의 가장 큰 경제 이슈인 설비과잉, 과잉 공급 문제도 중앙의 산업정책과 의지가 현장에서 잘 구현되지 못한 결과이다. 중국의 분권적 전통은 개혁개방 이전에는 주로 행정적 분권이 주 내용이었으나, 개혁개방 이후 여기에 더하여 경제 의사결정권의 분권화가 이루어졌다. 이에 따라 중앙의 계획, 정책, 지시가 지방에서 잘 먹혀들지 않는 풍토가 형성되었으며, 어떤 의미에서는 이 요소 때문에 빠른 경제성장이 가능하였다. 당과 정부가 과거 타이완의 국민당이나 싱가포르의 통치 형태처럼 강성 권위주의에 대해 호감을 가지고 있을지는 모르지만, 그러한 통치 형태가 환경과 조건이 매우 다른 중국에서 얼마나 지속될 수 있을지는 답하기 쉽지 않은 문제이다.

중국에는 아직 공산당을 대신할 대안 세력이 없고 시민의식도 부족하며, 경제성장이 심각한 질곡에 빠져 있지도 않다. 따라서 정치적 · 사회적 갈등이 수면 위로 솟구치지는 않고 있으며, 아직까지는 무난하게 사회관리가 이루어지고 있다. 앞으로 당과 차세대 지도자들이 생존을 위해 어떤 전략적 · 정책적 선택을 하게 될지는 모르지만, 공산당은 이미 변화에 대한 유연성을 보여 주었다. 따라서 변화를 향한 대담성과 변신의 폭은 우리의 예상을 뛰어넘을 가능성도 있으며, 이 변신은 공산당의 생존을 위해서도 필요하다.

중국 사회는 더 이상 사회주의 이데올로기나 '먹는 문제 해결'이라는 슬로건만으로 통치할 수 있는 단순하고 획일적인 사회가 아니다. 지금의 당과 지도자들은 다원화되고 복잡해지는 사회를 합리적으로 통치할 비전과 능력을 보여 줄 때에만 정권의 정당성을 확보할 수 있다. 공산당의 변신이 어디까지 가능할지, 시민들의 외면으로 새로운 정치 엘리트 집단이 등장하게 될지, 정치체제가 구체적으로 어떤 모습으로 진화해 갈지는 인내심을 가지고 지켜보아야 한다.

다만 우리가 짐작할 수 있는 내용은 당과 지도자 집단이 급변하는 사회에 적응하기를 외면한다면, 그 길은 스스로 벼랑으로 향하는 길이 되리라는 점이다. 반면 공산당이 유연성 있게 시대 변화에 대응한다면 공산당의 수명은 더 연장될 수 있다. 하지만 이 이상은 말하기는 힘들다. 그렇다면 결국 당과 지도자들에게는 아직 미완의 숙제인 통일이나 경제성장도 아닌 세계 많은 나라가 일반적으로 추구하는 법치, 제도화라는 카드밖에 남지 않았다고 생각된다. 마오쩌둥 치하 중국 정치가 결과의 평등을 추구하였다고 한다면, 이제는 기회균등, 그리고 엄정한 법집행을 향해 진화해 가야 한다. 하지만 장기간 사실상 법 위에 군림해 온 공산당이 스스로 법치의 영역으로 내려앉는 일은 쉽지 않고, 이들을 견제할 시민사회나 언론은 취약하다. 따라서 제도화, 법치가 정착하기 위해서는 더 오랜 시간이 필요하다.

이미 중국 경제는 세계경제에 깊숙히 편입되었고, 중국 사회도 글로벌 차원의 개방과 소통 움직임으로부터 완전히 절연되기는 어렵다. 또한 공산당이 큰 비용을 들여 인민과 사회를 통제하고 있다고는 하지만, 디지털 혁명 시대에 광속으로 전파되는 정보 흐름을 철저하게 막기는 어렵다. 그렇다면 공산당의 미래와 정치경제의 내일은 디지털 시대와 외부 환경의 변화에 의해 크게 영향받을 수밖에 없다. 이미 지적했듯이 경제격차에 의한 사회갈등, 광범위하게 퍼져 있는 부정부패, 점증하는 대중의 정치적 참여 요구에 대한 당과 지도자들의 대응능력이 공산당의 생존력을 결정할 것이다. 그런데 내적 도전이든 외적 과제든 이에 대응하기 위해서는 경제적 자원과 에너지가 필요하다. 중국의 경제력이 세계 2위이고 외환보유고가 세계 1위라고는 하지만, 해결해야 하는 당면 문제와 장기 과제에 비하면 자원은 한정적이다. 시진핑이 직면한 내외적 도전은 이전과 달리 매우 다양하고 강한데, 이미 글로벌 강대국, 군사강국 건설을 모토로 내건 이상, 천문학적인 자원을 이 분야에 투입하지 않을 수 없다. 경제대국이라고 하지만, 개도국인 중국이 거대한 내외적 과제를 모두 풀어 내기는 버거울 수밖에 없다.

당은 민족주의, 애국주의, 전통사상을 통해 인민들을 하나로 묶으려 하고 있다. 경제 상황이 어려워질수록, 당과 지도부는 애국주의 같은 감성에 더 호소하려는 유인이 더 강해질 것이다. 또한 대외적으로 강대국의 면모를 갖추어 나가기 위해서는 거대한 비용이 들 뿐 아니라 거센 외부의 도전도 극복해야 하는데, 이 문제를 해결하기 위해서도 당과 지도부는 애국주의, 민족주의에 호소하려는 욕구를 떨쳐내기 어렵다. 예상되는 중국 사회의 민족주의 움직임은 통합과 당의 생존에 도움이 된다. 그러나 중국의 새로운 민족주의는 주변국에게 불안감을 가중시키는 요소가 될 가능성이 크고, 이렇게 되면 중국의 아시아와 세계의 지도국이 되려는 꿈을 향한 행진은 차질을 빚을 수 있다.

중국 공산당은 이미 개혁개방 이후 시대의 변화와 새로운 시대의 요구에 부응하여 변신해 왔고 그 이상의 변신을 위한 유연성도 보여 주었다. 외부인의 눈에 공산당의 변신이 만족스럽지 않을지는 모르지만, 변신을 향한 유연성은 이미 보여 주었다. 앞으로 당과 지도자들은 서서히 정치독점을 완화해야 하고, 경제도 현재보다 훨씬 더 자유화하는 방향을 지향할 수밖에 없다. 하지만 정치적 민주화와 경제적 자유화 및 사유화로 요약할 수 있는 장래의 길이 서양식 모형을 의미한다고 보기는 어렵다. 그 길은 법치, 변화에 대해 유연한 공산당, 권위주의적 정부가 함께 하는 형태의 사회를 지향하리라 생각된다. 그리고 그 가운데는 지금까지 보아온 바와 같이, 가부장 전통, 집단 우선주의, 시민사회에 대한 무관심 같은 전통의 관성은 계속 그림자를 남길 것이며, 변화의 속도는 매우 느릴 것이다.